山东财经大学研究生教育精品教材

中级计量经济学与Stata应用

杨冬梅　主编

中国财经出版传媒集团
经济科学出版社
Economic Science Press
·北京·

图书在版编目（CIP）数据

中级计量经济学与Stata应用 / 杨冬梅主编. 北京：经济科学出版社，2025. 1. --（山东财经大学研究生教育精品教材）. -- ISBN 978-7-5218-6646-9

Ⅰ. F224.0-39

中国国家版本馆CIP数据核字第2025C1B306号

责任编辑：白留杰　凌　敏
责任校对：刘　昕　齐　杰
责任印制：张佳裕

中级计量经济学与Stata应用
ZHONGJI JILIANG JINGJIXUE YU Stata YINGYONG
杨冬梅　主编
经济科学出版社出版、发行　新华书店经销
社址：北京市海淀区阜成路甲28号　邮编：100142
教材分社电话：010-88191309　发行部电话：010-88191522
网址：www.esp.com.cn
电子邮箱：bailiujie518@126.com
天猫网店：经济科学出版社旗舰店
网址：http：//jjkxcbs.tmall.com
北京密兴印刷有限公司印装
787 × 1092　16开　21印张　435000字
2025年1月第1版　2025年1月第1次印刷
ISBN 978-7-5218-6646-9　定价：68.00元
（图书出现印装问题，本社负责调换。电话：010-88191545）

前　言

计量经济学是现代经济学和管理学的重要组成部分，自其诞生以来取得了飞速发展，产生了众多重要的理论与应用成果，成为理论研究和经验分析的重要工具。随着硕士研究生招生规模的逐年扩大，为满足日益增加的研究生计量经济学课程教学需求，在山东省高等学校研究生教育优质课程建设项目和山东财经大学研究生精品教材出版计划立项支持下，我们基于本科计量经济学教材的编写经验和多年中级计量经济学的教学心得，形成了读者面前的《中级计量经济学与Stata应用》。

本教材定位于先修过微积分、线性代数和概率统计的经管类研究生及低年级博士研究生，力图做到计量经济学原理、现代计量经济方法及Stata软件应用的合理兼顾与有机融合。在回顾横截面数据计量经济建模基本思想的基础上，本教程对时间序列数据模型、面板数据模型、特殊因变量模型、结构突变模型及基于实验设计的因果推断方法等现代计量方法进行了较深入的阐述，内容较为全面。

本教程的编写特点主要体现在以下三点：

1. 教材内容在广度和深度上相较于本科教材进行了较大拓展。在估计方法上，除了应用基本的最小二乘估计，还增加了工具变量估计、极大似然估计、广义矩估计和非线性估计方法；在模型形式上，对面板数据模型、离散因变量模型、受限因变量模型、门限回归模型等进行了更系统的讨论。为了使读者更好地把握数据结构和研究情境，在研究方法上增加了基于实验设计的因果推断方法，如匹配方法、双重差分法等。

2. 强调计量方法体系的严谨性、统一性和实用性。教材在现代计量经济学逻辑框架下，依次讨论横截面数据、时间序列数据和面板数据的建模问题，将计量经济建模方法的针对性和内在逻辑一致性统一起来，力求建立体系严谨、逻辑自洽的中级计量经济学课程体系。同时，在内容上主要侧重所涉及理论和方法背后经济逻辑的直观解释、方法概要和结论阐释，弱化相应概念和结论的数学证明。

3. 计量方法与软件应用有机结合。教材编写中力图做到计量经济学原理、现代计量经济方法及Stata软件应用的合理兼顾与有机融合，同时突出Stata软件应用，常用的建模方法力求都提供Stata操作命令及运行结果的简要解读，既可以锻炼读者的自主性研究思维，也能够将前沿研究方法更快地应用于读者的研究工作。

全书分为三篇：第一篇回顾横截面数据回归模型的经典建模方法；第二篇介绍时间序列数据回归模型的建模方法；第三篇扩展的计量经济学方法主要针对非经典计量经济模型的建模方法及估计方法进行介绍，共包括十一章。参与编写和审校工作的有杨冬梅教授负责第一、三、八章，附录；李振波副教授负责第二、七章；郭俊艳副教授负责第六、十章；万道侠博士负责第四、十一章；刘亚雪博士负责第五、九章。全书由杨冬梅教授统纂定稿。

山东财经大学金玉国教授对编写工作给予了大力支持和学术指导，研究生院及统计与数学学院提供了经费支持及便利的工作条件，经济科学出版社白留杰编辑给予了热情鼓励和帮助，在此一并表示真诚的感谢。

在本教程编写过程中我们参考了大量国内外文献，限于篇幅，只将近年国内外出版的部分敬列于书末，还有许多文献未能一一列示，借此出版之际，向计量经济学领域的学界前辈和同行致礼。

由于作者水平所限，错误或不当之处在所难免，衷心希望同行专家和读者提出宝贵意见和建议。

杨冬梅

2024年10月

目 录 Contents

第二篇　时间序列数据模型

第三篇　扩展的计量经济学方法

第一章　绪　　论

“计量经济学”（econometrics）是拉格纳·安东·基特·弗里希（Ragnar A. K. Frisch）于1926年创造出来的一个新词，1933年他在《计量经济学杂志》创刊号上解释了计量经济学的由来：“要真正了解现代经济生活中的数量关系，统计学、经济理论和数学三个方面观点的每一种都是必要的，然而单独一方面的观点则又是不充分的。这三方面观点的结合才是强有力的，正是这种结合才构成了计量经济学。”据此我们可以认为，计量经济学是基于经济事实（统计数据），以数学模型方法研究经济关系或经济活动规律的一门方法论学科。

第一节　计量经济学的一般问题

一、计量经济学史略

计量经济学的产生源于对经济问题的定量研究。从17世纪开始，经济学家们开始运用图表和数学公式去描述经济现象和经济规律。19世纪末到20世纪初，数理经济学和统计推断理论的发展，使这种方法成为一门独立的学科成为可能。1926年弗里希（Frisch）仿照“生物测量学”（biometrics）的结构创造出econometrics一词（故在我国早期被译为“经济计量学”）。1930年在美国克利夫兰成立了世界计量经济学会（Econometric society）；1932年，一个致力于促进经济学、数学和统计学结合的研究性机构——Cowles委员会（Cowles commission）成立；1933年《计量经济学杂志》（*Econometrica*）出版。

20世纪30年代和40年代，计量经济学以方法论研究为主，精确的概率论框架被引入，结构模型的识别、估计和检验技术得到了系统发展，计量经济学理论逐步系统化，经典计量经济学方法论体系在20世纪50年代基本完成。Cowles委员会的定量研究方法与凯恩斯主义经济学结合起来，至今依然是经济学研究的标准范式。在20世纪50~70年代，根据这一范式建立了许多基于联立方程式的结构性模型用于经济分析和预测。这是宏观计量模型的鼎盛时期，经济计量方法在政府机构、国际组织和工商企业得到广泛应用，在理论和实践上都极大超出它的建立者们的想象，以至于保罗·萨缪尔森

（Paul A. Samuelson）说：“第二次世界大战以后的经济学是计量经济学的时代。”

然而，面对20世纪70年代石油危机而引发的世界性经济衰退和随之而来的“滞涨”，经典计量经济模型失去了其一贯优良的解释和预测能力。对传统建模理论的检讨和对经典结构模型的重新审视，引发了计量经济学研究的一场“革命”，此后一个时期，微观计量经济学、非参数计量经济学、时间序列计量经济学和动态计量经济学等新的分支得到了迅速发展和广泛应用，极大地推动了计量经济学方法论体系的丰富和完善。

经过近百年的发展，目前计量经济学已经形成了一个庞大的学科体系。按照研究侧重点不同，可以划分为理论计量经济学和应用计量经济学。按照时间先后，可以分为经典计量经济学和非经典计量经济学，其划分大致以20世纪70年代为界，此前发展和成熟的理论和方法基本上属于经典计量经济学的范畴；此后发展起来的理论和方法基本上属于非经典计量经济学的范畴。

计量经济学是经济类专业的支柱课程之一。按照教学内容的复杂程度和所需数学工具的深浅程度，一般将其分为初级计量经济学、中级计量经济学与高级计量经济学，分别对应于本科、硕士研究生和博士研究生三个阶段的教学。但这种划分只是为了分级教学的方便，并没有明确的标准，不同学校和院系的划分亦不尽相同。

二、计量经济模型

模型（model）是对客观现象及其结构体系、运行过程或相互关系的一种表达或模仿，包括文字—逻辑模型、几何模型与数学模型（代数模型）等种类。文字—逻辑模型是指在一定假设条件下，用逻辑推理的方法，对客观世界及其发展规律的类比、模拟和推测。几何模型用几何图形来表达和模拟客观世界及其相互关系。数学模型的表达工具主要是数学公式和方程式。计量经济模型是经济数学模型的一种，表现为一个或多个反映经济现象（用相应的变量表示）之间数量依存关系的代数方程式。如果一个模型只包含一个方程式，称为单方程模型；如果一个模型包含两个及以上的方程式，称为多方程模型，如联立方程模型。计量经济模型还可作以下划分：

1.结构模型与非结构模型。如果方程式等号后面的变量（右侧变量）是等号前面的变量（左侧变量）的原因或影响因素，称为结构模型或因果模型；如果右侧变量不是左侧变量的原因或影响因素（如只是左侧变量的滞后项），二者之间不存在某种实质性的因果联系，只是表达一种预测关系，则称为非结构模型，如时间序列中的ARMA类模型。

2.参数模型、非参数模型与半参数模型。这是根据模型参数的情况不同进行的划分。如果模型中包含反映变量之间经济关系的参数（系数）称为参数模型，其中又分为固定参数模型和变参数模型；如果不包含这种参数则称为非参数模型或无参数模型，如移动平均模型。如果部分变量有参数、部分变量没有参数，则称为半参数模型。

3.横截面数据模型、时间序列模型与面板数据模型。数据是构建计量经济模型的“原材料”。根据数据的属性不同，计量经济学模型分为横截面数据模型、时间序列模型和面板数据模型。不同数据的特点对建模方法有所影响。

4.线性模型和非线性模型。如果方程式采用参数（或变量）的线性函数进行表述，则为线性模型。如果表现为非线性形式，则为非线性模型。

不同模型的构成有所不同，尤其是在参数模型与非参数模型之间。下面以最基本的单方程式参数模型——一元线性模型式（1.1）为例，说明经典参数模型的构成因素。

$$y=\beta_0+\beta_1 x+u \tag{1.1}$$

上述模型由四个要素构成：

1.变量（variable）。变量是用于描述经济活动、经济现象的各种概念或范畴。在式（1.1）中，等号前面的变量y是分析研究的对象，被称为因变量（dependent variable）或被解释变量（explained variable）；模型等号右边的变量x，是与因变量相关的影响因素，被称为自变量（independent variable）或解释变量（explanatory variable）。

2.误差项（error term）。误差项u是一个随机变量，也称为随机干扰（扰动）项。用于表示未包含在模型之内的所有因素对因变量的影响，也称为“噪声”。计量经济模型可以帮助我们从具有随机性（噪声）的数据中找到变量之间的数量依存关系即协变规律。其前提是随机误差具有某种统计规律性。所以需要对随机项加以限制，即假定误差项满足某些条件。这些假定将在第二章中介绍。

3.参数（coefficients）。模型中表示变量之间数量关系的系数β_0、β_1称为参数，具体说明解释变量对被解释变量的影响方式和程度。模型参数的估计和检验方法是计量经济学研究的主要内容。

4.方程式的形式。方程式的形式$f(\cdot)$是将计量经济模型的诸要素联系在一起的数学表达式。对于式（1.1），就是通过线性函数形式将前三个要素结合在一起。

三、计量经济建模步骤

计量经济模型建模大致分为理论驱动（经典的结构建模）和数据驱动（如ARMA类建模）两个大类。下面以经典的结构模型（或因果模型）为例进行讨论。结构模型构建过程包括四个连续的阶段：模型设定、参数估计、模型检验和模型应用。

1.模型设定。结构建模是典型的“理论驱动”，即在研究建模对象基础上，依据一定的经济理论或通过对经济现实的观察，对相关经济现象之间的具体联系或依存关系进行抽象和简化，先验地用一个或多个数学方程式（函数）将各变量之间的数量依存关系表达出来。这样的模型称为“理论模型”，是为构建计量经济模型搭建的一个基础框架。

2.参数估计。理论模型中的参数是未知的。模型设定后，需要收集模型中各变量的样本数据，选择适当的方法计算出模型参数的具体估计值。计量经济学参数估计的方法有最小二乘估计（LS）、最大似然估计（ML）和矩估计（MM）等。参数估计方法大多数是在推断统计方法（尤其是回归分析法）基础上发展起来的，是计量经济建模的基础性工作。

3.模型检验。模型检验就是对上一步所估计出的部分或全部参数值加以评定。包括依次进行的三个层次的检验：第一层次，经济意义检验。考察估计出的参数的正负符号和绝对值大小是否符合经济理论的假设和经济现实，即模型参数有没有合理的经济解释。第二层次，统计检验。即对参数估计的统计可靠性作出评估。主要应用数理统计中的假设检验方法，如拟合优度检验、显著性检验等。统计检验以经济意义检验为前提条件，因为对没有经济意义的参数估计结果进行统计检验是无意义的。第三层次，计量经济检验。对计量经济方法的假设条件是否满足进行检验，以确定统计推论的可靠性。主要包括随机项的序列相关检验、异方差检验、解释变量的多重共线检验和模型的稳健性检验等。如果某一检验不能通过，则需要分析其原因并采取针对性的措施修正或重建模型，如重新考虑模型的设定问题、扩大样本规模、优化估计等。

4.模型应用。估计出参数并通过检验的模型称为计量经济模型或经验模型，可以应用于验证经济理论、分析经济结构、评价政策决策、仿真经济系统以及预测经济发展等领域。验证经济理论，是证实或证伪经济理论的过程（严格地讲，未经经济计量证实的理论，还不能称为理论，充其量只能称为经济假说）。结构分析，即对变量之间的依存关系方向和程度进行分析，定量地测定、检验经济关系，如边际（乘数）分析、弹性分析，等等。政策评价，就是运用构建的模型对政策（干预）的效果进行评价。经济预测是运用模型对未来经济发展的水平或趋势做出预估或判断。经典结构模型建模步骤见图1.1。

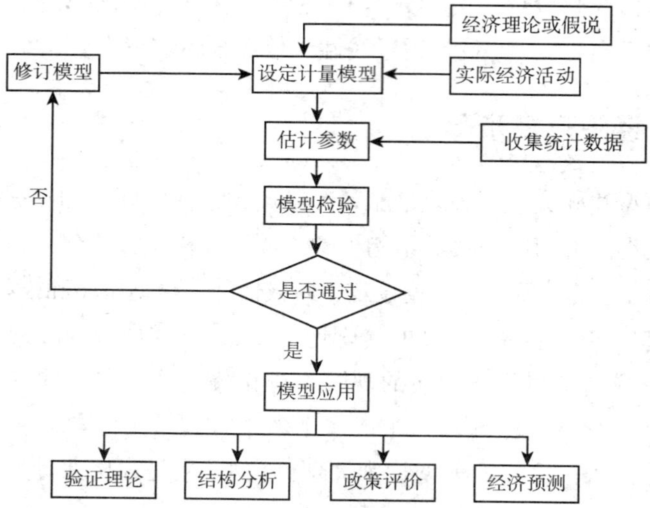

图1.1　经典结构模型建模步骤

第二节 Stata软件简介

可以应用于计量经济建模的软件大致可以分为四类：第一类是基于编程语言（如R、python）的有关程序包；第二类是综合统计软件包（如SPSS、SAS）的回归模块；第三是综合性计量经济软件包，如EViews和Stata；第四类是侧重于某一领域建模的专门计量软件，如microfit（经典建模）、smartpls和mplus（路径分析和潜变量建模）、HLM（多层次线性模型）、limdep（受限因变量建模），等等。本教材应用的是目前最普及的综合计量经济软件包Stata。

一、软件界面和操作方式

Stata由美国Computer Resource Center公司于1985年研制。当前的最新版本是Stata 18。安装Stata后，点击电脑桌面上的Stata图标，即可打开Stata。软件界面如图1.2所示。

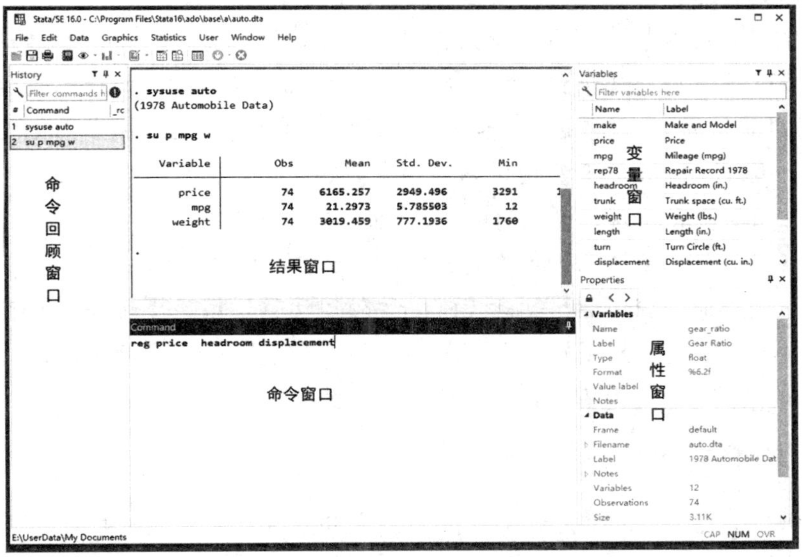

图1.2 Stata的主要窗口

可见，在界面最上方有一排Windows风格的菜单。在菜单之下，则为一系列快捷键图标（按钮）。在按钮之下，有五个窗口，分别为：

结果窗口（Results）：显示执行Stata命令后的输出结果。

命令窗口（Command）：在此窗口输入Stata命令。

命令回顾窗口（Review）：记录使用过的命令。

变量窗口（Variables）：显示被读入内存的所有变量。

属性窗口（Properties）：显示当前数据文件与变量的属性。

Stata有三种等价的操作方式：

（一）使用菜单（或快捷图标）

Stata软件的工具栏提供了标准的Windows样式菜单和快捷图标。一个菜单项代表一类功能，往往后面还有二级或三级菜单。用户可以通过鼠标选择需要的功能，在弹出的窗口设置好有关选项，确定（回车或点击OK）即可运行。由于不需要事先熟悉Stata命令，这种方法非常方便初学者使用。

（二）使用命令

Stata的命令是一条可执行的语句。基本语法为：

[prefix:] command [varlist] [=exp] [if exp] [in range] [weight] [, options]

command为主命令，方括号“[ ]”内的内容都是选填项。其中，prefix规定重复执行命令的方式；varlist是变量清单（可以含若干个变量）；等号（=）用来赋值和运算，exp是其表达式；if和in分别用来限制样本的条件和范围；weight定义权数；options是命令的附加选项（前面用逗号与命令主体分隔开来）。

Stata的命令和变量的字符区分大小写，标点符号必须是西文（半角）格式，变量名称也可以是中文（只限于较新版本）。Stata的命令可以使用简化的表达，如命令generate可以简化为g、ge或gen。本书中有时用下划线标出可以用于简化的部分，如generate、regress。Stata的变量也可以使用类似的简化表达，前提是能够与其他变量区分开来，如变量country，可以简化为c，前提是文件中没有首字母为c的其他变量。变量还可以使用通配符“*”，如x*代表所有以x为首字母的变量。

命令被输入命令窗口后，回车（Enter）就可运行。每一个命令的细节，可以通过help命令查看。比如想了解方差分析命令anova的用法，可在Command窗口中输入help anova，回车即可查看与此命令相关的各种细节和示例。

（三）使用do文件

一组命令语句组成的批处理文件称为do文件（Do-file）。当一项任务需要多条命令，尤其是各条命令之间存在联系时，在命令窗口逐条输入命令太烦琐，而且也不便于操作过程的保存。这时可以使用do文件进行批处理。方法是在命令栏中输入doedit，或者点击打开快捷菜单中的New Do-file-editor图标，然后逐条输入命令。由此形成的文本文档就是do文件，以后缀.do表示，比如abc.do。在do文件中可以添加注释[①]，以增强do文件的可读性。点击编辑器中的快捷按钮execute（do），即可运行do文件。当前

① do-file中的注释，如果放在单独一行前面用“*”标注；如果放在命令中间用“/*……*/”标注；如果放在命令后用“//”标注。注释仅供使用者查阅，Stata在运行do-file时会自动跳过注释语句。

使用的do文件可以保存下来以备后用。Review窗口中的命令也可以保存为do文件。

上述三种操作方式（命令方式、菜单方式和do文件方式）是等价的。每一个菜单操作都对应着相应的Stata命令，而且该命令会同时在结果窗口显示；绝大多数命令也能通过菜单方式实现；do文件实际上就是合在一起的若干条命令。为了简化叙述，本教材主要介绍命令方式，对于一些比较复杂的方法，也适当介绍do文件的编写和使用方法。

命令及其运行结果会显示在结果窗口。记录这些结果的文件称为日记文件（log-file）。在开始运行Stata时，可以通过点击log图标创建一个log文件（以后缀.scml表示），并指定其路径和文件名。或者键入命令，比如log using "d:\abcd.scml"。log文件可逐条记录此间Stata的运行结果，方便日后查看。在结束运行时，点击log图标或者键入命令log close可将其保存并关闭。

二、数据文件建立与管理

（一）数据类型

根据数据结构属性不同，Stata将数据区分为横截面数据、时间序列数据和合并数据三种类型。

1. 横截面数据（cross sectional data）。由同一时间不同统计单位（个体）的变量值组成的数据集。比如在山东省随机抽取50个县级行政区进行调查，各县2023年人均GDP构成的数据集。横截面数据是Stata默认的数据类型。

2. 时间序列数据（time series data）。是某一变量的取值按时间顺序排列而成的数据集。时序数据可以是流量（如2000~2023年山东省粮食产量数据），也可以是存量（如2000~2023年济南市年末居民储蓄余额）。Stata用命令tsset定义时间序列。

3. 合并数据（pooled data）。时间序列数据和横截面数据交叉组合而成的数据集称为合并数据，其中有一类特殊的数据，称为面板数据（panel data），由相同的一些单位或个体在不同时期的数据构成。例如，如果连续10年的居民消费情况调查，每年调查的1000个家庭不变，调查数据即构成面板数据。面板数据可以用于对调查对象的追踪研究，所以包含的信息量和实际应用价值比一般的合并数据更大。Stata用命令xtset定义面板数据。

（二）数据格式

数据的表示形式称为数据格式。在Stata中，除了时间变量外，主要有数值型和字符型两种格式：

1. 数值变量。用常规的数值形式表示。分为整数型（byte、int、long）和小数型（float、double），各数据形式在计算机中储存精度不同。

2. 字符变量（String）。由字母或一些特殊符号组成（也可以由数字来组成，但数字在这里仅代表一些符号，没有数量意义）。一般用str#来表示字符的多少，如str20表示有20个字符（变量名最多可包括244个字符）。

Stata数据中的缺失值，用实心小圆点（.）表示。

（三）建立数据文件

数据文件是Stata处理和分析的对象。数据文件的默认结构是，每一行代表一次观测（个体或日期），每一列存储一个变量的取值，如表1.1所示。

表1.1　Stata数据文件结构

观测	变量1	变量2	…	变量*k*
观测1	2.2	5.0	…	14.1
观测2	3.7	3.5	…	13.2
…	…	…	…	…
…	…	…	…	…
观测*n*	9.8	11.2		21.3

建立数据文件有如下几种方法：

1. 直接录入。如果数据量不大，可以用input命令直接录入。

【例1.1】选取10块土地进行肥效测试，实验数据如表1.2所示。在Stata命令窗口直接录入创建为数据文件。

表1.2　粮食产量与施肥量实验数据　单位：公斤

地块（*i*）	亩产量（*y*）	亩施肥量（*x*）
A	298	176
B	322	190
C	456	231
D	522	344
E	677	367
F	690	400
G	719	512
H	765	522
I	822	531
J	840	600

.input str1 i y x　　//地块（i）是字符型数据，故用str1进行声明，1代表字符长度[①]

① 本教材中，Stata命令语句前带的实心小圆点(.)只是表明一条命令的开始，命令语句后的双斜杠（//）代表引出对本条命令的注释，它们不是命令的组成部分，这两部分都不允许输入命令窗口。双斜杠（//）后面的注释可以写入do文件（但不被执行）。教材的其余部分也是这样，不再一一说明。

.A 298 176

.B 322 190

......

.J 840 600

.end //表明输入完成

输入结束后，命名并保存即可。例如，点击菜单栏中的save图标，命名该文件为ex1.1.dta（“.dta”是Stata数据文件的后缀，不必输入），存放在指定的位置，比如E盘根目录下。这个操作过程与输入下列命令是等价的：

.save “E:\ex1.1.dta”

2.使用数据编辑器（Data Editor）。输入命令edit或者点击快捷图标行中的Data Editor图标，打开数据编辑器（Data Editor），如图1.3所示，在方格中输入相应的变量名和数据，将其进行保存为数据文件。

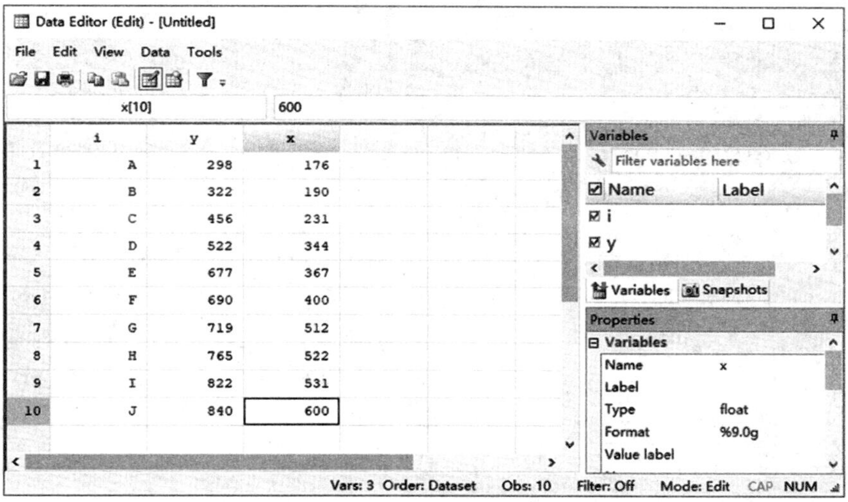

图1.3 Data Editor（Edit）界面

3.读入已有的Stata文件。要打开计算机中已经存在的Stata数据文件，可以使用Open菜单或快捷图标按钮，或使用use命令。例如要打开电脑E盘根目录下的shuju.dta，则可使用如下命令：

.use “E:\shuju.dta”, clear //clear是清空已被读入内存中的其他数据文件

如果打开Stata内置（自带）数据，可以使用sysuse命令，文件储存路径可省略，如sysuse auto；如果打开网络上的Stata文件，使用webuse命令，如webuse http://www.abc.com/sj.dta（如果从Stata官网http://www.stata-press.com/stata获取文件，网址可以省略）。

4. 打开其他格式的文件。实际应用中，我们经常先用Excel表格（.xls）、文本文档（.txt）等格式录入数据，并存为数据文件，然后导入Stata。File→import菜单提供了多种文件格式的读入选项，使用非常方便。比如假设E盘根目录下有一个excel文件shuju.xls，现在要将其读入，可以应用该菜单打开。或者等价地，输入命令：

.import excel "E:\shuju.xls"

（四）数据运算

Stata的算术运算符号有加（+）、减（-）、乘（*）、除（/）、乘方（^）。逻辑运算符号有（&），或（|）和非（~、！）。关系符号有等于（==）、大于（>）、小于（<）、大于等于（>=）、小于等于（<=）和不等于（!=、~=）。Stata提供了八类函数（数学函数、分布函数、随机数函数、字符函数、程序函数、日期函数、时间序列函数和矩阵函数）。将常用的部分函数命令整理如表1.3所示。

表1.3　　部分常用函数其命令

函数类型	命令	命令解释	应用举例或备注
数学函数	abs(x)	x的绝对值	di abs(-2)　[2]
	ceil(x),floor(x),int(x)	大（小）于等于x的最小（大）整数，或只取整数部分	di ceil(3.2)　[4]
	round(x)	四舍五入	di round(3.6)　[4]
	exp(x)	指数	di exp(5)　[148.4136]
	ln(x)或log(x)	自然对数	di ln(148.4136)　[5]
	log10(x)	常用对数	di log10(100)　[2]
	max(x1,...,xn)	最大值（忽略缺失值）	di max(2,3,10)　[10]
	min(x1,...,xn)	最小值（忽略缺失值）	di min(2,3,10)　[2]
	sum(x)	序列依次向后递进求和	求总和为egen y=total(x)
	sqrt(x)	序列求平方根	di sqrt(10)　[3.1622777]
	sin(x),cos(x) ,tan(x)	正弦、余弦、正切（三角函数）	di tan(3)　[-0.143]
	comb(n,k)	组合数	di comb(8,3)　[56]
	real("s")	字符转为数值或缺失值	di real("3")+1　[4] di real("Stata")　[.]
	string(n)	数值型转字符型	di string(3)　[3]
	substr("s",n,k)	从字符变量值s的第*n*个字符开始，截取*k*个字符	di substr("country",5,3) [try]
字符函数	_N	观测值总数	
	_n	当前观测值序号	
	_pi	圆周率	

注：最后一列中，di是显示运算结果命令display的缩写，[ ]内是Stata显示的运算结果。

（五）数据管理

Stata数据管理包括数据的拆分、合并、标注、排序、重整、运算、显示等基础性工作。常用数据管理命令举例如表1.4所示。

表1.4 部分常用数据管理命令

命令	命令解释	用法示例
describe	显示整个数据集的信息	
rename	将现有变量名改为新的变量名	ren gender sex; ren (x,y,z) (a,b,c)
label data	对数据设置标签	label data 2004级成绩表
label var	对变量设置标签	label var name 姓名
destring	字符串（数字形式）转化为数值	destring a,replace ; destring a , gen(x)
tostring	数值化转化为字符串（数字形式）	tostring x,replace ; tostring x , gen(a)
encode	字符串转化为数字序号	encode a,gen(x)
decode	数字序号转化为字符串	decode x,gen(a)
stack	将多列数据转换成一列数据	stack x y, into(z)
xpose	行列互换（转置）	xpose，clear
list	列示内存中的数据	list x y
save	保存数据	save mydata, replace
drop	删除变量或观测值（其他保留）	drop y ; drop in 1/5; drop if x<=10
keep	保留变量或观测值（其他删除）	keep x ; keep in 3/8; keep if y>100
replace	替换变量或观测值	replace x=100 in 3; replace x=2*y+4
sort	观测值排序（由小到大）	sort x
gsort	观测值排序（由大到小）	gsort –x
generate	生成新变量	gen z=x/100; gen d=(x>80)
display	计算器功能	di 2*3–16
erase	擦掉（删除）数据文件	erase aa.dta,replace

三、Stata概率统计初步

（一）统计分布函数

统计分布分为离散型分布和连续型分布。最常用的离散型概率分布是二项分布，最常用的连续性概率分布有正态分布及与之相关的t分布、χ^2分布和F分布。常用分布函数如表1.5所示。

表1.5　　部分常用分布函数命令

分布	数值x左侧的累计面积	数值x右侧的面积（p值）	概率密度函数	反函数（分位数）	说明	示例
二项分布	binomial(n,x,p)	—	—	—	n为独立试验的次数，x为成功次数	display binomial(10,3，0.5)[0.171875]
正态分布	normal(x)（标准正态分布）	—	normalden(x) normalden(x,s) normalden(x,m,s)	invnormal(p)	m为均值（缺省为0），s为标准差（缺省为1）	display normal(2)[0.97724987]
χ^2分布	chi2(x)	chi2tail(df,x) =1−chi2(df,x)	—	invchi2(df,p) invchi2tail(df,p)	df为自由度	display invchi2(10,0.05)[3.9402991]
t分布	—	ttail(df,x)	tden(df,x)	invttail(df,p)	df为自由度	display ttail(20,2)[0.02963277]
F分布	F(df1,df2,x)	Ftail($df1,df2,x$) =1−F($df1,df2,x$)	Fden($df1,df2,x$)	invF($df1,df2$,p) invFtail($df1,df2,p$)	$df1$、$df2$为分别为分子、分母自由度	display invF(30,4,0.05)[0.37179869]

注：分布函数后面的p是概率，x是变量取值。最后一列方括号内是Stata显示的运算结果。

（二）描述统计

Stata描述统计用到概述统计命令summarize。完整的命令形式如下：

[by varlist1:] summarize [varlist2] [if exp] [in range] [,options]

其中[by varlist1:]表示按一组变量（由varlist1指定）分组；summarize [varlist2]表示命令是针对给定的一个或一组变量varlist2进行概述统计；[if exp]表示该命令只针对满足exp（一般是一个逻辑表达式）的观测值执行；[in range]指定命令执行的范围，如in 5/12指执行的范围是第5~12个观测；[,options]是命令特有的一些选项，根据情况和需要而定，Stata的强大功能主要就体现在这些选项上，可以通过help命令查看说明。描述统计分析的结果可以用制表命令显示出来。制表命令包括分组列表显示命令table、经验分布命令tabulate等。

【例1.2】Stata内置的示例数据文件auto.dta，反映的是1978年在美国销售的74个牌号汽车的技术参数和价格等数据。试对有关变量进行描述统计分析。

```
.sysuse auto        //打开系统数据文件auto.dta
.by foreign:summarize length weight if price<=5000        //带条件的分组概述统计
```

```
-> foreign = Domestic
```

Variable	Obs	Mean	Std. Dev.	Min	Max
length	29	184.4828	17.47778	147	218
weight	29	2920	553.0306	1800	3690

```
-> foreign = Foreign
```

Variable	Obs	Mean	Std. Dev.	Min	Max
length	8	156.875	8.408117	142	165
weight	8	1987.5	146.5557	1760	2200

.table foreign,contents(n rep mean price sd price med mpg) //列表显示各分组有关描述统计量

Car type	N(rep78)	mean(price)	sd(price)	med(mpg)
Domestic	48	6072.4	3097.104	19
Foreign	21	6384.7	2621.915	24.5

.tabulate rep78 //显示经验频数、频率和累计频率分布，选项summarize(varname)可显示指定变量的分组均值和标准差

Repair Record 1978	Freq.	Percent	Cum.
1	2	2.90	2.90
2	8	11.59	14.49
3	30	43.48	57.97
4	18	26.09	84.06
5	11	15.94	100.00
Total	69	100.00	

（三）推断统计

我们可以通过样本数据对总体参数进行推断统计，比如构造总体均值的置信区间、对某些假设进行显著性检验等。我们通过下面的例子说明有关命令的应用。

【例1.3】仍使用auto.dta，对有关变量进行推断统计。

.ci means price ,level(99) //总体均值99%的置信区间（缺省置信水平是95%）

Variable	Obs	Mean	Std. Err.	[99% Conf.	Interval]
price	74	6165.257	342.8719	5258.405	7072.108

.ttest mpg=30 //对原假设“平均mpg为30”进行t检验

One-sample t test

Variable	Obs	Mean	Std. Err.	Std. Dev.	[95% Conf.	Interval]
mpg	74	21.2973	.6725511	5.785503	19.9569	22.63769

```
    mean = mean(mpg)                                              t = -12.9398
Ho: mean = 30                                    degrees of freedom =       73

    Ha: mean < 30               Ha: mean != 30                 Ha: mean > 30
 Pr(T < t) = 0.0000         Pr(|T| > |t|) = 0.0000          Pr(T > t) = 1.0000
```

.anova price foreign　　//对原假设“国产车和进口车的平均价格没有差异”进行方差分析

```
                 Number of obs =         74     R-squared     =  0.0024
                 Root MSE      =    2966.38     Adj R-squared = -0.0115

          Source | Partial SS         df         MS          F    Prob>F
      -----------+-----------------------------------------------------
           Model |  1507382.7          1   1507382.7       0.17  0.6802
                 |
         foreign |  1507382.7          1   1507382.7       0.17  0.6802
                 |
        Residual |  6.336e+08         72   8799416.9
      -----------+-----------------------------------------------------
           Total |  6.351e+08         73     8699526
```

（四）统计制图

Stata具有丰富的制图功能，可以通过菜单或命令制作多种统计图，如直方图（histogram）、箱线图（graph box）、核密度图（kdensity）、QQ图（qnorm）、两个变量的散点图（scatter）、多个变量的散点图矩阵（graph matrix）、饼图（pie）等。Stata作图命令的格式是上述图形命令后面跟一个或多个变量的名称，还可以设定有关选项。

【例1.4】仍利用auto.dta，绘制耗油量mpg的直方图、核密度线和理论分布（正态分布）图。

.histogram mpg , bin(20) start(0) kdensity normal　　//bin代表分组数，start代表横坐标起点

软件显示如图1.4所示。

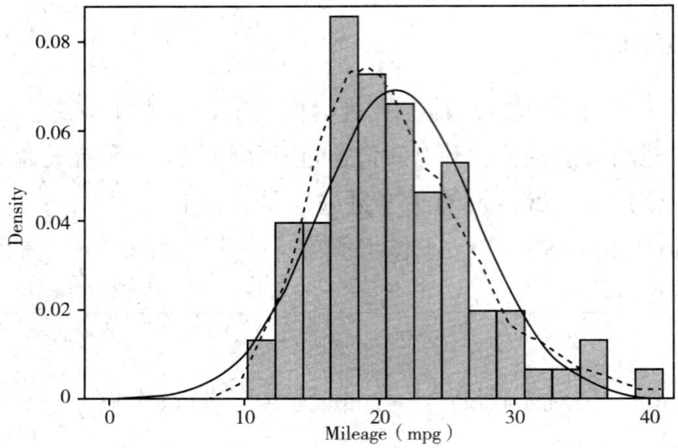

图1.4　统计分布

（五）生成随机数

为了进行统计模拟，有时需要生成服从某种理论分布（如正态分布）的随机数。

由于软件中给出的随机数是按照一定的规则生成的，并不是真正的随机数，所以也被称为“伪随机数”。如果给定生成伪随机数的种子（seed，即初始数值），则对相同的种子，每次生成的伪随机数序列完全一样（如果只进行一次模拟，该步骤可以省略）。利用批处理方式可以提高生成随机数的效率。例如，我们要生成100个产生自$\chi^2(20)$的伪随机数，可以编写do文件如下：

```
*d1：生成伪随机数
clear      //关闭内存中已打开的文件
set obs 100      //设定随机数个数（样本容量）为100
set seed 12345      //设定初始数值，可省略
generate x=rchi2(20)      //生成服从χ² (20)的变量x的随机数
```

点击do-file编辑器上方的运行按钮，即可运行该文件。如果希望生成服从其他分布的随机数，只需将上述do文件中最后一条命令中的统计分布函数修改即可。例如可将rchi2(20)的自由度20改为任意正整数，或将分布改为runiform()（0~1上的均匀分布）、runform(a,b)（a~b上的均匀分布）、rnomal()（标准正态分布）、rnomal(m,s)（均值为m、标准差为s的正态分布）、rt(df)（自由度为df的t分布）等。Stata还可以批量生成多个随机数序列。

习 题

1. 请读者自己收集历年诺贝尔经济学奖的资料，通过对各奖项所属学科领域的统计，了解计量经济学在经济学中的重要地位。根据计量经济学领域获奖者的主要学术贡献，了解计量经济学的发展演进轨迹。

2. 理论模型和计量经济模型（经验模型）有何区别和联系？

3. 结合本科阶段学习过的计量经济学知识，各举一个结构模型的例子和一个非结构模型的例子，说明二者的不同特点。

4. 打开本教材配套数据中的工资调查数据“wage.dta”，完成以下练习：

（1）对工资水平进行概述统计。

（2）计算被调查者中已婚者的比重（提示：用tabulate命令）。

（3）计算样本中母亲受教育年数不小于父亲受教育年数的被调查者所占比重。

（4）计算来自南方的黑人被调查者人数。

（5）计算来自南方或是黑人的被调查者人数。

（6）用*sibs*分组，列表显示*educ*的均值和标准差（提示：用tabulate命令）。

（7）用*sibs*分组，列表显示*educ*的均值和标准差、*black*的人数和*lwage*的中位数（提示：用table命令）。

5. 如果$X \sim F(3,45)$，试计算：$P(X < 1.5)$；$P(X > 2.5)$；对应于$\alpha = 0.05$的上侧临界值；三个四分位点的值。

6. 为什么Stata生成的随机数被称为“伪随机数”？分别生成500个服从$N(10,5^2)$、$\chi^2(3)$和$t(30)$的随机数。将文件命名为random.dta，并保存在你的计算机桌面上。

第一篇

横截面数据回归模型

第二章 经典线性回归模型

计量经济建模方法论是在回归分析理论基础上发展起来的。基于横截面数据的多元线性回归模型是最基础的计量经济模型，也是本科阶段初级计量经济学学习的主要内容。本章将对经典线性回归模型建模方法进行简要回顾和适当扩展，为中级计量经济学的学习奠定基础。

第一节 线性回归模型的一般形式

一、简单相关与一元线性回归模型

变量之间严格的数量依存关系称为函数关系。经济现象中，这种确定性的函数关系只是一种特例，在绝大多数情况下，经济变量之间的数量依存关系具有随机性，这种不严格的统计关系被称为相关关系。最简单的相关关系是两个变量之间的线性相关关系——简单相关。简单相关关系的正负方向和紧密程度可以通过散点图进行直观观察，并用两个变量的标准差和协方差计算简单相关系数进行度量。但相关分析只能考察变量之间是否存在依存关系，不能回答这种统计关系的具体形式究竟如何，即一个变量是如何影响另外一个变量的问题。完成这个任务需要借助回归分析（regression analysis）来完成。

最基本的回归分析是两个变量之间的回归分析。如居民可支配收入如何影响消费支出？施肥量如何影响粮食收成？等等。与相关分析将变量同等看待不同，回归分析中变量的地位是不对等的。其中，消费、粮食产量这样被其他因素影响的变量称为被解释变量（explained variable），或因变量（dependent variable）、回归子（regressand）、响应变量（response variable），一般用y表示；相应地，收入、施肥量这样影响其他变量的因素，称为解释变量（explanatory variable），或自变量（independent variable）、回归元（regressor）、协变量（covariate），一般用x表示。变量y和x的第i个观测值用y_i和x_i表示。

回归分析的目的是基于样本数据建立被解释变量和解释变量之间的数学表达式，描述变量之间协变关系的具体形式。举例来说，每亩的施肥量x与粮食产量y之间存在相关关系，前者的变动会影响（导致）后者的变动。平均说来，y随x的增加而增加，即二者存在正的相关关系。

显然，施肥量相等的几个地块，粮食亩产不一定相同，说明对于解释变量x的某一个固定水平，被解释变量y有若干个取值与之对应。即对于给定的x取值x_i，y的可能取值服从一个概率分布——被称为y的条件分布。该条件分布的均值（期望）称为条件均值（条件期望），记为$E(y_i|x=x_i)$，可以简记为$E(y_i|x_i)$、$E(y|x_i)$或$E(y|x)$；条件分布的方差称为条件方差，记为$\text{var}(y_i|x=x_i)$，可以简记为$\text{var}(y_i|x_i)$、$\text{var}(y|x_i)$或$\text{var}(y|x)$。

为了刻画变量之间的协变规律，把因变量y的条件均值表示为x的某个特定函数，称为y对x的总体回归函数（population regress function，PRF）：

$$E(y_i|x_i)=f(x_i)$$

总体回归函数的具体形式$f(x_i)$一般是未知的，研究者只能根据经济理论或实践经验，通过研究或观察，对$f(x_i)$作出尽可能合理的设定。最简单化的做法是将因变量的条件均值设定为x的线性函数：

$$E(y_i|x_i)=f(x_i)=\beta_0+\beta_1x_i \tag{2.1}$$

式（2.1）被称为总体的一元线性回归方程，或一元线性回归模型。从几何意义上讲，式（2.1)中的参数β_0为直线的截距（intercept），参数β_1为直线的斜率（Slope）。由于：$\beta_1=\dfrac{dE(y|x)}{dx}$，所以$\beta_1$实际上反映了自变量对因变量条件均值的边际效应（expected marginal effect），即x每变化一个单位，导致y的平均变化量，相当于经济学中的“边际”或“乘数”（multiplier）概念。

回归分析中，线性模型的“线性”有两种解释：一是“变量线性”，即y的条件均值是x的线性函数。按这一理解，$E(y|x)=\beta_0+\beta_1x^2$不是线性模型。二是“参数线性”，即$y$的条件均值是参数$\beta$的线性函数。按这一标准，$E(y|x)=\beta_0+\beta_1x^2$是线性模型，而$E(y|x)=\beta_0+\beta_1x^{\beta_2}$则不是线性模型。计量经济学一般在“参数线性”意义上理解“线性模型”。这是因为，变量非线性问题相对容易解决，如有些非线性模型可以方便地变换为线性模型，例如，对于模型$E(y|x)=\beta_0+\beta_1x^2$，令$x^2=x^*$，此时非线性模型$E(y|x)=\beta_0+\beta_1x^2$就变成线性模型$E(y|x)=\beta_0+\beta_1x^*$。

二、复相关与多元线性回归模型

在现实社会经济现象中，一个变量往往与多个变量相关，这种相关关系称为复相关。从回归分析的角度看，一个变量的变化往往是多个相关变量变化联合影响的结果。例如，某种商品的市场需求量不仅受该种商品价格的影响，而且还可能受消费者的收入水平、替代商品和互补商品的价格等因素的影响；又如，影响一个国家货币需求量的不仅有经济规模，而且还有利率、物价水平、外汇储备等多种因素。如果被解释变量（因变量）y与k个解释变量（自变量）x_1，x_2，…，x_k之间存在复相关关系，可以用多元线性回归模型表示出来。多元线性回归的总体回归函数（PRF）为：

$$E(y|\boldsymbol{x}_i)=\beta_0+\beta_1x_{1i}+\beta_2x_{2i}+\cdots+\beta_kx_{ki} \tag{2.2}$$

多元线性回归模型包含k个自变量，它们之间是平行的关系，共同对因变量产生影响。但在经济分析过程中，我们往往对不同自变量的关注程度不同：需要重点考察的自变量称为“解释变量”或“关注变量”；其余自变量称为“控制变量”，即只是作为控制条件使用，不是模型关注的重点。$x_j(j=1,2,\cdots,k)$的系数β_j表示当控制其他自变量取值不变的条件下，该自变量的单位变动对被解释变量均值的影响，故又被称为偏斜率系数或偏回归系数。

为求形式一致，将式（2.2）等号右边各项都表示为系数与变量的乘积形式，则第一项写作β_0x_0，其中$x_0\equiv1$，被称为“常量”（constant）或“常变量”。定义自变量向量$\boldsymbol{x}=(1,x_1,x_2,\cdots,x_k)$，系数列向量为$\boldsymbol{\beta}=(\beta_0,\beta_1,\beta_2,\cdots,\beta_k)'$，则式（2.2）可以简记为：

$$E(y|\boldsymbol{x}_i)=\boldsymbol{x}_i\boldsymbol{\beta} \tag{2.3}$$

式（2.3）是线性回归模型PRF的一般形式。一元线性回归模型式（2.1）是式（2.3）在只有一个自变量，即$\boldsymbol{x}=(1,x)$，$\boldsymbol{\beta}=(\beta_0,\beta_1)'$时的特例。为了叙述方便，下面的讨论大多基于式（2.3）所示的一般形式展开。

三、随机误差项

以条件均值表现的总体回归函数式（2.3），描述的是随着解释变量的变动被解释变量的平均变动量。对于给定的自变量（向量）取值$\boldsymbol{x}_i$，y有若干个可能的取值，以某种概率分布在其条件均值$E(y|\boldsymbol{x}_i)=\boldsymbol{x}_i\boldsymbol{\beta}$附近的某个区域之内，围绕该条件均值上下波动。将因变量实际取值与其条件均值的差称为随机误差项（stochastic error term）或随机干扰（扰动）项（stochastic disturbance term），记为u：

$$u_i=y_i-E(y_i|\boldsymbol{x}_i) \tag{2.4}$$

u是一个可正可负的随机变量，代表着那些未被列入自变量的诸多非主要因素对y的综合影响，这种影响是偶然性的，而非系统性的。由式（2.4）得到总体回归函数的具体值表示方式，或称PRF的随机设定形式：

$$y_i=E(y_i|\boldsymbol{x}_i)+u_i=\boldsymbol{x}_i\boldsymbol{\beta}+u_i=\beta_0+\beta_1x_{1i}+\beta_2x_{2i}+\cdots+\beta_kx_{ki}+u_i \tag{2.5}$$

可见，因变量的任一实际取值y_i由两部分组成：$E(y|\boldsymbol{x}_i)=\boldsymbol{x}_i\boldsymbol{\beta}$称为系统分量或信号（signal），是可以被自变量变动解释的部分；随机误差项u_i是不能被自变量解释的随机分量或噪声（noise）。

式（2.3）与式（2.5）是等价的。对式（2.5）两边以x的取值x_i为条件求条件均值，有：

$$E(y_i|\boldsymbol{x}_i)=E[E(y_i|\boldsymbol{x}_i)]+E(u_i|\boldsymbol{x}_i)=E(y_i|\boldsymbol{x}_i)+E(u_i|\boldsymbol{x}_i)$$

显然，这里隐含着$E(u_i|\boldsymbol{x}_i)=0$的假定。

对于规模为N的有限总体，就有N个形如式（2.5）的具体等式，写成矩阵形式：

$$\begin{bmatrix} y_1 \\ y_2 \\ \vdots \\ y_N \end{bmatrix}_{N\times 1}=\begin{bmatrix} 1 & x'_{11} & x_{21} & \cdots & x_{k1} \\ 1 & x_{12} & x_{22} & \cdots & x_{k2} \\ \vdots & \vdots & \vdots & \cdots & \vdots \\ 1 & x_{1N} & x_{2N} & \cdots & x_{kN} \end{bmatrix}_{N\times(k+1)}\begin{bmatrix} \beta_0 \\ \beta_1 \\ \vdots \\ \beta_k \end{bmatrix}_{(k+1)\times 1}+\begin{bmatrix} u_1 \\ u_2 \\ \vdots \\ u_N \end{bmatrix}_{N\times 1}$$

所以，矩阵形式的PRF的随机设定形式为：

$$\boldsymbol{y}=\boldsymbol{X\beta}+\boldsymbol{u} \tag{2.6}$$

总体回归函数中的随机误差项，主要来源于以下三个方面：

1.被省略因素。未知影响因素、无法取得数据的已知因素以及众多细小影响因素，它们或者尚不能肯定，或者无法取得数据，或者从建模成本考虑，没有被作为自变量引入模型，其影响只能被归入为随机误差项。

2.模型设定误差和统计误差。在设定计量经济模型时，总是要对经济现实进行适当的简化和抽象，由此导致的模型设定误差归入随机误差项。另外，建模所用数据的观测（统计）误差也归入随机误差项中。

3.纯随机因素。许多经济行为和经济现象具有偶然性和内在随机性，其影响也被归入随机误差项。

由此可见，随机误差项有十分丰富的内容。一定程度上，随机误差项的性质决定着计量经济方法的选择和使用。

四、样本回归函数

通常情况下，总体回归函数实际上是没有办法测定的。研究者能够做到的是，从总体中随机获取若干个观测点的数据{$(x_{1i}$，x_{2i}，…，x_{ki}；$y_i)$: i=1，2，…，n}组成样本，通过某种方法计算出参数向量$\boldsymbol{\beta}$的样本估计值$\hat{\boldsymbol{\beta}}=(\hat{\beta}_0,\hat{\beta}_1,\hat{\beta}_2,\cdots,\hat{\beta}_k)'$，估计出样本回归函数（sample regress function，SRF）：

$$\hat{y}_i=\hat{\beta}_0+\hat{\beta}_1x_{1i}+\hat{\beta}_2x_{2i}+\cdots+\hat{\beta}_kx_{ki}=\boldsymbol{x}_i\hat{\boldsymbol{\beta}} \tag{2.7}$$

式（2.7）也被称为样本回归模型或经验回归模型。其中，$\hat{y}_i$称为回归值或拟合

值，是对PRF中系统分量的$E(y|\boldsymbol{x}_i)$估计；系数向量$\hat{\boldsymbol{\beta}}$是总体参数向量$\boldsymbol{\beta}$的估计值，其中的元素$\hat{\beta}_j(j=1,2,\cdots,k)$是$x_j$对$y$条件均值偏边际效应的估计。其实际意义是，当其他自变量保持固定时，自变量x_j每变动一个单位导致y的平均变动量。

某个样本点的实际观测值与回归值的差异称为回归残差（residual）或误差（error），记为e：

$$e_i = y_i - \hat{y}_i = y_i - \boldsymbol{x}_i\hat{\boldsymbol{\beta}} = y_i - \hat{\beta}_0 - \hat{\beta}_1 x_{1i} - \hat{\beta}_2 x_{2i} - \cdots - \hat{\beta}_k x_{ki}$$

显然，对于任一样本观测点$(x_{1i},x_{2i},\cdots,x_{ki};y_i)$，有：

$$y_i = \hat{y}_i + e_i = \hat{\beta}_0 + \hat{\beta}_1 x_{1i} + \hat{\beta}_2 x_{2i} + \cdots + \hat{\beta}_k x_{ki} + e_i = \boldsymbol{x}_i\hat{\boldsymbol{\beta}} + e_i \quad (2.8)$$

可见，任一样本观测值y_i被分解为两个部分：$\hat{y}_i = \boldsymbol{x}_i\hat{\boldsymbol{\beta}}$ 是观测值y_i中能够由$\boldsymbol{x}_i$解释的部分，故又被称为因变量的系统分量或可结束分量；e_i是y_i中不能被$\boldsymbol{x}_i$解释的部分，也称为不可解释分量，它是随机误差项u_i的代表值（估计值）。

如果样本容量为n，对于所有的观测值，就有n个形如式（2.8）的具体等式。将y的n个样本观测值记为n维列向量$\boldsymbol{y}$，自变量（包括常数项）$\boldsymbol{x}$的n组观测值记为$n\times(k+1)$维的矩阵$\boldsymbol{X}$，待估的（k+1）个系数记为列向量$\hat{\boldsymbol{\beta}}$，n维残差列向量记为$\boldsymbol{e}$。则有：

$$\boldsymbol{y} = \boldsymbol{X}\hat{\boldsymbol{\beta}} + \boldsymbol{e} \quad (2.9)$$

其中，$\boldsymbol{y}=\begin{bmatrix} y_1 \\ y_2 \\ \vdots \\ y_n \end{bmatrix}_{n\times 1}$ $\boldsymbol{X}=\begin{bmatrix} 1 & x_{11} & x_{12} & \cdots & x_{1k} \\ 1 & x_{21} & x_{22} & \cdots & x_{2k} \\ \vdots & \vdots & \vdots & \cdots & \vdots \\ 1 & x_{n1} & x_{n2} & \cdots & x_{nk} \end{bmatrix}_{n\times(k+1)}$ $\hat{\boldsymbol{\beta}}=\begin{bmatrix} \hat{\beta}_0 \\ \hat{\beta}_1 \\ \vdots \\ \hat{\beta}_k \end{bmatrix}_{(k+1)\times 1}$ $\boldsymbol{e}=\begin{bmatrix} e_1 \\ e_2 \\ \vdots \\ e_n \end{bmatrix}_{n\times 1}$

回归分析中，总体回归函数PRF通过具体的样本回归函数SRF进行推断。而理解二者的区别至关重要：

1. 对于某一个总体而言，虽然PRF一般不可知，但它是确定的、唯一的（见图2.1中的粗直线）；由于从一个总体中可以产生许许多多的样本，所以SRF是随样本不同而变化的、非唯一的（见图2.1中的各细直线）。当然，基于一个给定的样本，只能产生唯一的SRF。

2. PRF的参数向量是确定的常数（尽管未知）；而SRF的系数向量随样本不同而变化，是服从某种统计分布的随机变量，其随机性来源于样本的随机性，即随机抽样误差。

3. 总体回归模型中的误差项u是不可直接观测的随机变量；而样本回归模型中的残差e则是可以根据给定的样本观测值和样本回归函数计算出来的具体数值。

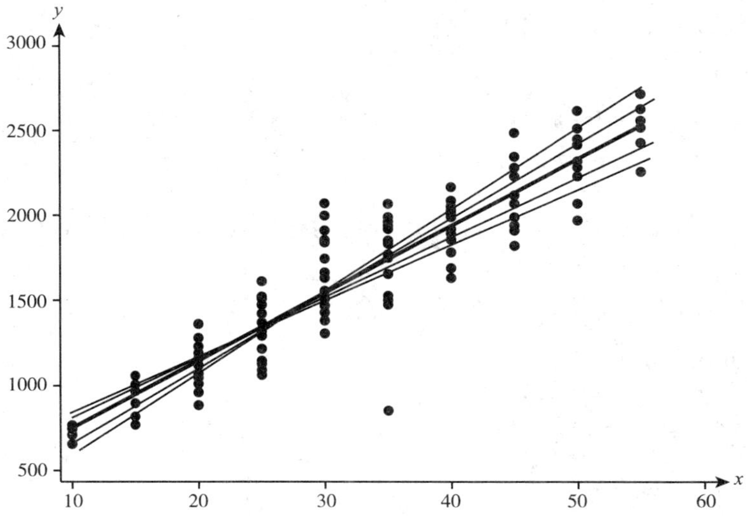

图 2.1 样本回归方程的随机性

第二节 线性回归模型的参数估计

一、最小二乘估计

经典计量经济学中最常用的参数估计方法是普通最小二乘（平方）法（ordinary least squares，OLS）。它建立在一个简单的估计准则——最小二乘准则之上：使全部样本观测点的残差平方和（residual sum of squares，RSS）最小。对于线性回归模型，估计准则是使如下目标函数达到最小：

$$RSS=\sum_{i=1}^{n}e_i^2=\sum_{i=1}^{n}(y_i-\hat{y}_i)^2=\sum_{i=1}^{n}(y_i-\boldsymbol{x}_i\hat{\boldsymbol{\beta}})^2=\sum_{i=1}^{n}(y_i-\hat{\beta}_0-\hat{\beta}_1x_{1i}-\cdots-\hat{\beta}_kx_{ki})^2 \quad (2.10)$$

根据微分求极值的原理可知，要使目标函数式（2.10）取得极小值，RSS对待估系数 $\hat{\beta}_0,\hat{\beta}_1,\hat{\beta}_2,\cdots,\hat{\beta}_k$ 的一阶偏导数应该同时为0，即：

$$\begin{cases}\dfrac{\partial RSS}{\partial\hat{\beta}_0}=-2\sum(y_i-\hat{\beta}_0-\hat{\beta}_1x_{1i}-\hat{\beta}_2x_{2i}-\cdots-\hat{\beta}_kx_{ki})=0\\ \dfrac{\partial RSS}{\partial\hat{\beta}_1}=-2\sum(y_i-\hat{\beta}_0-\hat{\beta}_1x_{1i}-\hat{\beta}_2x_{2i}-\cdots-\hat{\beta}_kx_{ki})x_{1i}=0\\ \cdots\\ \dfrac{\partial RSS}{\partial\hat{\beta}_k}=-2\sum(y_i-\hat{\beta}_0-\hat{\beta}_1x_{1i}-\hat{\beta}_2x_{2i}-\cdots-\hat{\beta}_kx_{ki})x_{ki}=0\end{cases}\Rightarrow\begin{cases}\sum e_i=0\\ \sum e_ix_{1i}=0\\ \cdots\\ \sum e_ix_{ki}=0\end{cases} \quad (2.11)$$

将上述一阶导数条件整理后，得到正规方程组：

$$
\begin{cases}
\sum y_i = n\hat{\beta}_0 + \hat{\beta}_1 \sum x_{1i} + \hat{\beta}_2 \sum x_{2i} + \cdots + \hat{\beta}_k \sum x_{ki} \\
\sum x_{1i} y_i = \hat{\beta}_0 \sum x_{1i} + \hat{\beta}_1 \sum x_{1i}{}^2 + \hat{\beta}_2 \sum x_{1i} x_{2i} + \cdots + \hat{\beta}_k \sum x_{1i} x_{ki} \\
\cdots \\
\sum x_{ki} y_i = \hat{\beta}_0 \sum x_{ki} + \hat{\beta}_1 \sum x_{1i} x_{ki} + \hat{\beta}_2 \sum x_{2i} x_{ki} + \cdots + \hat{\beta}_k \sum x_{ki}{}^2
\end{cases} \tag{2.12}
$$

解方程组（2.12），得到回归系数 $\hat{\beta}_0, \hat{\beta}_1, \hat{\beta}_2, \cdots, \hat{\beta}_k$，称为 $\beta_0, \beta_1, \beta_2, \cdots, \beta_k$ 的最小二乘估计量（OLSE）：

$$
\begin{aligned}
&\hat{\beta}_j = \frac{\sum (x_{ji} - \hat{x}_{ji})(y_i - \bar{y})}{\sum (x_{ji} - \hat{x}_{ji})^2} = \sum \frac{(x_{ji} - \hat{x}_{ji})}{\sum (x_{ji} - \hat{x}_{ji})^2} y_i = \sum k_i y_i \qquad (j = 1, 2, \cdots, k) \\
&\hat{\beta}_0 = \bar{y} - \hat{\beta}_1 \bar{x}_1 - \hat{\beta}_2 \bar{x}_2 - \cdots - \hat{\beta}_k \bar{x}_k
\end{aligned} \tag{2.13}
$$

其中，$\hat{x}_j$ 是 x_j 对模型中除自身以外的其他所有自变量（包括常数项）进行回归得到的样本内拟合值；$\bar{x}_j = \frac{\sum x_{ji}}{n}$，$\bar{y} = \frac{\sum y_i}{n}$。由此可见，回归系数 $\hat{\beta}_0, \hat{\beta}_1, \hat{\beta}_2, \cdots, \hat{\beta}_k$ 是因变量观测值 y_i 的线性函数，即所谓的“线性估计量”。

对于一元线性回归模型，参数的OLSE计算式（2.13）可以简化为：

$$
\begin{cases}
\hat{\beta}_1 = \frac{\sum (x_i - \bar{x})(y_i - \bar{y})}{\sum (x_i - \bar{x})^2} = \sum \frac{(x_i - \bar{x})}{\sum (x_i - \bar{x})^2} y_i \\
\hat{\beta}_0 = \bar{y} - \hat{\beta}_1 \bar{x}
\end{cases} \tag{2.14}
$$

为了叙述简单，也可以用矩阵方法描述参数的最小二乘估计量。根据式（2.9），n 维残差列向量 $\boldsymbol{e} = \boldsymbol{y} - \boldsymbol{X}\hat{\boldsymbol{\beta}}$。OLS的目标函数残差平方和（标量）为：

$$
RSS = \boldsymbol{e}'\boldsymbol{e} = (\boldsymbol{y} - \boldsymbol{X}\hat{\boldsymbol{\beta}})'(\boldsymbol{y} - \boldsymbol{X}\hat{\boldsymbol{\beta}}) = \boldsymbol{y}'\boldsymbol{y} - \hat{\boldsymbol{\beta}}'\boldsymbol{X}'\boldsymbol{y} - \boldsymbol{y}'\boldsymbol{X}\hat{\boldsymbol{\beta}} + \hat{\boldsymbol{\beta}}'\boldsymbol{X}'\boldsymbol{X}\hat{\boldsymbol{\beta}}
$$

因为 $\boldsymbol{y}'\boldsymbol{X}\hat{\boldsymbol{\beta}}$ 是一个标量，等于自身的转置矩阵，所以有 $\boldsymbol{y}'\boldsymbol{X}\hat{\boldsymbol{\beta}} = \hat{\boldsymbol{\beta}}'\boldsymbol{X}'\boldsymbol{y}$。故：

$$
RSS = \boldsymbol{y}'\boldsymbol{y} - 2\hat{\boldsymbol{\beta}}'\boldsymbol{X}'\boldsymbol{y} + \hat{\boldsymbol{\beta}}'\boldsymbol{X}'\boldsymbol{X}\hat{\boldsymbol{\beta}} \tag{2.15}
$$

最小化目标函数式（2.15）的一阶条件为：

$$
\frac{\partial RSS}{\partial \hat{\boldsymbol{\beta}}} = -2\boldsymbol{X}'\boldsymbol{y} + 2\boldsymbol{X}'\boldsymbol{X}\hat{\boldsymbol{\beta}} = 0\text{，即 } \boldsymbol{X}'\boldsymbol{y} = \boldsymbol{X}'\boldsymbol{X}\hat{\boldsymbol{\beta}}
$$

本章第四节的古典假定3保证了 $(\boldsymbol{X}'\boldsymbol{X})$ 是一个满秩矩阵，所以有OLSE的矩阵公式：

$$
\hat{\boldsymbol{\beta}} = (\boldsymbol{X}'\boldsymbol{X})^{-1}\boldsymbol{X}'\boldsymbol{y} \tag{2.16}
$$

由OLS确定的样本回归函数 $\hat{y}_i = \boldsymbol{x}_i\hat{\boldsymbol{\beta}}$ 具有以下性质：

1.样本回归函数是由所选取的样本唯一决定的。即对于一个给定的样本，OLS只能得出一组 $\hat{\boldsymbol{\beta}}$ 的数值，称为OLS估计值。但基于不同样本，OLS估计值可能不同，所以OLS估计量 $\hat{\boldsymbol{\beta}}$ 是服从某种分布的随机向量。估计量和估计值之间的关系相当于变量和变量值之间的关系。

2. 由 $\hat{\beta}_0=\overline{y}-\hat{\beta}_1\overline{x}_1-\hat{\beta}_2\overline{x}_2-\cdots-\hat{\beta}_k\overline{x}_k$ 可知，$\overline{y}=\hat{\beta}_0+\hat{\beta}_1\overline{x}_1+\hat{\beta}_2\overline{x}_2+\cdots+\hat{\beta}_k\overline{x}_k$。说明样本回归函数通过样本的几何中心（$\overline{x}_1,\overline{x}_2,\cdots,\overline{y}$）。

3. 由式（2.11）中第一个方程 $\sum e_i=0$ 可知，残差的均值为0：$\overline{e}=\dfrac{\sum e_i}{n}=0$，进而有 $\overline{\hat{y}}=\overline{y}$。

4. 由式（2.11）中第二个及其以后的方程 $\sum e_i x_{ji}=0$ 可知，残差 e_i 与任意自变量的取值 x_{ji} 大小线性无关，进而与 $\hat{y}_i$ 的大小线性无关，即 $\operatorname{cov}(e,x)=\operatorname{cov}(e,\hat{y})=0$。

二、拟合优度

样本回归函数SRF是对样本数据的一种拟合。样本观测点并不总是落在样本回归函数表示的回归线或超平面上，而是往往存在或正或负的残差。平均来说，残差越小，拟合效果越好。SRF对样本数据拟合的优劣程度被称为拟合优度（goodness of fit），它是基于总离差平方和的分解而设计的。

（一）总离差平方和的分解

回顾具体值形式的样本回归模型式（2.8），对于给定的观测点：

$$y_i=\boldsymbol{x}_i\boldsymbol{\beta}+e_i=\hat{y}_i+e_i$$

上式两边同减去因变量的样本均值 $\overline{y}$：

$$y_i-\overline{y}=(\hat{y}_i-\overline{y})+e_i=(\hat{y}_i-\overline{y})+(y_i-\hat{y}_i) \tag{2.17}$$

式（2.17）称为因变量总离差的分解公式。其中，$(y_i-\overline{y})$ 称为观测值 y_i 的总离差；$(\hat{y}_i-\overline{y})$ 称为可解释离差（可被自变量联合解释，因为 $\hat{y}_i$ 是 $\boldsymbol{x}_i$ 的线性函数）；$e_i=(y_i-\hat{y}_i)$ 称为残差，是不能被 $\boldsymbol{x}_i$ 解释的离差。由此可见，任一观测值 y_i 对其样本均值的离差都可以分为可解释离差与残差两个部分。

对式（2.17）两边求平方并对所有观测点加总，可以得到下式：

$$\sum(y_i-\overline{y})^2=\sum(\hat{y}_i-\overline{y})^2+\sum(y_i-\hat{y}_i)^2+2\sum(\hat{y}_i-\overline{y})(y_i-\hat{y}_i)$$

由式(2.11)看出: $\sum e_i=0,\sum x_{ji}e_i=0$，可以证明 $\sum(\hat{y}_i-\overline{y})(y_i-\hat{y}_i)=\sum(\hat{y}_i-\overline{y})e_i=0$。

故：

$$\sum(y_i-\overline{y})^2=\sum(\hat{y}_i-\overline{y})^2+\sum(y_i-\hat{y}_i)^2 \tag{2.18}$$

式（2.18）称为总平方和分解公式。其中，等号左边称为总离差平方和（total

sum of squares，TSS），衡量因变量观测值y_i与其算术平均数$\bar{y}$的离散程度：

$$TSS = \sum(y_i - \bar{y})^2 = \sum y_i^2 - n\bar{y}^2 = \boldsymbol{y}'\boldsymbol{y} - n\bar{y}^2$$

等号右边第一项称为回归平方和或可解释平方和（explaned sum of squares，ESS），是能够由自变量取值（通过SRF）作出解释的离差平方和：

$$ESS = \sum(\hat{y}_i - \bar{y})^2 = \hat{\beta}_0\sum y_i + \hat{\beta}_1\sum x_{1i}y_i + \cdots + \hat{\beta}_k\sum x_{ki}y_i - n\bar{y}^2 = \hat{\boldsymbol{\beta}}'\boldsymbol{X}'\boldsymbol{y} - n\bar{y}^2$$

等号右边第二项称为残差平方和（residual sum of squares，RSS），是不能由自变量取值作出解释的变差，又称不可解释平方和①：

$$RSS = \sum e_i^2 = \boldsymbol{e}'\boldsymbol{e} = \sum(y_i - \hat{y}_i)^2 = \sum y_i^2 - \hat{\beta}_0\sum y_i - \hat{\beta}_1\sum x_{1i}y_i - \cdots - \hat{\beta}_k\sum x_{ki}y_i = \boldsymbol{y}'\boldsymbol{y} - \hat{\boldsymbol{\beta}}'\boldsymbol{X}'\boldsymbol{y}$$

所以，总离差平方和分解公式（2.18）可简记为：

$$TSS = ESS + RSS \tag{2.19}$$

（二）样本决定系数

回归平方和ESS是由回归方程确定的，也就是由各自变量观测值x_{ji}的变动（相对于其样本均值）引起的；残差平方和RSS是由自变量之外的随机误差项u引起的。所以，ESS占TSS的比重越大（RSS占TSS的比重越小），说明样本函数SRF对样本数据拟合得越好，自变量向量$\boldsymbol{x}$变动对y变动的解释能力越强。为此，我们把式（2.19）中ESS占TSS的比重定义为样本决定系数（coefficient of determination），用来度量SRF对样本数据的拟合优度：

$$R^2 = \frac{ESS}{TSS} = 1 - \frac{RSS}{TSS} \tag{2.20}$$

很显然，$0 \leqslant R^2 \leqslant 1$。$R^2$在数值上等于$y$对$\boldsymbol{x}$复相关系数的平方。其数值越大，说明$y$对$\boldsymbol{x}$复相关关系越紧密，样本回归函数SRF对样本数据拟合得越好；反之亦然。作为极端情况，$R^2=1$，说明y与$\boldsymbol{x}$是函数关系；$R^2=0$，说明y与$\boldsymbol{x}$线性无关。

三、准则统计量

在对实际经济问题的回归分析中，往往希望所建立模型的拟合优度R^2越高越好。但由于R^2是自变量个数k的增函数，只要引入新的自变量，不管该自变量与因变量是否有系统性的联系，R^2的值总会增大。但自变量的增多导致模型变得复杂，不仅增加数据管理成本，还会减少模型的自由度，使OLSE方差变大。所以，姑且无论其经济意义，一个“好的”线性回归模型要兼顾两个标准：第一，模型尽可能简单明了，解释变量尽可能地少，等价地解释变量个数k尽可能地小；第二，模型的拟合优度尽可能高，即具有低的RSS、高的R^2。但这两个标准互相矛盾。为此，可以用模

① 有的教材将可解释平方和ESS称为回归平方和（regress sum squares，RSS，或sum squares of regress，SSR）；将残差平方和RSS称为误差平方和（error sum squares，ESS，或sum squares of error，SSE）。所以要注意术语简写含义的不同，否则很容易混淆。

型的繁简程度对拟合优度指标进行调整，将二者结合起来统筹考虑。

以多重样本决定系数 R^2 为例，因为 RSS 是 k 的增函数，故将 TSS 和 RSS 各自的自由度引入 R^2 的计算公式（2.20），得到调整的样本决定系数（adjusted coefficient of determination），记为 $\bar{R}^2$：

$$\bar{R}^2=1-\frac{RSS/(n-k-1)}{TSS/(n-1)}=1-\frac{RSS}{TSS}\cdot\frac{n-1}{n-k-1}=1-(1-R^2)\cdot\frac{n-1}{n-k-1} \qquad (2.21)$$

其中，$\frac{n-1}{n-k-1}$ 称为"自由度惩罚因子"（freedom penalty factor），当样本容量既定时，自变量的个数 k 越多，对 R^2 的"惩罚"越大。由于自变量个数 k 总是大于0，该因子总是大于1，$\bar{R}^2$ 总是小于 R^2。只要引进新的自变量，R^2 一定会增大，但只有其解释能力足够大，$\bar{R}^2$ 才会增加。所以 $\bar{R}^2$ 是一个小于1的统计量，甚至可能为负数（若出现负数，规定 $\bar{R}^2=0$），$\bar{R}^2$ 越大，说明模型的预测效能越高。由于考虑了模型繁简因素，可以用 $\bar{R}^2$ 对自变量个数不同的回归模型进行比较或优选。

像 $\bar{R}^2$ 这样，将拟合优度和模型繁简程度结合起来以衡量模型优劣的统计量称为准则统计量或性能指标。除了 $\bar{R}^2$ 以外，常用的准则统计量还有均方误差（mean of squared errors，MSE）、Akaike（赤池）信息标准（Akaike information criterion，AIC）和Bayesian信息标准（Bayesian information criterion，BIC；也称为Schwarz information criterion，SIC）等。计算公式分别为：

$$MSE=\frac{RSS}{n-k-1}=\frac{\sum e^2}{n-k-1}$$

$$AIC=\ln\frac{RSS}{n}+\frac{2}{n}k$$

$$BIC=\ln\frac{RSS}{n}+\frac{\ln(n)}{n}k$$

可见，它们也是从拟合优度（RSS）和模型复杂程度（k）两个方面综合衡量模型的优劣，只不过 $\bar{R}^2$ 是 RSS 和 k 的减函数，数值越大越好；而 MSE、AIC 和 BIC 是 RSS 和 k 的增函数，数值越小越好。

第三节　OLSE的统计性质及其假定

一、OLSE的有限样本性质及其假定

在给定样本规模 n 下的重复随机抽样中，参数估计量呈现出的统计规律性，称为估计量的有限样本性质或小样本性质。只要满足某些假定，回归参数的最小二乘估计量OLSE具有良好的有限样本性质，包括无偏性、有效性和正态性。

（一）OLSE的无偏性及其假定

根据数理统计知识，如果参数估计量 $\hat{\beta}$ 的期望等于总体参数的真实值 β，即 $E(\hat{\beta})=\beta$，则称 $\hat{\beta}$ 是参数 β 的无偏估计量。OLSE的无偏性建立在以下四个简单假定的基础之上：

假定1：参数线性

因变量是回归参数的线性函数。即总体回归模型设定为：

$$E(y\mid \boldsymbol{x}_i)=\boldsymbol{x}_i\boldsymbol{\beta}\ =\beta_0+\beta_1 x_{1i}+\cdots+\beta_k x_{ki}$$

或与其等价的随机形式：

$$y_i=\boldsymbol{x}_i\boldsymbol{\beta}+u_i=\beta_0+\beta_1 x_{1i}+\cdots+\beta_k x_{ki}+u_i$$

注意这里只要求回归模型对参数而言是线性的，对变量线性不作要求。

假定2：随机抽样（独立同分布）

关于这个假定，初等计量经济学教材大多采用“固定回归元”假定：$\boldsymbol{x}$是非随机向量（其取值在抽样中是给定的或可以被人为控制的），但因变量的取值是从y的条件分布（以给定的$\boldsymbol{x}$取值为条件）中随机抽取的。这种假定可以简化分析，但在非实验背景下不太现实，本教材采用更为宽松的“随机回归元”假定：自变量和因变量都是随机变量，包括n次观测的样本 $\{(x_{1i},x_{2i},\cdots,y_i):i=1,2,\cdots,n\}$ 是从总体中随机抽取的，每次观测独立同分布（i.i.d）。“随机回归元”假定更符合样本的产生机制，且足以支持OLSE的无偏性。

假定3：解释变量之间无完全多重共线性

自变量向量的样本观测值矩阵$\boldsymbol{X}$列满秩：$\text{rank}(\boldsymbol{X})=k+1<n$。这要求任一自变量$x_j$不能是其他某个或某些自变量（包括常数项在内）的线性函数。否则称为完全多重共线性（perfect collinearity），会导致模型参数无法估计。自变量之间存在一定的相关性并不违背该假定，而且这是多元回归模型存在的理由之一①。注意，这里没有对自变量之间的非线性函数关系进行限定。

假定4：随机误差项零条件均值（解释变量严格外生）

以解释变量的任意值为条件，随机误差项的条件期望为0：

$$E(u_i\mid \boldsymbol{x}_i)=0$$

这意味着u均值独立于自变量向量$\boldsymbol{x}$②。该假定实际上隐含了以下两个假定：

---

① 不同解释变量能够共存于一个模型中，正是由于它们之间存在一定的相关性，如果其中有些变量不被包含进来将会产生内生性问题。如果变量之间线性无关则不存在这个担忧，可以随意独立地在模型中引入或剔除，而不影响其他解释变量的参数。

② 随机变量x和u不相关的三个层次：最严格的是“独立”，意味着对于u和x的任意可测函数 $g(u)$ 和 $f(x)$，有 $\text{cov}[g(u),f(x)]=0$；其次是“均值独立”，意味着 $\text{cov}[u,f(x)]=0$；最弱的是“线性无关”，意味着 $\text{cov}(u,x)=0$。

第一，总体回归函数设定正确。根据重（迭代）期望定理①，$E(u_i)=E_x[E(u_i\mid \boldsymbol{x}_i)]=E_x(0)=0$。即要求误差项$u$对$y$的影响是偶然性的，其中不包含系统性的影响因素（如被遗漏的重要解释变量）。只有在此假定下，总体回归模型PRF的随机形式$y_i=\boldsymbol{x}_i\boldsymbol{\beta}+u_i$和均值形式$E(y\mid \boldsymbol{x}_i)=\boldsymbol{x}_i\boldsymbol{\beta}$才能是等价的。

第二，解释变量向量$\boldsymbol{x}$严格外生。变量之间"均值独立"的概念弱于变量的"独立"，但强于变量的"线性无关"，意味着u不但与$\boldsymbol{x}$线性无关，而且与$\boldsymbol{x}$的任意可测函数线性无关，即$\mathrm{cov}[u,f(\boldsymbol{x})]=0$，即要求$\boldsymbol{x}$具有严格外生性。基于这一假定，使我们可以将$\boldsymbol{x}$、$u$对$y$的影响分离开来。

当满足假定1~假定4时，回归参数的最小二乘估计量（OLSE）$\hat{\boldsymbol{\beta}}$具有无偏性。证明如下：

由假定3，观测值矩阵$\boldsymbol{X}$列满秩，意味着方阵$(\boldsymbol{X'X})$满秩，$(\boldsymbol{X'X})^{-1}$一定存在。因为以自变量的样本观测值为条件，$(\boldsymbol{X'X})^{-1}\boldsymbol{X'}$是一个常数矩阵。由式（2.16）知$\hat{\boldsymbol{\beta}}$是$\boldsymbol{y}$的线性组合，进而也是随机误差项向量$\boldsymbol{u}$的线性组合，即为线性估计量：

$$\hat{\boldsymbol{\beta}}=(\boldsymbol{X'X})^{-1}\boldsymbol{X'y}=(\boldsymbol{X'X})^{-1}\boldsymbol{X'}(\boldsymbol{X\beta}+\boldsymbol{u})=\boldsymbol{\beta}+(\boldsymbol{X'X})^{-1}\boldsymbol{X'u} \tag{2.22}$$

两边求条件均值，并利用假定4，可得：

$$E(\hat{\boldsymbol{\beta}}\mid \boldsymbol{X})=E[\boldsymbol{\beta}+(\boldsymbol{X'X})^{-1}\boldsymbol{X'u})|\boldsymbol{X}]=\boldsymbol{\beta}+(\boldsymbol{X'X})^{-1}\boldsymbol{X'}E(\boldsymbol{u}|\boldsymbol{X})]=\boldsymbol{\beta} \tag{2.23}$$

根据重期望定理：

$$E(\hat{\beta})=E_X E(\hat{\beta}\mid X)=E_X(\beta)=\beta \tag{2.24}$$

这说明，在假定1~假定4下，OLSE是总体参数的线性无偏估计量。

（二）OLSE的有效性及其假定

假定5：条件同方差性

给定解释变量的任意取值，u都具有相同的条件方差：

$$\mathrm{var}(u_i\mid \boldsymbol{x}_i)=\sigma_u^2 \tag{2.25}$$

这表明，无论解释变量向量如何取值，u的条件方差都等于某个与该组取值无关的常数。如果该假定不成立，u的条件方差随条件而变化，就说误差项具有条件异方差（heteroscedasticity）。在同方差条件下，可以对OLSE的方差公式进行简化。因为：

$$\hat{\beta}_j=\frac{\sum(x_{ji}-\hat{x}_{ji})(y_i-\bar{y})}{\sum(x_{ji}-\hat{x}_{ji})^2}=\sum\frac{(x_{ji}-\hat{x}_{ji})}{\sum(x_{ji}-\hat{x}_{ji})^2}y_i$$

根据方差的运算性质，有方差公式：

---

① 重期望定理的一般形式是：$E(y)=E_xE(y\mid x)$。

$$\begin{aligned}\operatorname{var}(\hat{\beta}_j \mid \boldsymbol{X}) &= \operatorname{var}\left[\sum \frac{(x_{ji}-\hat{x}_{ji})}{\sum (x_{ji}-\hat{x}_{ji})^2} y_i \mid \boldsymbol{X}\right] = \left[\sum \frac{(x_{ji}-\hat{x}_{ji})}{\sum (x_{ji}-\hat{x}_{ji})^2}\right]^2 \operatorname{var}(y_i \mid \boldsymbol{X}) \\ &= \frac{\sigma_u^2}{\sum (x_{ji}-\hat{x}_{ji})^2} = \frac{\sigma_u^2}{\sum (x_{ij}-\bar{x}_j)^2 (1-R_j^2)} \qquad (j=1,2,\cdots,k)\end{aligned} \tag{2.26}$$

其中，$\hat{x}_j$是将x_j对其余自变量（包含常数项）进行回归所得到的样本内拟合值，R_j^2是其样本决定系数；TSS_j是x_j的离差平方和$\sum (x_{ji}-\bar{x}_j)^2$。对于一元线性模型，式（2.26）可以简化为：

$$\operatorname{var}(\hat{\beta}_1 \mid x) = \frac{\sigma_u^2}{\sum (x_i-\bar{x})^2}, \quad \operatorname{var}(\hat{\beta}_0 \mid x) = \frac{\sum {x_i}^2}{n\sum (x_i-\bar{x})^2} {\sigma_u}^2 \tag{2.27}$$

下面是OLSE方差的矩阵形式推导：

根据协方差的定义，回归系数向量估计量$\hat{\boldsymbol{\beta}}$的协方差矩阵为：

$$\operatorname{cov}(\hat{\boldsymbol{\beta}}) = \begin{bmatrix} \operatorname{var}(\hat{\beta}_0) & \operatorname{cov}(\hat{\beta}_0,\hat{\beta}_1) & \cdots & \operatorname{cov}(\hat{\beta}_0,\hat{\beta}_k) \\ \operatorname{cov}(\hat{\beta}_1,\hat{\beta}_0) & \operatorname{var}(\hat{\beta}_1) & \cdots & \operatorname{cov}(\hat{\beta}_1,\hat{\beta}_k) \\ \vdots & \vdots & \ldots & \vdots \\ \operatorname{cov}(\hat{\beta}_k,\hat{\beta}_0) & \operatorname{cov}(\hat{\beta}_k,\hat{\beta}_2) & \cdots & \operatorname{var}(\hat{\beta}_k) \end{bmatrix}$$

矩阵中主对角线上的元素是$\hat{\beta}_j$的方差，非主对角线元素为$\hat{\beta}_l$和$\hat{\beta}_j$的协方差。显然：

$$\begin{aligned}\operatorname{cov}(\hat{\boldsymbol{\beta}} \mid \boldsymbol{X}) &= E[(\hat{\boldsymbol{\beta}}-\boldsymbol{\beta})(\hat{\boldsymbol{\beta}}-\boldsymbol{\beta})' \mid \boldsymbol{X}] = E[(\boldsymbol{X'X})^{-1}\boldsymbol{X'uu'X}(\boldsymbol{X'X})^{-1} \mid \boldsymbol{X}] \\ &= (\boldsymbol{X'X})^{-1}\boldsymbol{X'}E(\boldsymbol{uu'} \mid \boldsymbol{X})\boldsymbol{X}(\boldsymbol{X'X})^{-1} = (\boldsymbol{X'X})^{-1}\boldsymbol{X'\Omega X}(\boldsymbol{X'X})^{-1}\end{aligned} \tag{2.28}$$

上述的条件协方差矩阵公式被形象地称为“三明治估计量”(sandwich estimate)。其中的“夹心”$\boldsymbol{\Omega}$是误差项$\boldsymbol{u}$的协方差矩阵。对于横截面数据而言，误差项之间协方差为0，所以在假定5下，$\boldsymbol{\Omega}$是主对角线元素（方差）为常数、其余元素（协方差）为0的对角矩阵：$\boldsymbol{\Omega} = {\sigma_u}^2\boldsymbol{I}$。故借助假定5，式（2.28）可以简化为：

$$\operatorname{cov}(\hat{\boldsymbol{\beta}} \mid \boldsymbol{X}) = (\boldsymbol{X'X})^{-1}\boldsymbol{X'}(\sigma_u^2\boldsymbol{I})\boldsymbol{X}(\boldsymbol{X'X})^{-1} = (\boldsymbol{X'X})^{-1}\boldsymbol{X'X}(\boldsymbol{X'X})^{-1}\sigma_u^2 = (\boldsymbol{X'X})^{-1}\sigma_u^2$$

由此可以得到OLS估计量$\hat{\beta}_j\ (j=0,1,\cdots,k)$的方差：

$$\operatorname{var}(\hat{\beta}_j|\boldsymbol{X}) = (\boldsymbol{X'X})_{jj}^{-1}{\sigma_u}^2 = c_{jj}{\sigma_u}^2 \tag{2.29}$$

其中，c_{jj}是矩阵$\boldsymbol{C}=(\boldsymbol{X'X})^{-1}$主对角线上的第$j$个元素，即第$j$行第$j$列的元素（$j=0$，1，…，$k$）；$\sigma_u^2$是随机误差项的条件方差（常数）。

可以证明，式（2.29）计算的$\operatorname{var}(\hat{\beta}_j)$不大于$\beta_j$任意线性无偏估计量的方差，即OLSE具有有效性。

对于多元线性回归模型，在假定1~假定5下，式（2.16）估计出的线性估计

量 $\hat{\beta}_j$ 具有无偏性和有效性，即OLSE是最优线性无偏估计量（best Linear unbiased estimators，BLUE），这就是著名的Gauss–Markov定理。假定1~假定5也因此被称为Gauss–Markov假定。

（三）OLSE的正态性假定

为了方便进行统计推断，我们希望OLSE服从正态分布。由于 $\hat{\beta}_j$ 是y的线性函数，y又是u的线性函数。只要随机误差项服从正态分布，OLSE一定服从正态分布。所以，做出如下假定：

假定6：随机误差项服从条件正态分布

假定6与假定4、假定5合在一起，可表示为：

$$u_i \mid \boldsymbol{X} \sim i.i.d.N(0,\sigma_u{}^2) \quad (2.30)$$

等价于：

$$y_i \mid \boldsymbol{X} \sim i.i.d.N(\boldsymbol{x\beta},\sigma_u{}^2) \quad (2.31)$$

也就是说，我们假设以自变量的某一组取值为条件的随机变量y，独立同分布于正态分布，条件均值是该组自变量取值的线性函数，条件方差为一恒定常数。

假定1~假定6被称为多元线性回归的古典假定（或称经典假设）。在古典假定下，OLSE是线性、无偏、有效和正态估计量。其有限样本性质可以用以下抽样分布表达：

$$\hat{\beta}_j \mid \boldsymbol{X} \sim N(\beta_j, c_{jj}\sigma_u{}^2) \quad (2.32)$$

二、OLSE的渐近性质

保证OLSE具有良好有限样本性质的假定条件比较严苛，比如正态性假定6。如果某些假定无法满足，将导致OLSE的部分或全部优良性质不再具备。在这种情况下，我们希望OLSE具有良好的渐近性质（asymptotic properties）或大样本性质（large–sample properties）。与有限样本性质针对特定容量样本不同，渐进性质是指在样本量逐渐增大的情况下，针对OLSE呈现出的变动规律而言的。可以证明，在更为宽松的条件下，随着样本规模n的逐渐增大，OLSE具有良好的渐近性质，包括一致性、渐近正态性和渐近有效性。

（一）一致性及其假定

估计量的无偏性固然重要，但并非总能实现。既然并非所有估计量都是无偏的，退而求其次，要求估计量至少具有一致性（consistency）[①]，即随着样本规模n增大，参数的估计值依概率收敛于总体参数（真值）：

$$P\left\{\lim_{n\to\infty}\hat{\beta}=\beta\right\}=1 \text{ 或等价地 } P\lim_{n\to\infty}\hat{\beta}=\beta \tag{2.33}$$

一致估计量是渐近无偏的，并且估计量的离散程度（方差）随样本规模n的增大逐渐趋于0。

在古典假定1~假定4下，OLSE是无偏估计量。如果严格外生假定$E(u\mid \boldsymbol{x})=0$不能满足，只要$\text{cov}(\boldsymbol{x},u)=0$，OLSE就是一致估计量。另外，我们还要求随机误差项的无条件均值$E(u)=0$。即保证OLSE一致的条件，除了假定1~假定3以外，还包括：

假定4′：零均值和正交性（外生性）

$$E(u_i)=0,\quad \text{cov}(x_{ji},u_i)=0 \tag{2.34}$$

由于$E(u\mid \boldsymbol{x})=0$等价于$\text{cov}[u,f(\boldsymbol{x})]=0$，从而一定有$\text{cov}(u,x)=0$，但反过来并不成立，所以正交性假定要弱于均值独立（严格外生性）假定，例如它并没有排除u与自变量某个函数（比如对数）的相关性。满足正交性假定的解释变量具有外生性。$E(u)=0$也弱于$E(u\mid \boldsymbol{x})=0$。可见，在大样本条件下，基于更弱的假定就可以保证估计量的一致性。

（二）渐近正态性和渐近有效性

为了进行统计推断，需要知道OLSE的抽样分布。在有限样本条件下，OLSE的抽样分布取决于正态性假定6。但该假定往往难以满足。幸运的是，基于中心极限定理[②]，仅在古典假定1、假定2、假定3、假定4′和假定5下，OLSE就具有渐近正态性（asymptotic normality），并且是渐近有效的（asymptotically efficient）。

综上所述，只要样本充分大，在较宽的假定4′下，OLSE仍然具有一致性，而且即使假定6不满足，OLSE也具有渐近正态性和渐近有效性。常规的区间估计、假设检验等统计推论仍然是渐近生效的。这就为我们可以在更为宽松的假定下应用OLS回归提供了理论依据。

三、小结

OLSE良好的统计性质是建立在某些假定之上的。这些假定被称为古典假定，满

---

① 在某种意义上，一致性比无偏性更应该被重视。例如，对于一个随机变量y，假定给定其期望$E(y)$的两个估计量：$\hat{E}(x)=y_i$和$\hat{E}(y)=\sum y_i/(n-1)$。前者无偏但不一致；后者有偏但一致。显然，后者优于前者。当然由于估计量$\bar{y}=\sum y_i/n$既是无偏的，又是一致的，所以最为理想。

② 中心极限定理（central limit theorem）大致可以表述为，随机变量独立同分布样本的均值依分布收敛于正态分布。

足这些假定的计量经济模型称为经典计量经济模型。为便于读者对于OLSE的统计性质与对应的古典假定有一个整体性了解，将本节的内容归纳为表2.1。

表2.1　　OLSE的统计性质与古典假定

有限样本性质				渐进性质			
假定	统计性质			假定	统计性质		
假定1：参数线性				假定1：参数线性			
假定2：随机抽样	无偏性	有效性	正态性	假定2：随机抽样	一致性	渐进有效性	渐进正态性
假定3：无完全多重共线性				假定3：无完全多重共线性			
假定4：零条件均值（解释变量严格外生）				假定4′：零均值和正交性（解释变量外生）			
假定5：条件同方差				假定5：条件同方差			
假定6：误差项正态分布							

第四节　线性回归模型参数的统计推断

一、回归参数的置信区间

本章第三节在假定1~假定6下，推导出了OLSE的抽样分布：

$$\hat{\beta}_j \mid \boldsymbol{X} \sim N(\beta_j, c_{jj}\sigma_u{}^2) \tag{2.35}$$

OLSE的这一有限样本性质，是参数统计推断的基础。但由于其中随机误差项的条件同方差 $\sigma_u{}^2$ 是未知的，需要根据样本将其估计出来。可以证明，基于回归残差 e_i 计算的均方误差（*MSE*）是 $\sigma_u{}^2$ 的无偏估计量①，记为 $\hat{\sigma}_u{}^2$：

$$\hat{\sigma}_u^2 = MSE = \frac{\sum e_i^2}{n-k-1} = \frac{\sum (y_i - \hat{y}_i)^2}{n-k-1} \tag{2.36}$$

其中，n 是样本容量（数据观测点个数），k 为自变量个数。均方误差的算术方根 $\hat{\sigma}_u$ 称为均方根误差（root MSE），或回归标准误差（S.E.of regression）。

由式（2.35）、式（2.36）可知，偏回归系数 $\hat{\beta}_j$ 的估计标准误差 $se(\hat{\beta}_j)$ 计算公式为：

$$se(\hat{\beta}_j) = \sqrt{c_{jj}\hat{\sigma}_u{}^2} = \sqrt{\frac{\hat{\sigma}_u{}^2}{\sum (x_{ji} - \hat{x}_{ji})^2}} = \sqrt{\frac{\hat{\sigma}_u{}^2}{\sum (x_{ji} - \bar{x}_j)^2 (1 - R_j^2)}} \tag{2.37}$$

根据式（2.35）、式（2.37）对 $\hat{\beta}_j$ 进行标准化变换，所构造的枢轴变量服从自由度为 $(n-k-1)$ 的 t 分布，即：

① 金玉国.计量经济学原理与Stata应用［M］.北京：经济科学出版社，2020：56-57.

$$t_j = \frac{\hat{\beta}_j - \beta_j}{se(\hat{\beta}_j)} \sim t(n-k-1) \tag{2.38}$$

由 $P\left[|t_j| \leqslant t_{\alpha/2}(n-k-1)\right] = 1-\alpha$，将 $t_{\alpha/2}(n-k-1)$ 简记为 t_0，即在 $1-\alpha$ 的置信水平下，有：

$$\left|\frac{\hat{\beta}_j - \beta_j}{se(\hat{\beta}_j)}\right| \leqslant t_0$$

由此可得，在置信度 $(1-\alpha)$ 下 β_j 的置信区间为：

$$\left[\hat{\beta}_j - t_0 se(\hat{\beta}_j), \hat{\beta}_j + t_0 se(\hat{\beta}_j)\right] = \left[\hat{\beta}_j - t_0\sqrt{c_{jj}\hat{\sigma}_u^2}, \hat{\beta}_j + t_0\sqrt{c_{jj}\hat{\sigma}_u^2}\right] \tag{2.39}$$

二、单个回归参数的显著性检验

在回归分析中，我们关心当其他解释变量不变时，某个解释变量是否对被解释变量的变动有显著的解释能力，其标准就是对应的回归参数是否为0。这种对某一个偏回归系数是否为0的检验称为参数的显著性检验。以双边检验为例，回归参数 β_j 的显著性检验步骤为：

第一步，建立假设。$H_0:\beta_j = 0$（原假设）；$H_1:\beta_j \neq 0$（备择假设）

如果拒绝原假设 H_0，该回归系数具有统计显著性 $(\beta_j \neq 0)$。说明 x_j 与 y 之间的偏相关关系显著，即保持其他自变量固定不变，x_j 对 y 有显著的偏效应。反之亦然。

第二步，构造并计算检验统计量。在假设 H_0 下，式（2.38）变为：

$$t_j = \frac{\hat{\beta}_j}{se(\hat{\beta}_j)} \sim t(n-k-1) \tag{2.40}$$

基于样本数据，求得样本回归函数及相关统计量，并据此计算出上述 t 值。

第三步，基于计算出的 t 值，做出统计决策。给定显著水平 α（比如0.05），t 分布的临界值 $t_0 = t_{\alpha/2}(n-k-1)$。当 $|t_j| \geqslant t_0$ 时，拒绝原假设 H_0，β_j 具有统计显著性；当 $|t_j| < t_0$ 时，不拒绝原假设 H_0，β_j 不显著。

Stata等统计软件往往给出参数的显著性检验 p 值，即计算出的 t 值的伴随概率。检验方法是：当 $p \leqslant \alpha$ 时（α 是给定的显著水平，一般是一个小概率水平，如0.05），等价于 $|t_j| \geqslant t_0$，此时拒绝原假设 H_0，回归参数 β_j 在统计意义上显著（即显著异于0）；当 $p > \alpha$ 时，等价于 $|t_j| < t_0$，此时不拒绝原假设 H_0，回归参数不具备统计显著性（即使 $\hat{\beta}_j \neq 0$，也纯粹源于样本的随机性）。

三、回归方程的显著性检验

回归方程的显著性检验基于所有斜率系数的联合检验，目的是对多元线性回归模型包含的所有解释变量与被解释变量之间的复相关关系是否具有统计显著性作出判断。检验方法如下：

第一步，建立假设。

原假设H_0：$\beta_1=\beta_2=\cdots=\beta_k=0$（所有偏斜率系数同时为0）

备择假设H_1：$\beta_1,\beta_2,\cdots,\beta_k$至少一个不为0（各偏斜率系数不同时为0）

第二步，构造F统计量。

$$F=\frac{ESS/k}{RSS/(n-k-1)}=\frac{\sum(\hat{y}_i-\bar{y})^2/k}{\sum(y_i-\hat{y}_i)^2/(n-k-1)} \tag{2.41}$$

可以基于样本回归方程构造回归方差分析表（见表2.2），计算该统计量的值。

表2.2　方差分解和F检验值计算

变差来源	平方和SS	自由度df	均方MS	F统计量
回归	ESS	k	ESS/k	$F=\dfrac{ESS/k}{RSS/(n-k-1)}$
残差	RSS	$n-k-1$	$RSS/(n-k-1)=\hat{\sigma}_u^2$	
总变差	TSS	$n-1$	$TSS/n-1=s_y^2$	

可以证明，在H_0：$\beta_1=\beta_2=\cdots=\beta_k=0$下，$F\sim F(k,n-k-1)$。

第三步，基于计算出的F值，做出统计决策。给定显著水平α，F分布临界值$F_0=F_\alpha(k,n-k-1)$。若$F\geqslant F_0$，则拒绝原假设H_0，说明因变量与诸自变量之间的复相关关系显著；若$F<F_0$，不拒绝H_0，即不认为因变量与自变量之间存在显著的复相关关系。

由$R^2=\dfrac{ESS}{TSS}=1-\dfrac{RSS}{TSS}$，对$F$统计量式（2.41）的分子、分母同除以$TSS$，可以得到$R^2$形式的$F$统计量计算公式：

$$F=\frac{R^2/k}{(1-R^2)/(n-k-1)}=\frac{R^2}{1-R^2}\cdot\frac{n-k-1}{k} \tag{2.42}$$

由此可见，F统计量是样本决定系数R^2的增函数。F检验与R^2二者针对同一个问题，都是对方程整体显著性而言的，F检验的原假设$H_0:\beta_1=\beta_2=\cdots=\beta_k=0$等价于$H_0:R^2=0$（因变量与诸自变量之间不存在复相关关系）。但二者在运用上各有优劣：R^2是一个从[0，1]中取值的有界统计量，能够提供回归函数对样本数据拟合程度的直观度量，但一般不给出其对应的显著性水平（p值）。F统计量尽管不能直观地显示拟合优度，却可以在给定显著性水平下，给出复相关关系在统计意义上是否显著的明确结论。

四、回归系数的约束检验

（一）约束与约束检验

对回归系数及其相互关系进行的某种设定或假设称为“约束”，分为线性约束和非线性约束。线性约束又分为排除性约束和一般线性约束。排除性约束是将部分或全部参数设定为0，如 $\beta_1=0,\beta_2=0$。一般线性约束是对参数之间线性函数的设定，如 $\beta_1+2\beta_2=3$；$\beta_3=1.5\beta_2-\beta_4$。非线性约束是对参数之间非线性函数的设定，如 $\beta_1+\beta_2\beta_3=\beta_4$；$\beta_3\beta_4=2$。约束条件对回归系数的设定否合理？或者说约束条件是否成立？除了进行理论分析以外，可以基于样本数据对约束条件进行统计检验。本章第三节介绍的针对单个回归系数显著性的t检验和针对回归方程显著性的F检验，就属于排除性约束检验。本节将检验方法推广到一般线性约束和非线性约束。

（二）约束回归

线性约束条件检验最直观的方法，是分别在有约束条件和无约束条件下估计样本回归方程，然后通过两种模型的拟合指标（比如R^2或RSS）的比较，对约束条件的合理性进行判断。下面用一个例子，说明系数线性约束条件检验的原理。

假定有一个四元线性回归模型：

$$y=\beta_0+\beta_1x_1+\beta_2x_2+\beta_3x_3+\beta_4x_4+u \tag{2.43}$$

因为式（2.43）中没有对回归参数作任何限定，所以被称为无约束模型（unrestricted model）或一般模型。根据样本数据对进行OLS估计，得到无约束模型的样本回归方程：

$$\hat{y}=\hat{\beta}_0+\hat{\beta}_1x_1+\hat{\beta}_2x_2+\hat{\beta}_3x_3+\hat{\beta}_4x_4$$

据此可以计算无约束残差平方和RSS_U和拟合优度R_U^2。

如果对式（2.43）施加两个线性约束条件：

$$\beta_1=2\beta_2;\quad \beta_3+\beta_4=3 \tag{2.44}$$

将两个约束条件代入无约束模型式（2.43），整理得：

$$y-3x_4=\beta_0+\beta_2(2x_1+x_2)+\beta_3(x_3-x_4)+u \tag{2.45}$$

若记：

$$y^*=y-3x_4;\quad x_1^*=2x_1+x_2;\quad x_2^*=x_3-x_4$$

则式（2.45）可写为：

$$y^*=\beta_0+\beta_2x_1^*+\beta_3x_2^*+u \tag{2.46}$$

式（2.46）被称为受约束模型（restricted model）或特殊模型。基于同一个样本数据对式（2.46）进行OLS估计，求出参数估计值，为了区别于无约束回归系数，将其分别记为 $\tilde{\beta}_0,\tilde{\beta}_2,\tilde{\beta}_3$，再由约束条件式（2.44），自然会求解出参数估计值 $\tilde{\beta}_1,\tilde{\beta}_4$。将这些系数代入式（2.43），得到受约束的样本回归方程：

$$\hat{y}=\tilde{\beta}_0+\tilde{\beta}_1x_1+\tilde{\beta}_2x_2+\tilde{\beta}_3x_3+\tilde{\beta}_4x_4 \qquad (2.47)$$

据此计算出受约束的残差平方和 RSS_R 或拟合优度 R_R^2。

按照最小二乘原理，无约束样本回归模型的 RSS_U 是最小的残差平方和，对模型参数施加任何约束也不能使其进一步减小，所以一定有 $RSS_R \geqslant RSS_U$（等价于 $R_R^2 \leqslant R_U^2$）。但是，如果约束条件为真，则受约束模型与无约束模型具有近乎相同的解释能力或拟合优度，从而使 RSS_U 与 RSS_R（或 R_R^2 与 R_U^2）的差异很小。故可通过 RSS_U 与 RSS_R（或 R_R^2 与 R_U^2）的比较对约束条件进行检验。构造如下 F 统计量：

$$F=\frac{(RSS_R-RSS_U)/(df_R-df_U)}{RSS_U/df_U} \qquad (2.48)$$

其中 df_R 和 df_U 分别是受约束模型与无约束模型的自由度。在原假设“H_0：$\beta_1=2\beta_2$；$\beta_3+\beta_4=3$［即约束条件式（2.44）成立］”下，有：

$$F\sim F(df_R-df_U,df_U)$$

于是，可用式（2.48）计算的 F 值与给定显著性水平 α 下的临界值 F_α 作比较，或通过 F 统计量的伴随概率 p 值，进行常规的显著性检验。

如果受约束模型与无约束模型的因变量相同，即 $TSS_U=TSS_R=TSS$，对式（2.48）分子分母同除以 TSS，F 统计量计算公式可以变为如下 R^2 形式：

$$F=\frac{(RSS_R-RSS_U)/(df_R-df_U)}{RSS_U/df_U}=\frac{(R_U^2-R_R^2)/(df_R-df_U)}{(1-R_U^2)/df_U}$$

本章第三节介绍的回归方程整体显著性的 F 检验，本质上为上述排除性约束检验的具体运用。因为在“H_0:所有斜率系数全部等于0”下，受约束回归模型为：

$$y=\beta_0+u$$

上述受约束回归模型中只包含常数项和随机误差，故有 $\hat{y}=\hat{\beta}_0=\bar{y}$。由于没有任何系统性的解释变量，$ESS_R$=0，$RSS_R=TSS_R=\sum(y_i-\hat{\beta})^2=\sum(y_i-\bar{y})^2=TSS_U$。因此：

$$F=\frac{(RSS_R-RSS_U)/k}{RSS_U/(n-k-1)}=\frac{(TSS_U-RSS_U)/k}{RSS_U/(n-k-1)}=\frac{ESS_U/k}{RSS_U/(n-k-1)}$$

这正是式（2.41），是式（2.48）的一个特例。

（三）Wald检验

式（2.47）的 F 检验，需要同时估计受约束模型和无约束模型。而Wald检验则只需估计无约束模型。与前述 F 检验基于两个模型之间拟合指标（RSS 或 R^2）的比较不同，线性约束Wald检验的原理是，首先估计无约束模型，然后测量无约束参数估计值之间关系，并与约束条件设定进行比较，以判断约束条件设定的合理性。

例如，对二元线性模型

$$y = \beta_0 + \beta_1 x_1 + \beta_2 x_2 + u$$

检验线性约束条件 $\beta_1 - 2\beta_2 = 4$。Wald检验只对上述无约束模型进行估计，得到无约束估计量 $\hat{\beta}_1$ 和 $\hat{\beta}_2$。如果约束条件成立，则（ $\hat{\beta}_1 - 2\hat{\beta}_2$ ）至少应该接近4，二者的差异小到仅用抽样误差即可解释；反之，如果约束条件不成立，则（ $\hat{\beta}_1 - 2\hat{\beta}_2$ ）应该与4有显著差异。检验的关键是要找到判别（ $\hat{\beta}_1 - 2\hat{\beta}_2$ ）与4的差异在统计上是否显著（即 $\hat{\beta}_1 - 2\hat{\beta}_2 - 4 = 0$ ）的准则。在古典假定下，$(\hat{\beta}_1 - 2\hat{\beta}_2 - 4) \sim N[\,(\beta_1 - 2\beta_2 - 4),$ $\mathrm{var}(\hat{\beta}_1 - 2\hat{\beta}_2)\,]$。标准化的枢轴统计量为：

$$z = \frac{\hat{\beta}_1 - 2\hat{\beta}_2 - 4}{se(\hat{\beta}_1 - 2\hat{\beta}_2 - 4)} = \frac{\hat{\beta}_2 - 2\hat{\beta}_2 - 4}{\sqrt{\mathrm{var}(\hat{\beta}_1) + 4\mathrm{var}(\hat{\beta}_2) - 4\mathrm{cov}(\hat{\beta}_1, \hat{\beta}_2)}} \qquad (2.49)$$

在约束条件 $H_0: \beta_1 - 2\beta_2 - 4 = 0$ 下，$z \sim N(0,1)$。如果在计算分母中系数的方差和协方差时，用均方误差 $\hat{\sigma}_u^2$ 代替未知的随机误差项条件方差 σ_u^2，则 $z \sim t(n-k-1)$，据此可对 $H_0: \beta_1 - 2\beta_2 = 4$ 进行 t 检验。

对于涉及两个以上约束条件的联合检验时，t 检验无能为力，需要借助 χ^2 检验或 F 检验。例如，对于多元线性回归模型 $y = \beta_0 + \beta_1 x_1 + \beta_2 x_2 + \cdots + \beta_k x_k + u$，我们考虑具有如下形式的一组线性约束：

$$\begin{aligned} r_{11}\beta_1 + r_{12}\beta_2 + \cdots + r_{1k}\beta_k &= r_1 \\ r_{21}\beta_1 + r_{22}\beta_2 + \cdots + r_{2k}\beta_k &= r_2 \\ &\cdots \\ r_{m1}\beta_1 + r_{m2}\beta_2 + \cdots + r_{mK}\beta_k &= r_m \end{aligned}$$

这些约束条件可以改写成矩阵形式，作为检验的原假设：

$$H_0: \ \boldsymbol{R\beta} = \boldsymbol{r} \ （或 \boldsymbol{R\beta} - \boldsymbol{r} = 0） \qquad (2.50)$$

$\boldsymbol{R}$ 是一个 $m \times k$ 的矩阵，每一行都是一个线性约束中的系数。$\boldsymbol{\beta}$ 是 k 维列向量。假定 $m \leqslant k$，不存在多余的约束条件（$\boldsymbol{R}$ 是行满秩的），也没有互相矛盾的约束条件。

对于无约束回归的OLS估计值 $\hat{\boldsymbol{\beta}}$，原假设式（2.50）的检验问题变为列向量 $\boldsymbol{d} = \boldsymbol{R}\hat{\boldsymbol{\beta}} - \boldsymbol{r}$ 在统计上是否显著异于0的问题。由于 $\boldsymbol{d}$ 是 $\hat{\boldsymbol{\beta}}$ 的线性函数，若原假设为真，$\boldsymbol{d}$ 的均值为 $\boldsymbol{0}$，协方差矩阵为：

$$\mathrm{cov}(\boldsymbol{d}) = \mathrm{cov}(\boldsymbol{R}\hat{\boldsymbol{\beta}} - r) = \mathrm{cov}(\boldsymbol{R}\hat{\boldsymbol{\beta}}) = \boldsymbol{R}'\,\mathrm{cov}(\hat{\boldsymbol{\beta}})\boldsymbol{R} = \sigma_u^2 \boldsymbol{R}'(\boldsymbol{X}'\boldsymbol{X})^{-1}\boldsymbol{R}$$

向量 $\boldsymbol{d}$ 与 $\boldsymbol{0}$ 的马氏距离为：

$$W = \boldsymbol{d}'[\text{cov}(\boldsymbol{d})]^{-1}\boldsymbol{d} = \boldsymbol{d}'[\sigma_u^2\boldsymbol{R}'(\boldsymbol{X}'\boldsymbol{X})^{-1}\boldsymbol{R}]^{-1}\boldsymbol{d} = (\boldsymbol{R}\hat{\boldsymbol{\beta}} - \boldsymbol{r})'[\sigma_u^2\boldsymbol{R}'(\boldsymbol{X}'\boldsymbol{X})^{-1}\boldsymbol{R}]^{-1}(\boldsymbol{R}\hat{\boldsymbol{\beta}} - \boldsymbol{r}) \tag{2.51}$$

标量W被称为Wald统计量。从式（2.51）直观地看，$\boldsymbol{d}$越接近于0，则W统计量越小，约束条件式（2.50）成立的可能性越大；反之亦然。所以，一个大的W值将加重对原假设合理性的怀疑。判断W大小的标准是什么？由于$\hat{\boldsymbol{\beta}}$服从多元正态分布，所以$\boldsymbol{d}$也服从多元正态分布。Wald证明，在原假设H_0下，$W \sim \chi^2(m)$。由于σ_u^2未知，用$\hat{\sigma}_u^2$去替代式（2.51）中的σ_u^2：

$$W = (\boldsymbol{R}\hat{\boldsymbol{\beta}} - \boldsymbol{r})'[\hat{\sigma}_u^2\boldsymbol{R}'(\boldsymbol{X}'\boldsymbol{X})^{-1}\boldsymbol{R}]^{-1}(\boldsymbol{R}\hat{\boldsymbol{\beta}} - \boldsymbol{r}) \tag{2.52}$$

在H_0下，$W \overset{a}{\sim} \chi^2(m)$。基于这个结论的检验被称为约束条件的Wald χ^2检验。

Wald χ^2适用于大样本。为了在小样本条件下应用W统计量，需要将式（2.51）的$\chi^2(m)$统计量转换为$F(m,n-k-1)$统计量（目的也是用$\hat{\sigma}_u^2$去替代σ_u^2）：

$$F = \frac{(\boldsymbol{R}\hat{\boldsymbol{\beta}} - \boldsymbol{r})'[\sigma_u^2\boldsymbol{R}'(\boldsymbol{X}'\boldsymbol{X})^{-1}\boldsymbol{R}]^{-1}(\boldsymbol{R}\hat{\boldsymbol{\beta}} - \boldsymbol{r})/m}{\dfrac{(n-k-1)\hat{\sigma}_u^2}{\sigma_u^2}/(n-k-1)} = \frac{(\boldsymbol{R}\hat{\boldsymbol{\beta}} - \boldsymbol{r})'[\boldsymbol{R}'(\boldsymbol{X}'\boldsymbol{X})^{-1}\boldsymbol{R}]^{-1}(\boldsymbol{R}\hat{\boldsymbol{\beta}} - \boldsymbol{r})/m}{\hat{\sigma}_u^2} \tag{2.53}$$

可以证明，在H_0下，$F \sim F(m,n-k-1)$。基于这个结论对约束条件进行的检验，被称为约束条件的Wald F检验。Wald检验的优势在于可以用于对多个约束条件进行联合检验。对于一个约束条件的检验，Wald F检验等价于t检验。例如：

H_0：β_j=0（标准化写法$\boldsymbol{R\beta} - \boldsymbol{r}$=$\boldsymbol{0}$中，$R$=1，$r$=0。约束条件个数$m$=1）

$$F = \frac{(\boldsymbol{R}\hat{\boldsymbol{\beta}} - \boldsymbol{r})'[\boldsymbol{R}'(\boldsymbol{X}'\boldsymbol{X})^{-1}\boldsymbol{R}]^{-1}(\boldsymbol{R}\hat{\boldsymbol{\beta}} - \boldsymbol{r})/m}{\hat{\sigma}_u^2} = \frac{\hat{\beta}_j(\boldsymbol{X}'\boldsymbol{X})_{jj}\hat{\beta}_j}{\hat{\sigma}_u^2} = \frac{\hat{\beta}_j^{\,2}}{(\boldsymbol{X}'\boldsymbol{X})_{jj}^{-1}\hat{\sigma}_u^2} = \left[\frac{\hat{\beta}_j}{se(\hat{\beta}_j)}\right]^2 = t^2$$

由于$t^2(n-k-1)$变量服从$F(1,n-k-1)$分布，所以，在只针对一个线性约束时，t检验和F检验是一致的。故本章第三节对单个回归参数显著性的t检验，可以认为是Wald F检验应用于单个回归参数排除性约束检验的特例。Wald检验既适用于线性约束的检验，也适用于非线性约束条件的检验。当然，Wald检验应用范围更广，不仅可用于排除性约束，而且适用于任意的线性约束。

假定若干个非线性约束条件以联合检验的形式给出：$H_0:\boldsymbol{f}(\boldsymbol{\beta})=0$。其中$\boldsymbol{f}(\boldsymbol{\beta})$表示由约束条件组成的列向量。对应的Wald χ^2统计量为：

$$W = \boldsymbol{f}(\hat{\boldsymbol{\beta}})'\{\text{cov}[\boldsymbol{f}(\hat{\boldsymbol{\beta}})]\}^{-1}\boldsymbol{f}(\hat{\boldsymbol{\beta}}) \tag{2.54}$$

其中$\boldsymbol{f}(\hat{\boldsymbol{\beta}})$是用无约束估计量$\hat{\boldsymbol{\beta}}$代替$\boldsymbol{\beta}$后的$\boldsymbol{f}(\boldsymbol{\beta})$表达式，$\text{cov}[\boldsymbol{f}(\hat{\boldsymbol{\beta}})]$是$\boldsymbol{f}(\hat{\boldsymbol{\beta}})$的协方差矩阵：

$$\text{cov}[\boldsymbol{f}(\hat{\boldsymbol{\beta}})]=\left[\frac{\partial \boldsymbol{f}(\hat{\boldsymbol{\beta}})}{\partial \hat{\boldsymbol{\beta}}}\right]\text{cov}(\hat{\boldsymbol{\beta}})\left[\frac{\partial \boldsymbol{f}(\hat{\boldsymbol{\beta}})}{\partial \hat{\boldsymbol{\beta}}}\right]' \tag{2.55}$$

其中 $\frac{\partial \boldsymbol{f}(\hat{\boldsymbol{\beta}})}{\partial \hat{\boldsymbol{\beta}}}$ 表示 $\boldsymbol{f}(\hat{\boldsymbol{\beta}})$ 的偏导数矩阵，其中第i行第j列位置上的元素表示第i个约束条对第j个参数估计量的偏导数值。$\text{cov}(\hat{\boldsymbol{\beta}})$ 是 $\hat{\boldsymbol{\beta}}$ 的协方差矩阵。在 $H_0:\boldsymbol{f}(\boldsymbol{\beta})=0$ 下，$W=\boldsymbol{f}(\hat{\boldsymbol{\beta}})'\{\text{cov}[\boldsymbol{f}(\hat{\boldsymbol{\beta}})]\}^{-1}\boldsymbol{f}(\hat{\boldsymbol{\beta}})$ 服从 $\chi^2(m)$ 分布，其中m表示被检验的约束条件的个数。如果用 $\hat{\sigma}_u^2$ 去替代 σ_u^2 计算 $\text{cov}[\boldsymbol{f}(\hat{\boldsymbol{\beta}})]$，$W$渐近服从 $\chi^2(m)$，所以在大样本下，可以对约束条件进行 χ^2 检验。在小样本条件下，还可以将 $\chi^2(m)$ 变量转换为 $F(m,n-k-1)$ 变量，方法与式（2.53）相同。

五、建模案例

下面通过一个简单的案例，说明如何应用Stata软件，对经典线性模型进行参数估计和统计检验。

【例2.1】在研究某行业员工的教育回报问题时，经定性分析确定了以下变量：因变量工资水平（y，万元/年）；自变量中的关注变量：受教育年限（x_1，年）；自变量中的控制变量：在劳动力市场上的工作经历（x_2，年）及任现职年限（x_3，年）。随机抽取了该行业24位员工，有关数据如表2.3所示。

表2.3　　某行业职工劳动工资调查数据

序号	y	x_1	x_2	x_3	序号	y	x_1	x_2	x_3
1	3.10	15	2	0	13	8.77	16	15	0
2	3.24	16	22	2	14	5.50	16	18	3
3	3.00	15	2	0	15	22.2	16	31	15
4	6.00	12	36	28	16	17.33	20	14	0
5	5.30	16	7	2	17	7.50	16	10	0
6	8.75	20	9	8	18	10.63	17	16	10
7	11.25	22	15	7	19	3.60	16	13	0
8	5.00	16	5	3	20	4.50	16	12	6
9	3.60	16	6	4	21	6.88	16	11	4
10	18.18	21	22	21	22	8.48	16	29	13
11	6.25	20	8	2	23	6.33	20	9	9
12	8.13	17	3	0	24	6.00	15	37	8

（一）参数估计及其显著性检验

样本观测数据用矩阵形式表示如下：

$$\boldsymbol{y}=\begin{bmatrix}3.10\\3.24\\\cdots\\6.00\end{bmatrix}\qquad \boldsymbol{X}=\begin{bmatrix}1&15&2&0\\1&16&22&2\\&\cdots&&\\1&15&37&8\end{bmatrix}$$

假定我们欲建立一个包括所有自变量的模型——称为“全模型（Full Model）”。通过计算得：

$$\boldsymbol{X'X}=\begin{bmatrix}24&406&352&145\\406&6994&5826&2433\\352&5826&7548&3309\\145&2433&3309&2075\end{bmatrix}\boldsymbol{X'y}=\begin{bmatrix}189.52\\3328.02\\3212.85\\1483.04\end{bmatrix}$$

$$(\boldsymbol{X'X})^{-1}=\begin{bmatrix}2.8701&-0.1537&-0.0209&0.0130\\-0.1537&0.0086&0.0008&-0.0006\\-0.0209&0.0008&0.0009&-0.0009\\0.0130&-0.0006&-0.0009&0.0017\end{bmatrix}$$

代入OLS估计式（2.16），得：

$$\hat{\boldsymbol{\beta}}=\begin{bmatrix}\hat{\beta}_0\\\hat{\beta}_1\\\hat{\beta}_2\\\hat{\beta}_3\end{bmatrix}=(\boldsymbol{X'X})^{-1}\boldsymbol{X'y}=\begin{bmatrix}2.8701&-0.1537&-0.0209&0.0130\\-0.1537&0.0086&0.0008&-0.0006\\-0.0209&0.0008&0.0009&-0.0009\\0.0130&-0.0006&-0.0009&0.0017\end{bmatrix}\begin{bmatrix}189.52\\3328.02\\3212.85\\1483.04\end{bmatrix}$$

$$=\begin{bmatrix}-15.508\\1.179\\0.187\\0.117\end{bmatrix}$$

所以样本回归方程为：

$$\hat{y}_i=-15.508+1.179x_{1i}+0.187x_{2i}+0.117x_{3i}$$

该例也可以利用正规方程组式（2.12）求解，结果完全一样，请读者自己验证。

Stata使用regress命令进行OLS回归，这是计量经济学中最基础的命令。命令完整格式是：

.regress depvar [indepvars] [if] [in] [weight] [, options]

其中，depvar代表因变量。后面中括号“[ ]”内的项目是选填项。[indepvars]表示各自变量的集合，[if]定义参与估计的样本观测点需要的条件，[in]指定参与估计的样本观测点的序号，[weight]指定估计使用的权数，[, options]是其他选项，后面将陆续讲到。对于本例，将表2.3数据输入Stata，建立数据文件ex2.1。在命令窗口键入并运行命令：

.regress y x1 x2 x3　　// 自变量集合x1 x2 x3可以简写为x1–x3或x*

```
      Source |       SS           df       MS      Number of obs   =        24
-------------+----------------------------------   F(3, 20)        =      5.74
       Model |  264.490761         3  88.1635869   Prob > F        =    0.0053
    Residual |  306.989802        20  15.3494901   R-squared       =    0.4628
-------------+----------------------------------   Adj R-squared   =    0.3822
       Total |  571.480562        23   24.846981   Root MSE        =    3.9178

------------------------------------------------------------------------------
           y |      Coef.   Std. Err.      t    P>|t|     [95% Conf. Interval]
-------------+----------------------------------------------------------------
          x1 |   1.179388   .3641482     3.24   0.004     .4197879    1.938987
          x2 |   .1873645    .116824     1.60   0.124    -.0563262    .4310552
          x3 |    .116756   .1603824     0.73   0.475    -.2177958    .4513077
       _cons |  -15.50806   6.637424    -2.34   0.030    -29.35348   -1.662632
------------------------------------------------------------------------------
```

可见，回归输出结果分为三个区域：

1. 左上方提供了一个表格，提供了表2.2方差分析的具体计算结果：

表2.4　　方差分析计算

变差来源	平方和*SS*	自由度*df*	均方*MS*
回归	$ESS=264.49$	$k=3$	$ESS/k=88.16$
残差	$RSS=306.99$	$n-k-1=20$	$RSS/(n-k-1)=\hat{\sigma}_u^2=15.35$
总变差	$TSS=571.48$	$n-1=23$	$TSS/n-1=s_y^2=24.85$

2. 右上方显示了模型的有关指标。包括观测值个数k（Number of obs）；F统计量及其伴随概率（Prob>F）；复决定系数R^2（R–squared）；$\bar{R}^2$（adj R–squared）；均方误差的平方根$\hat{\sigma}_u$（root MSE，也称回归标准误差S.E.of regression）。

3. 表格的整个下半部分显示参数估计和检验结果。第一列最上面的y是模型因变量，下面罗列出各自变量，其中_cons代表常数项（constant，即$x_0\equiv 1$）。第二列是各自变量回归系数的样本估计值$\hat{\beta}_j$，_cons对应的系数估计值就是模型截距。第三列是系数的标准误$se(\hat{\beta}_j)$；第四列是t统计量，即第二列与第三列对应相除得到的比值：$t=\hat{\beta}_j/se(\hat{\beta}_j)$；第五列是$t$值的伴随概率$p$值；表格的最后两列即是回归系数区间估计的上下限。Stata回归结果中，默认输出参数95%的置信区间。如果希望得到其他置信水平下的置信区间，需要在回归命令regress中，用选项level(#)进行设定，如level(99)代表输出99%的置信区间。

从本例输出结果看，该模型整体上是统计显著的，包括常数项在内的四个回归系数中有两个具有统计显著性。回归方程的拟合优度为0.46，说明三个自变量的差异可以解释工资水平y差异的46%。

在执行regress命令后，通过执行“ereturn list”和“estat”等估计后命令

（postestimation，即在运行完regress等估计命令后才能运行的命令），可以查看更多的回归结果。例如，要查看模型的AIC和BIC值，只要运行命令：

.estat ic

除了软件默认的显著性检验外，还可以根据研究目的，应用Stata提供的估计后命令test，检验特定的线性约束条件，如：

.test（_b[x1]=0）（_b[x2]=0）　//_b[x]代表变量x的系数。该约束条件可简化表达为：x1 x2

.test (_b[x1]+_b[x2]=3) (_b[x3]=0.5)　//该约束条件可简化表达为：(x1+x2=3) (x3=0.5)

或者利用估计后命令testnl执行非线性约束条件检验，如：

.testnl (_b[x1]*_b[x2]=1) (_b[x3]=1.5)　//非线性约束条件不可简化表达

（二）模型优选与报告

除非有明确的经济理论界定，当经济现象涉及的影响因素较多时，往往有多个备选的自变量组合供建模时选择，这就产生了模型评估和优选问题。当基于样本数据将有关模型估计出来后，除了考察各模型与经济现实或经济理论的吻合程度外，需要借助准则统计量进行优选，如前面介绍的$\bar{R}^2$（越大越好）、*AIC*和*BIC*（越小越好）。为了直观明白，最好将有关模型回归结果和有关统计量列在一张表上显示出来。表格应该包括以下内容的全部或一部分：样本容量；OLS系数的估计值及其显著性水平（*t*统计量及其伴随概率）；系数的联合显著性（*F*统计量及其伴随概率）；拟合优度R^2；常用准则统计量；等等。Stata提供了estimates table命令，可以方便地完成这项工作。

接【例2.1】（ex2.1.dta），为了研究教育回报率（x_1对y的边际影响，即β_1），分别引入不同的控制变量构建线性模型。将各回归结果列在一张表格中报告出来。编写do文件如下：

*报告线性回归结果

regressy x1　//无控制变量的回归。regress前面加上quietly，可以执行静默模式，下同

estimates store a　//命名为模型a，存储回归结果

regressy x1 x2　//以x2为控制变量的回归

estimates store b　//命名为模型b，存储回归计结果

regress y x1 x3　//以x3为控制变量的回归

estimates store c　//命名为模型c，存储回归结果

regress y x1 x2 x3　//以x2和x3为控制变量的回归

estimates store d　//命名为模型d，存储回归结果

estimates table a b c d,star stat(r2 r2_a F aic bic)　　//设定列表显示的模型及显示内容

运行上述do文件，输出结果如下：

Variable	a	b	c	d
x1	.9693245*	1.2224587**	1.016621*	1.1793877**
x2		.24755996**		.18736449
x3			.29881859*	.11675595
_cons	-8.5010728	-16.414138*	-11.106533	-15.508055*
r2	.20688673	.44858239	.39372872	.46281674
r2_a	.17083613	.39606643	.3359886	.38223925
F	5.738787	8.5418295	6.8189798	5.7437473
aic	142.63035	135.90698	138.18302	137.2793
bic	144.98645	139.44114	141.71718	141.99152

legend: * p<0.05; ** p<0.01; *** p<0.001

回归系数估计值后面的星号“*”标注显著性水平，如果不想用星标（*）表示显著性水平，而希望详细列出每一个参数估计值对应的标准误*se*、*t*统计量及其*p*值，可将d2.1最后的estimates table命令中的选项“star”替换为“se t p”即可。表格最后的aic和bic分别是Akaike信息准则*AIC*和Bayesian信息准则*BIC*。还希望显示哪些统计量，将其加入该条命令选项Stats后面括号中。

显然，模型b是所有回归系数均显著的唯一模型，而且用准则统计量$\bar{R}^2$、*AIC*和*BIC*（即输出结果下半部分的r2_a、aic和bic）衡量，方程b都要优于方程a、方程c和方程d。所以后面的模型应用我们均基于模型b展开。

第五节　模型函数形式与模型设定检验

一、可线性化的非线性模型

如前所述，线性模型的“线性”可以从变量和参数两个方面来理解：“变量线性”指的是因变量是自变量的线性函数；“参数线性”指的是因变量是参数的线性函数。前几节我们讲的经典线性模型既是变量线性模型又是参数线性模型。回归分析中，某些非线性模型可以通过初等函数变换转化为线性模型，然后用线性模型方法进行常规的参数估计和假设检验。这类可线性化的非线性模型也被称为内蕴线性模型。

（一）常见的内蕴线性模型

1.幂函数与双对数模型。幂函数的参数是以非线性形式出现在方程中的，假设只有一个自变量，幂函数模型的随机形式为：

$$y = \beta_0 x^{\beta_1} e^{u} \tag{2.56}$$

对式（2.56）两边取对数，转化为一个参数线性模型：

$$\ln y = \ln \beta_0 + \beta_1 \ln x + u \tag{2.57}$$

由于式（2.57）等号两边的变量都是对数形式，所以称为“对数—对数模型”，或“双对数模型(double-log model)”。如果记$y' = \ln y$，$\beta_0' = \ln \beta_0$，$x' = \ln x$，则转化为经典线性模型形式：

$$y' = \beta_0' + \beta_1 x' + u$$

双对数模型式（2.57）的斜率（β_1）为一常数，经济意义是y对于x的弹性系数（elasticity coefficient）。

$$\beta_1 = \frac{dE(\ln y \mid x)}{d\ln x} = \frac{dE(\ln y \mid x)}{dx / x} \approx \frac{\Delta E(y \mid x) / y}{\Delta x / x}$$

可见，式（2.57）的弹性系数为一常数（但其边际效应、半弹性系数随观测点的不同而变化），因此又被称为不变（固定）弹性模型。对数的差分大致相当于经济统计学中“环比增长率”的概念，如果在样本中观察到因变量增长率与自变量增长率之间保持大致的比例关系，可以尝试构造双对数模型。对于多个解释变量的情形，式（2.57）可以扩展为：

$$\ln y = \beta_0 + \beta_1 \ln x_1 + \beta_2 \ln x_2 + \cdots + \beta_k \ln x_k + u$$

模型的斜率β_j称为偏弹性系数（partial elasticity coefficient）。它度量了在其他变量不变的条件下，被解释变量y对解释变量x_j的弹性系数。

2. 线性—对数模型。属于半对数模型（semi-log models）的一种，为对数函数的随机形式：

$$y = \beta_0 + \beta_1 \ln x + u \tag{2.58}$$

可见：

$$\beta_1 = \frac{dE(y \mid x)}{d\ln x} = \frac{dE(y \mid x)}{dx / x} = \frac{\Delta E(y \mid x)}{\Delta x / x}$$

β_1表示x每一个相对量变化（变动率）对应的y的平均绝对变动量，故被称为x型半弹性（semi-elasticity）系数。可见，线性—对数模型具有固定的半弹性系数（但边际效应和弹性系数随观测点不同而改变）。如果发现样本中y的绝对增长量与x的相对增长率保持大致的比例关系，往往意味着y与$\ln x$之间呈线性关系，可尝试构建线性—对数模型。

3. 指数函数与对数—线性模型。指数函数模型的随机形式为：

$$y = \exp(\beta_0 + \beta_1 x + u) \tag{2.59}$$

两边求对数将其线性化，转化为半对数模型：

$$\ln y = \beta_0 + \beta_1 x + u \tag{2.60}$$

为了与线性—对数函数相区别，将式（2.60）称为“对数—线性模型”。斜率β_1是y型半弹性系数，衡量自变量一个绝对量的变动导致的因变量的平均相对变动率：

$$\beta_1 = \frac{dE(\ln y \mid x)}{d\ln x} = \frac{dE(\ln y \mid x)}{dx} \approx \frac{\Delta E(y \mid x)/y_i}{\Delta x}$$

如果发现样本中y的相对增长率与x的绝对增长量保持大致的比例关系，往往意味着$\ln y$与x之间呈线性关系，可以构建线性—对数模型。半对数模型也同样适用于多个自变量的情况下。

4. 双曲线函数。因变量与自变量的倒数呈线性关系。如：

$$y = \beta_0 + \beta_1 \frac{1}{x} + u \tag{2.61}$$

与线性模型、指数函数模型和幂函数模型相比，双曲线模型最明显的特点是，因变量的增长（下降）存在上限（下限），即以模型截距β_0为上（下）渐近线。比如Phillips曲线，它刻画了通货膨胀率与失业率的非线性反向变动关系，通货膨胀率与失业率负相关，但通货膨胀率因为有一个渐近底限，不会随失业率的上升而无限度下降。

5. 多项式函数。多项式函数模型（polynomial model）属于变量非线性模型，可以反映自变量边际效应的非线性特点。其中最常用的是二次函数形式：

$$y_i = \beta_0 + \beta_1 x + \beta_2 x^2 + u \tag{2.62}$$

由于x对y的边际效应是$\frac{dE(y \mid x)}{dx} = \beta_1 + 2\beta_2 x$，所以式（2.62）可以反映边际效应递增（$\beta_2 > 0$）或边际效应递减（$\beta_2 < 0$）的情况。根据极值原理，当$y$对$x$的一阶导数（即边际效应）$\beta_1 + 2\beta_2 x = 0$，即$x = |\beta_1 / 2\beta_2|$时，$y$达到极小（大）值。平均（边际）成本曲线的U形曲线、人均收入与基尼系数之间的倒U形曲线、经济发展与环境污染的Kuznitz曲线等都是二次函数模型在经济建模中的具体应用。

除此之外，还有一种常用的多项式模型，称为交互效应模型，即将自变量的交叉乘积项引入模型，以描述不同自变量效应之间的交互作用。比如，以y, x, z分别表示单位面积上的粮食产量、施肥量和灌溉用水量。施肥量x和灌溉用水量z除了单独影响粮食产量y外，二者的效应之间还存在互相促进的交互效应，所以，可以建立以下生产函数：

$$y = \beta_0 + \beta_1 x + \beta_2 z + \beta_3 xz + u \tag{2.63}$$

可见，施肥量x对粮食产量y条件均值的总边际效应是：$\frac{dE(y \mid x)}{dx} = \beta_1 + \beta_3 z$。其中，$\beta_1$是施肥量$x$对粮食产量$y$的直接效应（假定灌溉用水量$z$不变），$\beta_3 z$是$x$

对y的间接效应，随z的不同而变化，说明肥效的发挥取决于灌溉用水的多少。同样，z对y的总边际影响也可以如此分解。显然，该模型比单纯的线性回归模型$y=\beta_0+\beta_1 x+\beta_2 z+u$更符合实际情况。

（二）Box–Cox变换与超越对数模型

经济变量之间的关系可以通过不同的函数形式表达。究竟选用何种函数形式？理想的情况是借助现成的理论模型解决诸如包括哪些变量、变量要不要取对数、线性模型还是非线性模型、是否包括高次方项等模型设定问题。如果缺乏理论指导，可以借助于样本的数据特征探索模型的函数形式。Box–Cox变换就是传统的探索方法之一。

对于变量x，Box–Cox变换的公式为：

$$x^{(\lambda)}=\begin{cases}(x^{\lambda}-1)/\lambda & \lambda\neq 0\\ \ln x & \lambda=0\end{cases} \tag{2.64}$$

其中，λ被称为变换参数。当$\lambda=1$时，$x^{(\lambda)}=x-1$；当$\lambda=-1$时，$x^{(\lambda)}=-x^{-1}+1$；当$\lambda=0$时，$x^{(\lambda)}=\ln x$（极限），等等。所以，利用不同的变换参数λ对模型中的全部或部分变量进行Box–Cox变换，会得到线性模型、双曲线模型、双（半）对数模型、多项式模型等具体模型。对转换后的变量应用OLS回归，称为Box–Cox回归。实际上，变换参数λ的值往往是未知的。Stata提供了命令boxcox，可以基于样本数据，将变换参数λ的最优值（因变量与自变量的转换参数可以不同）与转换后变量的系数一起进行估计。

在缺乏理论指导，而且数据特征比较模糊的情况下，还可以考虑建立"超越对数模型（Translog Model）"作为一般模型。假定有两个自变量，"超越对数模型"的形式如下：

$$\ln y=\beta_0+\beta_1\ln x_1+\beta_2\ln x_2+\beta_3(\ln x_1)^2+\beta_4(\ln x_2)^2+\beta_5\ln x_1\cdot\ln x_2+u$$

这个模型等号后面包括自变量的对数及其平方项和交叉乘积项，故可以看作是对任意非线性函数的二阶泰勒级数近似，所以具有一般意义；而且它属于内蕴线性模型，很容易转化为线性模型，方便进行参数估计和假设检验。

二、无法线性化的非线性模型

有些非线性模型无法通过初等函数变换转化成线性模型，称为"实质性"非线性模型。比如：

$$y=\beta_0 e^{x\beta_1}+\beta_2\ln x+u \tag{2.65}$$

这种非线性模型由于无法线性化，所以参数估计和假设检验面临一些更为复杂的问题，常规的OLS回归方法一般不再适用。为此要使用专门的回归方法，比如非线性最小二乘法（nonlinear least squares，NLS）。

对于非线性模型 $y_i = f(\boldsymbol{x}_i, \boldsymbol{\beta}) + u_i$，$y$是被解释变量，$\boldsymbol{x}$是解释变量向量，$\boldsymbol{\beta}$是参数向量。假定模型的非线性函数形式$f(\cdot)$是给定（已知）的，对于样本数据$\{(\boldsymbol{x}_i, y_i): i = 1, 2, \cdots, n\}$，残差平方和$RSS$如下：

$$RSS = \sum e_i^2 = \sum [y_i - f(\boldsymbol{x}_i, \hat{\boldsymbol{\beta}})]^2 \tag{2.66}$$

NLS就是寻找能使上述目标函数到达极小值的估计值$\hat{\boldsymbol{\beta}}$，所以也属于最小二乘法的范畴。其特殊性在于，由于$f(\cdot)$的非线性特征，不能像OLS那样用多元函数求极值的办法得到参数估计的解析式。所以NLS一般采用优化算法寻找使目标函数RSS最小的系数组合。常用的算法有搜索法和迭代法。以Gauss–Newton迭代法为例：通过泰勒级数展开使非线性方程在参数的某一组初始值附近线性化，运行OLS回归得到第一组参数估计值；然后使非线性方程在第一组参数估计值附近线性化，再运行OLS回归得到第二组参数估计值……不断重复上述过程，直至相邻两组参数估计值的差异小于给定的标准（即达到收敛）为止。

对于非线性模型，命令不再适用。应该使用Stata提供的非线性最小二乘法（NLS）命令。与线性回归regress不同，命令nl要明确写出完整的方程形式，不能采用简略表达。假定回归函数的形式为$y = \alpha x^{\beta} + \gamma z^{\delta} + u$，对于给定的样本数据，NLS估计命令如下：

.nl(y={alpha}*x^{beta}+{gamma}*z^{delta}), initial(alpha 0.5 beta 0.5 gamma 1 delta 1)

其中，用选项initial设定参数迭代的初始值。合理设定参数的初始值可以减少迭代次数，提高估计的效率。本例参数初始值也可以用以下等价的方式设定：

.nl(y={alpha=0.5}*x^{beta=0.5}+{gamma=1}*z^{delta=1}

使用NLS需要特别注意两点：第一，对于非线性模型，平方和分解公式（2.19）不再成立，基于此计算的R^2、F等统计量仅具有参考价值，不能作线性模型条件下的常规理解。第二，基于非线性模型中的参数估计量一般不再是随机误差项的线性函数，即使误差项服从正态分布，参数估计量也往往不服从正态分布。因此导致的后果是：基于线性模型的常规参数显著性检验方法往往失效；样本回归方程可以用于外推预测，但由于点预测$\hat{y}_f$的条件分布不容易确定，因此预测区间往往无法构造。

三、模型形式设定检验

模型设定过程中遇到的另一个问题是，由于对同一个经济问题可能有着不同理论解释，设定的模型形式可能不是唯一的。例如消费理论有绝对收入假说、相对收入假说、生命周期假说和永久收入假说等不同的理论，导致有若干种不尽相同的理论模型。加上研究者的建模目的、观察角度和依据的数据不尽相同，所以设定的模型往往存在差异。这就引出对于模型的设定检验和评估优选问题。这些不同的备选模型称为竞争模型，按照竞争模型之间是否存在包含关系分为嵌套模型和非嵌套模型两大类。

（一）嵌套模型的设定检验

如果竞争模型之间是包含与被包含的关系，即其中的一个模型是一般模型（无约束模型），其他模型是一般模型施加了约束条件以后转化的特殊模型（受约束模型），则称模型之间存在嵌套关系。可以通过检验被施加的约束条件是否成立对嵌套模型进行优选：如果约束条件成立，特殊模型优于一般模型（因为更加简约），反之亦然。嵌套模型检验方法可用本章介绍约束条件检验方法。下面介绍约束条件检验的一个具体应用——拉姆齐（Ramsey，1969）提出的“回归设定错误检验”（regression specification error test，RESET）。

RESET检验的目的是检验自变量的高次方项是否应该被包含在模型中。线性回归模型是对现实经济关系的简单化、近似化描述。但省略解释变量的高次方项有时是不合理的。比如长期平均成本与产量呈U形关系而非线性关系，所以二次多项式模型比线性模型更合理。RESET检验思想为：如果怀疑建立的线性模型遗漏了自变量的高次方项，可以将其引入模型（如果自变量个数很多，为避免自由度的过度损失，可用线性模型拟合值$\hat{y}$的高次方项来代替），然后检验其系数的统计显著性。具体步骤如下：

1.对如下线性模型（相当于对高次方项施加了排除性约束的受约束模型）进行OLS回归：

$$y=\beta_0+\beta_1x_1+\cdots+\beta_kx_k+u \tag{2.67}$$

得到其残差平方和RSS_R和每一个观测点因变量的拟合值$\hat{y}$。

2.将$\hat{y}$的若干次幂（一般包括值$\hat{y}$的平方、立方和四次方）引入式（2.67）：

$$y=\beta_0+\beta_1x_1+\cdots+\beta_kx_k+\delta_1\hat{y}^2+\delta_2\hat{y}^3+\delta_3\hat{y}^4+\varepsilon \tag{2.68}$$

相对于式（2.67），式（2.68）是无约束模型（没有于对高次方项施加排除性约束）。对式（2.68）进行OLS回归，得到无约束模型的残差平方和RSS_U。

3.通过两个模型残差平方和的差异大小，对原假设（排除性约束条件）：$H_0:\delta_1=\delta_2=\delta_3=0$进行$F$检验：

$$F=\frac{(RSS_R-RSS_U)/(df_R-df_U)}{RSS_U/df_U} \tag{2.69}$$

其中，df_U和df_R分别为RSS_U和RSS_R的自由度。据此进行常规的F检验。如果拒绝原假设，表明原模型（受约束模型）遗漏了自变量高次方项，应该建立（变量）非线性模型。否则，说明排除性约束合理，建立线性模型是合理的。

与RESET检验类似，图基（1949）和雷吉邦（1979）提出了连接检验（Link Test）。这里的“连接”，指自变量与因变量之间的关系，即模型的函数形式。检验思路与RESET检验相同，唯一不同的是，被检验遗漏的高次方项只包括平方项（RESET检验还包括三次方和四次方项）。

建模实践中，可以通过regress的估计后命令进行模型设定检验。例如，应用命令estat ovtest进行RESET检验（ovtest表示omit variable test，因为遗漏高次方项是遗漏变量的情形之一）；应用命令linktest用于连接检验。

```
.estat ovtest
.linktest
```

针对本章【例2.1】，请读者自行进行上述检验，根据输出检验结果得出检验结论。

（二）非嵌套模型的设定检验

如果竞争模型之间没有包含与被包含的关系，称为非嵌套模型。例如，有两个竞争模型：

$$y=\alpha_0+\alpha_1x_1+\alpha_2x_2+u \tag{2.70}$$

$$y=\beta_0+\beta_1\ln x_1+\beta_2\ln x_2+u \tag{2.71}$$

因为两个模型之间没有包含关系，所以是非嵌套模型。对这类非嵌套竞争模型进行优选，常用的检验方法有两种。一种是Davidson — MacKinnon检验（1981）。检验思路是，如果一个模型正确，将其因变量的拟合值引入另一个模型作为自变量，其系数应该是不显著的；反之亦然。对于本例，先估计式（2.70），得到其拟合值，记为$\hat{y}_1$，然后将其引入式（2.71），模型变为：

$$y=\beta_0+\beta_1\ln x_1+\beta_2\ln x_2+\delta_1\hat{y}_1+u \tag{2.72}$$

基于样本数据估计式（2.72），对δ_1进行t检验。如果δ_1统计显著，则有证据拒绝式（2.70）。同样地，估计式（2.71），得到其拟合值$\hat{y}_2$，然后作为自变量引入式（2.70）：

$$y=\alpha_0+\alpha_1x_1+\alpha_2x_2+\delta_2\hat{y}_2+u \tag{2.73}$$

估计出式（2.73）后，检验系数δ_2的显著性，对式（2.71）进行类似的检验。

另一种是Mizon–Richard检验（1986）：首先构造一个包含所有竞争模型的综合模型作为一般模型（无约束模型），与各竞争模型构成嵌套关系，然后再应用嵌套模型的检验方法。对于本例，式（2.70）和式（2.71）合成为一个一般模型：

$$y=\gamma_0+\gamma_1x_1+\gamma_2x_2+\gamma_3\ln x_1+\gamma_4\ln x_2+u \tag{2.74}$$

于是，式（2.70）和式（2.71）被视作式（2.74）的受约束模型。首先检验

$H_0:\gamma_1=\gamma_2=0$，作为对式（2.70）的检验；然后检验 $H_0:\gamma_3=\gamma_4=0$，作为对式（2.71）的检验。

上述非嵌套模型检验可能存在的问题是，两个竞争模型可能都被拒绝，也可能都不被拒绝。如果都没有被拒绝，我们可以根据经济意义、准则统计量等进行进一步优选；如果都被拒绝，在现有框架下则无解决办法。

第六节　分类变量作为自变量

一、虚拟变量

迄今为止，本章涉及的变量都是数值型变量。建模过程中，还会遇到另一类变量——分类变量，用于描述个体（观测点）的属性特征（如性别、文化程度、健康状况）、时间中的周期性因素（如季节）以及偶发或意外事件（如疫情暴发、战争）等，也被称为“非数值型变量”“定性变量”或“名义变量”，可分为二元分类变量和多元分类变量。为了将分类变量引入模型，需要对其赋值，转化为一个或几个二元虚拟变量（binary dummy variable）。假设虚拟变量用 d 来表示，赋值方法如下：当被观测的样本点具有某种特征或属于某一类时，令 $d=1$；否则，令 $d=0$。

本节使用一个建模案例，说明将分类变量作为自变量引入线性模型的几种可能情况。假设我们已经获取了一个横截面样本数据集，其中包含多种相关信息的职工调查数据。其中的因变量是年薪酬水平（万元）；备选的自变量既有数值型变量，如工龄（年）；也有分类变量，包括二分类变量，如岗位（分主要岗位和辅助岗位）、性别（分男和女），也包括多分类变量，如职工文化程度（分中学及以下、大学、研究生等三个类别）。通过建立线性模型研究职工薪酬是如何决定的。

二、虚拟解释变量引入模型的两种形式

虚拟变量作为自变量被引入模型，有两种基本类型：一是加法类型，分类变量只对模型截距起作用；二是乘法类型，分类变量既改变模型的截距又改变模型的斜率。

（一）加法类型

如果虚拟变量对因变量有独立影响，可以通过加法方式将其引入模型，其作用是改变模型的截距。具体分为两种情形：解释变量只包括虚拟变量而无常规数值型变量；解释变量既包含虚拟变量，也包括常规数值型变量。

在职工薪酬建模中，假设薪酬水平（y_i）只取决于职工的岗位类型。这是一个

二元分类变量，为此定义虚拟变量：d_1=1代表主要岗位；d_1=0代表辅助岗位。则加法模型为：

$$y_i = \alpha + \beta d_{1i} + u_i \tag{2.75}$$

借助于虚拟变量d_1的不同取值，上述模型可分解成两个式子：

$$y_i = \begin{cases} \alpha + u_i & \text{辅助岗位} \\ \alpha + \beta + u_i & \text{主要岗位} \end{cases}$$

这种模型实际上是两个岗位之间薪酬的均值比较。若原假设$H_0: \beta = 0$成立，表明薪酬水平与岗位无关；若拒绝了原假设$H_0: \beta = 0$，表明薪酬与岗位有关。

下面考虑更为一般的情况。回归模型的自变量既包括虚拟变量，也包括常规变量，二者是并列关系，独立发挥作用。在该例中，如果我们认为，职工年薪酬水平（y）与工作岗位类型d_1（分主要岗位和辅助岗位）有关，也与工龄（x）有关，二者独立发挥作用。则回归模型如下：

$$y_i = \alpha_0 + \alpha_1 d_{1i} + \beta x_i + u_i \tag{2.76}$$

相当于：

$$y_i = \begin{cases} \alpha_0 + \beta x_i + u_i & d_{1i} = 0 \\ (\alpha_0 + \alpha_1) + \beta x_i + u_i & d_{1i} = 1 \end{cases}$$

可见式（2.76）实际上包括两条截距不同、斜率相同的回归直线。截距代表的是起薪，斜率β是年资薪酬（隐含的假定是两条回归直线斜率相同）。在$H_0: \alpha_1 = 0$的假设下，用t检验，可以检验不同工作岗位起薪差异的显著性。

（二）乘法类型

如果虚拟变量与其他变量有交互效应，应将虚拟解释变量与其他解释变量相乘作为新的解释变量引入模型，以描述模型斜率的差异。本例中，如果我们认为，职工薪酬（y）与工作岗位类型（d_1）有关，也与工龄（x）有关，而且工作岗位类型不但影响起薪（截距），还影响年资薪酬（斜率）。则需要在加法式（2.76）基础上，再将虚拟变量d_1与x的交乘项d_1x引入回归模型：

$$y_i = \alpha_0 + \alpha_1 d_{1i} + \beta_0 x_i + \beta_1 d_{1i} x_i + u_i \tag{2.77}$$

等价于：

$$y_i = \begin{cases} \alpha_0 + \beta_0 x_i + u_i & d_{1i} = 0 \\ (\alpha_0 + \alpha_1) + (\beta_0 + \beta_1) x_i + u_i & d_{1i} = 1 \end{cases}$$

式（2.77）实际上代表的是两条截距、斜率均不同的回归线。在$H_0: \alpha_1 = 0, \beta_1 = 0$的假设下，用$F$检验可以进行不同工作岗位起薪和年资薪酬是否均存在显著性差异的检验。应该注意的是，合并后式（2.77）中的u_i应满足同方差假定。

三、虚拟变量之间的交互作用

如果一个解释变量的边际效应要依赖于另一个解释变量，称为存在交互效应，需要将相关变量以乘积形式引入模型。这种方法也适用于虚拟变量。在本例中，假定模型包含两个虚拟变量，d_1代表岗位类别；d_2代表职工性别。如果这两个虚拟变量独立地对起薪（截距）产生影响的同时，还通过联合效应影响起薪，则设定的模型为：

$$y_i = \alpha_0 + \alpha_1 d_{1i} + \alpha_2 d_{2i} + \alpha_3 d_{1i} d_{2i} + \beta x_i + u_i \tag{2.78}$$

这里的起薪由四项组成，其中：α_0是基础起薪；α_1为岗位对起薪的独立影响；α_2为性别对起薪的独立影响；α_3为岗位和性别对起薪的联合影响。实际上，式（2.78）相当于四个方程：

对于主要岗位的男职工：$E(y_i \mid d_{1i}=1, d_{2i}=1, x_i) = (\alpha_0+\alpha_1+\alpha_2+\alpha_3)+\beta x_i$

对于主要岗位的女职工：$E(y_i \mid d_{1i}=1, d_{2i}=0, x_i) = (\alpha_0+\alpha_1)+\beta x_i$

对于辅助岗位的男职工：$E(y_i \mid d_{1i}=0, d_{2i}=1, x_i) = (\alpha_0+\alpha_2)+\beta x_i$

对于辅助岗位的女职工：$E(y_i \mid d_{1i}=0, d_{2i}=0, x_i) = \alpha_0+\beta x_i$

至于虚拟变量之间是否存在交互效应，可通过交乘项系数估计值的显著性来判断。如果交乘项系数显著，说明两个虚拟变量的交互效应对起薪存在显著影响。如果认为虚拟变量的交互效应对年资薪酬（斜率）也有影响，还可以设定乘法模型，分析方法同上，此不赘述。

四、多分类变量的特殊性

“多分类变量”是表现为多种状态的定性变量，如本例中的文化程度。多分类变量引入模型也需要转换为虚拟变量。但使用过程中应注意避免犯以下两类错误：

第一，只设置一个虚拟变量。在该例中，假如我们关注职工文化程度对薪酬水平的影响。将文化程度分为中学及以下、大学、研究生三个类别（学历层次）。如果只设置一个虚拟变量，用其取值1、2、3表示，则在设定模型时，隐含的假定是相邻学历之间薪酬差别为固定值，这显然与事实不符。正确的做法是，应该设置与类别个数相同的虚拟变量，分别表示各个不同文化程度层次：

$$d_1=\begin{cases}1 & \text{中学及以下}\\ 0 & \text{其他}\end{cases}\quad d_2=\begin{cases}1 & \text{大学}\\ 0 & \text{其他}\end{cases}\quad d_3=\begin{cases}1 & \text{研究生}\\ 0 & \text{其他}\end{cases}$$

第二，将所有的虚拟变量都引入模型。在该例中，由于$d_1+d_2+d_3=1$，如果模型存在常数项（即$x_0 \equiv 1$），这会使得多元回归模型的自变量观测值矩阵$\boldsymbol{X}$不满秩，产生完全的多重共线性而无法估计。这类问题称为“虚拟变量陷阱”（trap of dummy variable）。所以，正确的方法是：若多分类型变量有k种表现状态，可在模型中引入（$k-1$）个虚拟变量。未被引入模型的那个类型称为“基准组”。

五、分段回归

有时候变量之间的结构关系会在解释变量达到某个临界值（阈值）时发生突变，为此可进行分段回归。例如，我们研究两个变量x和y之间的关系。以自变量某一取值x^*为界，超过这个界限，二者的关系就有较大变化。表现为在以x为横轴、y为纵轴的平面坐标系上，回归直线在x^*前后明显有不同的形态（见图2.2）。为了反映这一变化，需要以x^*为界限，将样本分为两个部分，分别进行OLS回归，称为分段回归。

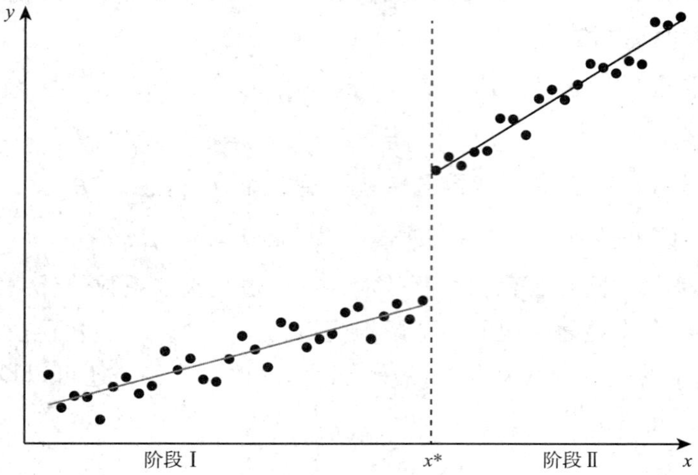

图2.2　分段回归

这种分段回归可以通过引入虚拟变量来实现。设虚拟变量为：

$$d=\begin{cases}1 & x \geqslant x^* \\ 0 & x < x^*\end{cases}$$

则y和x间的关系式可以统一地表示为：

$$y=\alpha+\beta_1 x+\beta_2(x-x^*)d+u$$

这等价于在虚拟变量d取不同值时，有两个具有不同斜率和截距的回归方程：

x低于x^*时，d=0：$y=\alpha+\beta_1 x+u$

x不低于x^*时，d=1：$y=(\alpha-\beta_2 x^*)+(\beta_1+\beta_2)x+u$

显然，β_1是图2.1中阶段Ⅰ回归直线的斜率；而$(\beta_1+\beta_2)$则是阶段Ⅱ回归直线的斜率。只要检验β_2的统计显著性，就可以判断在所设定的阈值x^*处是否存在着结构

“突变”。例如，阿马蒂亚·森和斯瑞瓦斯塔瓦（Amartya Sen and Srivastava，1971）在研究期望寿命与人均收入的关系时，利用101个国家的数据，建立了如下的回归模型：

$$\hat{y}_i = -2.40 + 9.39\ln x_i - 3.36 d_i(\ln x_i - 7)$$

$$t = (4.37)\ (0.857)\quad (2.42) \qquad R^2 = 0.752$$

其中，x_i是以美元计的人均收入；$\hat{y}_i$是以年计的期望寿命。以人均收入1097美元（$\ln 1097 = 7$）为临界值，超过此数者定义为富国（d=1）；否则定义为穷国（d=0）。这实际上是一个分段回归：

$$\hat{y}_i = -2.40 + 9.39\ln x_i \qquad d_i = 0 \qquad \text{（穷国的回归模型）}$$

$$\hat{y}_i = 21.12 + 6.03\ln x_i \qquad d_i = 1 \qquad \text{（富国的回归模型）}$$

可见，在上述分段回归中，两个模型不仅截距不同，而且斜率也不同。尽管收入变化对预期寿命的边际效应都为正，但富国和穷国之间的绝对值差异较大。对于穷国而言，“发展是硬道理”，提高经济收入水平对提高预期寿命更为重要。

分段回归方法可以从两个阶段推广到多个阶段。如果是k段回归，可用（k–1）个虚拟变量用于分段。另外，有时回归系数在分段点（阈值）附近的“跳跃”或者间断不好给出解释，可以应用样条函数使回归函数在x^*处连续。Stata提供了mkspline命令完成线性样条过程，具体方法参见Stata帮助文件。

第七节　模型应用

一、结构分析

对于多元线性回归模型，可以在假定其他自变量保持固定的状态下，针对某一个自变量x_j计算结构关系参数——包括边际效应、弹性系数和半弹性系数。由于增加了“其他条件不变”的条件，体现了统计控制的思想，所以称为偏结构关系参数：

1. 偏边际效应：$\dfrac{\Delta y}{\Delta x_j} \approx \dfrac{\partial y}{\partial x_j} = \hat{\beta}_j$ （2.79）

2. 偏半弹性系数（x型）：$\dfrac{\Delta y}{\Delta x_j / x_j} \approx \dfrac{\partial y}{\partial x_j} \cdot x_j = \hat{\beta}_j \cdot x_j$ （2.80）

3. 偏半弹性系数（y型）：$\dfrac{\Delta y / y}{\Delta x_j} \approx \dfrac{\partial y}{\partial x_j} \cdot \dfrac{1}{y} = \hat{\beta}_j \cdot \dfrac{1}{y}$ （2.81）

4. 偏弹性系数：$\dfrac{\Delta y / y}{\Delta x_j / x_j} \approx \dfrac{\partial y}{\partial x_j} \cdot \dfrac{x_j}{y} = \hat{\beta}_j \dfrac{x_j}{y}$ （2.82）

对于线性模型，偏边际效应是一个常量。但偏半弹性系数和偏弹性系数与各观测点变量取值有关，故随观测点不同而变化。Stata提供了估计后命令margins，除了能够计算平均的偏结构参数值，还能够计算在所有（或指定）观测点上的条件偏结构参数值。举例如下：

.margins,dydx(*)　　//计算所有自变量在样本平均点处的偏边际效应

.margins, eydx(x1) at(x2=10)　　//给定x_2=10，计算在x_1平均点处的y型偏半弹性系数（如果选项改为dyex，可输出x型偏半弹性系数）；条件选项还可以是at(x2=(20 30 50))、at(x2=(20(5)30))等形式

.margins, eyex(x1 x2) gen(z)　　//计算两个自变量在各观测点上的条件偏弹性系数，并自动保存为z1、z2

【**例2.2**】接【例2.1】，基于模型b求在x_1为12、16、20，且x_2=10时，y对x_1的y型条件偏半弹性系数。

在运行“regress y x1 x2”后运行如下命令：

.margins, eydx(x1) at(x1=(12 16 20) x2=10)

```
Conditional marginal effects                    Number of obs     =         24
Model VCE    : OLS

Expression   : Linear prediction, predict()
ey/dx w.r.t. : x1

1._at        : x1              =          12
               x2              =          10

2._at        : x1              =          16
               x2              =          10

3._at        : x1              =          20
               x2              =          10

------------------------------------------------------------------------------
             |            Delta-method
             |      ey/dx   Std. Err.      t    P>|t|     [95% Conf. Interval]
-------------+----------------------------------------------------------------
x1           |
         _at |
          1  |    1.67239   5.094894     0.33   0.746    -8.923022     12.2678
          2  |   .2174884   .0861653     2.52   0.020     .0382979    .3966789
          3  |   .1163068   .0246417     4.72   0.000     .0650616    .1675521
------------------------------------------------------------------------------
```

如果我们构建的是非线性模型，由于其斜率系数有着与线性模型不同的经济意义，所以在进行结构分析时要注意其与线性模型的区别。

二、样本内拟合

将给定的自变量取值带入估计的样本回归函数$\hat{y}_i = \boldsymbol{x}_i\hat{\boldsymbol{\beta}}$，可以计算得到回归值。如果自变量取样本内的值，这个过程称为“拟合（fit）”。通过对因变量的拟合，可以计算回归残差等指标，用于模型评估和回归诊断。样本内拟合过程可以通过Stata提

供的估计后命令predict实现。命令格式为：

.predict [type] newvar [if] [in] [, _options]

其中，newvar是拟合生成的新变量命名，被计算出来后被写入Stata当前工作文件，可通过list命令查看。[, _options]用于定义选项，常用的选项包括：

1. xb，缺省选项，计算样本内拟合值$\hat{y}_i$，即各观测点自变量取值对应的回归值。

2. leverage，计算各观测点的杠杆值。对于线性回归方程，第i观测点的杠杆值就是投影矩阵$\boldsymbol{X}(\boldsymbol{X'X})^{-1}\boldsymbol{X'}$的主对角线上的第$i$个元素$lev_i = \boldsymbol{x}_i(\boldsymbol{X'X})^{-1}x_i'$，其中，$\boldsymbol{X}$代表所有观测点自变量的观测值矩阵；$\boldsymbol{x}$代表第$i$个观测点所有自变量的取值的行向量。杠杆值衡量观测点自变量取值离样本中心的距离（类似物理学中“力臂”的概念）。与杠杆原理类似，观测点越接近于样本中心（力臂越短），对回归影响越小，离得越远（力臂越长），影响越大。对于所有观测点，$0 \leqslant lev_i \leqslant 1$，$\sum lev_i = k+1$。每一个观测点的杠杆值平均为$(k+1)/n$。杠杆值远大于这个平均值（比如在平均值的3倍以上）的观测点称为强影响点。

3. residuals，计算各观测点的残差：$e_i = y_i - \hat{y}_i$。残差分析是回归诊断的主要手段之一。

4. rstandard，计算各观测点的标准化残差。即残差标准化以后的数值，目的是消除残差的量纲：

$$z_i = \frac{e_i}{\sqrt{\sum e_i^2/(n-k-1)}} = \frac{e_i}{\hat{\sigma}_u}$$

5. rstudent，计算各观测点的学生化残差。标准化残差经杠杆值调整后的值：

$$r_i = \frac{e_i}{\hat{\sigma}_u / \sqrt{1-lev_i}} = \frac{e_i}{\hat{\sigma}_u} \cdot \sqrt{1-lev_i} = z_i \cdot \sqrt{1-lev_i}$$

如果某观测点标准化残差或学生化残差的绝对值过大（比如大于2或3），意味着该观测点是离群点（outliers）或极端观测（influential data），对回归分析的影响较大，有时需要进行处理。

6. stdp和stdf，分别计算各观测点拟合值的均值的标准误和个值标准误，即各自方差的平方根。有关方差计算公式见式（2.84）、式（2.86）。

【例2.3】接【例2.1】，计算拟合值序列和残差序列，分别命名为yhat和e。命令为：

.predict yhat, xb　　//xb是缺省选项，可省略

.predict e, residuals

三、样本外预测

回归预测与样本内拟合过程原理完全相同。区别在于：样本内拟合过程中，自变量使用各样本观测点原有的取值；而回归预测需要在样本外指定自变量的取值。有两种意义上的预测：一是均值预测（predict），估计对应于给定自变量取值的因变量的条件均值；二是个值预测，即估计对应于给定自变量取值的因变量的具体取值，也称为“预报”（forecast）。OLS方法决定了二者的点预测是相同的，但由于后者方差较大，故其预测区间要大于前者。

（一）点预测

将给定的一组解释变量的样本外取值 $\boldsymbol{x}_f=(1,x_{1f},x_{2f},\cdots,x_{kf})$ 代入样本回归函数 $\hat{y}=\boldsymbol{x}\hat{\boldsymbol{\beta}}$，得到因变量$y$的条件均值的点预测值，同时也是个值的点预测值：

$$\hat{y}_f=\boldsymbol{x}_f\hat{\boldsymbol{\beta}}=\hat{\beta}_0+\hat{\beta}_1x_{1f}+\hat{\beta}_2x_{2f}+\cdots+\hat{\beta}_kx_{kf} \tag{2.83}$$

（二）区间预测

1.均值区间预测。由式（2.83）可见，在给定$\boldsymbol{x}_f$后，$\hat{y}_f$取决于回归参数的估计值$\hat{\boldsymbol{\beta}}$。$\hat{\boldsymbol{\beta}}$随样本不同而变化，是受抽样误差影响的随机变量（或随机向量），因变量的条件均值$E(y_f\mid\boldsymbol{x}_f)$是参数的线性函数，所以条件均值的点估计值$\hat{y}_f$是一个随机变量。可以证明①：

$$\hat{y}_f\mid\boldsymbol{X}\sim N(E(y_f\mid\boldsymbol{x}_f),\boldsymbol{x}_f(\boldsymbol{X'X})^{-1}\boldsymbol{x}_f'{\sigma_u}^2) \tag{2.84}$$

由于总体的条件同方差${\sigma_u}^2$未知，用样本计算的均方误差 $\hat{\sigma}_u^2=\sum e_i^2/(n-k-1)$ 代替，对正态变量$\hat{y}_f$进行标准化变换，有：

$$t=\frac{\hat{y}_f-E(y_f\mid\boldsymbol{x}_f)}{\sqrt{\boldsymbol{x}_f(\boldsymbol{X'X})^{-1}\boldsymbol{x}_f'\hat{\sigma}_u^2}}\sim t(n-k-1)$$

给定显著性水平α，t统计量临界值$t_0=t_{\alpha/2}(n-k-1)$，有：

$$P\left(\hat{y}_f-t_0\sqrt{\boldsymbol{x}_f(\boldsymbol{X'X})^{-1}\boldsymbol{x}_f'\hat{\sigma}_u^2}\leqslant E(y_f\mid\boldsymbol{x}_f)\leqslant\hat{y}_f+t_0\sqrt{\boldsymbol{x}_f(\boldsymbol{X'X})^{-1}\boldsymbol{x}_f'\hat{\sigma}_u^2}\right)=1-\alpha$$

所以，在（$1-\alpha$）的置信水平下，因变量条件均值$E(y_f\mid\boldsymbol{x}_f)$的预测区间为：

$$\left[\hat{y}_f-t_0\sqrt{\boldsymbol{x}_f(\boldsymbol{X'X})^{-1}\boldsymbol{x}_f'\hat{\sigma}_u^2},\hat{y}_f+t_0\sqrt{\boldsymbol{x}_f(\boldsymbol{X'X})^{-1}\boldsymbol{x}_f'\hat{\sigma}_u^2}\right] \tag{2.85}$$

2.个值区间预测。虽然因变量个值点预测与其条件均值的点预测相同，但由于因

① 金玉国.计量经济学原理与Stata应用［M］.北京：经济科学出版社，2020：54.

变量个值与条件均值的概率分布不同，故区间预测公式有所区别。即因变量个值点预测误差为 $e_f = y_f - \hat{y}_f$，可以证明①：

$$e_f \mid \boldsymbol{X} \sim N(0, \left[1 + \boldsymbol{x}_f(\boldsymbol{X'X})^{-1}\boldsymbol{x}_f'\right]\sigma_u^{\ 2}) \tag{2.86}$$

用基于样本计算的均方误差 $\hat{\sigma}_u^2$ 代替总体条件同方差 σ_u^2，对 e_f 进行标准化变换，有：

$$t = \frac{e_f}{\sqrt{[1+\boldsymbol{x}_f(\boldsymbol{X'X})^{-1}\boldsymbol{x}_f']\hat{\sigma}_u^2}} = \frac{y_f - \hat{y}_f}{\sqrt{[1+\boldsymbol{x}_f(\boldsymbol{X'X})^{-1}\boldsymbol{x}_f']\hat{\sigma}_u^2}} \sim t(n-k-1)$$

给定显著性水平 α，t 统计量临界值 $t_0 = t_{\alpha/2}(n-k-1)$，有：

$$P(-t_0\sqrt{[1+\boldsymbol{x}_f(\boldsymbol{X'X})^{-1}\boldsymbol{x}_f']\hat{\sigma}_u^2} \leqslant y_f - \hat{y}_f \leqslant t_0\sqrt{[1+\boldsymbol{x}_f(\boldsymbol{X'X})^{-1}\boldsymbol{x}_f']\hat{\sigma}_u^2}\ ) = 1-\alpha$$

等价于：

$$P(\hat{y}_f - t_0\sqrt{[1+\boldsymbol{x}_f(\boldsymbol{X'X})^{-1}\boldsymbol{x}_f']\hat{\sigma}_u^2} \leqslant y_f \leqslant \hat{y}_f + t_0\sqrt{[1+\boldsymbol{x}_f(\boldsymbol{X'X})^{-1}\boldsymbol{x}_f']\hat{\sigma}_u^2}\ ) = 1-\alpha$$

所以，在置信度 $(1-\alpha)$ 下，因变量个值 y_f 的预测区间为：

$$(\hat{y}_f - t_0\sqrt{[1+\boldsymbol{x}_f(\boldsymbol{X'X})^{-1}\boldsymbol{x}_f']\hat{\sigma}_u^2},\ \hat{y}_f + t_0\sqrt{[1+\boldsymbol{x}_f(\boldsymbol{X'X})^{-1}\boldsymbol{x}_f']\hat{\sigma}_u^2}) \tag{2.87}$$

由此可见，个值预测区间的半径大于均值预测区间的半径（见图2.3）。这是因为均值预测是对因变量系统成分（信号）的预测，其不确定性只受到样本的随机性（对参数估计的）影响，而个值预测除此之外还受随机误差项（噪声）的影响，所以其方差更大。

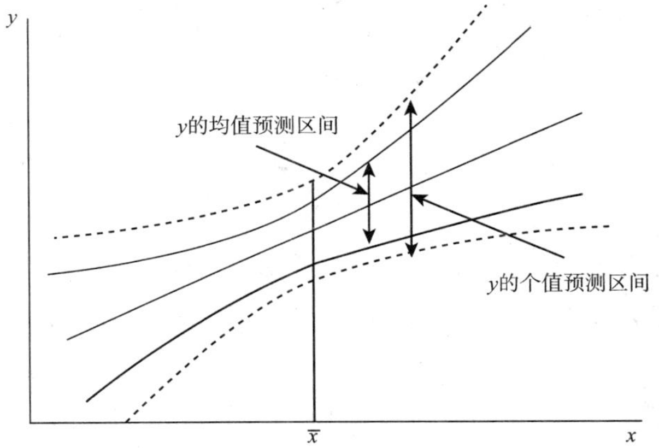

图2.3　一元线性回归相同置信度下的两种预测区间

Stata提供了regress的估计后命令adjust，可以实现上述预测过程。缺省置信度为95%，用户可通过选项level(#)自定义置信度；选项se和stdf分别指定使用均值预测

① 金玉国.计量经济学原理与Stata应用［M］.北京：经济科学出版社，2020：54，94.

和个值预测的标准误构建置信区间。

【例2.4】 接【例2.1】，假设员工A的受教育年限x_1=16年、在劳动力市场上的工作经历x_2=20年，在90%的置信水平下，由于方程b是最优模型，基于该方程对该员工工资水平的条件均值和个值进行区间预测。

在运行“regress y x1 x2”后运行如下预测命令：

.adjustx1=16x2=20,cilevel(90)se　　//se为均值预测的标准误

```
      Dependent variable: y      Command: regress
Covariates set to value: x1 = 16, x2 = 20

      All |         xb        stdp          lb          ub
          |
          |     8.0964    (.924187)    [6.50611    9.68669]

     Key:  xb          =  Linear Prediction
           stdp        =  Standard Error
           [lb , ub]   =  [90% Confidence Interval]
```

.adjustx1=16x2=20,cilevel(90)stdf　　//stdf为个值预测的标准误

```
      Dependent variable: y      Command: regress
Covariates set to value: x1 = 16, x2 = 20

      All |         xb        stdf          lb          ub
          |
          |     8.0964    (3.98247)     [1.2436     14.9492]

     Key:  xb          =  Linear Prediction
           stdf        =  Standard Error (forecast)
           [lb , ub]   =  [90% Prediction Interval]
```

习　题

1. 根据数据集wage.dta中的男工人样本数据，进行如下练习：

（1）作*educ*（受教育年数）对*sibs*（兄弟姐妹的个数）、*meduc*（母亲受教育年数）、*feduc*（父亲受教育年数）的OLS回归。

（2）*sibs*的系数是否符合你的预期？为了使受教育年数增加5年，在其他条件不变的前提下，从平均角度看，兄弟姐妹的个数应该变化多少？

（3）讨论父母受教育年数对子女受教育年数的影响。在逻辑上说得通吗？

（4）假设被调查者托马斯没有兄弟姐妹，父母都受了12年教育；被调查者约翰也没有兄弟姐妹，父母都受了16年教育。托马斯和约翰的受教育年数预计相差多少？

2. 研究者利用2018年美国某个社区由300个售房案例组成的随机样本，得到以下样本回归方程：

$$\widehat{Price} = 119.2 + 0.485BDR + 23.4Bath + 0.156Hsize + 0.002Lsize + 0.090Age$$

$$\bar{R}^2 = 0.72$$

其中：*Price*代表房屋售价（千美元）；*BDR*、*Bath*分别代表卧室和卫生间的个数；*Hsize*和*Lsize*分别表示房屋面积和包括院落在内的总面积（平方英尺）。

（1）如果房东将房间内现有家庭活动室的一部分改造为一个卫生间，房屋价值预期增加多少？

（2）如果房东新增加了一个卫生间，同时使其房屋面积增加100平方英尺，房屋价值预期增加多少？

（3）检验方程的整体显著性。

（4）从回归方程中删除*BDR*和*Age*，重新估计方程，$F = 0.08$。在10%的显著性水平下，BDR和*Age*的系数联合显著吗？

（5）如果将*Hsize*和*Lsize*的计量单位由平方英尺改为平方米（一平方英尺≈0.093平方米），两个变量的系数会有什么变化？

3. sleep.dta是关于成年人睡眠的数据集。为了研究成年人每周的睡眠时间*sleep*（分钟）与每周工作时间*totwrk*（分钟）的替代关系，Biddle和Haneimesh设定了如下理论模型：

$$sleep = \beta_0 + \beta_1 totwrk + \beta_2 educ + \beta_3 age + u$$

其中，*educ*和*age*分别代表受教育年数和年龄，都以年为计量单位。

（1）将*educ*和*age*作为控制变量引入模型的必要性是什么？先验地，你认为它们应该是什么符号？

（2）列出几个包含在u中的因素。它们与*totwrk*相关吗？

（3）估计上述模型。解释估计结果。如果一个人每周多工作5小时，相应地减少多长时间的睡眠？这是一个很大的代价吗？

（4）从上述理论模型中删除控制变量*educ*和*age*，用相同的数据，估计*sleep*对*totwrk*的回归方程。据此检验控制变量x_2、x_3的联合显著性（$\alpha = 0.05$）。检验结论说明了什么？

4. 数据集houseprice.dta包含506个Boston社区独立住房的房价的数据。包括房价（*price*）及其对数、房间数(*rooms*)、空气污染（*nox*）、到就业中心的距离（*dist*）、当地学校的生师比（*stratio*）等变量。

（1）对变量*price*、*rooms*、*nox*、*dist*和*stratio*进行概略统计。

（2）你认为因变量*price*与自变量*rooms*、*nox*、*dist*和*stratio*分别是什么关系？

（3）估计*price*对*rooms*、*nox*、*dist*和*stratio*的多元回归模型，与你在步骤（2）

中的设想一致吗？

（4）对上述模型进行显著性检验。并检验如下假设：

H_{01}：*rooms*的系数为0.4

H_{02}：*rooms*、*dist*和*stratio*的系数之和为0

H_{03}：*dist*和*stratio*的系数同时为0

H_{04}：*dist*和*stratio*的系数乘积为0.5

（5）计算*price*的样本内拟合值、残差及各观测点的杠杆值。

（6）计算*price*对有关自变量的平均弹性系数。

（7）假设有一座房屋，*rooms*=6，*nox*=7，*dist*=6，*stratio*=20，当置信度分别为90%和95%时，对房价均值和具体值进行区间预测。

（8）估计对应步骤（3）的标准化回归模型。

（9）为了更好地研究*rooms*对*price*的影响，分别以*stratio*、（*nox*、*dist*）、（*nox*、*stratio*、*dist*）和（*nox*、*stratio*、*dist*、*crime*）作为控制变量构造回归模型。将上述几个模型的估计结果放在一个表格中报告出来，并报告各模型的R^2、$\bar{R}^2$、*AIC*、*BIC*和*F*统计量。并进行模型的优选。

5. 据集401k.dta给出了与美国养老金计划有关的净金融财富（*nettfa*）、家庭年收入（*inc*）、家庭规模（*fsize*）、被调查者年龄（*age*）、婚否（*marr*）等变量的调查数据。进行如下练习：

（1）对变量进行概要统计，筛选出无子女的已婚夫妇（marr=1，fsize=2）。

（2）应用上述子样本数据估计理论模型：

$$nettfa = \beta_0 + \beta_1 inc + \beta_2 (inc-10)^2 + \beta_3 age + \beta_4 (age-25)^2 + \beta_5 e401k + u$$

（3）上述模型中β_1、β_3的经济意义是什么？

（4）检验β_1、β_3的联合显著性。

6. 对于数据集ceo.dta，研究者设定了如下方程：

$$lsalary = \beta_0 + \beta_1 lmktval + \beta_2 lsales + \beta_3 ceoten + \beta_4 ceotensq + u$$

其中，*salary*为年薪（变量前面的*l*代表自然对数，下同），*sales*为公司的销售收入，*mktval*为公司的市值，*ceoten*为其就任当前公司CEO的年数，*ceotensq*为*ceoten*的平方。

（1）估计上述方程，解释β_1、β_2的经济意义。

（2）求*ceoten*对*lsalary*的边际效应。*ceoten*为多少时，边际效应最大？

7. 某同学希望在山东省所有地级市按照等比例抽样，抽取一定比例的县（包括县级市、市辖区），收集2024年下半年的空气质量数据，研究每月重度雾霾发生天数y与每平方公里汽车密度x_1、煤炭消耗量x_2之间的关系。设定的理论模型如下：

$$y = \beta_0 + \beta_1 x_1 + \beta_2 x_2 + u$$

（1）这个模型是否合适？为什么？

（2）请你提出一个改进模型的设想。

8. Stata自带的nlsw88.dta数据集是1988年关于美国就业妇女的调查数据。假设对数工资水平（*lwage*）取决于妇女的种族（*race*)、是否是工会会员（*union*）和工作年数（*tenure*）。

（1）对*race*和*union*设置虚拟变量；

（2）假定虚拟变量只影响模型的截距项，估计*lwage*对于*race*、*union*和tenure的回归方程，解释其经济意义；

（3）假定虚拟变量除了影响模型的截距项，而且影响*tenure*的系数，试建立回归方程，解释其经济意义。

（4）你认为（2）和（3）两个模型哪一个更好一些？

（5）检验*race*、*union*是否存在交互效应。

9. 在对215个学生的体重*W*（磅）对身高*H*（英寸）的回归分析中，方程A不考虑性别因素；方程B引入性别因素*M*（取值1和0分别代表男生和女生）。回归结果如下：

A. $\hat{W}_i = -232.066 + 5.566H_i$

$t =$ [−4.568] [3.645] n=215 R^2=0.742

B. $\hat{W}_i = -107.951 + 3.511H_i + 3.007M_i + 0.326M_i \cdot H_i$

$t =$ [−7.985] [5.32] [8.019] [2.204] n=215 R^2=0.778

（1）方程A和方程B中身高（*H*）的系数出现较大变化的原因是什么？

（2）对于相同身高的学生，男生和女生之间体重的估计差异是多少？

（3）根据这些给定信息，如何确定性别对学生体重的影响是否显著？写出检验过程。

第三章　古典假定的违背

OLSE是否具备某一优良统计性质取决于对应的假定是否满足。在第二章列举出的古典假定中，假定1（参数线性）问题已经在第二章第四节进行过讨论；假定2（随机抽样）是数据问题而不是模型问题，一般认为自然满足；假定6（误差项正态分布）在大样本条件下不是必需的。所以本章只讨论假定3（无完全多重共线性）、假定4和假定4′（解释变量外生）以及假定5（条件同方差）的违背问题。

第一节　多重共线性

一、多重共线性的含义与原因

多重共线性（multicollinearity）有两个层次的理解：狭义的多重共线性指完全多重共线性，即回归模型中的部分或全部解释变量（包括常数项）之间存在精确的线性函数关系；广义的多重共线性除了包括完全多重共线性之外，还包括近似多重共线性，即解释变量之间存在的近似线性函数关系。完全多重共线性是对古典假定3的违背。近似多重共线性虽然不违背古典假定3，但会对回归分析产生许多负面影响。

对于线性回归模型的一般形式：

$$y=\beta_0+\beta_1x_1+\beta_2x_2+\cdots+\beta_kx_k+u \tag{3.1}$$

如果存在一组不全为零的系数 $\lambda_0,\lambda_1,\lambda_2,\cdots,\lambda_k$，使下式成立：

$$\lambda_0+\lambda_1x_1+\lambda_2x_2+\cdots+\lambda_kx_k=0$$

则称存在完全多重共线性。由于对于某个给定的样本，解释变量（包括常数项）的观测值可用矩阵表示为：

$$\boldsymbol{X}=\begin{bmatrix}1 & x_{11} & x_{21} & \cdots & x_{k1}\\ 1 & x_{12} & x_{22} & \cdots & x_{k2}\\ \cdots & \cdots & \cdots & \cdots & \cdots\\ 1 & x_{1n} & x_{2n} & \cdots & x_{kn}\end{bmatrix}$$

当存在完全的多重共线性时，$\text{rank}(\boldsymbol{X})<k+1$，表明在$\boldsymbol{X}$中，至少有一个列向量可以用其余列向量的线性组合表示，说明这一列对应的解释变量是完全多余的（因为不包含独立的信息）。在OLS回归中，$\hat{\boldsymbol{\beta}}=(\boldsymbol{X'X})^{-1}\boldsymbol{X'y}$，$\text{cov}(\hat{\boldsymbol{\beta}})=(\boldsymbol{X'X})^{-1}\sigma_u^2$。在完全多重共线性时，$\boldsymbol{X}$不再是列满秩的，$(\boldsymbol{X'X})^{-1}$不存在，故无法估计$\hat{\boldsymbol{\beta}}$及其协方差矩阵。从经济意义看，完全多重共线性就是模型自变量中包含了没有任何独立信息的纯"冗余变量"。

模型中存在完全多重共线性的情况通常发生在变量选择出现逻辑错误的情况下。比如，在包含常数项的一元线性回归模型中，自变量x的取值没有变异；多元回归中将三次产业的增加值和GDP一起作为自变量引入模型，等等。实际上，建模过程中更常遇到的是不完全多重共线性，尽管解释变量之间不存在严格线性函数关系，但它们之间存在高度的线性相关。即对于式（3.1），存在一组不全为0的系数$\lambda_0,\lambda_1,\lambda_2,\cdots,\lambda_k$，使下式成立：

$$\lambda_0+\lambda_1x_1+\lambda_2x_2+\cdots+\lambda_kx_k+\varepsilon=0$$

其中，ε是满足古典假定的随机误差项。这种情况下，模型的参数及其协方差矩阵仍可被估计，但对OLS回归带来许多不利影响。本章主要讨论这种不完全多重共线性。

产生多重共线性的原因很多。对于横截面数据，变量取值往往与个体规模相关。例如，利用企业数据建立生产函数时，许多投入产出指标（例如产量、利润额、资本、劳动力、研发投入等）取决于企业规模，例如，大企业劳动力多，资本也多；反之亦然。如果将二者作为自变量引入生产函数模型，就容易产生近似多重共线性问题。对于时间序列数据，经济变量之间具有相同或近似的长期趋势和周期波动特征，当这些变量同时作为解释变量进入模型时也往往引发多重共线性问题。另外，某些变量之间本身存在相关性。例如，用工资y对职工年龄x_1、文化程度（受教育年限）x_2和工龄x_3进行回归，由于$x_1=a+x_2+x_3$，a代表入学年龄，对于大多数人来说$a\approx6$，所以x_1、x_2和x_3之间存在近似多重共线性。

多重共线性是一种样本现象。例如从总体角度讲，解释变量x和x^2呈非线性函数关系（而不是线性相关），在样本较小时，二者的简单相关系数可能很大，表现出明显的线性相关性。但随着样本规模变大，其相关系数会逐渐变小。另外，样本规模过小（观测次数过少），甚至少于待估参数个数；或者抽样仅仅限于一个有限的总体范围，解释变量取值的变异太小（与常数项之间产生近似共线性），与多重共线性是同一性质的问题，应在抽取样本时注意避免。

二、近似多重共线性的后果

近似多重共线性并不违反OLS回归的古典假定。理论上，OLS回归仍然可以得到总体参数无偏的、有效的、一致的估计量，其标准误也仍将被正确估计。但可能会产生如下不良后果：

1.估计结果解释困难。存在近似多重共线性时，由于相关的自变量对因变量的影响无法分离开来，所以难以对参数作出精确的估计。表现为估计值大小往往与预期相去甚远，甚至可能连正负符号都相反，样本回归模型无法得到合理的解释。

2.参数估计值的方差增大。多元线性回归模型斜率系数OLSE的方差公式如下：

$$\operatorname{var}(\hat{\beta}_j)=\frac{\sigma_u^2}{\sum(x_{ji}-\bar{x}_j)^2(1-R_j^2)} \qquad (j=1,2,\cdots,k) \tag{3.2}$$

可见，$\hat{\beta}_j$ 的方差取决于三个因素：误差项的条件方差 σ_u^2、自变量 x_j 观测值的变差 $\sum(x_{ji}-\bar{x}_j)^2$ 和反映自变量之间相关程度的 R_j^2。R_j^2 是 x_j 的总变异中可由模型其他解释变量的变异加以解释部分的比重。对于给定的 σ_u^2 和 $\sum(x_{ji}-\bar{x}_j)^2$，最小的 $\operatorname{var}(\hat{\beta}_j)$ 在 $R_j^2=0$（x_j 与其他解释变量正交，即线性无关）时得到。另一个极端情形 $R_j^2=1$（即存在完全的多重共线性）被古典假定3所排除。所以，随着 R_j^2 的不断变大，$\operatorname{var}(\hat{\beta}_j)$ 将不断增大，若 $R_j^2\to 1$，则 $\operatorname{var}(\hat{\beta}_j)\to\infty$。

3.由于参数估计值的方差增大，与其有关的参数估计的置信区间半径变大，假设检验容易作出错误的判断。

三、多重共线性的诊断

（一）直观判断法

1.散点图法。通过解释变量两两之间的样本散点图，考察它们之间是否存在高度的线性相关关系。

2.相关系数法。计算解释变量两两之间的简单相关系数 r，若 $|r|$ 很高（比如超过0.9），则可以认为解释变量之间的多重共线性问题是严重的。

3.经验判断法。如果根据样本计算的回归系数OLS估计值的符号和大小与实际情况或经济理论不符，或者当增加（剔除）一个解释变量或改变少量观测值时，OLS估计值发生较大变化，预示着OLSE的方差很大，这往往是由严重的多重共线性问题引起的。

4.“经典”判断法。存在严重的多重共线性时，回归结果的经典特征是“两大一小”：R^2 值较大，模型拟合优度较好；F 值较大，模型整体具有统计显著性；但大多数 t 的绝对值较小，针对单个参数显著性的检验往往不能通过。

5.Klein判别法。先计算 y 对所有自变量的多重样本决定系数 R^2，然后计算自变量两

两之间的简单相关系数r_{jl}。若有某个$|r_{jl}|>R^2$，则x_j与x_l间的多重共线性是比较严重的。

（二）方差扩大因子法

线性回归模型OLSE的方差式（3.2）可以改写成如下形式：

$$\mathrm{var}(\hat{\beta}_j)=\frac{\sigma_u^2}{\sum(x_{ji}-\bar{x}_j)^2}\cdot\frac{1}{(1-R_j^2)}\qquad (j=1,2,\cdots,k) \tag{3.3}$$

其中，R_j^2是某一解释变量x_j对模型中其余解释变量（包括常数项）的回归方程（即辅助回归方程）的样本决定系数，度量了x_j与其余解释变量的复相关程度。R_j^2越大，复相关程度越高，说明解释变量间多重共线性问题越严重；反之亦然。为此，我们定义（1– R_j^2 ）为自变量x_j的容忍度（tolerance）；其倒数称为变量x_j的方差扩大因子（variance inflation factor，*VIF*）：

$$VIF_j=\frac{1}{1-R_j^2} \tag{3.4}$$

经验判断法则为：当$VIF_j\geqslant 10$时，说明自变量x_j与其他自变量之间的多重共线性就非常严重了，以至于足以影响到OLSE的稳定性（方差增大）。多元回归中可以依次计算模型中每一个自变量的*VIF*，求出全部*k*个自变量*VIF*的平均数。当该平均数大于10时，就表明多重共线性问题比较严重。

（三）病态条件数目与条件指数

（*k*+1）个自变量（包含常数项）的样本观测数据构成一个*n*×（*k*+1）维的观测值矩阵$\boldsymbol{X}$。如果自变量之间存在近似多重共线性，则$\boldsymbol{X'X}$接近奇异矩阵的程度很高，则称$\boldsymbol{X}$为病态的。$\boldsymbol{X'X}$是一个$(k+1)\times(k+1)$维的方阵，其特征根由大到小排列，依次为$\lambda_0,\lambda_1,\cdots,\lambda_k$，$|\boldsymbol{X'X}|=\lambda_0\cdot\lambda_1\cdot\cdots\cdot\lambda_k$。如果$\boldsymbol{X}$为病态的，$\boldsymbol{X'X}$一定存在非常小的特征根（自变量有几个共线关系，就有几个很小的特征根）。定义病态条件数目（number of Ill–condition）为：

$$k=\frac{\lambda_0}{\lambda_k} \tag{3.5}$$

其算术平方根称为条件指数（condition index，*CI*）：

$$CI=\sqrt{\frac{\lambda_0}{\lambda_k}}=\sqrt{k} \tag{3.6}$$

经验判断法则为：$k<100$（$CI<10$），表明多重共线性的程度很小；$100\leqslant k\leqslant 900$（$10\leqslant CI\leqslant 30$)），表明多重共线性的程度中等；$k>900$（$CI>30$），表明多重共线性的程度非常严重。

四、多重共线性问题的处理

模型中存在多重共线性是否一定要处理？这要视模型的具体用途而定。如果模型只是用来进行预测，只要样本决定系数R^2或$\bar{R}^2$足够大，说明y与自变量$\boldsymbol{x}$的某个线性组合之间存在比较强的相关性，只要这个相关性能够延续下去，就无需对多重共线性进行处理。但如果模型是用来进行结构分析和政策评价，由于多重共线性干扰了对单个回归系数的估计，所以应设法消除多重共线性的不良影响。

（一）选元方法

通过合理确定自变量（即“选元”），在很大程度上可以减轻多重共线性。最周密的选元逻辑是“全局比较”法或“所有子集回归”：因变量对各自变量所有可能的组合逐个进行回归，初选出其中回归系数显著的回归模型，再根据某种准则（如$\bar{R}^2$最大或AIC、BIC最小）优选出最佳模型。但当备选的自变量较多时，这种方法计算量很大，影响可操作性。取而代之的是“局部比较”法。包括以下三种具体方法：

1.前进法（forward selection）或“由小到大”法。以一个只含常数项的模型——空模型（empty model），作为初始模型，按照各自变量对因变量的解释能力由大到小序贯引入模型。每次引入一个解释能力相对最强的自变量：如果该自变量的引入改进了$\bar{R}^2$，且回归参数的t检验在统计上也是显著的，则该变量予以保留；如果该自变量的引入未能改进$\bar{R}^2$，同时本身的回归参数也通不过t检验，应予舍弃。重复这一过程，直到没有符合引入标准的自变量为止。

2.后退法（backward selection）或“由大到小”法。先建立一个包括所有自变量的回归模型——全模型（full model），作为初始模型，然后按照显著性水平逐个剔除作用不显著的自变量，直到方程中所包括的自变量全部统计显著、无可以剔除的自变量为止。

3.逐步回归法（stepwise regression）或“有进有出”法。前进法和后退法的共同缺点是“终身制”：一旦某个自变量被引入（剔除）模型，则不会再被剔除（引入），而无论其在最终模型中是否还具有统计显著性。逐步回归法将前进法和后退法结合起来：（1）“前进法逐步回归”在前进法过程中融合了后退法：如果新自变量的引入使模型内原有自变量变得不再显著，则原有自变量也要被剔除；（2）“后退法逐步回归”则在后退法中融合了前进法：某些被剔除的自变量有机会被重新引入。通过自变量的有进有出，直到留在模型中的自变量全部显著，模型外的自变量全部不显著为止。

Stata提供了命令stepwise regress用于选元。如果x*代表所有自变量，用选项

pe(#)、pr(#)分别指定引入变量或删除变量的临界p值。为避免陷入“进入—剔除—再进入—再剔除……”的“死循环”，如果同时指定pe(#)、pr(#)，前者应该小于后者，比如分别为0.05和0.10。常用的命令包括：

.stepwise regress y x*,pe(#)　　//前进法。等价于stepwise,pe(#): regress y x*（以下同）

.stepwise regress y x*,pr(#)　　//后退法

.stepwise regress y x*,pe(#) pr(#) forward　　//前进法逐步回归

.stepwise regress y x*,pe(#) pr(#)　　//后退法逐步回归（缺省选项）

（二）增加样本容量

如果多重共线性是由给定样本的数据问题引起的（包括样本容量不足、自变量变异太小、偶然性的抽样误差），但解释变量在总体或理论意义上不存在严重的多重共线性，则可以通过增加样本规模，以收集更多的观测值或扩大自变量的取值范围，降低多重共线性的严重程度。因为当增大样本容量时，式（3.3）的分母部分$\sum(x_{ji}-\bar{x}_j)^2$将增加，自变量的样本复相关系数$r_j=\sqrt{R_j^2}$趋向于总体复相关系数（VIF趋向于某一个确定数值），从而$\mathrm{var}(\hat{\beta}_j)$会减小，$\hat{\beta}_j$的估计精度得以提高。

（三）利用“先验”信息

如果回归模型存在严重的多重共线性，而线性相关的解释变量之间的关系信息可事前得到，那么把这种先验信息包含进模型中，有助于解决多重共线性问题。例如，Cobb-Douglas生产函数的线性化形式$\ln Q=\ln A+\alpha\ln K+\beta\ln L+u$，因为资本的对数$\ln K$和劳动力的对数$\ln L$之间高度相关，即存在着多重共线性。如果假定规模报酬不变，即$\alpha+\beta=1$，将$\beta=1-\alpha$代入，经整理得：$\ln(Q/L)=\ln A+\alpha\ln(K/L)+u$（$Q/L$为人均产出，$K/L$为人均资本量）。由于该模型为一元回归模型，自然不存在多重共线性问题。

（四）应用有偏估计方法

为了降低多重共线性对回归模型的影响，计量经济学家们还致力于改进OLS，提出了岭回归法（ridge regression）、Lasso回归等有偏估计方法。基本思路是用估计量的有偏性为代价缓解多重共线性导致的方差扩大问题。由于这些方法超越了本教材讨论的范围，在此不作介绍，有兴趣的读者可以参阅一些高级经济计量学教材。

（五）其他方法

建模实践中，往往从理论模型删去那些可能引发多重共线性问题、对因变量影响不大且不重要的解释变量，然后对精简后的模型应用OLS。但由于被删去的解释

变量对因变量的影响归入随机项中并且有可能与被保留的自变量相关，会破坏自变量的外生性，产生内生性问题。此外，通过对模型中变量的数据进行变换往往也能降低共线性程度。常用的变换方式有绝对指标转换为相对（平均）指标、将名义数据转换为实际数据、将小类指标合并成大类指标和进行差分变换等。

五、案例

【例3.1】欲建立电信业务总量的计量经济模型。经初步分析，认为影响电信业务总量变化的主要因素是邮政业务总量、总人口数、市镇人口占总人口的比重、人均GDP、居民人均消费水平。数据文件ex3.1.dta反映的是9个地区的样本数据，文件结构如表3.1所示。

表3.1　电信业务总量及相关指标数据

观测点序号	电信业务总量（y）	邮政业务总量（x_1）	总人口数（x_2）	市镇人口比重（x_3）	人均GDP（x_4）	人均消费水平（x_5）
1	1.5163	0.5275	11.5823	0.2637	1.879	0.896
2	2.2657	0.6367	11.7171	0.2763	2.287	1.070
…	…	…	…	…	…	…
9	31.3238	1.9844	12.5909	0.3089	6.534	3.143

1. 建立模型。

打开教材附带的数据文件ex3.1.dta。y对所有的x进行OLS回归，得到“全模型”：

.regress y x*

```
      Source |       SS           df       MS      Number of obs   =         9
-------------+----------------------------------   F(5, 3)         =     72.70
       Model |  794.318825         5  158.863765   Prob > F        =    0.0025
    Residual |  6.55540831         3   2.1851361   R-squared       =    0.9918
-------------+----------------------------------   Adj R-squared   =    0.9782
       Total |  800.874233         8  100.109279   Root MSE        =    1.4782

------------------------------------------------------------------------------
           y |      Coef.   Std. Err.      t    P>|t|     [95% Conf. Interval]
-------------+----------------------------------------------------------------
          x1 |   35.73998    16.0474     2.23   0.112    -15.33001    86.80997
          x2 |   16.96912   47.30847     0.36   0.744    -133.5876    167.5258
          x3 |  -300.2618   390.8774    -0.77   0.498    -1544.208    943.6845
          x4 |   -5.31682   9.897503    -0.54   0.628    -36.81509    26.18145
          x5 |  -.2697673      19.75    -0.01   0.990    -63.12307    62.58353
       _cons |  -124.4956    456.293    -0.27   0.803    -1576.624    1327.632
------------------------------------------------------------------------------
```

2. 检验多重共线性。

x_3、x_4和x_5的符号无法解释。拟合优度非常高（$R^2 = 0.9918$），F检验高度显著，但每个回归参数的t检验在统计上都不显著，这符合多重共线性的“经典”特征，说明自变量之间可能存在严重的多重共线性。

下面再用Klein判别法进行分析。计算解释变量间的简单相关系数矩阵：

.pwcorr y x*

	y	x1	x2	x3	x4	x5
y	1.0000					
x1	0.9647	1.0000				
x2	0.9213	0.9895	1.0000			
x3	0.8945	0.9700	0.9882	1.0000		
x4	0.8636	0.9628	0.9872	0.9678	1.0000	
x5	0.8799	0.9703	0.9888	0.9654	0.9986	1.0000

因为每个相关系数都很大，其中x_4与x_5之间的简单相关系数（0.9986）大于“全模型”的样本决定系数（0.9918），所以根据Klein判别法，断定模型中存在严重的多重共线性。

3.逐步回归。

.stepwise regress y x*,pe(0.05) pr(0.10) forward　　//前进法逐步回归

```
                        begin with empty model
p = 0.0000 <  0.0500    adding  x1
p = 0.0015 <  0.0500    adding  x4
```

Source	SS	df	MS
Model	791.769913	2	395.884957
Residual	9.10431985	6	1.51738664
Total	800.874233	8	100.109279

Number of obs	=	9
F(2, 6)	=	260.90
Prob > F	=	0.0000
R-squared	=	0.9886
Adj R-squared	=	0.9848
Root MSE	=	1.2318

y	Coef.	Std. Err.	t	P>|t|	[95% Conf.	Interval]
x1	37.57039	3.319152	11.32	0.000	29.44871	45.69206
x4	-4.982386	.9001657	-5.53	0.001	-7.185012	-2.77976
_cons	-10.19459	1.165781	-8.74	0.000	-13.04715	-7.342024

.stepwise regress y x*,pe(0.05) pr(0.10)　　//后退法逐步回归

```
                         begin with full model
p = 0.9900 >= 0.1000     removing x5
p = 0.6968 >= 0.1000     removing x2
p = 0.2550 >= 0.1000     removing x3
```

Source	SS	df	MS
Model	791.769913	2	395.884957
Residual	9.10431985	6	1.51738664
Total	800.874233	8	100.109279

Number of obs	=	9
F(2, 6)	=	260.90
Prob > F	=	0.0000
R-squared	=	0.9886
Adj R-squared	=	0.9848
Root MSE	=	1.2318

y	Coef.	Std. Err.	t	P>|t|	[95% Conf.	Interval]
x1	37.57039	3.319152	11.32	0.000	29.44871	45.69206
x4	-4.982386	.9001657	-5.53	0.001	-7.185012	-2.77976
_cons	-10.19459	1.165781	-8.74	0.000	-13.04715	-7.342024

第二节　条件异方差

一、条件异方差的含义

OLSE的有效性需要以古典假定5（条件同方差）作为条件。即对于给定自变量向量的所有取值$\boldsymbol{x}_i$，随机误差项u的条件方差都是同一个恒定常数σ_u^2：

$$\mathrm{var}(u_i|\boldsymbol{x}_i)=\sigma_u^2\ (i=1,2,\cdots,n)$$

若对于给定解释变量的取值，随机误差项u的条件方差不再是一个常数，则称随机误差项具有条件异方差（conditional heteroscedasticity）。

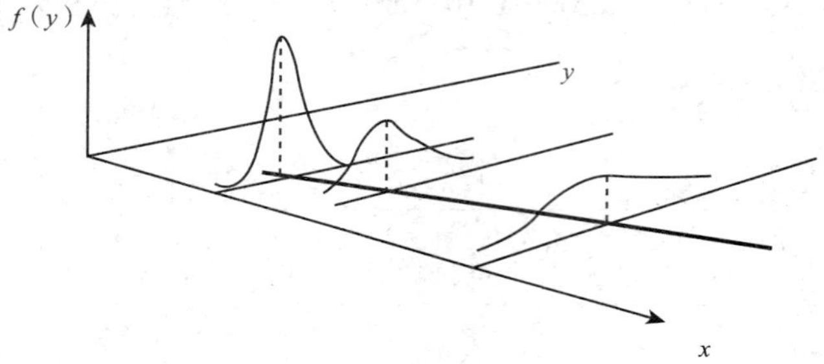

图3.1　条件异方差

如图3.1所示，回归直线是消费函数$E(y\,|\,x)=\beta_0+\beta_1 x$，可以发现，消费水平$y$的条件均值大小取决于收入$x$。从$y$的概率分布图可以发现，不同的收入组消费水平$y$的条件方差（等于随机误差项$u$的条件方差）不同，即$y$或$u$的不同条件分布存在异方差问题。

导致异方差的原因主要有：

1.“真正的”的异方差。第一，纯粹异方差。即对应不同自变量向量$\boldsymbol{x}$取值的个体（观测点），随机误差项的波动程度不同，在上面消费函数的例子中，表现为低收入组家庭的消费差异性较小，而高收入组家庭消费差异性较大。第二，聚类异方差。来源于不同分组的个体的相似性差异，例如对于给定年龄组的成年人，男性身高差异大于女性。第三，测量误差。一般情况下测量误差的波动随着解释变量取值而增大。

2.模型设定错误。首先，如果某些被省略因素的变异程度与模型中的解释变量有关，就会被表现为随机误差项存在条件异方差性。其次，模型函数形式设定错误，如把变量间本来为非线性的关系设定为线性，也可能导致异方差。另外，异常观测（outliers）也可能导致异方差。

因为同一时点不同个体的差异，一般说来会大于同一对象不同时间的差异，所以截面数据的异方差程度一般大于时间序列数据。故对于横截面数据建模，异方差问题尤其需要重点关注。

二、异方差的后果

1. OLSE不再具有最小方差——即失去有效性。在异方差条件下，我们能够找到比OLSE的方差更小的参数估计量。

2. 无法估计随机误差项的方差。异方差时，对于不同的自变量值，$\mathrm{var}(u_i \mid \boldsymbol{x}_i) = \sigma_i^2$ 是变化的。对于给定样本，只计算一个 $\hat{\sigma}_u^2$ 显然无法对可以取不同数值的 σ_i^2 进行估计。

3. 参数的估计标准误差是有偏且不一致的，常规显著性检验方法失效。由于OLSE的协方差矩阵，即所谓的“三明治估计量”：

$$\mathrm{cov}(\hat{\boldsymbol{\beta}}) = (\boldsymbol{X}'\boldsymbol{X})^{-1}\boldsymbol{X}'\boldsymbol{\Omega}\boldsymbol{X}(\boldsymbol{X}'\boldsymbol{X})^{-1} \tag{3.7}$$

只有在同方差条件下（即 $\boldsymbol{\Omega} = \sigma_u^2\boldsymbol{I}$ ），才能简化为：

$$\mathrm{cov}(\hat{\boldsymbol{\beta}}) = (\boldsymbol{X}'\boldsymbol{X})^{-1}\sigma_u^2 = \boldsymbol{C}\hat{\sigma}_u^2$$

在异方差条件下无法进行上述简化。此时常规的 $se(\hat{\beta}_j) = \sqrt{c_{jj}\hat{\sigma}_u^2}$ 作为 $\hat{\beta}_j$ 的标准误的估计将是有偏且不一致的，用它来构造置信区间和 t 统计量将是不可靠的，在古典假定下用来进行显著性检验的常规方法都不再生效，可能产生误导性的结论。

4. 尽管参数的OLSE仍然具有无偏性，但是由于参数估计量不是有效的，从而对 y 的预测精度降低，甚至建立预测区间也会遇到困难。

三、异方差的检验

（一）图示法

因为 y 与随机项 u 具有相同的条件方差，如果 y 的条件方差取决于条件（即解释变量向量 $\boldsymbol{x}$ 的取值），可以表明异方差问题的存在。在一元线性回归中，可以作 y 对自变量 x 的散点图，对误差项是否存在条件异方差进行直观的判断。在散点图中，如果 y 的分布区域的宽度不随着 x 的变化而变化，表明是同方差。否则可认为 y 存在条件异方差（等价于 u 存在条件异方差）。

与此等价的方法是作OLS回归残差对 x 的散点图（residual vs predictor），观察残差围绕均值线 $\overline{e} = 0$ 散布的区域范围是否有显著变化。在多元回归中，可以分别以每一个自变量 x_j 为横坐标，以残差 e（或自变量 y）为纵坐标作散点图。自变量较多时，也可以所有自变量的线性组合 $\hat{y}$ 为横坐标，以残差 e 为纵坐标作散点图（residual vs fit values）进行观察。

图示法的特点是简单直观，不足之处是比较粗糙。由于有时引起异方差性的原因错综复杂，仅靠图形法很难准确地对是否存在异方差进行判断，还需要采用其他统计检验方法。

（二）Goldfeld – Quandt检验

戈德菲尔特和夸特（S. M. Goldfeld and R. E. Quandt，1965）提出一种用于在大样本条件下检验是否存在递增或递减异方差的检验方法。基本思想是，将样本观测点排序后分为前后两个子样本，分别对两个子样本进行OLS回归，通过检验两个回归的残差平方和RSS之间差异的显著性，来判断是否存在异方差。检验步骤程序如下：

1.将所有观测点按x的取值由小到大顺序排列（不改变x_i与y_i对应关系）。如果是多元回归，x就是被认为（怀疑）与随机项条件方差相关程度最大的解释变量。

2.把位于中间的c个观测点删去，c一般不大于整个样本观测点数目的1/4（如果样本规模较小，可以不删除或少删除样本观测点）。将删除后剩余的（$n-c$）个观测点平分为两个子样本，每个子样本的规模都为$\frac{n-c}{2}$，其中子样本Ⅰ对应于x较小的观测点；子样本Ⅱ对应于x较大的观测点。

3.对两个子样本分别进行OLS回归，并计算出相应的残差平方和RSS，将两个子样本回归RSS分别记RSS_{I}、RSS_{II}，它们的自由度均是（$\frac{n-c}{2}-k-1$），其中k为模型中自变量的个数。

4.计算F统计量。

$$F=\frac{RSS_{\mathrm{II}}\Big/\left(\frac{n-c}{2}-k-1\right)}{RSS_{\mathrm{I}}\Big/\left(\frac{n-c}{2}-k-1\right)}=\frac{RSS_{\mathrm{II}}}{RSS_{\mathrm{I}}}\text{（对于递增异方差）}$$

或：
$$F=\frac{RSS_{\mathrm{I}}\Big/\left(\frac{n-c}{2}-k-1\right)}{RSS_{\mathrm{II}}\Big/\left(\frac{n-c}{2}-k-1\right)}=\frac{RSS_{\mathrm{I}}}{RSS_{\mathrm{II}}}\text{（对于递减异方差）}$$

5.进行显著性检验。可以证明，在原假设H_0：u_i条件同方差（即$\sigma_1^2=\sigma_2^2=\cdots=\sigma_n^2$）下：

$$F\sim F\left(\frac{n-c}{2}-k-1,\frac{n-c}{2}-k-1\right)$$

这样我们就可以在给定的显著性水平α下，利用F分布的临界值F_α进行显著性检验。当$F>F_\alpha$时，应拒绝H_0，即认为存在异方差；当$F\leqslant F_\alpha$时，不拒绝H_0，即认为u_i不存在异方差。

（三）辅助回归检验法

辅助回归检验的基本思想是，如果存在条件异方差，则随机误差项的条件方差σ_i^2就可以表达为（或近似表达为）部分或全部解释变量的某个函数。将σ_i^2对解释变量进行OLS回归，构造的样本回归方程称为辅助回归方程。根据辅助回归方程的显著性，可以检验随机误差项条件方差与条件（解释变量取值）之间的相关性，以判断是否存在异方差问题。由于辅助回归的因变量σ_i^2未知，可以用OLS回归残差的非负函数如$|e_i|$、e_i^2或$\ln e_i^2$等代替，自变量是一个或多个x_j（也可以包括其平方项、交叉乘积项）。至于辅助回归方程的函数形式，有以下几种大同小异的设定：

1. Park检验：

$$\ln e_i^2 = \alpha_0 + \alpha_1 \ln x_{1i} + \cdots + \alpha_k \ln x_{ki} + v_i \tag{3.8}$$

2. Harvey-Godfrey检验（HG检验）：

$$\ln e_i^2 = \alpha_0 + \alpha_1 x_{1i} + \cdots + \alpha_k x_{ki} + v_i \tag{3.9}$$

3. Glejser检验：

$$|e_i| = \alpha_0 + \beta_1 x_{1i} + \cdots + \alpha_k x_{ki} + v_i \tag{3.10}$$

4. Breusch-Pagan检验（BP检验）：

$$e_i^2 = \alpha_0 + \alpha_1 x_{1i} + \alpha_2 x_{2i} + \cdots + \alpha_k x_{ki} + v_i \tag{3.11}$$

5. White检验：

$$e_i^2 = (\alpha_0 + \alpha_1 x_{1i} + \cdots + \alpha_k x_{ki}) + (\alpha_{k+1} x_{1i}^2 + \cdots + \alpha_{2k} x_{2i}^2) + (\alpha_{2k+1} x_{1i} x_{2i} + \cdots) + v_i \tag{3.12}$$

（最后一个括号里的交叉项可以省略）

上述辅助回归方程中，v_i是满足古典假定的随机误差。x可以替换为$\ln x$、$1/x$、x^2、$\sqrt{x}$等函数形式。如果自变量x的个数很多，为节省自由度，可以用$\hat{y}$代替辅助回归方程右边x的线性组合，如式（3.12）等号后面第一个括号内的部分；用$\hat{y}^2$代替x的平方项（交叉乘积项）的线性组合，如式（3.12）等号后面第二、三个括号内的部分。

以BP检验为例，说明检验步骤：

（1）对模型$y_i = \beta_0 + \beta_1 x_{1i} + \beta_2 x_{2i} + \cdots + \beta_k x_{ki} + u_i$进行OLS估计，得到回归残差$e_i$。

（2）对辅助回归模型$e_i^2 = \alpha_0 + \alpha_1 x_{1i} + \alpha_2 x_{2i} + \cdots + \alpha_k x_{ki} + v_i$运用OLS回归，辅助回归模型的拟合优度记为$R_e^2$。

（3）构造统计量：$F = \dfrac{R_e^2 / k}{(1 - R_e^2)/(n - k - 1)}$，或$LM = nR_e^2$

（4）在同方差假设$H_0: \alpha_1 = \alpha_2 = \cdots = \alpha_k = 0$下，$F \sim F(k, n-k-1)$；$LM \sim \chi^2(k)$。

利用给定显著性水平下的分布临界值，即可得出检验结论。

四、条件异方差的处理方法

条件异方差虽然不破坏OLSE的无偏性和一致性，却破坏其有效性或渐近有效性，使通常的假设检验程序变得不可信。处理异方差问题主要有两种策略：

（一）“模型变换 + OLS”策略

通过探索异方差的具体形式，变换原模型，使经过变换后的模型具有条件同方差性，然后再用OLS法进行估计。一般通过广义最小二乘法（general least squares，GLS）以及与其等价的加权最小二乘法（weighted least squares，WLS）来实现。

1. 广义最小二乘法。

给定线性回归模型 $y_i = \boldsymbol{x}_i\boldsymbol{\beta} + u_i$，对于所有的观测点，可用矩阵形式表示为 $\boldsymbol{y} = \boldsymbol{X\beta} + \boldsymbol{u}$。根据Gauss–Markov定理，在古典假定下，参数的OLSE具有BLUE性质。其中的同方差假定称为误差项（扰动项）的球形假定。即：

$$\operatorname{cov}(u_i, u_j|\boldsymbol{x}) = E(u_i u_j|\boldsymbol{x}) = \begin{cases} \sigma_u^2 & (i=j) \\ 0 & (i \neq j) \end{cases}$$

用矩阵形式表示为：

$$\operatorname{cov}(\boldsymbol{u} \mid \boldsymbol{X}) = E(\boldsymbol{uu}' \mid \boldsymbol{X}) = \begin{pmatrix} \sigma_u^2 & \dots & 0 \\ \dots & \dots & \dots \\ 0 & \dots & \sigma_u^2 \end{pmatrix} = \sigma_u^2 \boldsymbol{I}$$

若不满足球形假定，则影响Gauss–Markov定理的成立。

在误差项球形假定不满足时：

$$\operatorname{cov}(\boldsymbol{u} \mid \boldsymbol{X}) = E(\boldsymbol{uu}' \mid \boldsymbol{X}) = \sigma_u^2 \boldsymbol{\Omega} \tag{3.13}$$

其中，$\boldsymbol{\Omega}$ 是一个 $n \times n$ 的正定对称方阵，且 $\boldsymbol{\Omega} \neq \boldsymbol{I}$。所以肯定存在一个 $n \times n$ 的非奇异矩阵 $\boldsymbol{P}$，使得：

$$\boldsymbol{P\Omega P}' = \boldsymbol{I} \quad \text{即} \quad \boldsymbol{P}'\boldsymbol{P} = \boldsymbol{\Omega}^{-1}$$

用 $\boldsymbol{P}$ 乘以 $\boldsymbol{y} = \boldsymbol{X\beta} + \boldsymbol{u}$ 的两边，有：

$$\boldsymbol{Py} = \boldsymbol{PX\beta} + \boldsymbol{Pu} \tag{3.14}$$

记 $\tilde{\boldsymbol{y}} = \boldsymbol{Py}$，$\tilde{\boldsymbol{X}} = \boldsymbol{PX}$，$\tilde{\boldsymbol{u}} = \boldsymbol{Pu}$，式（3.14）可写为：

$$\tilde{\boldsymbol{y}} = \tilde{\boldsymbol{X}}\boldsymbol{\beta} + \tilde{\boldsymbol{u}} \tag{3.15}$$

由于 $\operatorname{cov}(\tilde{\boldsymbol{u}}|\boldsymbol{X}) = E(\tilde{\boldsymbol{u}}\tilde{\boldsymbol{u}}'|\boldsymbol{X}) = E(\boldsymbol{Puu'P'}|\boldsymbol{X}) = \boldsymbol{P}E(\boldsymbol{uu}'|\boldsymbol{X})\boldsymbol{P}' = \sigma_u^2\boldsymbol{P\Omega P}' = \sigma_u^2\boldsymbol{I}$

所以式（3.15）的随机误差项满足球形假定。对式（3.15）进行OLS回归，参数估计量被称为广义最小二乘估计量（GLSE）：

$$\hat{\boldsymbol{\beta}}_{\mathrm{GLS}}=(\tilde{\boldsymbol{X}}'\tilde{\boldsymbol{X}})^{-1}\tilde{\boldsymbol{X}}'\tilde{\boldsymbol{y}}=\left[(\boldsymbol{PX})'(\boldsymbol{PX})\right]^{-1}(\boldsymbol{PX})'\boldsymbol{Py}=(\boldsymbol{X}'\boldsymbol{P}'\boldsymbol{PX})^{-1}\boldsymbol{X}'\boldsymbol{P}'\boldsymbol{Py}=(\boldsymbol{X}'\boldsymbol{\Omega}^{-1}\boldsymbol{X})^{-1}\boldsymbol{X}'\boldsymbol{\Omega}^{-1}\boldsymbol{y} \tag{3.16}$$

对于给定的样本，$\boldsymbol{P}$不是唯一的，但都能得到唯一的$\hat{\boldsymbol{\beta}}_{\mathrm{GLS}}$。可以证明，GLSE是BLUE，即具有线性、无偏性和有效性等统计性质。GLSE的协方差矩阵为：

$$\operatorname{cov}(\hat{\boldsymbol{\beta}}_{\mathrm{GLS}}\mid\boldsymbol{X})=(\tilde{\boldsymbol{X}}'\tilde{\boldsymbol{X}})^{-1}\sigma_u^2=(\boldsymbol{X}'\boldsymbol{\Omega}^{-1}\boldsymbol{X})^{-1}\sigma_u^2 \tag{3.17}$$

在随机误差项违背球形假定下，GLSE的方差小于OLSE方差。如果满足球形假定，GLS等价于OLS。

可见，广义最小二乘法（GLS）处理异方差问题的思路是：当误差项球形假定不能满足时，通过变换模型，使随机误差项重新满足球形假定，然后进行OLS回归，从而参数估计量仍然为BLUE，Gauss–Markov定理重新生效。

无序列相关假定主要针对时间序列数据。横截面数据是无顺序数据，所以一般不存在这个问题（空间数据除外）。在单纯的异方差（不存在序列相关）条件下：

$$\operatorname{cov}(\boldsymbol{u}\mid\boldsymbol{X})=\boldsymbol{\Omega}=\begin{pmatrix}\sigma_1^2&0&\cdots&0\\0&\sigma_2^2&\cdots&0\\\cdots&\cdots&\cdots&\cdots\\0&0&\cdots&\sigma_n^2\end{pmatrix}\quad\boldsymbol{\Omega}^{-1}=\begin{pmatrix}\sigma_1^{-2}&0&\cdots&0\\0&\sigma_2^{-2}&\cdots&0\\\cdots&\cdots&\cdots&\cdots\\0&0&\cdots&\sigma_n^{-2}\end{pmatrix} \tag{3.18}$$

将$\boldsymbol{\Omega}^{-1}$代入式（3.16）、式（3.17）即可以得到参数的GLSE及其方差估计量。

应用GLS要求总体随机误差项的协方差矩阵$\operatorname{cov}(\boldsymbol{u}\mid\boldsymbol{X})=\boldsymbol{\Omega}$是已知的，实际上这往往是不可能的。为此，很多情况下需要我们根据建模对象的先验信息或样本数据，首先给出或估计出$\hat{\boldsymbol{\Omega}}$，将其代替$\boldsymbol{\Omega}$代入式（3.16）和式（3.17），被称为可行的广义最小二乘法（Feasible GLS），可行的广义二乘估计量不再具有BLUE性质，但大样本下仍具有一致性。

2.加权最小二乘法。

在误差项仅存在条件异方差（即$\boldsymbol{\Omega}$是对角矩阵）的情况下，通常采用一种等价的形式——加权最小二乘法（weighted least squares，WLS），可以看作是GLS在单纯异方差条件下的具体应用。其方法是，根据异方差的具体函数形式，对原模型加以适当的代数变换，使得变换后的模型满足同方差，然后应用OLS估计参数。多元线性回归模型为：

$$y_i=\boldsymbol{x}_i\boldsymbol{\beta}+u_i \tag{3.19}$$

假设存在条件异方差，我们将条件方差设为条件的函数，例如$\operatorname{var}(u_i\mid\boldsymbol{x}_i)=\sigma^2f(\boldsymbol{x}_i)$。用$1/\sqrt{f(\boldsymbol{x}_i)}$乘以式（3.19）的两端，有：

$$\frac{y_i}{\sqrt{f(\boldsymbol{x}_i)}}=\frac{\boldsymbol{x}_i}{\sqrt{f(\boldsymbol{x}_i)}}\boldsymbol{\beta}+\frac{u_i}{\sqrt{f(\boldsymbol{x}_i)}}$$

即：

$$y_i^* = \boldsymbol{x}_i^* \boldsymbol{\beta} + u_i^* \qquad (3.20)$$

由于：

$$\mathrm{var}(u_i^* \mid \boldsymbol{x}_i) = \mathrm{var}\left(\frac{u_i}{\sqrt{f(\boldsymbol{x}_i)}} \mid \boldsymbol{x}_i\right) = \frac{1}{f(\boldsymbol{x}_i)} \mathrm{var}(u_i \mid \boldsymbol{x}_i) = \frac{1}{f(\boldsymbol{x}_i)} \sigma^2 f(\boldsymbol{x}_i) = \sigma^2$$

所以可以对式（3.20）进行OLS回归，所得估计量具有BLUE性质。这种方法被称为加权最小二乘法（WLS）。相当于以最小化目标函数式（3.21）为条件得到的参数估计量：

$$RSS_{\mathrm{W}} = \sum w_i e_i^{\ 2} = \sum \frac{1}{f(\boldsymbol{x}_i)} (y_i - \boldsymbol{x}_i \hat{\boldsymbol{\beta}})^2 = \sum w_i e_i^2 \qquad (3.21)$$

RSS_{W}称为加权残差平方和，$w_i = 1/f(\boldsymbol{x}_i)$称为权数。当仅存在单纯异方差时，每个残差平方 e_i^2 被赋予不同的权数：e_i^2 越小，意味着观测点的条件方差 $\sigma_i^2 = f(\boldsymbol{x}_i)$ 越小，观察值 y_i 偏离其条件均值的幅度可能越小，在确定回归线时的作用越大，越应受到重视，所以其残差平方 e_i^2 被赋予较大的权数 $w_i = 1/f(\boldsymbol{x}_i)$；反之则被赋予较小的权数。通过权数的变化体现不同观察点在确定回归函数时的不同影响力。

由于经过变换的式（3.20）满足古典假定，所以WLSE是BLUE，可以进行常规的显著性检验。但在大多数情况下，异方差的形式 $\mathrm{var}(u_i \mid \boldsymbol{x}_i) = f(\boldsymbol{x}_i)$ 是未知的，需要根据样本估计出经验权数 $\hat{f}(\boldsymbol{x}_i)$。然后再应用WLS，此时WLS相当于FGLS，估计量不再是无偏的，但仍然具有一致性。$\hat{f}(\boldsymbol{x}_i)$ 的具体函数形式，可以采用Park检验、Harvey-Godfrey检验、White检验和BP检验的辅助回归方程的形式。尤其是Park检验辅助回归方程（3.8）和Harvey-Godfrey检验辅助回归方程（3.9），可转化为指数方程 $\hat{e}_i^2 = \exp[f(\boldsymbol{x}_i)]$，以保证方差（权数）估计的非负性。

（二）“OLS+稳健推断”策略

在异方差形式未知条件下，WLSE的统计性质取决于异方差函数形式的设定是否符合实际。如果异方差函数被错误设定，WLSE仍然是无偏与一致的，但不是有效的，其标准误与检验统计量都不再可靠（即使在大样本下）。为此我们试图寻找另一种解决办法。由于在异方差条件下，OLS估计量仍然是无偏的、（大样本下）一致的和渐近正态的，仅方差估计是不可信的。为此怀特（White，1980）提出了应对异方差的“OLS+稳健推断”策略：仍然进行OLS回归估计模型，然后用回归残差的协方差矩阵 $\hat{\boldsymbol{\Omega}}$ 代替 $\boldsymbol{\Omega}$ 进入OLSE的协方差矩阵的“三明治估计量”式（3.7），改善对OLSE方差的估计：

$$\mathrm{cov}(\hat{\boldsymbol{\beta}}) = (\boldsymbol{X}'\boldsymbol{X})^{-1} \boldsymbol{X}'\hat{\boldsymbol{\Omega}}\boldsymbol{X} (\boldsymbol{X}'\boldsymbol{X})^{-1} \qquad (3.22)$$

该协方差矩阵主对角线上的元素就是 $\mathrm{var}(\hat{\boldsymbol{\beta}}_j)$ 在条件异方差下的稳健估计，其平方根就是异方差稳健标准误，据此进行统计检验和区间估计，可以克服异方差条件下方差估计不可信的问题。

$\hat{\beta}_j$方差的“三明治估计量”式（3.22）对应的代数公式为：

$$\text{White's var}(\hat{\beta}_j)=\frac{\sum(x_{ji}-\hat{x}_{ji})^2e_i^2}{[\sum(x_{ji}-\hat{x}_{ji})^2]^2} \quad (3.23)$$

其中，$\hat{x}_{ji}$是x_j对模型中其余解释变量（包括常数项）进行OLS回归得到的拟合值；$e_i=y_i-\hat{y}_i$是y对所有自变量的OLS回归残差。对于一元回归，式（3.23）可简化为：

$$\text{White's var}(\hat{\beta}_1)=\sum\frac{(x_i-\bar{x})^2e_i^2}{[\sum(x_i-\bar{x})^2]^2}。 \quad (3.24)$$

可见，White's var($\hat{\beta}_1$)实质上是e_i^2的加权平均数。这种方差估计量被称为White异方差稳健估计量（white′s robust estimators）。其统计性质不是“最好”，但它们对于条件同方差假定是否满足不敏感。这种方法不需要知道异方差的具体形式，可以缓解条件异方差造成的参数置信区间和假设检验不可信问题，而且避免了WLS中异方差形式的误设带来的问题。在Stata回归命令regress中，加上选项vce(robust)或robust即可实现。

此外，还可以对因变量数据进行代数变换消除或减轻异方差。例如通过对数变换，压缩y（同时也是u）的数量级，缩小异方差的程度。但此时模型参数的经济意义被改变了，所以应用模型时应加以注意。

五、案例

【例3.2】在某社区随机抽取了32个家庭进行调查，当前季度的家庭可支配收入x（元）与外出就餐消费支出y（元）的数据，见e3.2.dta。家庭已经按收入由低到高排序，文件结构如表3.2所示。讨论回归建模中的条件异方差问题。

表3.2　　家庭外出就餐支出与可支配收入数据

序号	y	x
1	264	8777
2	105	9210
…	…	…
32	1702	22880

1.通过散点图观察是否存在异方差（见图3.2）。

```
.scatter y x || lfit y x        //x与y的散点图，带回归直线
```

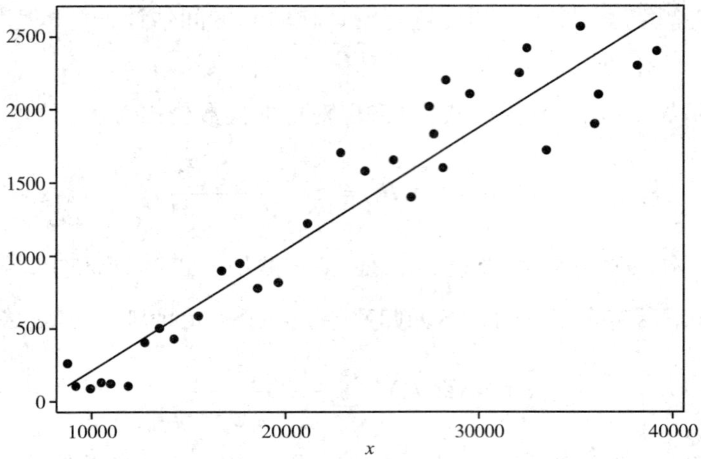

图3.2　数据散点图

2. 进行Goldfeld – Quandt检验，判断是否存在异方差。

可以借助Stata完成检验步骤。编写do文件如下：

```
*GQ检验
sort x        //按x取值由小到大排列观测点
drop in 15/18        //鉴于样本不大，只删除中间的4个观测点
quietly regress y x in 1/14        //对子样本Ⅰ（前14个观测点）做回归，静默模式
scalar rss1=e(rss)        //存储子样本Ⅰ的残差平方和
quietly regress y x in 15/28        //对子样本Ⅱ（后14个观测点）做回归，静默模式
scalar rss2=e(rss)        //存储子样本Ⅱ的残差平方和
scalar f=rss2/rss1        //计算F统计量
display  Ftail(12,12,f)        //计算F统计量的伴随概率p值
```

运行结果，p值为0.00530998。说明在0.05显著性水平下，应该拒绝随机误差项同方差假设，即认为存在条件异方差问题。

3. 用BP方法、White方法检验异方差。

（1）BP检验：

. regress y x　　//估计回归方程

. hettest x, iid　　//如果省略x，辅助回归右边的自变量是$\hat{y}$。如果辅助回归方程的误差项服从正态分布，省略选项“iid”

```
Breusch-Pagan / Cook-Weisberg test for heteroskedasticity
         Ho: Constant variance
         Variables: fitted values of y

         chi2(1)      =     7.64
         Prob > chi2  =   0.0057
```

（2）White检验：

. regress y x

.imtest,white

```
White's test for Ho: homoskedasticity
         against Ha: unrestricted heteroskedasticity

         chi2(2)      =      8.25
         Prob > chi2  =    0.0161
```

所以，在0.05显著性水平下，两种方法均拒绝了同方差假设。

4.用“OLS+稳健推断”策略处理异方差问题。

```
. reg y x,r

Linear regression                               Number of obs     =         32
                                                F(1, 30)          =     312.83
                                                Prob > F          =     0.0000
                                                R-squared         =     0.9143
                                                Root MSE          =     247.78
```

y	Coef.	Robust Std. Err.	t	P>|t|	[95% Conf.	Interval]
x	.0831243	.0046997	17.69	0.000	.0735261	.0927224
_cons	-621.1918	88.98299	-6.98	0.000	-802.9193	-439.4643

可见，与常规的OLS相比，其参数估计值没有变化，但由于标准差改变了，导致与此有关的t统计量及其p值和区间估计都相应地改变了。

第三节　内生解释变量

一、解释变量内生性

古典假定4要求误差项均值独立于解释变量（向量）$\boldsymbol{x}$，即$\boldsymbol{x}$是严格外生的：

$$E(u\mid \boldsymbol{x})=0$$

在大样本下，该假定可以放宽为误差项与各解释变量线性无关（正交），即解释变量具有外生性（假定4′）：

$$\operatorname{cov}(x_j,u)=E(x_j u)=0 \qquad (j=1,2,\cdots,k)$$

只有如此，因变量中的系统分量（或称为信号，由$\boldsymbol{x}$决定的部分）与随机分量u（即噪声）才能分离开来，回归函数才有意义。如果这一假定并不能满足，至少一个解释变量x_j与随机误差项之间存在相关性，即存在：

$$\operatorname{cov}(x_j,u)=E(x_j u)\neq 0 \qquad (j=1,2,\cdots,k)$$

此时，就称模型存在解释变量的内生性（endogeneity）问题。与随机误差项相关的解释变量x_j相应地称为内生解释变量（endogenous explanatory variable）。

由于回归参数OLSE的无偏性依赖于解释变量严格外生性假定，一致性依赖于解释变量的正交性假定，所以内生性会影响OLSE的无偏性和一致性。其他不良影响还包括随机误差项的方差估计量是有偏的，由此导致回归系数的方差估计量是有偏的，进而与方差相关的假设检验、区间估计容易导出错误的结论，等等。

二、内生性产生的原因

解释变量内生性问题，往往是由模型设定错误、测量误差和联立性偏倚等因素导致的。

（一）模型设定错误

模型设定错误主要包括三种情况：第一，遗漏重要的解释变量。这些被遗漏的变量对因变量的影响是客观存在的，此时只能归入随机误差项。如果被遗漏变量和模型中的解释变量相关，则会通过解释变量与随机误差项相关表现出来，从而导致内生性。第二，使用了错误的函数形式。例如，如果平均成本（y）与产量（x）之间"真实"的回归函数为U形：$y=\beta_0+\beta_1 x+\beta_2 x^2+u$；但被错误设定为线性形式：$y=\beta_0+\beta_1 x+v$。由于$x$与$x^2$存在的样本相关性，使$x$与误差项$v$相关。当然，这也可以看作是另一种类型的遗漏变量错误。第三，忽略个体（时期）异质性。该问题放在面板数据模型中介绍，本章暂不讨论。

（二）变量的测量误差

变量的测量（调查）结果与真实值之间的差异被称为测量误差（measurement errors），包括数据登记误差、加工整理误差以及其他统计误差。无论是自变量误差还是因变量误差，只要与自变量不相关，则不影响OLSE的无偏性和一致性（但估计量方差变大）；只有与自变量相关时，才引发内生性。变量的测量误差是数据问题，而不是模型问题，缺乏彻底的解决方法。由于只有测量误差与自变量观测值相关，才引发内生性问题，所以主观上希望测量误差是偶然性而不是系统性的（不与自变量相关），或者误差足够小，从而可以将其影响忽略。

（三）联立性偏倚

为了描述经济现象的复杂联系，实践中经常用到联立方程模型，即由多个相互联系的单一方程组成的方程组。由于许多经济变量之间存在反馈效应，联立方程模型更容易遇到内生性问题——"联立性偏倚"（simultaneity bias）。联立方程模型与单方程模型估计方法往往有所不同。

三、矩方法与工具变量估计

数理统计中，矩（moment）是对随机变量分布和形态特点的一种度量。如数学期望（均值)是一阶原点矩，方差是二阶中心矩，等等。样本是从总体中抽出的，按照常理，则样本也应具有与总体类似的特征。总体矩与样本矩也可以作类似的类比推理。按照类比原理，样本矩是相应总体矩的一致估计量，所以可以用样本均值和方差对总体期望和方差进行统计推断。基于类比推理原理设计的参数估计方法被称为矩方法（method of moment，MM）。

对于线性回归模型的参数估计而言，MM与OLS有不同的思路。OLS是以残差平方和最小为条件，得到正规方程，最终求得未知参数的样本估计值。MM是根据对某些总体矩的假定，构建样本矩条件方程组，从而求得未知参数的样本估计值。

根据假定3[即 $E(u_i \mid \boldsymbol{x}_i)=0$]，可以得出总体矩条件：

$$E[u_i]=0\;;\quad E[x_{ji}u_i]=0 \qquad (j=1,2,\cdots,k)$$

与此相类比的样本矩条件是：

$$\overline{e}=\frac{\sum e_i}{n}=0\;,\quad \overline{x_{ji}e}=\frac{\sum x_{ji}e_i}{n}=0 \qquad (j=1,2,\cdots,k)$$

展开后有样本矩条件：

$$\begin{cases}\sum e_i=0\\ \sum x_{1i}e_i=0\\ \cdots\\ \sum x_{ki}e_i=0\end{cases} \tag{3.25}$$

可见，这与OLS的一阶导数条件（2.11）完全相同。将 $e_i=y_i-\hat{y}_i=y_i-\hat{\beta}_0-\hat{\beta}_1x_i$ 代入矩条件组式（3.25），得到矩条件方程组：

$$\begin{cases}\sum(y_i-\hat{\beta}_0-\hat{\beta}_1x_i-\cdots-\hat{\beta}_kx_{ki})=0\\ \sum x_{1i}(y_i-\hat{\beta}_0-\hat{\beta}_1x_{1i}-\cdots-\hat{\beta}_kx_{ki})x_{1i}=0\\ \cdots\\ \sum x_{ki}(y_i-\hat{\beta}_0-\hat{\beta}_1x_{1i}-\cdots-\hat{\beta}_kx_{ki})x_{1i}=0\end{cases} \tag{3.26}$$

展开后，该方程组与OLS的正规方程组式（2.12）完全相同，所以矩估计量MME与OLSE也完全一致。这说明在古典假定下，线性回归模型的OLS估计等价于MM估计。尽管如此，由于二者建立正规方程依据的原理不同，所以，MM与OLS仍然是两种不同的参数估计方法。

矩方法MM应用的前提是，式（3.25）中包含的矩条件个数等于待估参数个数，即模型恰好识别。如果某些解释变量与随机项相关，式（3.25）中某些矩条件不再成立，导致式（3.26）中矩条件方程的个数少于待估参数个数，则参数无法估计，模型不能识别。这时需要寻找某些辅助性的变量——称为“工具变量（instrument variable，IV）”，用于构造（补齐）矩条件，使式（3.25）中矩条件个数重新等于待估参数个数。这种方法称为工具变量估计法。可见，工具变量估计是MM的具体应用。

被选中的工具变量IV应满足以下条件：

1. 工具变量具有实际经济意义，但不出现在原方程中；

2. 工具变量与对应的内生解释变量高度相关，即 $\mathrm{cov}(x_{\mathrm{IV}},x_{\mathrm{en}})\neq 0$，其中下标IV代表工具变量，en代表内生变量；

3. 工具变量与随机误差项不相关，即具有外生性：$\mathrm{cov}(x_{\mathrm{IV}},u)=0$；

4. 工具变量与回归方程的因变量没有直接的关系，即 $\mathrm{cov}(y,x_{\mathrm{IV}}\mid x_{\mathrm{ex}})=0$，其中，下标ex代表外生变量；

5. 工具变量与模型中的其他解释变量不相关，模型中多个工具变量之间也不相关（至少不存在严重的多重共线性）（见图3.3）。

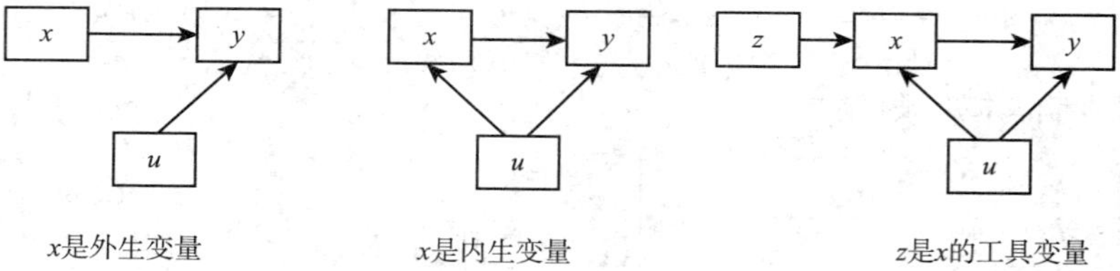

图3.3　外生变量、内生变量和工具变量

对于多元线性回归模型：

$$y_i=\beta_0+\beta_1x_{1i}+\cdots+\beta_kx_{ki}+u_i=\boldsymbol{x}_i\boldsymbol{\beta}+u_i$$

如果解释变量向量$\boldsymbol{x}$满足外生性假定，MME（同时也是OLSE）为：

$$\hat{\boldsymbol{\beta}}=(\boldsymbol{X'X})^{-1}\boldsymbol{X'y} \tag{3.27}$$

如果至少有一个解释变量 x_j 内生（与随机项u相关），导致式（3.25）中至少一个样本矩条件 $\sum e_ix_{ji}=0$ 不再成立，矩条件个数少于待估参数个数，模型不能识别，参数无法估计，则需要引入 x_j 的工具变量 z_j。为了方便后面的推导，要求每一个解释变量均对应一个工具变量（对于外生解释变量 x_j，工具变量就是 x_j 自身）。$\mathrm{cov}(z_j,u)=0$ 对应的样本矩条件是 $\sum z_{ji}e_i=0$。将关系式 $e_i=\hat{y}_i-(\hat{\beta}_0+\hat{\beta}_1x_{1i}+\hat{\beta}_2x_{2i}+\cdots+\hat{\beta}_{ki}x_i)$ 代入 $\sum z_{ji}e_i=0$，得到包含i个方程的方程组：

$$\begin{cases}\sum e_i = 0 \\ \sum e_i z_{1i} = 0 \\ \cdots \\ \sum e_i z_{ki} = 0\end{cases} \tag{3.28}$$

$$\begin{cases}\sum y_i = n\hat{\beta}_0 + \hat{\beta}_1 \sum x_{1i} + \hat{\beta}_2 \sum x_{2i} + \cdots + \hat{\beta}_k \sum x_{ki} \\ \sum y_i z_{1i} = \hat{\beta}_0 \sum z_{1i} + \hat{\beta}_1 \sum x_{1i} z_{1i} + \hat{\beta}_2 \sum x_{2i} z_{1i} + \cdots + \hat{\beta}_k \sum x_{ki} z_{1i} \\ \cdots \\ \sum y_i z_{ki} = \hat{\beta}_0 \sum z_{ki} + \hat{\beta}_1 \sum x_{1i} z_{ki} + \hat{\beta}_2 \sum x_{2i} z_{ki} + \cdots + \hat{\beta}_k \sum x_{ki} z_{ki}\end{cases} \tag{3.29}$$

上述方程组的矩阵形式为 $\boldsymbol{Z'y} = \boldsymbol{Z'X}\hat{\boldsymbol{\beta}}$，所以参数的工具变量估计量（IVE）为：

$$\hat{\boldsymbol{\beta}}_{\mathrm{IV}} = (\boldsymbol{Z'X})^{-1}\boldsymbol{Z'y} \tag{3.30}$$

在条件同方差假定下，系数IV估计量的协方差矩阵为：

$$\mathrm{cov}(\hat{\boldsymbol{\beta}}_{\mathrm{IV}}) = (\boldsymbol{Z'X})^{-1}\boldsymbol{Z'Z}(\boldsymbol{X'Z})^{-1}\sigma_u^2$$

为了使式（3.30）能够被唯一地计算出来（恰好识别），需要 $(\boldsymbol{Z'X})^{-1}$ 存在：首先，要求 $\boldsymbol{Z'X}$ 是一个方阵，意味着工具变量 z_j 与内生解释变量 x_j 个数相同（一个内生变量有唯一的工具变量），此为恰好识别的“阶条件”（必要条件）；其次，要求方阵 $\boldsymbol{Z'X}$ 满秩，意味着没有重复的矩条件，此为恰好识别的“秩条件”（充分条件）。可见，应用IV法的关键，在于选择具有（渐近）列满秩的、与随机误差项正交（不相关）的工具变量向量 $\boldsymbol{z}$。选择不同 $\boldsymbol{z}$，则会得到不同的IVE，但它们都是参数 β 的一致估计量，但渐近协方差往往不同。因此，应该选择使IVE渐近方差最小（有效）的工具变量向量 $\boldsymbol{z}$。

如果每一个内生解释变量只有一个对应的工具变量（外生变量的工具变量是其自身），基于给定样本能够得到参数的唯一IV估计值，我们称模型是恰好识别的。但如果一个内生解释变量有不止一个工具变量可供使用，导致矩条件的个数多于待估参数的个数，这种情况称为过度识别。过度识别问题有三种解决方法：

第一，删除多余的工具变量，使每一个内生解释变量只对应一个工具变量，满足恰好识别的阶条件。

第二，利用所有外生变量和工具变量的线性组合，构造“合成”工具变量，使“合成”的工具变量个数等于内生解释变量个数。这就是两阶段最小二乘法（two stage least square，2SLS）。

第三，根据每个样本矩条件估计的精确程度（用其方差来度量），对不同矩条件赋予不同权重，以全部正则化的样本矩条件的加权和最小为条件，转化为一个极值问题，从而得到参数的唯一估计。这就是广义矩方法（generalized method of moment, GMM）。

第一种方法主观性太强，需要借助正确的理论分析，同时删除现有工具变量也会浪费一些有用样本信息；第三种方法较为复杂，将在第七章第二节介绍。下面我们仅以一个二元回归模型为例，说明两阶段最小二乘法的思路。

四、两阶段最小二乘法（2SLS）

通过一个简化的例子介绍两阶段最小二乘法2SLS。假设有二元回归模型：

$$y = \beta_0 + \beta_1 x_1 + \beta_2 x_2 + u \tag{3.31}$$

其中，y是被解释变量，x_1是外生解释变量，x_2是内生解释变量。如果x_2有两个工具变量z_1、z_2，此时工具变量的个数多于内生变量个数，所以存在过度识别问题。顾名思义，两阶段最小二乘法就是分两个阶段估计模型：

1.第一阶段。利用内生解释变量对所有外生解释变量和工具变量做OLS回归，相当于利用工具变量将内生变量中的外生分量独立出来。因为既然外生变量x_1、工具变量z_1、z_2均与u不相关，三者的任意线性组合也必然与u不相关，即x_1、z_1、z_2的任意线性组合具有外生性，可以作为x_2的工具变量。所以将表述为：

$$x_2 = \alpha_0 + \alpha_1 x_1 + \alpha_2 z_1 + \alpha_3 z_2 + v \tag{3.32}$$

基于样本数据进行OLS，求出拟合值$\hat{x}_2$：

$$\hat{x}_2 = \hat{\alpha}_0 + \hat{\alpha}_1 x_1 + \hat{\alpha}_2 z_1 + \hat{\alpha}_3 z_2$$

$\hat{x}_2$是式（3.32）中因变量x_2的系统分量（信号）的OLS回归拟合值（外生部分），就是我们要找的“复合”工具变量。为了避免工具变量$\hat{x}_2$与模型中的其他解释变量（即x_1）产生多重共线性，要求式（3.32）中α_2和α_3至少有一个统计显著（这是模型能够进行IV估计的识别约束）。

2.第二阶段。用分离出来的x_2的外生分量$\hat{x}_2$作为式（3.31）中x_2的工具变量（外生变量x_1的工具变量是其自身），满足恰好识别的阶条件。对式（3.31）进行IV估计，得到回归系数的一致估计。由下文的式（3.36)可知，这一过程等价于直接对式（3.33）进行OLS回归：

$$y = \beta_0 + \beta_1 x_1 + \beta_2 \hat{x}_2 + u \tag{3.33}$$

所以这种方法称为“两阶段最小二乘法”（2SLS）。由于式（3.33）中的内生解释变量x_2被其外生分量$\hat{x}_2$替换而消除了内生性，所以OLS和2SLS估计值有实质性差异。

将式（3.33）的参数估计结果代入原式（3.31），最终建立的样本回归模型是：

$$\hat{y} = \hat{\beta}_0 + \hat{\beta}_1 x_1 + \hat{\beta}_2 x_2$$

2SLS的矩阵表示。2SLS方法可以应用于含多个内生解释变量的线性回归模型。多元回归模型用矩阵表示为：

$$\boldsymbol{y} = \boldsymbol{X\beta} + \boldsymbol{u} \tag{3.34}$$

其中的$\boldsymbol{X}$为解释变量观测值矩阵，包括k_1个外生变量（包括常数项），k_2个内生变量。假设有工具变量观测值矩阵$\boldsymbol{Z}$，其中包括k_1个原方程中的外生解释变量（包括常数项），k_3个方程以外的工具变量。为了保证能够识别，要求$k_3 \geqslant k_2$。2SLS的两个阶段如下：

第一阶段。首先对$\boldsymbol{X}=\boldsymbol{Z\alpha}+\boldsymbol{v}$进行OLS回归：$\hat{\boldsymbol{\alpha}}=(\boldsymbol{Z'Z})^{-1}\boldsymbol{Z'X}$；然后求出对应各解释变量的复合工具变量，即$\boldsymbol{X}$的样本内拟合值矩阵：

$$\hat{\boldsymbol{X}}=\boldsymbol{Z}\hat{\boldsymbol{\alpha}}=\boldsymbol{Z}[(\boldsymbol{Z'Z})^{-1}\boldsymbol{Z'X}]=[\boldsymbol{Z}(\boldsymbol{Z'Z})^{-1}\boldsymbol{Z}']\boldsymbol{X}=\boldsymbol{MX} \tag{3.35}$$

其中，$\boldsymbol{M}=\boldsymbol{Z}(\boldsymbol{Z'Z})^{-1}\boldsymbol{ZZ}'$称为投影矩阵。因为$\boldsymbol{M}=\boldsymbol{M}'$；$\boldsymbol{M'M}=\boldsymbol{M}'$，所以，$\boldsymbol{M}$是一个幂等矩阵。

第二阶段。以$\hat{\boldsymbol{X}}$作为$\boldsymbol{X}$的工具变量，对式（3.34）进行IV估计，即将式（3.35）代入式（3.30）：

$$\begin{aligned}\hat{\boldsymbol{\beta}}_{\mathrm{IV}}&=(\hat{\boldsymbol{X}}'\boldsymbol{X})^{-1}\hat{\boldsymbol{X}}'\boldsymbol{y}=[(\boldsymbol{MX})'\boldsymbol{X}]^{-1}\hat{\boldsymbol{X}}'\boldsymbol{y}=[\boldsymbol{X'M'X}]^{-1}\hat{\boldsymbol{X}}'\boldsymbol{y}=[\boldsymbol{X'M'MX}]^{-1}\hat{\boldsymbol{X}}'\boldsymbol{y}\\&=(\hat{\boldsymbol{X}}'\hat{\boldsymbol{X}})^{-1}\hat{\boldsymbol{X}}'\boldsymbol{y}\end{aligned} \tag{3.36}$$

推导过程中用到了幂等矩阵的性质$\boldsymbol{M'M}=\boldsymbol{M}'$。由此可见，以$\boldsymbol{X}$为工具变量的IV估计，相当于对$\boldsymbol{y}=\hat{\boldsymbol{X}}\boldsymbol{\beta}+\boldsymbol{u}$的OLS估计。

将式（3.35）代入式（3.36），回归系数的2SLS估计量为：

$$\begin{aligned}\hat{\boldsymbol{\beta}}_{\mathrm{2SLS}}&=(\hat{\boldsymbol{X}}'\hat{\boldsymbol{X}})^{-1}\hat{\boldsymbol{X}}'\boldsymbol{y}=\{[\boldsymbol{Z}(\boldsymbol{Z'Z})^{-1}\boldsymbol{Z'X}]'[\boldsymbol{Z}(\boldsymbol{Z'Z})^{-1}\boldsymbol{Z'X}]\}^{-1}[\boldsymbol{Z}(\boldsymbol{Z'Z})^{-1}\boldsymbol{Z'X}]'\boldsymbol{y}\\&=[\boldsymbol{X'Z}(\boldsymbol{Z'Z})^{-1}\boldsymbol{Z'X}]^{-1}\boldsymbol{X'Z}(\boldsymbol{Z'Z})^{-1}\boldsymbol{Z'y}\end{aligned} \tag{3.37}$$

条件同方差假定下，系数2SLS估计量的协方差矩阵为：

$$\mathrm{cov}(\hat{\boldsymbol{\beta}}_{\mathrm{2SLS}})=(\hat{\boldsymbol{X}}'\hat{\boldsymbol{X}})^{-1}\sigma_u^2=[\boldsymbol{X}'\boldsymbol{Z}(\boldsymbol{Z'Z})^{-1}\boldsymbol{Z'X}]^{-1}\sigma_u^2$$

其中，σ_u^2是随机误差项的条件方差，实际应用中可以用2SLS回归残差计算的均方误差MSE（$\hat{\sigma}_u^2$）代替。

当每个内生变量只有一个工具变量时，$\boldsymbol{z}$与$\boldsymbol{x}$维数一致，模型恰好识别，2SLS等价于IV估计。

五、工具变量检验

（一）解释变量内生性检验

解释变量内生性检验的常用方法为Durbin–Wu–Hausman检验（以下简称DWH检验）。下面用二元回归模型说明DWH检验的基本思路。

对于线性回归模型：

$$y=\beta_0+\beta_1 x_1+\beta_2 x_2+u \tag{3.38}$$

我们怀疑（只是怀疑）x_2是内生变量。选择方程外的z作为x_2的工具变量。2SLS

的第一阶段回归是：

$$x_2=\alpha_0+\alpha_1x_1+\alpha_2z+v$$

由于x_1和z均与u不相关，故：

$$\text{cov}(x_2,u)=\text{cov}(\alpha_0+\alpha_1x_1+\alpha_2z+v,u)=\text{cov}(v,u)=E(uv)$$

如果x_2外生，则 $\text{cov}(x_2,u)=E(uv)=0$；如果$x_2$内生，则 $\text{cov}(x_2,u)=E(uv)\neq 0$。所以，我们可以通过检验$u$和$v$是否相关来判断$x_2$是否是内生变量。考虑以下回归模型：

$$u=\rho v+\varepsilon \tag{3.39}$$

其中，ε是一个满足古典假定的随机误差。检验x_2是否内生变量的问题转换为检验ρ是否等于0的问题。检验用的辅助回归方程是：

$$y=\beta_0+\beta_1x_1+\beta_2x_2+\rho v+\varepsilon \tag{3.40}$$

其中，需要先估计$x_2=\alpha_0+\alpha_1x_1+\alpha_2z+v$，得到残差$\hat{v}$，代替辅助回归（3.40）中的$v$：

$$y=\beta_0+\beta_1x_1+\beta_2x_2+\rho\hat{v}+\varepsilon \tag{3.41}$$

利用OLS估计辅助回归式（3.41），并检验H_0：ρ=0。若ρ统计显著，则认为解释变量的确存在内生性；反之，认为解释变量不存在内生性。

如果存在多个内生变量，则第一阶段回归得到每一个内生变量对应的$\hat{v}$，同时引入辅助回归方程（3.41），对其系数进行联合显著性检验。

（二）工具变量外生性检验（过度识别检验）

为保证IVE的一致性，IV必须是外生的，即与模型的误差项不相关，否则可能导致严重的估计偏误。当IV个数小于内生变量个数时，无法使用2SLS，称为不能识别；当IV个数等于内生变量个数时，称为恰好识别，此时可以使用2SLS，但无法检验IV是否具备外生性，只能依赖于定性分析和专家判断。当IV个数大于内生变量个数时，可以使用2SLS，也能检验IV是否具备外生性，称为“过度识别检验（overidentification test）”。检验的前提是可以进行2SLS，即至少是恰好识别。原假设H_0：所有工具变量都是外生的。

检验的思路是，对于含有n个外生变量（记为$\boldsymbol{X}_{ex}$），m个内生解释变量（记为$\boldsymbol{X}_{en}$）的模型，选择r个（$r>m$）模型外的工具变量（记为$\boldsymbol{Z}$），进行2SLS，回归的残差为e。然后进行如下辅助回归：

$$e=\gamma\boldsymbol{Z}+\delta\boldsymbol{X}_{ex}+\varepsilon \tag{3.42}$$

由于IV外生，意味着$\boldsymbol{Z}$与随机误差项e不相关，即辅助回归式（3.42）中$\gamma=0$。为了检验这个假设，萨金（Sargan，1958）提出了一个统计量：

$$nR^2\sim\chi^2(r-m)$$

其中，R^2是辅助回归式（3.42）的样本决定系数。因为r个工具变量中有m个用于模型识别，自由度为r-m，即是方程之外的工具变量与内生变量的个数之差（“多余”的工具变量个数）。显然，如果方程之外的工具变量与内生变量的个数相等，$r-m=0$，而$\chi^2(0)$ 没有定义，无法使用此过度识别检验。如果拒绝了原假设，说明工具变量至少有一个是内生的（但不能说明哪些是内生的）。

（三）弱工具变量检验

按照工具变量定义，z是x的工具变量，一定意味着$\text{cov}(z,x)\neq 0$。工具变量有强弱之分。如果z与x的相关性很强，称为强工具变量；否则就是弱工具变量。工具变量的强弱，对工具变量估计影响很大：如果使用弱工具变量，工具变量估计量将是有偏且不一致的，其渐进分布也不是正态分布，常规的统计检验方法失效。所以我们希望备选变量都是强工具变量。检验都是基于2SLS第一阶段回归（即内生解释变量对方程内的外生变量和方程外的工具变量进行的OLS回归）进行的。常用的检验方法有二：

1.偏R^2。如果只有一个备选的工具变量z，可以通过计算z与内生解释变量的偏相关系数，判断是否强工具变量。如果存在多个备选工具变量，一般是通过构造内生变量对所有工具变量、外生变量的回归方程，即2SLS中第一阶段回归，希望观察控制了方程中的外生变量后，所有工具变量对内生变量的“纯粹”解释能力—偏R^2（PartialR–sq），即以从内生变量和方程外工具变量中分别消除方程内外生变量的影响，然后构造二者回归方程所得的R^2。方法如下：

假设$y=\beta_0+\beta_1\boldsymbol{X}_1+\beta_2x_2+u$

其中，$\boldsymbol{X}_1$是外生变量向量，x_2是内生变量，我们选择z作为x_2的工具变量（z不包含在$\boldsymbol{X}_1$之内）。首先，计算x_2对$\boldsymbol{X}_1$的回归，得到其回归残差e_{x2}，然后计算z对$\boldsymbol{X}_1$的回归，得到其回归残差e_z；最后计算e_{x2}对e_z的回归，其拟合优度R^2就是x_2与z的偏R^2。Shea将其扩展到多个内生解释变量的情况下，即Stata中的Shea′s Partial R^2。但偏R^2多低才构成弱工具变量，目前尚无公认的标准，需要结合其显著性进行综合判断。

2.F检验。2SLS第一阶段回归中工具变量（向量）的显著性水平，即对应于“H_0：所有工具变量的斜率都为0”的F检验值。一般的标准是，如果$F<10$，则所选工具变量是弱工具变量，否则是强工具变量。如果有多个内生变量，第一阶段回归有多个回归方程，可以计算多个F统计量，此时可以用斯托克和约戈（Stocke and Yogo，2005）提出的最小特征值统计量（minimum eigenvalue statistic）。如果只有一个工具变量，最小特征值统计量与F检验相同（但与稳健F统计量有所差异）。

通过检验如果发现存在弱工具变量，可以考虑删除弱工具变量，寻找更强的工具变量，或者利用对弱工具变量不太敏感的估计方法，如有限信息极大似然估计（LIML）。

六、应用案例

Stata中提供了工具变量估计命令ivregress，其一般形式如下：

.ivregress estimator depvar varlist1(varlist2 = varlist_iv) [if] [in] [weight] [, options]

其中，选项estimator用于指定估计方法，2sls代表两阶段最小二乘法（包括IV方法），gmm代表广义矩方法；depvar代表因变量，varlist1代表所有外生解释变量；varlist2代表所有内生解释变量，varlist_iv代表所有工具变量，如果二者个数相等则恰好识别，后者多于前者则过度识别，后者少于前者则为不可识别。

【**例3.3**】mroz.dta是关于1975年美国已婚女性劳动力进入的调查数据集。我们试图建立工资（以其对数表示）对受教育情况、实际工作经验之间的回归方程。

由于只有工作中的妇女才有工资收入，故通过命令keep if inlf==1（inlf是代表被调查者是否工作的虚拟变量），筛选出样本中的参与工作的已婚女性，共428条观察记录，数据文件的结构如表3.3所示。

表3.3　mroz.dta的数据文件

受访者（id）	工资对数（lwage）	受访者受教育年数（educ）	工龄（exper）	工龄平方（expersq）	父亲受教育年数（fatheduc）	母亲受教育年数（motheduc）
1	1.210153699	12	14	196	7	12
2	0.328512102	12	5	25	7	7
…	…	…	…	…	…	…
428	1.406489134	12	7	49	12	12

设原始模型为 $lwage = \beta_0 + \beta_1 educ + \beta_2 exper + \beta_3 exper^2 + u$，OLS回归如下：

.regress lwage educ exper expersq

```
      Source |       SS           df       MS      Number of obs   =       428
-------------+----------------------------------   F(3, 424)       =     26.29
       Model |  35.0222967         3  11.6740989   Prob > F        =    0.0000
    Residual |  188.305144       424  .444115906   R-squared       =    0.1568
-------------+----------------------------------   Adj R-squared   =    0.1509
       Total |  223.327441       427  .523015084   Root MSE        =    .66642

------------------------------------------------------------------------------
       lwage |      Coef.   Std. Err.      t    P>|t|     [95% Conf. Interval]
-------------+----------------------------------------------------------------
        educ |   .1074896   .0141465     7.60   0.000     .0796837    .1352956
       exper |   .0415665   .0131752     3.15   0.002     .0156697    .0674633
     expersq |  -.0008112   .0003932    -2.06   0.040    -.0015841   -.0000382
       _cons |  -.5220406   .1986321    -2.63   0.009    -.9124667   -.1316144
------------------------------------------------------------------------------
```

这个模型可能存在的问题是，受教育年数*educ*与包含在*u*中影响工资的其他因素（如能力因素）具有相关性，所以是内生解释变量。实际工作年数*exper*是外生解释变量，*exper*、$exper^2$与*u*均不相关。假定我们认为母亲的受教育年数（*motheduc*）和父亲的受教育年数（*fatheduc*）与*u*中的能力因素不相关。那么我们可以将它们都用作内生解释变量*educ*的工具变量。进行2SLS回归：

.ivregress 2sls lwage (edu=motheduc fatheduc) exper expersq, first robust　　//选项first显示第一阶段回归，robust表示使用对异方差稳健的标准误差

```
First-stage regressions
-----------------------

                                              Number of obs     =        428
                                              F(    4,     423) =      25.76
                                              Prob > F          =     0.0000
                                              R-squared         =     0.2115
                                              Adj R-squared     =     0.2040
                                              Root MSE          =     2.0390
```

educ	Coef.	Robust Std. Err.	t	P>|t|	[95% Conf.	Interval]
exper	.0452254	.0419107	1.08	0.281	-.0371538	.1276046
expersq	-.0010091	.0013233	-0.76	0.446	-.0036101	.0015919
motheduc	.157597	.0354502	4.45	0.000	.0879165	.2272776
fatheduc	.1895484	.0324419	5.84	0.000	.125781	.2533159
_cons	9.10264	.4241444	21.46	0.000	8.268947	9.936333

```
Instrumental variables (2SLS) regression      Number of obs     =        428
                                              Wald chi2(3)      =      18.61
                                              Prob > chi2       =     0.0003
                                              R-squared         =     0.1357
                                              Root MSE          =     .67155
```

lwage	Coef.	Robust Std. Err.	z	P>|z|	[95% Conf.	Interval]
educ	.0613966	.0331824	1.85	0.064	-.0036397	.126433
exper	.0441704	.0154736	2.85	0.004	.0138428	.074498
expersq	-.000899	.0004281	-2.10	0.036	-.001738	-.00006
_cons	.0481003	.4277846	0.11	0.910	-.7903421	.8865427

```
Instrumented:  educ
Instruments:   exper expersq motheduc fatheduc
```

第一个表格显示第一阶段回归结果：

$$\hat{educ} = 9.10 + 0.45exper - 0.001exper^2 + 0.16motheduc + 0.19fatheduc$$

第二个表格显示第二阶段的回归结果。最终估计出的回归方程为：

$$l\hat{wage} = 0.048 + 0.061educ + 0.044exper - 0.001exper^2$$

*educ*的系数估计值为0.0614，意味着其他条件不变的前提下，每多接受一年教育工资平均增加6.14%。而OLS回归的*educ*的系数估计值大约为0.11（即11%），明显高估了教育回报率。因为IV回归是基于大样本的回归，因此第二个表格报告的是正态统计量*z*。如果希望报告*t*统计量，在估计方程命令后面加small选项即可（二者在大样本下差别不大）。

IV估计和2SLS估计的效率和估计量的性质取决于工具变量选择。所以需要对工具变量进行检验，包括解释变量内生性检验（durbin–wu–hausman）、工具变量外生性检验（过度识别检验）、弱工具变量检验等。

1.解释变量内生性检验。

2SLS回归后，Stata用命令estat endogenous进行检验：

```
. estat endogenous

  Tests of endogeneity
  Ho: variables are exogenous

  Durbin (score) chi2(1)          =  2.80707  (p = 0.0938)
  Wu-Hausman F(1,423)             =  2.79259  (p = 0.0954)
```

在10%的显著性水平下，认为解释变量具有内生性。

2.工具变量外生性检验。

```
. estat overid

  Tests of overidentifying restrictions:

  Sargan (score) chi2(1) =  .378071  (p = 0.5386)
  Basmann chi2(1)        =  .373985  (p = 0.5408)
```

由于没有拒绝原假设，所以，我们认为两个工具变量符合外生性要求。

3.弱工具变量检验。

Stata命令为（在进行了2SLS后执行）：

.estat firststage, all forcenonrobust

其中，选项all表示显示每一个内生变量的弱工具变量检验统计量；forcenonrobust表示即使2SLS过程中应用了稳健标准误差（robust），仍然允许进行弱工具变量检验（这些统计量的计算基于同方差假设）。

```
. estat first

  First-stage regression summary statistics

  --------------------------------------------------------------------------
               |            Adjusted      Partial
      Variable |   R-sq.       R-sq.        R-sq.     F(2,423)   Prob > F
  -------------+------------------------------------------------------------
          educ |  0.2115      0.2040       0.2076      55.4003    0.0000
  --------------------------------------------------------------------------


  Minimum eigenvalue statistic = 55.4003

  Critical Values                      # of endogenous regressors:    1
  Ho: Instruments are weak             # of excluded instruments:     2
  ---------------------------------------------------------------------
                                     |    5%     10%     20%     30%
  2SLS relative bias                 |         (not available)
  -----------------------------------+---------------------------------
                                     |   10%     15%     20%     25%
  2SLS Size of nominal 5% Wald test  |  19.93   11.59    8.75    7.25
  LIML Size of nominal 5% Wald test  |   8.68    5.33    4.42    3.92
  ---------------------------------------------------------------------
```

上面表格中偏R^2是0.2076，F对应的p值为0.0000，说明工具变量对内生变量的效应显著。下一个表格给出了对应于在“名义（nominal）显著性水平”为5%时，不同“真实显著性水平（true size）”情况下的Wald检验临界值（由于2SLS是有偏估计量，会带来显著性水平的扭曲，工具变量越弱，扭曲越大）。由于最小特征根统计量远大于真实显著性水平为10%的临界值，所以拒绝弱工具变量假设。

习　题

1. 对于线性回归模型的最小二乘估计量 $\hat{\boldsymbol{\beta}}=(\boldsymbol{X}'\boldsymbol{X})^{-1}\boldsymbol{X}'\boldsymbol{y}$：

（1）当 $\boldsymbol{X}$ 之间出现完全和不完全共线性时，$\hat{\boldsymbol{\beta}}$ 会出现什么情况？

（2）如何基于 $(\boldsymbol{X}'\boldsymbol{X})$ 的特征检验多重共线性？

2. 假定影响 y 的主要因素有 x_1、x_2、x_3、x_4 和 x_5。由 $n=20$ 的样本现估计出如下模型：

$$\hat{y}=874.582-0.0087x_1+112.9319x_2+0.9716x_3+0.4292x_4-0.0954x_5$$

$$[1.0876]\quad[-2.1092]\quad[0.8297]\quad[1.5758]\quad[1.1307]\quad[-0.8807]$$

$$R^2=0.9024$$

x_j 之间的相关系数如表3.4所示：

表3.4　x_j 之间的相关系数

	x_1	x_2	x_3	x_4	x_5
x_1	1.0000	0.9752	0.9321	0.8280	0.8472
x_2	0.9752	1.0000	0.9750	0.8914	0.9103
x_3	0.9321	0.9750	1.0000	0.9596	0.9691
x_4	0.8280	0.8914	0.9596	1.0000	0.9962
x_5	0.8472	0.9103	0.9691	0.9962	1.0000

据相关系数表，并结合模型的各项检验指标判断模型中可能存在的问题。

3. 打开Stata自带的1978年美国市场74个牌号汽车的数据集auto.dta，完成以下工作：

（1）构造汽车价格*price*对于汽车长度*length*、重量*weight*、排量*displacement*、油耗*mpg*、车内高度*headroom*的回归方程。

（2）计算各自变量之间的简单相关系数。

（3）检验是否存在多重共线性。

（4）用逐步回归法对多重共线性问题进行处理。

4. 应用数据集sleep.dta，考察如下理论模型：

$$sleep=\beta_0+\beta_1 totwrk+\beta_2 educ+\beta_3 age+\beta_4 age^2+\beta_5 yngkid+\beta_6 male+u$$

（1）对误差项 u 的方差进行设定，使其可以随性别不同而变化，而不取决于其他因素。

（2）先用OLS估计理论模型，得到回归残差。然后残差的平方对male进行回归。什么性别的方差更大一些？

（3）这个差异显著吗？

5.打开Stata自带的关于1978年美国市场74种汽车的数据auto.dta。

（1）构造汽车价格*price*对于汽车长度*length*、重量*weight*的回归方程。

（2）通过图形方法，观测是否存在异方差。

（3）用Goldfeld–Quandt方法检验模型误差项是否存在异方差。

（4）用White和Breusch–Pagan方法检验模型误差项是否存在异方差。

（5）如果模型存在异方差，选用适当的方法进行处理。

6.如果"真实的"职工收入水平与学历和职位有关。但我们只进行了职工收入水平与学历的OLS回归。学历的系数估计是否有偏？如果有偏，偏误的方向（正负号）如何？什么条件下才是无偏的？

7.为了研究高三毕业生在校期间的校外活动（各种竞赛、补习班、访学、国内外游历等）对高考成绩（score）的影响，随机在某所省级重点高中抽取了500个学生作为样本，建立一个简单的模型：

$$score = \beta_0 + \beta_1 x + \beta_2 D + u$$

其中D表示是否参与过暑期活动的虚拟变量，控制变量x是入学（中考）成绩。

（1）为什么D可能与u相关？

（2）解释为什么D很可能与家庭收入相关联。这是否意味着家庭收入是D的一个好的IV？为什么？

（3）该高中每年都资助一定比例的学生参与校外活动，假定得到资助的学生是随机选出的。说明你如何运用这一信息去构造D的一个IV。

8.griliches.dta是格里利兹（Griliches，1976）收集的一个关于758名青年工人教育回报率问题的调查数据集。

（1）对数据进行概略统计。

（2）应用OLS，以*lw*（工资对数）为因变量，控制*expr*（工龄）、*tenure*（在现岗位年数）、*rns*（南方地区虚拟变量）、*smsa*（大城市虚拟变量）等因素，考察*s*（受教育年数）的边际效应（即教育回报率）。

（3）在步骤（2）基础上，引入*iq*（智商IQ，作为能力的代理变量），考察教育回报率。

（4）由于*iq*可能存在内生性问题，用*med*（母亲受教育年数）、*kww*（KWW测试成绩）、*age*（年龄）和*mrt*（已婚虚拟变量）作为*iq*的IV，进行2SLS回归并进行工具变量检验，考察教育回报率。

（由于可能存在的异方差，有关步骤可采用稳健方差）

第二篇

时间序列数据模型

第四章　时间序列回归的一般问题

时间序列数据是一类非常重要的数据类型，例如大多数宏观经济数据都是以时间序列的形式呈现的。相比横截面数据，时间序列数据有其特殊性，导致其回归方法在许多方面不同于教材前面几章介绍的横截面数据回归。本章将介绍时间序列数据回归的一般问题，尤其是与横截面数据回归的不同之处。

第一节　时间序列回归的特殊性

一、随机过程与时间序列

事物的发展变化过程形式各异，但归纳起来不外乎两类：一类是确定性过程；另一类是随机过程（stochastic process）。时间序列（time series data）是由随机变量的一组观测值按照时间先后排列而成的数据集，可以看作对随机过程一次实现的观测或记录。

多数情况下我们只能观测到随机过程的一次实现，因为我们无法让时间倒流，过程重新再来。但从理论上讲，如果过去的条件为另外一种，我们会观测到另外一个不尽相同的实现。这类似于从同一个总体进行多次抽样会得到不同样本。所以，随机过程与时间序列的关系类似于横截面数据中总体和样本的关系，一次观测相当于一次抽样。随机过程一般用$\{x_t\}$表示，时间序列用x_t表示。在不致引起混淆的情况下，x_t还用来表示随机变量，或者这个随机变量在时刻（时期）t的具体观测值。Stata默认的数据类型是横截面数据，时间序列数据需要事先声明（定义），命令为：

.tsset timevar　　//timevar为数据中代表时间的变量名

随机过程可以看作是生成时间序列数据的内在机制，故又被称为数据生成过程（data generating process，DGP）。数据生成过程永远是未知的，时间序列分析的任务之一就是通过可观察的时间序列对其背后的DGP进行推断或估计，类似于通过样本对总体特征的推断。

二、时间序列的特殊性及其影响

与横截面数据相比，时间序列数据有以下三个特殊性：第一，时间序列数据是有顺序的。对于横截面数据，{3，5，6}和{6，5，3}表示的是同一个样本。而对于时间序列数据，{3，5，6}和{6，5，3}则表示不同的时间序列。第二，横截面数据分析中常用的独立同分布（i.i.d.）假定往往不适用于时间序列。这是因为时间序列各期观测值之间通常存在一定程度的自相关性，而且随机变量分布可能具有时变性（分布随时间不同而改变），不同时期的数据不能认为一定产生自同一个分布。第三，时间序列通常存在趋势、季节波动等因素。

上述特征对时间序列建模产生很大影响：一方面，我们可以利用观测值之间的自相关性进行建模，如构建自回归模型AR(1)：$y_t = \beta_0 + \beta_1 y_{t-1} + u_t$；另一方面，它也给建模带来不利影响，特别是由此导致的“伪回归”问题。所谓“伪回归”（spurious regression，一译“虚假回归”）是指这样一种矛盾的现象：变量间本来不存在系统性的必然联系，但回归结果却得出存在系统性联系的错误结论。伪回归与时间序列的特性有关：

第一，由于多数时间序列具有一定的确定性时间趋势（或季节变化），即使两个随机变量没有关系，但由于其中的时间趋势（或波动周期）是相同的，时间序列之间表现出表面上的数量依存关系，形成“第一种类型的伪回归”，即在建模过程中由于遗漏时间（或季节）变量造成的表面上的虚假依存关系。这种情况与横截面数据模型中遗漏变量造成的参数估计偏误类似。

第二，许多时间序列是非平稳或是高度持久的，从而使基于大数定律和中心极限定理推导出的OLSE的大样本性质（如一致性、渐近正态性）不能成立。如果忽视这一点，继续应用经典线性模型方法进行统计推论，如用通常的t、χ^2、F分布进行检验，往往作出与事实不符的推断和误导性的结论，本来不相关的变量之间表现出显著的统计关系，形成“第二种类型的伪回归”。

所以，在对时间序列进行回归分析之前，一般要对序列的趋势、季节波动、平稳性、遍历性等特征进行统计检验，必要时要进行去势（对于确定性时间趋势序列）、差分（对于非平稳或是高度持久序列）或分段等预处理，从而使数据具有平稳性和遍历性，避免伪回归。

三、随机变量自相关性的度量

随机变量在不同时期的取值之间的相关性，称为自相关性。其方向和紧密程度可以通过不同的指标进行度量。

（一）自协方差

自协方差（autocovariance）用以度量随机变量不同时期的观测值之间关联的方向和程度。定义 γ_k 为时间序列滞后 k 期的自协方差：

$$\gamma_k = \text{cov}(x_{t-k}, x_t) = E[x_{t-k} - E(x_{t-k})][x_t - E(x_t)] \tag{4.1}$$

类似于两个随机变量的协方差，自协方差 γ_k 的正负符号和绝对值大小反映了某个随机变量不同时期取值的关联方向和程度。显然，滞后期为0时的自协方差就是方差：

$$\gamma_0 = \text{var}(x_t) = E[x_t - E(x_t)]^2 \tag{4.2}$$

（二）自相关函数

将自协方差标准化为取值在[−1,+1]之间的有界统计量，称为自相关系数（autocorrelation，AC）。根据Pearson简单相关系数公式，将随机变量x的k阶自相关系数 ρ_k 定义为：

$$\rho_k = \frac{\text{cov}(x_t, x_{t-k})}{\sqrt{\text{var}(x_t)\,\text{var}(x_{t-k})}} = \frac{\gamma_k}{\sqrt{\gamma_0(x_t)\cdot\gamma_0(x_{t-k})}} \tag{4.3}$$

$\rho_k = 0$，说明随机变量不同时期的观测值之间没有线性相关性；$\rho_k > 0$ 或 $\rho_k < 0$，分别说明前后期观测值存在正相关（同向变化）或负相关（异向变化）。$|\rho_k|$越接近1，观测值之间的动态联系越密切。

（三）偏自相关系数

自相关系数 ρ_k 衡量了 x_t 与 x_{t-k} 的总体相关性，但可能掩盖了变量间完全不同的隐含关系。例如，x_t 与 x_{t-2} 的相关性（即二阶自相关函数 ρ_2）既包括二者的直接相关性，也包括由它们各自与 x_{t-1} 的相关性带来的间接相关性。为了度量剔除了这种间接相关以后的直接相关性，可以计算偏自相关系数（partial autocorrelation，PAC）。k 阶偏自相关系数定义为：

$$\rho_k^* = \text{corr}(x_t, x_{t-k} \mid x_{t-1}, x_{t-2}, \cdots, x_{t-k+1}) \tag{4.4}$$

即PAC是在控制了 $x_{t-1}, x_{t-2}, \cdots, x_{t-k+1}$ 的条件下，对 x_t 与 x_{t-k} 之间“纯净”自相关关系的度量。

因为 ρ_k、ρ_k^* 取决于滞后期k大小，可以看作是k的函数，故被称为自相关函数和偏自相关函数。

通过观测到的时间序列数据计算上述统计量，用以推测随机变量的自相关性，是时间序列建模的起点和基础。假设有随机变量y的一个时间序列，利用Stata可以方便地计算上述统计量：

.corrgram y　　//显示AC、PAC数值、图形及相关检验结果，选项lag(#)可指定最大滞后阶数

.ac y　　//显示自相关系的置信区间图形

.pac y　　//显示偏自相关系数的置信区间图形

四、时间序列的两个算子

（一）滞后

随机变量过去时刻（以前时期）的观测值称为滞后值（lagged value），滞后值与当前值之间的时期间隔称为滞后阶数。如果记随机变量的当前值为x_t，则其一阶滞后值为x_{t-1}，二阶滞后值为x_{t-2}，以此类推。从变量角度，x_{t-1}，x_{t-2}，…，又叫作随机变量x_t的滞后变量（或滞后项）。定义$L^j x_t = x_{t-j}$，L称为滞后算子。如$Lx_t = x_{t-1}$，$L^2 x_t = x_{t-2} \cdots$

Stata中，滞后算子表示为l（或L）。例如，变量y的一阶滞后运算表示为l.y；二阶滞后运算表示为l2.y，以此类推。

（二）差分

随机变量的当期值与其滞后值相减的运算叫差分（difference）。差分算子用Δ表示。观测值之间的间隔期数称为差分阶数，差分运算的次数称为差分次数。对于时间序列x_t，一阶一次差分表示为$\Delta x_t = x_t - x_{t-1} = (1-L)x_t = x_t - Lx_t$；二阶一次差分表示为$\Delta_2 x_t = x_t - x_{t-2} = (1-L^2)x_t = x_t - L^2 x_t$。相应地，$k$阶一次差分可表示为：

$$\Delta_k x_t = x_t - x_{t-k} = (1-L^k)x_t = x_t - L^k x_t \tag{4.5}$$

k阶一次差分常用于季节性数据的差分。如4阶差分常用于季度数据的差分；12阶差分常用于月度数据的差分。习惯上，一次差分的次数经常被省略掉，如一阶一次差分往往被简称为一阶差分。

高次差分是对差分序列的再差分。例如，一阶二次差分表示为：

$$\Delta^2 x_t = \Delta x_t - \Delta x_{t-1} = (x_t - x_{t-1}) - (x_{t-1} - x_{t-2}) = x_t - 2x_{t-1} + x_{t-2} \tag{4.6}$$

等价于如下滞后算子表达式：

$$\Delta^2 x_t = (1-L)^2 x_t = (1-2L+L^2)x_t = x_t - 2Lx_t + L^2 x_t = x_t - 2x_{t-1} + x_{t-2} \tag{4.7}$$

Stata中，差分算子用d（或D）表示。例如，y的一阶一次差分运算命令为d.y；四阶一次差分（季节差分）命令为s4.y；一阶二次差分命令为d2.y，以此类推。

第二节　时间序列回归中OLSE的统计性质及假定

一、时间序列模型及其OLSE

与横截面数据回归类似，针对时间序列数据的多元线性回归模型一般形式为：

$$y_t = \beta_0 + \beta_1 x_{1t} + \beta_2 x_{2t} + \cdots + \beta_k x_{kt} + u_t \tag{4.8}$$

其中，y是被解释变量（因变量、回归子）；u是随机干扰项，在时间序列回归中，也被称为“冲击”（shock）或“新息”（innovation）；下标t代表观测时期，$t=1,2,\cdots,T$；x是解释变量（自变量、回归元），可以是外生变量及其滞后变量，也可以是因变量y的滞后变量。根据解释变量的不同，时间序列模型有不同的形式。基本模型形式包括：

1.静态模型。如：$y_t = \beta_0 + \beta_1 x_{1t} + \beta_2 x_{2t} + u_t$

2.自回归模型。如：$y_t = \beta_0 + \beta_1 y_{t-1} + \beta_2 y_{t-2} + \cdots + \beta_k y_{t-k} + u_t$

3.分布滞后模型。如：$y_t = \alpha + \beta_0 x_t + \beta_1 x_{t-1} + \beta_2 x_{t-2} + \cdots + \beta_k x_{t-k} + u_t$

此外，还包括由不同基本模型结合而成的模型，如自回归分布滞后模型等。

为了叙述方便，我们定义$\boldsymbol{x}=(1,x_1,x_2,\cdots,x_k)$，$\boldsymbol{\beta}=(\beta_0,\beta_1,\beta_2,\cdots,\beta_k)'$，则时间序列模型的一般形式式（4.8）可以简写为：

$$y_t = \boldsymbol{x}_t\boldsymbol{\beta} + u_t \tag{4.9}$$

给定$\boldsymbol{x}_t$的样本观测值（时间序列）矩阵为$\boldsymbol{X}$，y_t的样本观测值（时间序列）向量为$\boldsymbol{y}$，运用OLS，可以得到参数的最小二乘估计量（OLSE）：

$$\hat{\boldsymbol{\beta}} = (\boldsymbol{X}'\boldsymbol{X})^{-1}\boldsymbol{X}'\boldsymbol{y} \tag{4.10}$$

其中：

$$\boldsymbol{y}=\begin{bmatrix} y_1 \\ y_2 \\ \vdots \\ y_T \end{bmatrix}_{T\times 1} \quad \boldsymbol{X}=\begin{bmatrix} 1 & x_{11} & x_{21} & \cdots & x_{k1} \\ 1 & x_{12} & x_{22} & \cdots & x_{k2} \\ \vdots & \vdots & \vdots & \cdots & \vdots \\ 1 & x_{1T} & x_{2T} & \cdots & x_{kT} \end{bmatrix}_{T\times(k+1)} \quad \hat{\boldsymbol{\beta}}=\begin{bmatrix} \hat{\beta}_0 \\ \hat{\beta}_1 \\ \vdots \\ \hat{\beta}_k \end{bmatrix}_{(k+1)\times 1}$$

推导过程与横截面数据的多元线性回归模型完全相同。式（4.10）表明OLSE $\hat{\beta}_j$是因变量y的线性函数。由于y是u的线性函数，所以$\hat{\beta}_j$同时也是u的线性函数。

二、时间序列条件下OLSE的有限样本性质及其假定

在横截面数据回归中，我们讨论了OLSE具有有限样本性质所需要的条件。类似

地，对于给定的时期长度T，我们希望在时间序列条件下，式（4.10）所示的OLSE也具有无偏性、有效性和正态性。但由于时间序列数据的特殊性，保证这些性质成立的某些条件可能有所变化。

（一）OLSE的无偏性及其假定条件

为了保证OLSE的无偏性，我们需要如下三个假定：

假定TS.1：参数线性。[①]

即y是所有参数的线性函数，如式（4.8）所示。这个假定与横截面数据回归的第一个假定相同。

假定TS.2：解释变量严格外生（或误差项零条件均值）。

随机误差项均值独立于所有时期的解释变量观测值$\boldsymbol{X}$，即：

$$E(u_t \mid \boldsymbol{X})=E(u_t \mid \boldsymbol{x}_1,\boldsymbol{x}_2,\cdots,\boldsymbol{x}_T)=E(u_t)=0 \qquad t=1,2,\cdots,T \tag{4.11}$$

其中，$\boldsymbol{x}_t=(1,x_{1t},x_{2t},\cdots,x_{kt})$。该式实际上隐含了以下两个假定：

第一，解释变量严格外生。u_t不但与同期的$\boldsymbol{x}_t$及其任意可测函数线性无关，而且与以前时期的$\boldsymbol{x}_{t-i}$、以后时期的$\boldsymbol{x}_{t+i}$及它们的任意可测函数均线性无关。这个假定实际上排除了u（通过y）对x的反馈效应。例如，用y代表粮食产量，x和z分别代表降水量和农业资金投入，我们有静态模型：

$$y_t=\beta_0+\beta_1 x_t+\beta_2 z_t+u_t$$

在上述模型中，降水量x对粮食产量y具有单向影响（y不影响x），所以是严格外生的。但资金投入z的情况则不同，因为从较长时期看，产量决定收入，收入影响投入（$z_t \to y_t \to z_{t+1}\cdots$），所以农业投入与产量之间具有跨时期的交互影响，并不严格外生。可见，这个假定是非常强（严格）的假定。

第二，$E(u_t \mid \boldsymbol{X})=E(u_t)=0$，表明模型函数形式设定正确，没有模型设定偏误，没有变量遗漏（包括因变量滞后项的遗漏）问题，解释变量也不存在系统的测量误差。

假定TS.3：无多重共线性

在多元回归模型式（4.8）中（注意包含常数项）：

$$\text{rank}(\boldsymbol{X})=\text{rank}(1,\boldsymbol{x}_1,\boldsymbol{x}_2,\cdots,\boldsymbol{x}_k)=k+1<T \tag{4.12}$$

这个假定与横截面数据回归的假定MLR.4是一致的，保证了可以通过样本进行参数估计。

在上述三个假定成立的条件下，OLSE是总体参数的线性无偏估计量。其证明过程与横截面数据回归完全一样，在此从略。

---

① TS是时间序列（time series）的简写。

（二）OLSE有效性及其假定条件

要保证OLSE的有效性，需要在TS.1、TS.2和TS.3的基础上，再加上条件同方差假定和无序列相关假定。

假定TS.4：条件同方差。

给定任意的$\boldsymbol{X}$（即在所有可能的条件下），随机误差项u_t的条件方差在所有的t上都相等：

$$\text{var}(u_t|\boldsymbol{X})=\text{var}(u_t)=\sigma_u^2, t=1,2,\cdots,T \tag{4.13}$$

这个假定意味着：第一，随机误差项的条件方差不依赖于任意时期的自变量取值，这与横截面数据回归的同方差假定类似；第二，该条件方差在所有时期都是恒定的。

假定TS.5：无序列相关。

给定任意的$\boldsymbol{X}$（即在所有可能的条件下），任何两个时期的随机误差项取值线性无关：

$$\text{cov}(u_t, u_s|\boldsymbol{X})=E(u_t u_s \mid \boldsymbol{X})=0, t\neq s \tag{4.14}$$

序列相关问题是时间序列回归中特有的问题。因为横截面数据不存在观测顺序问题，所以序列相关无从谈起。

假定TS.4和假定TS.5合称球形扰动项假定。可以表示为：

$$\text{cov}(\boldsymbol{u}\mid \boldsymbol{X})=E(\boldsymbol{u}'\boldsymbol{u}\mid \boldsymbol{X})=\sigma_u^2\boldsymbol{I}$$

在此假定下，OLSE方差的“三明治估计量”：

$$\text{cov}(\hat{\boldsymbol{\beta}}\mid \boldsymbol{X})=(\boldsymbol{X}'\boldsymbol{X})^{-1}\boldsymbol{X}'E(\boldsymbol{u}\boldsymbol{u}'\mid \boldsymbol{X})\boldsymbol{X}(\boldsymbol{X}'\boldsymbol{X})^{-1}=(\boldsymbol{X}'\boldsymbol{X})^{-1}\boldsymbol{X}'\boldsymbol{\Omega}\boldsymbol{X}(\boldsymbol{X}'\boldsymbol{X})^{-1}$$

可以简化为：

$$\text{cov}(\hat{\boldsymbol{\beta}}\mid \boldsymbol{X})=(\boldsymbol{X}'\boldsymbol{X})^{-1}\boldsymbol{X}'(\sigma_u^2\boldsymbol{I})\boldsymbol{X}(\boldsymbol{X}'\boldsymbol{X})^{-1}=(\boldsymbol{X}'\boldsymbol{X})^{-1}\boldsymbol{X}'\boldsymbol{X}(\boldsymbol{X}'\boldsymbol{X})^{-1}\sigma_u^2=(\boldsymbol{X}'\boldsymbol{X})^{-1}\sigma_u^2$$

所以，在假定TS.1~TS.5成立的条件下，OLSE的条件方差为：

$$\text{var}(\hat{\beta}_j|\boldsymbol{X})=(\boldsymbol{X}'\boldsymbol{X})_{jj}^{-1}\sigma_u^2=c_{jj}\sigma_u^2 \qquad j=0,1,2,\cdots,k \tag{4.15}$$

其中，σ_u^2是误差项的条件方差。这个公式与横截面数据回归条件下完全相同。需要注意的是，在横截面数据条件下，$\text{cov}(u_i,u_j)=0(i\neq j)$自然成立，而在时间序列条件下，需要用假定TS.5来保证。与横截面数据回归类似，我们可以证明，残差的方差即均方误差（MSE）是σ^2的无偏估计：

$$\hat{\sigma}_u^2=MSE=\frac{RSS}{T-k-1}=\frac{\sum e_t^2}{T-k-1} \tag{4.16}$$

我们还可以证明，在假定TS.1~TS.5成立的条件下，OLSE在所有的线性无偏估计量中具有最小的方差。这就是第二章已经介绍的Gauss-Markov定理。从而得到一个非常重要的结论：在假定TS.1~TS.5下，Gauss-Markov定理在时间序列回归中也照样成立，说明OLS回归方法同样适用于时间序列数据。

（三）OLSE正态性及其假定条件

为了分析方便，我们希望参数OLSE服从正态分布。只要u服从正态分布，就能保证OLSE的正态性。

假定TS.6：随机误差项u_t服从条件正态分布。

将上述正态性假定TS.6与TS.2（零条件均值）、TS.4（条件同方差）和TS.5（无序列相关）合在一起，有：

$$u_t \mid \boldsymbol{X} \sim i.i.d.N(0,\sigma_u^2) \tag{4.17}$$

假定TS.1~假定TS.6称为时间序列回归的古典假定。在这些假定下，OLSE具有良好的有限样本性质：无偏性、有效性和正态性，即有如下抽样分布：

$$\hat{\beta}_j|\boldsymbol{X} \sim \boldsymbol{N}(\beta_j, c_{jj}\sigma_u^2), \qquad j=0,1,2,\cdots,k$$

可见，在古典假定下，教材第一篇关于横截面数据回归的参数估计方法和统计推断方法全部可以照搬到时间序列条件下。但时间序列建模比在横截面数据条件下受到更多限制，这是由于时间序列数据的特殊性决定的。

三、OLSE的渐近性质

为保证OLSE具有良好的有限样本性质，需要的假定条件比较严苛，尤其是严格外生性假定和无序列相关假定经常都得不到满足，从而导致OLSE的部分或全部优良性质不再具备。在这种情况下，我们转而求助于OLSE的渐近性质，从而可以在更为宽松的条件下应用OLS。

（一）一致性及其假定条件

如果将时间序列的观测时期数（相当于横截面数据的样本规模n）为T时总体参数$\boldsymbol{\beta}$的OLSE记为$\hat{\boldsymbol{\beta}}_T$，所谓OLSE的一致性指的是，随着序列长度$T$逐渐增大，$\hat{\boldsymbol{\beta}}_T$依概率收敛于$\boldsymbol{\beta}$。一致估计量一定是渐近无偏的，并且估计量方差（离散程度）随观测时期T的增大逐渐趋于0。

下面以一元线性回归模型为例，讨论$\hat{\boldsymbol{\beta}}_T$是$\boldsymbol{\beta}$的一致估计量的前提条件。对于$y_t=\beta_0+\beta_1 x_t+u_t$，参数$\beta_1$的OLSE是：

$$\hat{\beta}_1=\frac{\sum(x_t-\bar{x})(y_t-\bar{y})}{\sum(x_t-\bar{x})^2}=\frac{\sum(x_t-\bar{x})[\beta_1(x_t-\bar{x})+(u_t-\bar{u})]}{\sum(x_t-\bar{x})^2}$$

$$=\beta_1+\frac{\sum(x_t-\bar{x})(u_t-\bar{u})}{\sum(x_t-\bar{x})^2}=\beta_1+\frac{\sum(x_t-\bar{x})u_t}{\sum(x_t-\bar{x})^2}=\beta_1+\frac{\sum x_t^* u_t/T}{\sum(x_t^*)^2/T}$$

在样本观测值独立同分布(i.i.d.)的前提下，根据大数定律和中心极限定理，$\frac{\sum(x_t^* u_t)}{T}$和$\frac{\sum(x_t^*)^2}{T}$分别是$\mathrm{cov}(x_t, u_t)$和$\mathrm{var}(x_t)$的一致估计量，所以有：

$$P\lim_{T\to\infty}\hat{\beta}_1 = P\lim_{T\to\infty}\left(\beta_1 + \frac{\sum x_t^* u_t}{\sum(x_t^*)^2}\right) = \beta_1 + \frac{P\lim\limits_{T\to\infty}(\sum x_t^* u_t / T)}{P\lim\limits_{T\to\infty}(\sum(x_t^*)^2 / T)} = \beta_1 + \frac{\mathrm{cov}(x_t, u_t)}{\mathrm{var}(x_t)} = \beta_1$$

可见，即使严格外生假定TS.2不能满足，只要u_t与x_t正交（x_t同期外生），在观测值独立同分布前提下，OLSE是一致估计量：随着序列长度（样本规模）增加，OLSE会逐渐逼近真实的总体参数。下面重点讨论OLSE一致性成立的前提条件——样本观测值的“独立同分布”假定。

在横截面数据条件下，这个前提自然成立。但对于时间序列而言，假定不同时期（尤其是相近时期）的观测值独立，显然不太合理；作为随机过程的一个实现，不同时期观测值的分布也有可能不同。所以在时间序列条件下，可对条件“独立同分布”进行变通：第一，以随机过程的“遍历性（ergodicity）”代替观测值“独立”。遍历过程不存在长期记忆性，间隔较长的观测值是近乎独立的，也称为“渐近独立”或“弱相依”。第二，以随机过程的“平稳性”代替“同分布”。只要时间序列数据产生于一个平稳随机过程，随机变量的分布不随时间而改变，就能保证同分布。“遍历性”和“平稳性”代替了横截面条件下的样本观测值的“独立同分布”假定，是时间序列回归中OLSE具有一致性的前提条件。

综上所述，要保证OLSE的一致性，全部假定条件为：

假定TS.1：参数线性。

假定TS.2′：同期外生。

$$E(u_t \mid x_t) = 0 \text{（等价于} E(u_t) = 0,\ \mathrm{cov}(u_t, x_{jt}) = 0, j = 1, 2, \cdots, k\text{）}$$

因为同期外生（正交性）假定TS.2′弱于严格外生（零条件均值）假定TS.2，使我们可以在更为宽松的条件下使用OLS。

假定TS.3：无多重共线性。

假定TS.4′：时间序列生成自遍历平稳过程（大数定律和中心极限定理成立的前提条件[①]）。

（二）渐近正态性、渐近有效性及其假定条件

在大样本下，我们可以放宽同方差假定和无序列相关假定，并且不需要假定随机误差项u_t的条件分布是正态分布，就可以借助于中心极限定理，得出OLSE渐近正态性的结论。即在上述保证一致性的4个假定基础上，再增加两个假定：

① 有的教材给出了一个大而化之的表述：如果平稳时间序列是遍历的，则样本统计量是总体参数的一致估计。

假定TS.5′：条件同方差性。

对于任意的$\boldsymbol{x}_t$，u_t具有相同的条件方差，即：

$$\operatorname{var}(u_t \mid \boldsymbol{x}_t) = E(u_t^2 \mid \boldsymbol{x}_t) = \sigma_u^2$$

假定TS.6′：无序列相关性。

对于所有的$t \neq s$，$\operatorname{cov}(u_t, u_s \mid \boldsymbol{x}_t, \boldsymbol{x}_s) = E(u_t u_s \mid \boldsymbol{x}_t, \boldsymbol{x}_s) = 0$。

假定TS.5′和TS.6′只以特定时期的解释变量观测值$\boldsymbol{x}_t$（和$\boldsymbol{x}_s$）为条件，所以弱于假定TS.4和TS.5（以所有时期的观测值$\boldsymbol{X}$为条件）。

如果时间序列满足上述所有假定，按照中心极限定理，不管随机项是否服从正态分布，OLSE具有渐近正态性，而且具有最小的渐近方差（渐近有效），通常的t、F和χ^2推断程序都是渐近生效的。这就为将OLS应用于时间序列回归提供了理论依据。

对于时间序列回归，如果假定TS.1~TS.6均成立，OLSE具有无偏性、有效性和正态性，不必考虑时间序列生成过程是否具有遍历性与平稳性问题。然而，如果这些假定不完全满足，例如解释变量仅为同期外生，为了保证OLSE具有良好的大样本性质（一致性），我们要求时间序列产生自遍历、平稳过程，即假定TS.4′。大多数情况下，时间序列建模之前，都须对时间序列的遍历、平稳性质进行研判，否则很可能造成回归方法的误用，产生伪回归问题，进而得出误导性的结论。

将OLSE的统计性质及其假定条件归纳如表4.1所示。

表4.1　　OLSE的统计性质及其假定条件

有限样本				大样本			
假定	统计性质			假定	统计性质		
假定TS.1：参数线性	无偏性	有效性	正态性	假定TS. 1：参数线性	一致性	渐进有效性	渐进正态性
假定TS.2：严格外生				假定TS. 2′：同期外生			
假定TS.3：无多重共线性				假定TS.3：无多重共线性			
假定TS.4：条件同方差				假定TS.4′：遍历平稳			
假定TS.5：无序列相关				假定TS.5′：条件同方差			
假定TS.6：正态性				假定TS.6′：无序列相关			

第三节　随机过程的平稳性与遍历性

一、随机过程的平稳性

（一）平稳性的定义

随机过程的平稳性（stationary）是指随机过程的统计规律不随时间的推移而变

化。从理论上，有两种意义的平稳性：

1.严平稳。随机过程{ x_t }的联合分布函数与时间的位移无关，即随机变量的概率分布不随时间而改变。

2.弱（宽）平稳，又称“协方差平稳”，是指随机过程{ x_t }概率分布函数的期望、方差和自协方差不随时间推移而变化：

（1）$E(x_t)=\mu<\infty$（期望是与时间 t 无关的常数）；

（2）$\mathrm{var}(x_t)=E(x_t-\mu)^2=\sigma^2$（方差是与时间 t 无关的常数）；

（3）$\mathrm{cov}(x_t,x_{t-k})=E[(x_t-\mu)(x_{t-k}-\mu)]=\gamma_k$（自协方差是只与时期间隔 k 有关而与时间 t 无关的常数）。

可见，只要随机过程的期望、方差和协方差存在，严平稳一定意味着宽平稳。但反过来则不成立。本教材的“平稳”概念主要是在宽平稳意义上使用。

一个最基本的宽平稳随机过程是白噪声（white noise，WN）过程[①]：

$$y_t=u_t \tag{4.18}$$

其中，u_t 为满足古典假定的随机误差项。故有 $E(y_t)=0$；$\mathrm{var}(y_t)=\sigma_u^2$；$\mathrm{cov}(y_t,y_{t-k})=0$。显然，给定任意的时刻 t，{ y_t }具有相同的均值与方差，且任意阶的自协方差为零，符合宽平稳过程的所有特征。记为 $y_t \sim WN(0,\sigma_u^2)$。如果 $\{y_t\}$ 同时还服从正态分布，则被称为Gaussian白噪声过程，记为 $y_t \sim i.i.d.N(0,\sigma_u^2)$，是一个严平稳过程[②]。

平稳随机过程的统计意义在于：

1.从统计分析角度看，由于经济系统的非实验性和不可重复性，一个随机变量在某一时刻只能得到一个观测值，随机变量的统计特征是无法直接分析的。但如果随机过程是平稳的，说明不同时刻观测值产生于同一种机制，这些观测值相当于从一个同质总体中产生的一个样本，从而可以“混合”在一起计算均值和方差等数字特征，并用经典的数理统计方法进行统计推论。反之，如果随机过程不平稳，变量的取值相当于是从不同的分布中分别抽取的，由于每个分布只有一个观测值，无法推断其背后的分布特征。

2.从计量经济建模角度看，只有生成时间序列的随机过程是平稳的，事物的发展规律具有稳定性，我们才能使用过去的事实（规律）推断未来，将时间序列模型用于外推预测。所以平稳性是构建动态模型的前提之一。

然而，在现实经济生活中，许多时间序列都生成自非平稳随机过程。随机过程的非平稳性有两个来源：趋势（trend）和结构突变（structural breaks）。

---

① 白噪声源于物理学与电学，原指音频和电信号在一定频带中的一种强度不变的干扰声。

② 对于二维正态变量，变量间线性无关等价于变量彼此独立。

（二）非平稳性来源之一：趋势

随机过程趋势包括确定性趋势和随机趋势。尽管在样本长度T较小时，二者产生的时间序列具有类似的动态路径，但二者的概率性质完全不同。

1. 确定性趋势。最简单的确定性趋势模型是线性趋势过程：

$$y_t = \beta_0 + \beta_1 t + u_t, \quad u_t \sim WN(0, \sigma_u^2) \tag{4.19}$$

$$E(y_t) = \beta_0 + \beta_1 t; \ \mathrm{var}(y_t) = \sigma_u^2; \ \mathrm{cov}(y_{t-k}, y_t) = 0$$

可见，y_t的期望是时间变量t的线性函数，所以是不平稳的。但由于其方差是常数，说明y_t围绕其均值$\beta_0 + \beta_1 t$以大致固定的幅度波动，所以称式（4.19）为趋势平稳过程（trend stationary process）。当然，确定性趋势也可以是其他形式的，如：

多项式曲线：$$y_t = \beta_0 + \beta_1 t + \beta_2 t^2 + \beta_3 t^3 + u_t$$

指数曲线模型：$$y_t = \beta_0 \beta_1^t e^{u_t} \tag{4.20}$$

所有的趋势平稳过程都可以通过去除趋势达到平稳。

2. 随机趋势。一个最简单的随机趋势过程是随机游走（random walk）过程。经常用于描述资本市场价格（如股票、期货价格）的变化规律：

$$y_t = y_{t-1} + u_t, \quad u_t \mid y_{t-1} \sim WN(0, \sigma_u^2) \tag{4.21}$$

给定y_t的初值为y_0，则易知：

$$y_t = y_0 + u_1 + u_2 + \cdots + u_t = y_0 + \sum_{h=1}^{t} u_h$$

可见，式（4.21）有固定的期望$E(y_t) = y_0$，但$\mathrm{var}(y_t) = t\sigma_u^2$，即方差随着$t$的增加而无限增加。所以是非平稳过程。

另一种常见的随机趋势过程是带漂移项的随机游走（random walk with drift）过程：

$$y_t = \mu + y_{t-1} + u_t, \quad u_t \mid y_{t-1} \sim WN(0, \sigma_u^2) \tag{4.22}$$

其中，μ称为漂移项。很显然，给定初始值y_0，有：

$$y_t = y_0 + \mu t + u_1 + u_2 + \cdots + u_t = y_0 + \mu t + \sum_{h=1}^{t} u_h$$

可见，这一过程相当于一个线性趋势过程与随机游走过程的和。由于$E(y_t) = y_0 + \mu t$，$\mathrm{var}(y_t) = t\sigma_u^2$，所以是非平稳过程。

还有一种不太常见的随机趋势过程是带漂移项和确定性趋势的随机游走（random walk with drift and trend）过程：

$$y_t = \mu + \alpha t + y_{t-1} + u_t, \quad u_t \mid y_{t-1} \sim WN(0, \sigma_u^2) \tag{4.23}$$

根据递推公式，

$$y_t = y_0 + \mu t + \alpha(1+\cdots+t) + (u_1+\cdots+u_t) = y_0 + \mu t + \alpha\frac{(1+t)t}{2} + \sum_{h=1}^{t} u_h = y_0 + \left(\mu + \frac{\alpha}{2}\right)t + \frac{\alpha}{2}t^2 + \sum_{h=1}^{t} u_h$$

说明它是二次函数趋势过程和一个随机游走过程之和，也是一个非平稳过程，在现实生活中比较少见。

【**例 4.1**】通过一个随机模拟，自三种随机趋势过程各生成一个时间序列，对其特征进行直观观察。

编写 do 文件：

随机趋势过程模拟

```
clear      //清空内存
set obs 30       //设定样本长度
gen t=_n       //产生时间变量
tsset t       //定义时间序列
generate u=rt(100)       //生成自由度为100的t分布随机误差项
generate y1=0 in 1       //y1的初始值赋值
replace y1=l.y1+u in 2/30       //生成随机游走序列
generate y2=0 in 1       //y2的初始值赋值
replace y2=2+l.y2+u in 2/30       //生成带漂移项的随机游走序列
generate y3=0 in 1       //y3的初始值赋值
replace y3=0.5+0.2*t+l.y3+u  in 2/30       //生成带漂移项和趋势项的随机游走序列
tsline y1 y2 y3       //各序列的时间序列图
```

运行该文件，结果如图 4.1 所示。

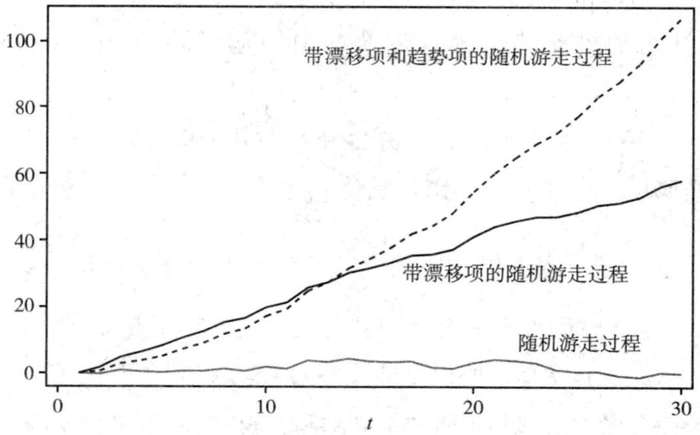

图 4.1　三种随机趋势生成的时间序列

随机趋势过程也称为差分平稳过程，因为对于式（4.21）、式（4.22）进行一阶差分，分别是 $\Delta y_t = u_t$ 和 $\Delta y_t = \mu + u_t$，符合宽平稳的条件。而对式（4.23）一阶差分后，有 $\Delta y_t = \mu + \alpha t + u_t$，再去除确定性趋势后，也符合宽平稳的条件。

最后需要说明的是，不同的平稳化方法适用于不同的趋势。对于一个趋势平稳过程进行差分是不恰当的，对一个差分平稳过程进行去除趋势也是不恰当的，而对于式（4.23）这样含有两种趋势的过程则既需要差分处理，又需要去除趋势处理，才能使其平稳化。

（三）非平稳性来源之二：结构突变

时间序列非平稳性的另一个来源是经济结构的突变，指的是重大突发性事件的冲击效应改变了数据生成过程（DGP）。对重大突发性事件（如石油危机、政权更迭等）的持久性“记忆”，破坏了随机过程的平稳性。因此生成的时间序列举例如图4.2所示。

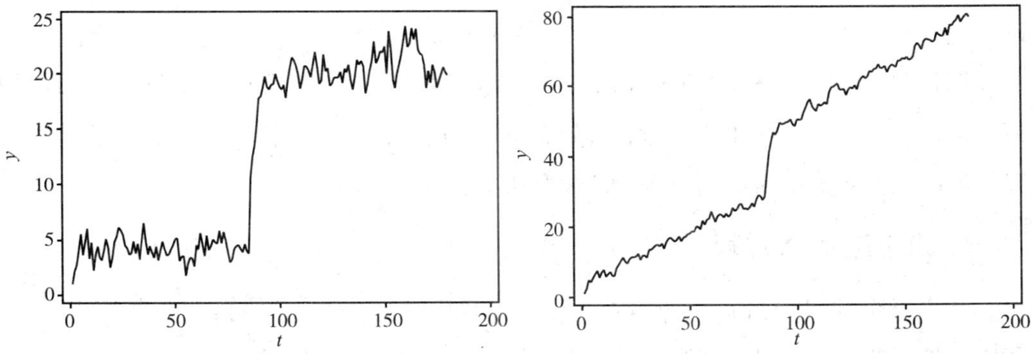

A.带结构突变的平稳时间序列　　B.带结构突变的确定性趋势序列

图4.2　结构突变过程生成的时间序列

如果产生时间序列的随机过程具有至少一个结构突变点，等价于横截面数据样本中观测点（值）来源于不同的总体，直接进行回归分析是不恰当的。正确的做法是对结构突变前后的时间序列分别进行回归分析。或者采用等价的方法，将反映结构突变的虚拟变量引入模型，以反映结构突变对经济关系的影响。目前已经发展出断点回归、门限回归、机制转移回归等方法，即所谓的非线性时间序列回归方法。

需要说明的是，含有结构突变的时间序列往往本身还包含确定性趋势或随机趋势，即平稳性的破坏是由于趋势和结构突变双重原因造成的。在这种情况下进行回归分析时需要首先对突变点前后的序列分别去除趋势或差分使其平稳化，然后才能进行回归。

二、随机过程的遍历性

（一）遍历性的定义

如果随着时期间隔k的增大，随机变量观测值之间的关联性越来越小，以至于近乎独立，我们称随机过程是遍历的，也称为弱相依的（weakly dependent）。例如，对于平稳的无常数项的AR(1)过程：

$$y_t = \beta y_{t-1} + u_t,\quad \beta<1,\quad u_t \mid y_{t-1} \sim WN(0, \sigma_u^2)$$

有递推公式：

$$y_{t+k} = \beta^k y_t + (\beta^k u_t + \beta^{k-1} u_{t+1} + \cdots + \beta u_{t+k-1} + u_{t+k}) = \beta^k y_t + v_t \quad （k是正整数）$$

其中，$v_t = \beta^k u_t + \beta^{k-1} u_{t+1} + \cdots + \beta u_{t+k-1} + u_{t+k}$。当$k \to +\infty$时，$\text{cov}(y_t, y_{t+k}) = \text{cov}(y_t, \beta^k y_t + v_t) = \beta^k \text{var}(y_t) = \beta^k \sigma_u^2 \to 0$。即随着间隔$k$越来越大，观测值之间渐近无关，所以，$\{y_t\}$是遍历过程。

遍历性表现为过程对随机冲击的“短记忆性”，一个随机冲击u_t使y_t偏离其均值，但对y_{t+1}，y_{t+2}，…的影响渐次减轻，也就是说，过程较快地“遗忘”从前的状况，可以在比较短的时间内回到其均值附近。

（二）高度持久过程

如果一个随机冲击u_t使y_t偏离其均值，而且对$y_{t+1}, y_{t+2}, \cdots$的影响一直保持下去，即使时期间隔无穷增大，观测值的相关性仍然存在，我们称随机过程是高度持久的或强相依的（strongly dependent）。典型的高度持久过程是当$\beta = 1$时的AR(1)过程，即随机游走过程：

$$y_t = y_{t-1} + u_t,\quad u_t \mid y_{t-1} \sim WN(0, \sigma_u^2)$$

根据递推公式：

$$y_{t+k} = y_t + (u_t + u_{t+1} + \cdots + u_{t+k-1} + u_{t+k}) = y_t + v_t$$

可以推知：

$$\text{var}(y_t) = \text{var}(u_1) + \text{var}(u_2) + \cdots + \text{var}(u_t) = t\sigma_u^2;\quad \text{var}(y_{t+k}) = (t+k)\sigma_u^2$$

又由于：

$$\text{cov}(y_t, y_{t+k}) = \text{cov}(y_t, y_t + v_t) = \text{var}(y_t) = t\sigma_u^2$$

y_t和y_{t+k}的相关系数为：

$$\rho_k = \frac{\text{cov}(y_r, y_{r+k})}{\sqrt{\text{var}(y_t)\,\text{var}(y_{t+k})}} \frac{t\sigma_u^2}{\sqrt{t\sigma_u^2 \cdot (t+k)\sigma_u^2}} = \frac{t}{\sqrt{t(t+k)}} = \sqrt{\frac{t}{t+k}} \qquad (4.24)$$

可见，变量的自相关程度取决于初始时期t，所以不是协方差平稳的。随着时期间隔k的增大，自相关系数ρ_k向0衰减的速度非常慢，尤其是t较大时。因为不管k多大，总有更大的t，使得$\rho \to 1$。因此随机游走过程不满足遍历条件，而是高度持久的。

高度持久过程表现为观测值对以前水平的“永久记忆性”，对历史状况“遗忘”得非常慢，一个冲击的影响一直持续下去。从时间序列图上直观地看，表现为y_t对其期望值的长期偏离，观测值回归到其均值附近的时间无法预期，而且观测值围绕其均值的波动幅度越来越大。

如果不加区别地将高度持久序列直接用于回归，很可能产生误导性的结论——产生伪回归问题，这与非平稳时间序列回归的后果是一样的。由于含有随机趋势的非平稳过程同时也是高度持久过程，所以对平稳性的检验可以用于遍历性的检验。而且类似于含有随机趋势时间序列的平稳化变换，可以通过差分运算将高度持久序列变换为遍历序列。所以，在序列含有随机趋势时，进行平稳化变换的同时也完成了遍历变换。由于这个原因，大多数教科书不单独讨论高度持久序列的检验与变换问题。

三、遍历性与平稳性的关系

平稳性侧重于从分布角度考察分布函数（或其数字特征）是否随时间而改变，强调的是随机过程的条件分布（以时间为条件）的相同（相似）性；遍历性则侧重于考察时间序列观测值之间的相关性是否随时间间隔增大而较快地衰减至0。平稳性不考虑间隔长度对相关性的影响（只要这种相关性不随观测起点的不同而改变即可）；遍历性则不考虑条件分布是否相同（相似）的问题。所以二者关注问题的侧重点不同。

但二者存在着密切的联系。如白噪声过程既是平稳的，也是遍历的；随机游走过程既是非平稳的，也是高度持久的。或者更一般地说，平稳过程是遍历的，而随机趋势过程都是高度持久的。所以许多文献对二者不做区分，往往以平稳性包含遍历性。这在大多数情况下是可行的，不过二者毕竟是不同的概念，有些非平稳序列同时也是遍历序列。例如，含有确定性趋势的随机过程：

$$y_t = \beta_0 + \beta_1 t + u_t,\quad u_t \mid t \sim WN(0, \sigma_u^2)$$

由于$E(y_t) = \beta_0 + \beta_1 t$，所以均值不是常数，故不平稳。但由于：

$$\text{cov}(y_t, y_{t+k}) = E[y_t - E(y_t)][y_{t+k} - E(y_{t+k})] = E(u_t u_{t+k}) = 0 \Rightarrow \rho_k = 0$$

所以，y_t是遍历的。这说明，随机过程的遍历性和平稳性是有联系但不相同的概念，所以对二者进行区分是必要的。但由于二者往往是伴生的，所以在时间序列建模过程中，往往将二者合在一起进行处理。

第四节　误差项自相关

一、误差项自相关的含义

回顾一下时间序列回归的无序列相关假定TS.5和假定TS.6′，它们都假定不同时期的随机误差项取值之间不存在线性相关关系，即：

$$\text{cov}(u_t,\ u_s)=0 \qquad (t \neq s,\ \ t,s=1,2,\cdots,T) \tag{4.25}$$

若违背上述假定，u在不同时期的取值存在相关性，即$\text{cov}(u_t,\ u_s)\neq 0$，称为误差项自相关或误差项序列相关。自相关产生的原因主要包括：

1. 解释变量的遗漏或省略。被遗漏或省略的重要解释变量带来的系统性误差被并入随机误差项中，此时系统误差的自相关性表现为误差项的自相关。遗漏变量主要有三种情况：一是在自回归模型中，被解释变量的动态过程没有被完整设定；二是模型遗漏了趋势或周期性成分；三是在建立回归模型时，总是要略去某些次要的解释变量，被略去的解释变量的自相关性通过随机项的自相关表现出来。

2. 数据处理的影响。建模过程中往往需要对原序列进行预处理。例如，进行一阶差分变换。差分变换后误差项相应变为$\Delta u_t = u_t - u_{t-1}$。即使$\text{cov}(u_t, u_{t-1})=0$，但其差分$\Delta u_t$是自相关的：

$$\text{cov}(\Delta u_t, \Delta u_{t-1}) = \text{cov}(u_t - u_{t-1},\ u_{t-1} - u_{t-2}) = -\text{var}(u_{t-1}) \neq 0$$

其他如移动平均、插值、季节调整等处理也会有类似的后果。

3. 误差项本身存在自相关。在许多情况下，偶然性因素对经济系统产生的影响常常持续较长时间。例如，严重的偶发性事件（比如台风、地震、核泄漏等）对当地生产、生活造成的负面影响会持续三五年甚至更长时间。这种由随机偶发事件引起的自相关也称为“纯粹自相关”。

二、自相关对回归的影响

随机误差项的球形假定包括条件同方差和无序列相关两个方面的内容。自相关和异方差都是对球形误差项假定$\text{cov}(\boldsymbol{u}) = \sigma_u^2 \boldsymbol{I}$的违背，所以对OLS回归的影响也基本相同：

1. 回归参数的OLSE依然是线性、无偏和一致的。OLSE的无偏性（一致性）的关键性前提是解释变量的严格外生性（同期外生性），不需要误差项无自相关假定（假定TS.5和假定TS.6′）的支持。

2. OLSE不再具有有效性。OLSE的有效性、渐近有效性需要以假定TS.5和假定TS.6′为条件，所以误差项自相关条件下，OLSE不具备有效性和渐近有效性，Gauss-Markov定理失效。

3. 统计推断不可靠。在自相关情形下，对 σ_u^2 的估计 $\hat{\sigma}_u^2 = \sum e_t^2/(T-k-1)$ 不可靠；常规的 t 检验、F 检验和 χ^2 检验往往得到误导性的结论；回归系数的置信区间不可靠，因变量的预测精度降低。

三、误差项自相关的检验

（一）自相关系数检验

随机误差项的 k 阶自相关系数为：

$$\rho_k = \frac{\text{cov}(u_{t-k}, u_t)}{\sqrt{\text{var}(u_{t-k})\,\text{var}(u_t)}} \tag{4.26}$$

自相关系数 ρ_k 的取值范围为[−1，1]。ρ_k 的绝对值越大，自相关的程度越严重。总体的 ρ_k 是无法计算的，因此只能通过样本自相关系数 $\hat{\rho}_k$ 对 ρ_k 进行推断。方法如下：

首先，计算样本自相关系数。根据给定的样本（时间序列），进行OLS回归，得到残差序列 e_t。对应于式（4.26）的样本自相关系数为：

$$\hat{\rho}_k = \frac{s_{e_t e_{t-k}}}{s_{e_t} \cdot s_{e_{t-k}}} = \frac{\sum_{t=k+1}^{T} e_t e_{t-k} / (T-k-1)}{\sqrt{\sum_{t=1}^{T} e_t^2 / T \cdot \sum_{t=k+1}^{T} e_{t-k}^2 / (T-k-1)}} \approx \frac{\sum e_t e_{t-k}}{\sum e_t^2} \tag{4.27}$$

然后，对给定滞后期 k 的自相关系数 ρ_k 进行显著性检验。在 H_0 ：$\rho_k = 0$ 下，由于有 $\sqrt{T}\hat{\rho}_k \overset{a}{\sim} N(0,1)$，所以，$z = \hat{\rho}_k / \sqrt{1/T} \overset{a}{\sim} N(0,1)$。据此可以对 H_0 ：$\rho_k = 0$ 进行检验。如果拒绝了原假设，说明误差项存在 k 阶自相关。Stata提供了自相关系数图形命令ac，可据此确定存在自相关的阶数。

如果对于任意的正整数 k，都有 $\rho_k = 0$，则随机误差项就是白噪声过程。利用样本自相关系数检验误差项序列是否生成自白噪声序列（相当于对不同阶数自相关系数的联合显著性检验），检验统计量为：

$$Q_{LB} = T(T+2)\sum_{k=1}^{p} \frac{\hat{\rho}_k^2}{T-k} \tag{4.28}$$

在原假设 H_0 ：$\rho_1 = \rho_2 = \cdots = \rho_p = 0$（白噪声）下，$Q_{LB} \overset{a}{\sim} \chi^2(p)$，据此可对白噪声假设进行 χ^2 检验。如果拒绝了 H_0，说明误差项非白噪声，即存在自相关。Stata提

供了自相关图命令corrgram。

（二）DW检验

杜宾和沃森（J.Durbin and G.S.Watson，1951)提出了一种适用于小样本的一阶自相关检验方法，被称为Durbin–Watson检验（DW检验）。检验前提为：第一，解释变量是非随机变量（固定回归元），或者是严格外生的随机变量（如不含滞后被解释变量）；第二，随机误差项为一阶自回归形式，即 $u_t=\phi u_{t-1}+v_t$ ，$-1\leqslant\phi\leqslant 1$ ，v_t 是满足所有古典假定的随机误差项；第三，回归方程含截距项；第四，观测时期连续，没有数据缺失。检验步骤如下：

1.用OLS估计样本回归方程 $\hat{y}_t=\hat{\beta}_0+\hat{\beta}_1 x_{1t}+\cdots+\hat{\beta}_k x_{kt}$ ，计算出残差序列 $e_t=y_t-\hat{y}_t$ 。

2.定义DW统计量：

$$d=\frac{\sum_{t=2}^{T}(e_t-e_{t-1})^2}{\sum_{t=1}^{T}e_t^2} \tag{4.29}$$

由式（4.29）可得：

$$d=\frac{\sum_{t=2}^{T}e_t^2+\sum_{t=2}^{T}e_{t-1}^2-2\sum_{t=2}^{T}e_t e_{t-1}}{\sum_{t=1}^{T}e_t^2}\approx 2\times\left[1-\frac{\sum_{t=2}^{T}e_t e_{t-1}}{\sum_{t=1}^{T}e_t^2}\right]\approx 2(1-\hat{\rho}_1)\approx 2(1-\hat{\phi}_1) \tag{4.30}$$

式（4.30）中用到近似公式 $\sum_{t=2}^{T}e_t^2\approx\sum_{t=2}^{T}e_{t-1}^2\approx\sum_{t=1}^{T}e_t^2$ ，$\hat{\rho}_1$ 是样本一阶自相关系数，约等于 $u_t=\phi u_{t-1}+v_t$ 中一阶自回归系数 ϕ 的样本估计值 $\hat{\phi}$ 。因为 $|\hat{\rho}_1|\leqslant 1$ ，所以，$0\leqslant d\leqslant 4$ 。而且，d越接近于2，u_t的自相关性越小；d越接近于0，u_t的正自相关程度越高；d越接近于4，u_t负自相关程度越高。

3.作出判断。杜宾和沃森（Durbin and Watson）根据样本容量和参数个数（包括常数项），在不同显著性水平下，给出了检验的下临界值 d_L 与上临界值 d_U（见书末附表）。DW检验的准则如图4.3所示。

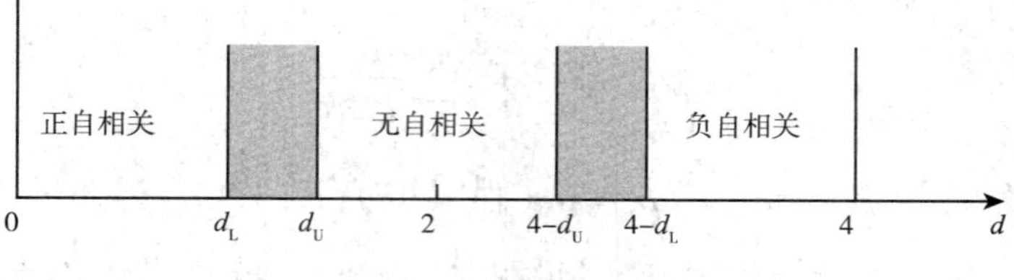

图4.3　DW检验

当 $d < d_L$ 时，拒绝原假设 $H_0: \rho = 0$，u_t 存在一阶正自相关；

当 $d > (4 - d_L)$ 时，拒绝原假设 $H_0: \rho = 0$，u_t 存在一阶负自相关；

当 $d_U < d < (4 - d_U)$ 时，不能拒绝原假设 $H_0: \rho = 0$，u_t 不存在自相关；

当 $d_L < d < d_U$ 或 $(4 - d_U) < d < (4 - d_L)$ 时，处于检验盲区，无法确定是否存在自相关。可以增加样本长度从而缩小这两个检验盲区的范围，或改用其他的检验方法。

（三）Breusch–Godfrey 检验（BG 检验）

DW检验的前提很严格，例如要求自变量非随机或严格外生，而且只能检验误差项的一阶自相关。为了放宽其限制，布罗斯和戈费雷（T. Breusch and G.Godfrey，1978）提出了一种可以在自变量非严格外生条件下使用的高阶自相关检验方法，被称为Breusch–Godfrey检验，简称BG检验。检验的原假设为多元线性模型的随机误差项不存在如下形式的 p 阶自相关：

$$u_t = \phi_1 u_{t-1} + \phi_2 u_{t-2} + \cdots + \phi_p u_{t-p} + v_t \quad (v_t \text{满足古典假定}) \tag{4.31}$$

BG检验步骤如下：

1.用OLS估计样本回归方程 $\hat{y}_t = \hat{\beta}_0 + \hat{\beta}_1 x_{1t} + \cdots + \hat{\beta}_k x_{kt}$，计算出残差序列 $e_t = y_t - \hat{y}_t$。

2.将 e_t 对解释变量和残差的滞后序列 $e_{t-1}, e_{t-2}, \cdots, e_{t-p}$ 进行回归，估计辅助回归方程：

$$\hat{e}_t = \hat{\gamma}_0 + \hat{\gamma}_1 x_{1t} + \cdots + \hat{\gamma}_k x_{kt} + \hat{\phi}_1 e_{t-1} + \hat{\phi}_2 e_{t-2} + \cdots + \hat{\phi}_p e_{t-p} \tag{4.32}$$

如果确知某个（些）解释变量 x_j 严格外生，可以将其从等号后面排除掉。

3.自相关检验。对于辅助回归方程式（4.32），检验 $H_0: \phi_1 = \phi_2 = \cdots \phi_p = 0$（即不存在 p 阶及以下各阶自相关）。布罗斯和戈费雷证明，在 H_0 下，$LM = (T-p)R^2 \overset{a}{\sim} \chi^2(p)$。其中，$R^2$ 为辅助回归方程式（4.32）的样本决定系数，T 为样本长度。该检验也属于Lagrange乘数检验（LM Test）（当然，也可以对上述 H_0 进行常规的约束条件检验，如Wald χ^2 检验或 F 检验）。实际应用时，可以从1阶，2阶……，逐次向高阶进行序贯检验。

四、误差项自相关的处理

误差项自相关与第三章横截面数据的异方差有类似之处，都涉及误差项（扰动项）的球形假定遭到破坏。与处理异方差类似，处理自相关问题也有两种策略：

（一）"模型变换 + OLS"策略

由于误差项自相关也是对误差项球形假定的违背，与异方差情况下类似，可以用可行的广义最小二乘法FGLS及与其等价的准差分回归。

对于线性回归模型 $y = \boldsymbol{x\beta} + u$，如果误差项存在一阶自相关，假设一阶自相关系数为 ρ，同时假定误差项条件同方差。误差项的协方差矩阵如下：

$$\operatorname{cov}(\boldsymbol{u} \mid \boldsymbol{X}) = \sigma_u^2 \begin{bmatrix} 1 & \rho & \rho^2 & \cdots & \rho^{T-1} \\ \rho & 1 & \rho & \cdots & \rho^{T-2} \\ \cdots & \cdots & \cdots & \cdots & \cdots \\ \rho^{T-1} & \rho^{T-2} & \rho^{T-3} & \cdots & 1 \end{bmatrix} = \sigma_u^2 \boldsymbol{\Omega} \tag{4.33}$$

将 $\boldsymbol{\Omega}$ 代入GLS公式，即第三章用到过的式（3.16）和式（3.17），就可以得到参数的GLSE及其方差。

现实情况往往是一阶自相关系数 ρ 未知，则 $\boldsymbol{\Omega}$ 未知，那么就需要首先利用先验信息或样本数据得到 $\boldsymbol{\Omega}$ 的估计 $\hat{\boldsymbol{\Omega}}$，用以代替 $\boldsymbol{\Omega}$ 代入上述公式，得到参数可行的广义最小二乘估计量GLSE及其方差。

GLS在自相关条件下的具体形式，称为准（广义）差分回归。准差分回归方便用代数形式表达，所以有助于直观地理解GLS的思想。

以一元线性模型为例说明准差分回归的原理。假设原模型为：

$$y_t = \beta_0 + \beta_1 x_t + u_t \qquad (t = 1, 2, \cdots, T) \tag{4.34}$$

其中的随机误差项 u_t 具有一阶自回归形式：

$$u_t = \rho u_{t-1} + v_t \qquad (v_t\text{满足古典假设}) \tag{4.35}$$

由于 $y_{t-1} = \beta_0 + \beta_1 x_{t-1} + u_{t-1}$，如果 ρ 已知，用 ρ 乘以该式两边得：

$$\rho y_{t-1} = \rho\beta_0 + \rho\beta_1 x_{t-1} + \rho u_{t-1} \tag{4.36}$$

式（4.34）减式（4.36）得：

$$y_t - \rho y_{t-1} = \beta_0(1-\rho) + \beta_1(x_t - \rho x_{t-1}) + (u_t - \rho u_{t-1}) \tag{4.37}$$

作准（广义）差分变换(quasi-differenced transform)：

$$y_t^* = y_t - \rho y_{t-1}, \quad x_t^* = x_t - \rho x_{t-1} \quad (t = 2, 3, \cdots, T) \tag{4.38}$$

则式（4.37）表示为：

$$y_t^* = \beta_0(1-\rho) + \beta_1 x_t^* + v_t \qquad (t = 2, 3, \cdots, T) \tag{4.39}$$

由于式（4.39）中，误差项 v_t 满足古典假定，故可以对式（4.39）使用OLS估计。由于式（4.39）中的变量是原始变量的准差分形式，所以这种GLS方法也称为准差分回归。准差分回归可以方便地推广到多元回归模型和高阶自相关的情形。准差分回归估计量是BLUE，t、F 等统计量至少渐近生效（如果 v_t 是正态变量，则完全生效）。

实际应用准差分回归时，自相关系数ρ通常是未知的。在ρ未知的情况下，需要首先借助样本回归得到ρ的估计值$\hat{\rho}$，然后用$\hat{\rho}$代替ρ参与准差分变换，这实际上是可行的广义最小二乘法FGLS。常用的估计$\hat{\rho}$的方法有以下三种：

1. 基于残差的直接估计。对原模型残差e_t直接计算误差的一阶自相关系数$\hat{\rho}$，或者对回归残差序列进行$\hat{e}_t = \hat{\phi} e_{t-1}$回归，用一阶自回归系数$\hat{\phi}$作为$\hat{\rho}$的近似。

2. 基于DW统计量的估计。在大样本下，由于$d \approx 2(1-\hat{\rho})$，因而$\hat{\rho} \approx 1-\frac{d}{2}$，可以用$1-\frac{d}{2}$推算$\hat{\rho}$。

3. Cochrane–Orcutt迭代估计。通过反复估计$\hat{\rho}$的值，逐步改进$\hat{\rho}$的估计精度，直到满足某个既定的标准为止。下面以一阶自相关为例，说明迭代算法的步骤：

（1）应用OLS回归，估计式（4.34），计算残差e_t。

（2）应用OLS回归，估计模型$e_t = \rho e_{t-1} + v_t$，得到ρ的估计值$\hat{\rho}$（或用其他方法估计$\hat{\rho}$）。

（3）用$\hat{\rho}$代替式（4.38）中的ρ进行数据的准差分变换。

（4）基于准差分序列$\{(x_t^*, y_t^*): t = 1, 2, \cdots, T\}$进行OLS回归，计算式（4.39）的残差。

（5）回到第（2）步，重复上述步骤。迭代过程直到估计的$\hat{\rho}$与上一次估计的$\hat{\rho}$相差很小（满足精度要求），或者自相关消失时为止。

用$\hat{\rho}$进行准差分变换的代价是，参数的FGLS估计量不再具有无偏性。而且由于$\hat{\rho}$受抽样误差影响，t统计量和F统计量的分布都是渐近分布。所以在小样本条件下使用这种方法须慎重。

Stata提供了FGLS回归命令prais，格式为：

```
.prais depvar [indepvars] [if] [in] [, options]
```

（二）"OLS+稳健推断"策略

计算参数协方差矩阵的"三明治估计量"公式是：

$$\mathrm{cov}(\hat{\boldsymbol{\beta}}) = (\boldsymbol{X}'\boldsymbol{X})^{-1}\boldsymbol{X}'\boldsymbol{\Omega}\boldsymbol{X}(\boldsymbol{X}'\boldsymbol{X})^{-1}$$

如果误差项满足球形假定，即误差项的协方差矩阵$\mathrm{cov}(\boldsymbol{u}) = \boldsymbol{\Omega} = \sigma_u^2 \boldsymbol{I}$，则上述"三明治估计量"公式可以简化为$\mathrm{cov}(\hat{\boldsymbol{\beta}}) = (\boldsymbol{X}'\boldsymbol{X})^{-1}\sigma_u^2$。其主对角线上元素的平方根就是OLSE的标准误，用于常规的t检验。如果存在异方差，$\boldsymbol{\Omega}$主对角线上的元素不相等；如果存在自相关，非主对角线上的元素也不为0（序列相关），都会导致$\boldsymbol{\Omega} \neq \sigma_u^2 \boldsymbol{I}$，所以无法用简化公式$\mathrm{cov}(\hat{\boldsymbol{\beta}}) = (\boldsymbol{X}'\boldsymbol{X})^{-1}\sigma_u^2$求OLSE的标准误和进行常规$t$检验。

为此，纽维和韦斯特（Newey and West，1987)提出了应对误差项自相关问题的“OLS+稳健方差”策略：仍用OLS估计模型参数，然后根据OLS回归的残差估计误差项的协方差矩阵$\hat{\boldsymbol{\Omega}}$，代替$\boldsymbol{\Omega}$代入计算参数协方差矩阵的“三明治估计量”公式，即：

$$\operatorname{cov}(\hat{\boldsymbol{\beta}})=(\boldsymbol{X}'\boldsymbol{X})^{-1}\boldsymbol{X}'\hat{\boldsymbol{\Omega}}\boldsymbol{X}(\boldsymbol{X}'\boldsymbol{X})^{-1} \tag{4.40}$$

该矩阵主对角线上的元素就是对$\operatorname{var}(\hat{\beta}_j)$的稳健估计，其平方根被称为Newey –West标准误，或“异方差和自相关一致性标准误”（heteroskedasticity and autocorrelation consistent standard errors，HAC）。用“异方差和自相关一致性标准误”取代常规的OLS标准误计算t统计量，可以解决自相关条件下t检验失效的问题，这与异方差条件下的White异方差稳健估计量作用类似。如果误差项呈正自相关，该一致性标准误一般大于常规OLS标准误，从而t统计量一般变小（对应的p值变大）；反之亦然。由于经济序列误差项多呈现正自相关，所以t统计量变小的情形更为常见。Stata提供了对应该方法的命令newey。

五、案例

【例4.2】数据集ex4.1.dta是关于某乡镇1999~2018年单位面积（亩）的粮食产量y和种粮的要素投入x（包括种子、化肥、农药等投入，不包括劳动力投入）的历史数据，数据结构如表4.2所示。

表4.2　　单位面积粮食产量与资金投入历史数据　　单位：元

年份（year）	粮食产量（y）	要素投入（x）
1999	600.7	110.6
2000	597.6	108.7
…	…	…
2018	987.4	253.4

由于样本期内自然条件和农业体制环境没有太大的变化，我们认为粮食亩产量与要素投入呈线性关系。即生产函数设定为：

$$y_t=\beta_0+\beta_1 x_t+u_t$$

另据研究，该地区农业投入基本上来源于国家和地方政府的种粮补贴和农户的以工补农支出，大体上可以认为农业投入是外生于粮食产量的。故y可以直接对x进行回归，而不必考虑序列遍历平稳性质和伪回归问题。

1.计算回归残差序列e_t。计算残差序列的1~8阶自相关系数，并对残差序列进行白噪声检验。

```
.tsset year      //定义（声明）时间序列
.regress y x     //估计回归方程
```

.predict e,residual　　//生成残差序列e

.scatter e l.e　　//绘制 e_t 对 e_{t-1} 的散点图

.tsline e ,xline(0) || scatter e year　　//生成残差序列时序图和散点图

.ac e, lags(8) level(90)　　//生成自相关函数图，lags(#)设定最大滞后阶数，level(#)设定置信度（缺省为95%）

如果自相关系数落在阴影区域之外，说明与0的差异在统计上显著；反之亦然。观察自相关函数图4.4，只有一阶自相关系数显著。

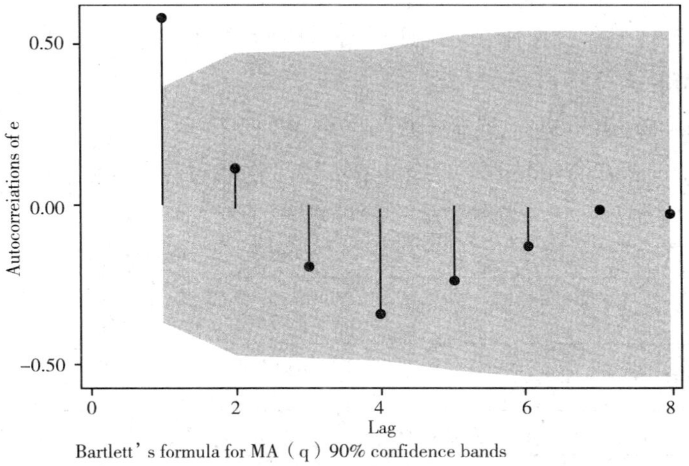

图4.4　残差的自相关函数及其置信区间

.corrgram e, lag(8)　　//计算自相关系数、偏自相关系数和Q值等

```
                                          -1       0       1 -1       0       1
LAG       AC       PAC      Q     Prob>Q  [Autocorrelation]  [Partial Autocor]
-------------------------------------------------------------------------------
1      0.5568   0.6207   7.1799  0.0074
2      0.0588  -0.5073   7.2643  0.0265
3     -0.2437  -0.1783   8.8017  0.0320
4     -0.3749  -0.2131   12.667  0.0130
5     -0.2285  -0.3460   14.199  0.0144
6     -0.0902  -0.3317   14.455  0.0250
7      0.0508   0.4750   14.542  0.0423
8      0.0390  -0.4544   14.598  0.0675
```

可见，对于大多数滞后阶数，Q对应的 p 值都小于0.05，因此可以拒绝误差项白噪声假设。

2.用DW方法、BG方法检验自相关。

.estat dwatson　　//显示DW检验统计量 d

```
Durbin-Watson d-statistic(  2,    20) =   .665838
```

对于本例，样本量 $T=20$，参数个数为2，按照显著性水平0.05，查DW临界值表可知，d_L=1.201，d_U= 1.411。由于 $d=0.665838<d_L$，表明建立的生产函数模型中存在误差项自相关。

.estat bgodfrey, lags(1/4)　　//BG检验，滞后期1~4

```
Breusch-Godfrey LM test for autocorrelation
```

lags(p)	chi2	df	Prob > chi2
1	7.546	1	0.0060
2	10.145	2	0.0063
3	10.235	3	0.0167
4	10.652	4	0.0308

```
H0: no serial correlation
```

滞后1~4期的BG检验概率P值均小于0.05。

所以，在0.05显著性水平下，两种方法均拒绝了无序列相关的假设。

3.采用FGLS法处理自相关问题。

应用Praise-Winsten进行准差分回归，结果如下所示。

.prais y x ,iterate(20) nolog　　// nolog不显示迭代过程（缺省显示）

```
Prais-Winsten AR(1) regression -- iterated estimates
```

Source	SS	df	MS
Model	29329.9947	1	29329.9947
Residual	5448.84131	18	302.713406
Total	34778.836	19	1830.46505

Number of obs	=	20
F(1, 18)	=	96.89
Prob > F	=	0.0000
R-squared	=	0.8433
Adj R-squared	=	0.8346
Root MSE	=	17.399

y	Coef.	Std. Err.	t	P>|t|	[95% Conf.	Interval]
x	2.389088	.3131839	7.63	0.000	1.731113	3.047063
_cons	353.5818	65.57832	5.39	0.000	215.8069	491.3568
rho	.928815					

```
Durbin-Watson statistic (original)    0.665838
Durbin-Watson statistic (transformed) 1.307847
```

由分析结果可看出，准差分回归将DW统计量由0.6658提高到1.3078，减弱了误差项的自相关程度。

习　题

1.随机过程与时间序列有何关系？

2.举例说明什么是第一种类型的伪回归、第二种类型的伪回归。

3.遍历性与平稳性有何区别与联系？二者对时间序列建模有何意义？

4.$\{x_t\}$是期望为0，方差为1的独立同分布过程。定义如下随机过程：

$$y_t = x_t - 0.5x_{t-1} + 0.5x_{t-2}, \quad t = 1, 2, \cdots$$

（1）求$\{y_t\}$的期望和方差。它们取决于t吗？$\{y_t\}$是遍历、平稳过程吗？

（2）求自相关系数ρ_k，其中$k = 1,2,3,4$。

5.在时间序列模型$y_t = \boldsymbol{x}_t\boldsymbol{\beta} + u_t$中，$\boldsymbol{x}$的外生性有三个层次：满足$E(u_t \mid \boldsymbol{X}) = 0$称为严格外生；满足$E(u_t \mid \boldsymbol{x}_t, \boldsymbol{x}_{t-1}, \cdots) = 0$称为弱外生（或序列外生）；满足$E(u_t \mid \boldsymbol{x}_t) = 0$称为同期外生。

（1）为什么严格外生一定意味着弱外生？而弱外生一定意味着同期外生？

（2）为什么严格外生假定是一个非常严格的假定？

（3）如果解释变量$\boldsymbol{x}$是弱外生的，OLSE是无偏的吗？是一致的吗？

（4）基于一个地区30年的时间序列数据，用当年及过去三年的警察人数（$\boldsymbol{x}$）解释犯罪率（y）的变化。解释变量满足哪一个层次的外生性？

6.假设你认为西瓜价格（y，元/kg）与城市规模（x，万人）、时间（t）和季节（四个季度）有关系，如果有某个城市10年的季度数据，试建立一个关于西瓜价格的回归模型。

7.数据fish.dta描述的是某水产市场鱼价和销售量的97个日观测数据。以日平均价格的自然对数log(*avgprc*）作为因变量。

（1）log(*avgprc*）对四个工作日虚拟变量（星期五为基准）进行回归，此外还包含一个线性趋势项。价格在一周之内的变化有没有规律可循？

（2）*wave2*和*wave3*度量了过去几天的浪高，将其引入步骤（1）的模型。检验假设：浪高对鱼价没有影响。

（3）引入*wave2*和*wave3*后，线性趋势项的显著性有何变化？

（4）上述两个模型是否存在伪回归的可能性？

第五章　结构型时间序列模型

时间序列回归方法是现代计量经济学的重要组成部分，目前已经形成了完整的建模方法论体系。按照描述的变量关系不同，时间序列回归模型大致可以分为三类。第一类是传统的结构模型，包括含有外生变量的单方程回归模型（如确定性趋势或季节模型、静态模型、分布滞后模型、自回归分布滞后模型等）和联立方程模型；第二类是基于非平稳时间序列过程的协整关系和误差修正模型等现代时间序列模型；第三类是不含外生变量的非结构型模型，包括单方程模型（如ARMA模型）和多方程模型（如向量自回归模型，VAR）。第一、第二类模型反映的都是不同变量时间序列之间的经济联系，故统称为结构型时间序列模型。本章主要对时间序列结构建模方法进行简要介绍，第三类模型将在第六章介绍。

第一节　时间序列结构建模方法

一、结构型时间序列模型的一般形式

结构型时间序列模型研究的是不同随机变量的时间序列之间体现出的同期或异期结构关系，属于多变量模型。根据模型中的解释变量（自变量、回归元）是否包含变量的滞后序列，通常表现为以下几种形式：

1. 静态模型。

$$y_t = \beta_0 + \beta_1 x_{1t} + \beta_2 x_{2t} + \cdots + \beta_k x_{kt} + u_t = \boldsymbol{x}_t \boldsymbol{\beta} + u_t \quad (5.1)$$

模型中自变量和因变量都是当期值，不涉及前后期观测值之间的动态联系问题。本质上这是将横截面的多元线性回归方法应用于时间序列数据，模型参数的经济意义可以做类似的理解。

2. 分布滞后模型。

$$y_t = \alpha + \beta_0 x_t + \beta_1 x_{t-1} + \beta_2 x_{t-2} + \cdots + \beta_k x_{t-k} + u_t \quad (5.2)$$

模型的自变量包括外生变量及其滞后序列，各回归参数（系数）体现了自变量各期滞后项对因变量的乘数效应。

3. 自回归分布滞后模型。

$$y_t = \alpha_0 + \alpha_1 y_{t-1} + \alpha_2 y_{t-2} + \cdots + \alpha_p y_{t-p} + \beta_0 x_t + \beta_1 x_{t-1} + \cdots + \beta_q x_{t-q} + u_t \tag{5.3}$$

模型的自变量既包括因变量的滞后序列，又包括自变量的滞后序列，是分布滞后模型的进一步拓展。

二、时间序列结构建模方法

结构型时间序列模型是现实经济关系的抽象和简化，一般应根据经济理论设定计量模型，即所谓的“理论驱动”。如果没有现成的理论可供参考，也可以采用“数据驱动”，根据数据特征探索模型形式。

根据第四章对OLSE统计性质的讨论，在自变量非随机或严格外生条件下，可以完全按照经典线性回归模型的OLS回归进行建模，OLSE是BLUE。如果自变量仅为同期外生，为了保证OLSE的一致性、渐近有效性和渐近正态性，要求时间序列具有平稳、遍历特征。但如果时间序列生成自非平稳过程或高度持久（长记忆）过程，OLSE具备一致性、渐近有效性和渐近正态性的条件受到破坏，经典回归方法往往得出误导性的结论，即产生伪回归问题，所以，将经典OLS回归方法应用于时间序列结构建模时，除了关注与横截面回归的共性问题以外，还应该重点关注非平稳遍历时间序列条件下的建模特殊性问题。

对于非平稳遍历时间序列，进行OLS回归之前可以通过去势（消除确定性趋势）和差分（消除随机趋势）等方法进行平稳化（遍历化）处理。但差分处理一方面造成了时间序列信息的损失，另一方面也增加了回归系数的解释的困难。20世纪80年代格兰杰（Granger）研究发现，如果变量之间有着长期的稳定关系，即它们之间是协整（cointegration）的，则不会产生伪回归问题，非平稳序列可以直接使用经典OLS回归方法。

将时间序列结构建模方法归纳如下（见图5.1）。

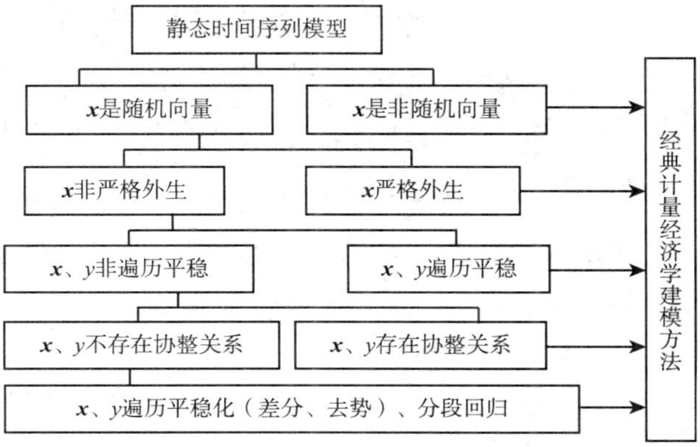

图5.1　时间序列结构建模方法

第二节 单位根过程与单位根检验

一、单位根过程

AR(p)经常被用来反映时间序列的生成机制（DGP）。最简单的AR(p)过程是AR(1)：

$$y_t=\phi y_{t-1}+u_t=\phi L y_t+u_t \Rightarrow (1-\phi L)y_t=u_t \quad \Rightarrow \quad \Phi(L)y_t=u_t$$

其中，$u_t \sim WN(0,\sigma_u^2)$。假定上述AR(1)过程的初始值$y_0$=0，按照递推公式：

$$y_t=u_t+\phi u_{t-1}+\phi^2 u_{t-2}+\phi^3 u_{t-3}+\cdots=\sum_{i=0}^{\infty}\phi^i u_{t-i} \tag{5.4}$$

下面我们讨论当自回归系数ϕ取不同值时，AR(1)过程的平稳性问题。

1. $|\phi|>1$时，方差var(y_t)随t呈现几何级数增加，而且是发散的，总体自相关系数没有定义，称为爆炸式非平稳过程，在经济过程中罕见，所以我们不讨论这种情况。

2. 当$|\phi|<1$时，$E(y_t)=E(u_t)+\phi E(u_{t-1})+\phi^2 E(u_{t-2})+\phi^3 E(u_{t-3})+\cdots=0$，$\mathrm{var}(y_t)=\dfrac{1}{1-\phi^2}\sigma_u^2$，$\mathrm{cov}(y_t,y_{t+1})=\mathrm{cov}(y_t,\phi y_t+u_{t+1})=\phi\,\mathrm{var}(y_t)$（其他间隔的自协方差依此类推），可见$y_t$的均值、方差和给定间隔时期的自协方差均不随时期$t$变化而变化，所以是（宽）平稳的。

3. ϕ=1时，按照递推式，$y_t=u_t+u_{t-1}+u_{t-2}+u_{t-3}+\cdots u_1$，所以，$\mathrm{var}(y_t)=t\sigma_u^2$，是一个随$t$而变化的量，说明$y_t$的分布与时期$t$有关，所以是不平稳过程。更一般地，$|\phi|=1$等价于AR(1)的系数多项式方程$\Phi(L)=1-\phi L=0$的根$L=1/\phi=\pm 1$（在单位圆上），故这样的随机过程称为单位根过程。

我们在第七章介绍随机趋势时，列举了三个具有随机趋势的非平稳过程：

随机游走过程：$y_t=y_{t-1}+u_t$，$u_t|y_{t-1}\sim WN(0,\sigma_u^2)$

带漂移项的随机游走过程：$y_t=\mu+y_{t-1}+u_t$，$u_t|y_{t-1}\sim WN(0,\sigma^2)$

带漂移项和确定性趋势的随机游走：$y_t=\mu+\alpha t+y_{t-1}+u_t$，$u_t|y_{t-1}\sim WN(0,\sigma_u^2)$

上述三个随机过程分别是当$\phi=1$时的AR(1)过程，即单位根过程，区别只在于是否包含确定性的常数项、趋势项而已。

将上述结论进行推广。对于AR(p)过程：

$$y_t=\phi_1 y_{t-1}+\cdots+\phi_p y_{t-p}+u_t=\phi_1 L y_t+\cdots+\phi_p L^P y_t+u_t \Rightarrow (1-\phi_1 L-\phi_2 L^2-\cdots-\phi_p L^P)y_t=u_t \tag{5.5}$$

其中，$u_t \sim WN(0,\sigma_u^2)$。如果系数多项式方程 $\Phi(L)=1-\phi_1+\phi_2L^2+\cdots+\phi_pL^p=0$ 的根至少有一个在复平面的单位圆上（根模等于1），即至少存在一个单位根，该AR(p)过程就被称为单位根过程。当AR(p)中有常数项、趋势项，或 u_t 是具有有限方差的平稳过程时，该结论仍成立。

由于单位根过程一定是非平稳过程，许多文献往往不加区别地使用“单位根”“随机趋势”和“非平稳”等概念。通过考察是否存在单位根判断随机过程平稳性的方法，称为单位根检验（unit root test），是一种比第八章介绍的时间序列图、自相关函数等方法更为规范的检验方法。

二、单位根对回归的影响

由单位根过程生成的时间序列数据，违背了假定TS.3′（平稳遍历假定），如果直接用于回归，会对OLSE的统计性质带来诸多不利影响。比如：

1. 统计量分布非标准。单位根过程的方差随时间而变。由于没有固定的方差，统计量无法被标准化。OLS回归中基于正态分布及其相关分布（t分布、F分布，χ^2分布等）的常规参数检验方法和置信区间构造方法失效。

2. 导致伪回归。单位根的存在会使得两个没有必然联系的时间序列呈现出显著的相关性，导致第二类伪回归问题。张晓峒（2004）介绍过一个Monte Carlo随机模拟：利用计算机软件分别生成长度为100的三组独立时间序列，分别是平稳序列（不含单位根）组(x_1、y_1)、含一个单位根的序列组(x_2、y_2)和含两个单位根的序列组(x_3、y_3)，分别计算各组的样本相关系数 $\hat{\rho}$，重复模拟10000次。样本相关系数 $\hat{\rho}$ 的分布如图5.2所示。

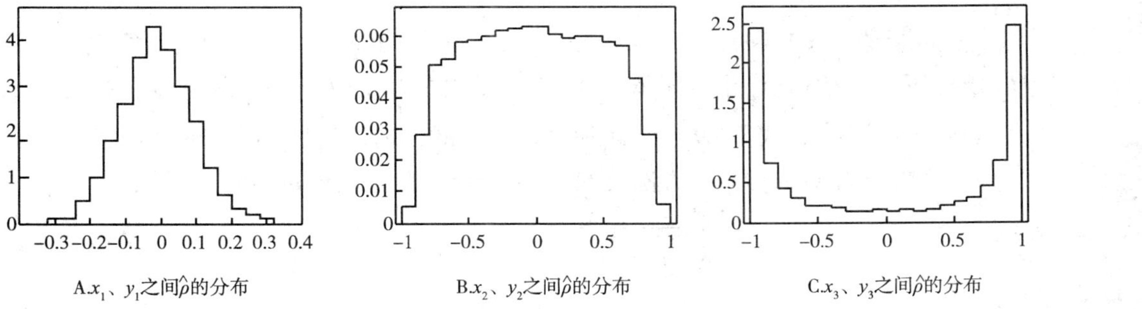

A. x_1、y_1之间$\hat{\rho}$的分布　　B. x_2、y_2之间$\hat{\rho}$的分布　　C. x_3、y_3之间$\hat{\rho}$的分布

图5.2 两个独立过程时间序列样本相关系数的分布

可见，对于两个独立随机过程（总体相关系数 $\rho=0$），如果均不含单位根（平稳），其样本相关系数呈正态分布；如果均含一个单位根，其样本相关系数的分布为倒U型；如果均含有两个单位根，其样本相关系数的分布为U型。问题的严重性在于，当含有单位根时，相关系数 $\hat{\rho}$ 实际上服从的是图5.2B和图5.2C那样的倒U型分布和U型分布，但

却往往被认为服从的是正态分布（见图5.2A），因此增加了拒绝 $H_0: \rho = 0$ 的概率，得出本不相关的两个变量之间相关的错误结论，从而产生第二类“伪回归”问题。

三、单位根检验

由于时间序列背后的真实DGP是未知的，通过一个时间序列（相当于一个样本）的特征，对其DGP是否存在单位根进行推测，称为单位根检验。下面我们介绍三种常用的方法。

1. Dickey–Fuller检验（DF检验）。

假定时间序列生成自如下一阶自回归过程AR(1)：

模型Ⅰ： $$y_t = \phi y_{t-1} + u_t \tag{5.6}$$

模型Ⅱ： $$y_t = \mu + \phi y_{t-1} + u_t \tag{5.7}$$

模型Ⅲ： $$y_t = \mu + \alpha t + \phi y_{t-1} + u_t \tag{5.8}$$

DF检验的前提条件是，上述各模型的误差项满足古典假定：$u_t \sim WN(0,\sigma^2)$。单位根检验的原假设和备择假设分别是：

$H_0: \phi = 1$ （存在单位根→y_t非平稳）； $H_1: \phi < 1$ （不存在单位根→y_t平稳）

对于给定的时间序列，选择式（5.6）、式（5.7）和式（5.8）中的任一模型数据进行OLS回归。估计出 $\hat{\phi}$ 后，按照常规的方法，可以构造对应于原假设“$H_0: \phi = 1$”的t检验统计量：

$$t = \frac{\hat{\phi} - 1}{se(\hat{\phi})} = \frac{\hat{\phi} - 1}{\sqrt{\dfrac{\hat{\sigma}_u^2}{\sum (y_{t-1} - \bar{y}_{t-1})^2}}} = \frac{\hat{\phi} - 1}{\sqrt{\dfrac{\sum (y_t - \hat{y}_t)^2 / (T-2)}{\sum (y_{t-1} - \bar{y}_{t-1})^2}}} \tag{5.9}$$

但问题是，迪基和富勒（D.A.Dickey and W.A.Fuller，1979）通过研究发现，在 H_0: ϕ=1下，上述t统计量不再服从t分布，常规检验方法失效。为此他们推导出了其极限分布，于是式（5.9）被称为Dickey–Fuller统计量，简称DF统计量。富勒（1976）用Monte Carlo模拟方法得到的DF统计量经验分布如图5.3所示。

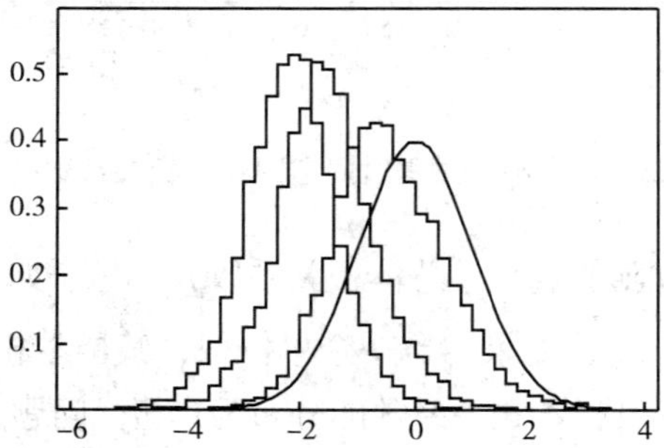

图5.3 *DF*分布与*t*分布比较

图中的折线从右至左依次表示对随机过程式（5.6）、式（5.7）和式（5.8）在ϕ=1时产生的各10000个时间序列进行OLS回归，估计出的$\hat{\phi}$对应的DF统计量的分布，最右边的曲线是作为比较之用的t分布密度函数（自由度为98）。可见，对应于不同单位根过程，DF分布不同，说明DF分布函数取决于时间序列的数据生成过程DGP。与常规的t分布相比，所有DF分布整体向左偏移。因此，如果继续用t分布的临界值作检验，在原假设为真的条件下，拒绝原假设的机会增多，即增加了犯第一类错误（弃真）的概率。从而会夸大回归系数的显著性水平，产生所谓的“伪回归”问题。

迪基和富勒通过数值模拟，计算了对应不同DGP和序列长度T的DF分布百分位数，并编制了DF临界值表。后来，麦金农（Mackinnon）对临界值表进行了扩充，为我们进行DF检验提供了依据。

DF检验的原假设是“H_0：存在单位根”，按式（5.9）计算出t统计量值后，将其与DF检验临界值进行比较，判断DGP是否存在单位根。实际应用DF检验时，我们使用三种DGP的变形形式，即对式（5.6）、式（5.7）和式（5.8）两边同减去y_{t-1}，令$\rho=\phi-1$，则有：

模型Ⅰ：$$\Delta y_t=\rho y_{t-1}+u_t \tag{5.10}$$

模型Ⅱ：$$\Delta y_t=\mu+\rho y_{t-1}+u_t \tag{5.11}$$

模型Ⅲ：$$\Delta y_t=\mu+\alpha t+\rho y_{t-1}+u_t \tag{5.12}$$

这时原假设（存在单位根）$H_0:\phi=1$变为$H_0:\rho=0$；备择假设（不存在单位根）$H_1:\phi<1$变为$H_1:\rho<0$。因为$se(\hat{\phi})=se(\hat{\rho})$，这种变换并不影响DF统计量的值，所以检验准则不变。上述三种模型对应着不同的DF检验临界值，分别要从临界值表中的不同部分查找（注意，该检验没有对模型Ⅱ和模型Ⅲ中的确定性成分μ和α作出任何假设）。

2.增项DF检验（augmented dickey–fuller test，ADF检验）。进行DF检验的前提是，假定时间序列的DGP是具有白噪声随机误差项的一阶自回归过程AR(1)（至多还含有确定性的位移项μ和趋势项αt）。但实际上，时间序列可能是由更高阶的自回归过程AR(p)生成的。如果真实DGP是一个AR(p)过程，检验方程AR(1)由于设定不足（高阶滞后项被遗漏），对应的误差项u_t必然表现为自相关，u不再是白噪声，从而破坏DF检验的前提条件。为此，迪基和富勒对DF检验方程进行了改进，在方程右边加入适当期数的Δy_{t-j}作为解释变量，通过吸收掉误差项中的自相关成分将其重新转化为白噪声。这时对于$\phi=1$（即ρ=0）的检验称为增项DF检验，即ADF检验。ADF检验模型也有三种形式：

模型Ⅰ：$$y_t=\phi y_{t-1}+\sum_{i=1}^{p}\alpha_i\Delta y_{t-i}+u_t\text{（或}\Delta y_t=\rho y_{t-1}+\sum\alpha_i\Delta y_{t-i}+u_t\text{）} \tag{5.13}$$

模型Ⅱ：$y_t=\mu+\phi y_{t-1}+\sum_{i=1}^{p}\alpha_i\Delta y_{t-i}+u_t$（或$\Delta y_t=\mu+\rho y_{t-1}+\sum\alpha_i\Delta y_{t-i}+u_t$） （5.14）

模型Ⅲ：$y_t=\mu+\alpha t+\phi y_{t-1}+\sum_{i=1}^{p}\alpha_i\Delta y_{t-i}+u_t$（或$\Delta y_t=\mu+\alpha t+\rho y_{t-1}+\sum\alpha_i\Delta y_{t-i}+u_t$）

（5.15）

其中，$\rho=\phi-1$。在上述模型中，检验原假设$H_0:\rho=0$的t统计量的极限分布（即ADF分布）与DF分布相同，从而在大样本下，ADF检验和DF检验可以用相同的临界值。但在小样本条件下ADF分布与DF分布有所差异。

3. Phillips–Perron检验（PP检验）。在DF检验的三个模型式（5.10）、式（5.11）和式（5.12）中，如果随机误差项存在序列相关问题，ADF检验是通过引入Δy_t的滞后项解决。而菲利普斯和泊松（Phillips and Perron，1988）提出用对异方差和序列相关稳健的标准误（neway–west方法），解决误差项同时存在异方差和序列相关条件下DF检验的失效问题，被称为Phillips–Perron检验，简称PP检验。因此，PP检验可以看作是对异方差和自相关（HAC）稳健的DF检验。由于使用稳健标准误，检验统计量的值一般与DF有所不同。

Stata提供了丰富的单位根检验方法，假定被检验序列为y，有关检验方法整理如表5.1所示。

表5.1　Stata单位根检验命令

	模型Ⅰ（无漂移项、无趋势项）	模型Ⅱ（有漂移项、无趋势项）	模型Ⅲ（有漂移项和趋势项）
时序图特征	围绕水平线波动	围绕线性趋势线波动	围绕二次趋势线波动
DF检验命令	.dfuller y,noconstant	.dfuller y（软件默认类型）	.dfuller y,trend
ADF检验命令	.dfuller y,lag(#) noconstant（#是Δy的滞后阶数）	.dfuller y,lag(#)（软件默认类型）	.dfuller y,lag(#) trend
PP检验命令	.pperron y,noconstant lag(#)（#是检验模型中误差项自相关阶数）	.pperron y,lag(#)（软件默认类型）	.pperron y,trend lag(#)

如果时序图的特征不太明显，为稳妥起见，可以从模型Ⅲ~模型Ⅰ序贯进行检验，遇到拒绝单位根假设就停止检验，认为时间序列的DGP不存在单位根（平稳）。在上表所列Stata命令中加选项regres，可以显示检验方程的估计结果，用于观察常数项和趋势项系数的显著性水平。

【**例5.1**】ex5.1.dta是我国1978~2010年按不变价格计算的GDP（亿元）数据，结构如表5.2所示。对GDP对数（lngdp）序列进行单位根检验。

表 5.2　　部分年份中国GDP数据

年份	按1978年不变价计的GDP（*gdp*）	GDP对数（*lngdp*）
1978	3645.20	8.2012
1979	3922.24	8.2744
…	…	…
2010	75434.59	11.2310

资料来源：中国统计年鉴（2011），北京：中国统计出版社，2011.

由于改革开放后我国GDP的年增长率稳定在10%左右，并无加速增长的趋势，故lngdp检验方程应该包含常数项，而不包含时间趋势项。因此选择模型Ⅱ进行检验。Stata的DF检验和PP检验如下：

.dfuller lngdp

```
Dickey-Fuller test for unit root                   Number of obs   =        32

                              ———— Interpolated Dickey-Fuller ————
                  Test        1% Critical      5% Critical     10% Critical
               Statistic         Value            Value            Value
------------------------------------------------------------------------------
 Z(t)            0.935          -3.702           -2.980           -2.622
------------------------------------------------------------------------------
MacKinnon approximate p-value for Z(t) = 0.9935
```

.pperron lngdp　　//缺省自相关阶数为$4(T/100)^{2/9}$的整数部分（本例为3）

```
Phillips-Perron test for unit root                  Number of obs   =        32
                                                    Newey-West lags =         3

                              ———— Interpolated Dickey-Fuller ————
                  Test        1% Critical      5% Critical     10% Critical
               Statistic         Value            Value            Value
------------------------------------------------------------------------------
 Z(rho)          0.149         -17.676          -12.724          -10.340
 Z(t)            0.736          -3.702           -2.980           -2.622
------------------------------------------------------------------------------
MacKinnon approximate p-value for Z(t) = 0.9905
```

两个检验都不能拒绝lngdp产生自单位根过程的原假设，所以是不平稳的。

四、单整过程

差分变换可以将单位根过程平稳化。例如，随机游走过程$y_t = y_{t-1} + u_t$，$u_t \sim WN(0,\sigma^2)$含一个单位根（不平稳），其一阶差分为$\Delta y_t = y_t - y_{t-1} = u_t$，不含单位根（平稳）。像这种经过一次差分后变为平稳的单位根过程称为一阶单整过程（integrated process），记为$y_t \sim I(1)$。如果经一次差分后仍存在单位根（还不平稳），需经过二次差分后才变平稳，则称为二阶单整过程，记为$y_t \sim I(2)$。更一般地，如果y_t最少需要经过d次差分后才平稳，那么称y_t为d阶单整过程，记为$y_t \sim I(d)$，d称为单整阶数。特别地，若y_t本身是平稳的，则称y_t为零阶单整过程，记为$y_t \sim I(0)$。但狭义的单整过程是指单整阶数大于0的过程，即具有单位根的随机趋势（非平稳）过程。

产生自单整过程的时间序列往往被称为单整时间序列（尽管这是一个不太严谨的术语）。单整时间序列具有如下性质：

1.若$x_t \sim I(0)$，$y_t \sim I(1)$，则$z_t = (\alpha + \beta x_t) \sim I(1)$，其中$\alpha$、$\beta$是常数（下同）。即平稳序列与非平稳序列的线性函数是非平稳的。

2.若$x_t \sim I(d)$，则一般情况下，$z_t = (\alpha + \beta x_t) \sim I(d)$。即一个$I(d)$序列的线性函数仍然是$I(d)$。因此，平稳序列$I(0)$的线性函数仍然是平稳的。

3.若$x_t \sim I(d_1)$，$y_t \sim I(d_2)$，其中$d_1 > d_2$，则$z_t = (\alpha x_t + \beta y_t) \sim I(d_1)$。

4.若$x_t \sim I(d)$，$y_t \sim I(d)$，则$z_t = (\alpha x_t + \beta y_t) \sim I(d^*)$，其中，$d^*$通常等于$d$。但在某些情况下，可能存在$d^* < d$，这时候我们说序列$x_t$与$y_t$之间存在协整关系。协整问题将在下一节专门进行介绍。

【**例5.2**】继续使用我国GDP数据集ex5.1.dta，验证lngdp ~ $I(1)$。

通过ADF检验和PP检验，证明了lngdp存在单位根（不平稳）。只要证明lngdp的一阶差分序列不存在单位根，则lngdp ~ $I(1)$。对lngdp一阶差分序列dlngdp进行ADF检验和PP检验如下：

.dfuller d.lngdp

```
Augmented Dickey-Fuller test for unit root           Number of obs   =        26

                               ---------- Interpolated Dickey-Fuller ----------
                  Test         1% Critical       5% Critical      10% Critical
               Statistic           Value             Value             Value
------------------------------------------------------------------------------
 Z(t)            -3.845            -3.743            -2.997            -2.629
------------------------------------------------------------------------------
MacKinnon approximate p-value for Z(t) = 0.0025
```

.pperron d.lngdp

```
Phillips-Perron test for unit root                   Number of obs   =        31
                                                     Newey-West lags =         3

                               ---------- Interpolated Dickey-Fuller ----------
                  Test         1% Critical       5% Critical      10% Critical
               Statistic           Value             Value             Value
------------------------------------------------------------------------------
 Z(rho)         -14.345           -17.608           -12.692           -10.320
 Z(t)            -3.092            -3.709            -2.983            -2.623
------------------------------------------------------------------------------
MacKinnon approximate p-value for Z(t) = 0.0271
```

可见，lngdp的一阶差分不含单位根。所以，lngdp的DGP是一阶单整过程，即lngdp ~ $I(1)$。

第三节　协整关系与误差修正模型

一、协整关系

（一）协整的概念

对于生成自非平稳过程的时间序列，差分回归固然可以避免单位根带来的伪回归问题，但差分处理会造成时间序列信息的损失，也增加了回归系数解释的困难。幸运的是，恩格尔和格兰杰（R.F.Engle and W.J.Granger，1987）发现，两个非平稳（含单位根）序列之间的回归不总是伪回归：从长期来看，如果两个序列的随机趋势相同，即存在长期稳定的协变关系——“协整”（cointegrated）关系，则不会产生伪回归问题，可以直接应用OLS回归。

本章第二节我们提到，对于单整序列，如果$x_t \sim I(d)$，$y_t \sim I(d)$，则$z_t = (\alpha x_t + \beta y_t) \sim I(d^*)$，其中，$d^*$通常等于$d$。但在某些情况下，可能存在$d^* < d$，这时候我们说$x_t$、$y_t$之间存在协整关系。作为现代时间序列模型的入门介绍，本章只讨论最基本的协整关系：两个一阶单整序列$I(1)$之间的协整关系。对于两个时间序列x_t与y_t，$y_t \sim I(1), x_t \sim I(1)$，如果存在一组非零参数$\alpha$、$\beta$，使$\alpha x_t + \beta y_t \sim I(0)$，则称$x_t$和$y_t$之间是协整的。

协整的经济意义在于：尽管不同时间序列具有各自的长期变动趋势（规律），但它们之间有可能存在着系统性的、长期的、稳定的协变关系即均衡机制。根据协整理论，我们可以利用非平稳变量的水平值进行OLS回归，以刻画变量之间的长期均衡关系，克服差分回归损失信息的缺点。而且更为重要的是，协整理论为我们理解计量经济模型提供了新的视角，即当且仅当多个非平稳变量之间具有均衡机制时，由这些变量水平值建立的结构模型才有意义。反过来讲，不存在协整关系的时间序列，具有各自的长期变动规律，其数量依存关系是暂时的、偶然的，对其水平值的直接回归可能导致伪回归问题。协整理论发展了时间序列结构建模的理论和方法，为现代时间序列计量经济学奠定了基础。

需要注意的是，第一，与经典结构模型的设定不同，协整回归的变量都是内生变量，变量之间关系是对等的，一般不区分自变量和因变量（因为x与y协整等价于y与x协整）；第二，同阶单整的时间序列之间才可能存在协整关系。例如，如果$y_t \sim I(2)$，$x_t \sim I(1)$，二者就不可能存在协整关系。

（二）协整检验

如何判断变量之间是否存在协整关系？首先，应该根据经济理论或经济现实，判断变量之间是否有可能存在长期的系统性联系即均衡关系；其次，可以通过时间序列图观察它们的变化轨迹有无相似性；最后，可以根据样本（时间序列）数据进行协整检验。下面我们解释一种协整检验方法——Engle-Granger两步法。

恩格尔和格兰杰（1987）认为，如果不同变量之间存在长期均衡关系（协整关系），那么变量对长期均衡关系的偏离将是暂时的，表现为回归模型的随机误差序列是平稳的。相反，如果随机误差项序列非平稳，那么回归误差会逐步积聚，最终破坏长期均衡关系。因此，变量之间是否存在协整关系，可以通过观察回归残差序列是否平稳进行判断。基于上述思想，他们提出了基于单方程回归残差检验变量之间协整关系的方法，也称为Engle-Granger两步法。

我们以两个$I(1)$变量（这是存在狭义协整关系的前提）x与y为例，说明Engle-Granger两步法的步骤：

第一步，用OLS法估计回归方程（先不管二者是否为协整关系）：

$$\hat{y}_t = \hat{\beta}_0 + \hat{\beta}_1 x_t \tag{5.16}$$

并据此得到回归残差序列：

$$e_t = y_t - \hat{y}_t = y_t - (\hat{\beta}_0 + \hat{\beta}_1 x_t)$$

第二步，检验残差序列e_t的平稳性。一般通过对残差序列e_t进行单位根检验，由于残差序列不同于一般经济时间序列，恩格尔和格兰杰编制了专用临界值表。若e_t不存在单位根（平稳），则x与y是协整的，式（5.16）称为协整方程。否则，变量之间是非协整的，式（5.16）就是一个伪回归，只能用差分回归进行分析。

上述检验的原理如图5.4所示。

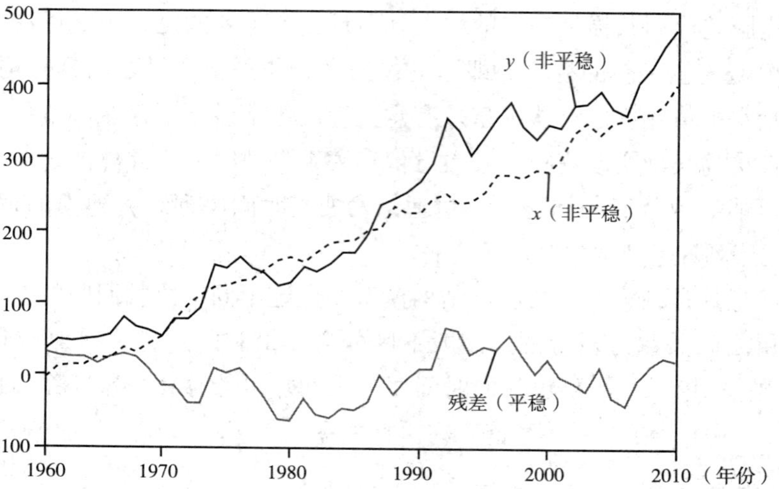

图5.4　Engle-Granger两步法检验原理

Engle-Granger两步法检验通常用于检验两变量之间的协整关系，但也推广到多个变量之间的协整检验。由于k个变量最多可以有（$k-1$）个协整关系，Engle-Granger方法只能检验其中的一个协整关系，为此约翰森（Johansen，1988）和朱赛利斯（Juselius，1990）提出了一种用向量自回归模型VAR对多变量之间的协整关系进行检验的方法，有关内容请参阅有关高级计量经济学方面的教科书。

二、误差修正模型

协整关系是变量间的长期稳定关系，它是在动态过程的不断短期调整下得以维持的。也就是说，之所以非平稳变量之间可以保持长期的均衡关系（协整），是因为一种短期调节机制在起作用，从而避免了均衡误差（对长期关系的偏离）的积累和扩大对均衡关系的破坏。这种短期的动态调节机制被称为误差修正机制。反映误差修正机制的模型称为误差修正模型。根据格兰杰表述定理（granger representation theorem），如果变量之间存在协整关系，一定存在一个与之等价的误差修正模型。

误差修正模型中的变量都是增量（差分）形式，即将协整模型（长期关系模型）中各变量以一阶差分形式引入，同时引入协整模型所产生的残差（均衡误差）序列作为额外的解释变量。一般形式如下：

$$\Delta y_t = \gamma_0 + \gamma_1 \Delta x_t + \lambda e_{t-1} + v_t \tag{5.17}$$

可见，与一般的差分回归相比，误差修正模型多了一个解释变量e_{t-1}，即协整模型OLS残差$e_t = y_t - \hat{y}_t$的一阶滞后项，以反映上一期y的观测值对均衡状态的偏离幅度。λ为误差修正系数，代表对这种偏离短期调整（修正）的方向和强度，v是满足古典假定的随机误差项。如果x和y存在协整关系，一定有$-1<\lambda<0$，即误差修正项具有反向修正作用。我们可以据此描述短期误差修正机制：若上一时刻因变量取值y_{t-1}大于其长期均衡解的估计值$\hat{y}_{t-1} = \hat{\beta}_0 + \hat{\beta}_1 x_{t-1}$，协整误差$e_{t-1}>0$，误差修正项$\lambda e_{t-1}<0$为负，使本期的$\Delta y_t$相对偏低（对于$\Delta x_t$引致的$y_t$的增量而言）；若上一时刻因变量观测值小于其长期均衡解，协整误差$e_{t-1}<0$，误差修正项$\lambda e_{t-1}>0$，使本期的Δy_t相对较大（也是与Δx_t引致的y_t的增量相比较而言）。这种反向调整使得变量之间的均衡状态得以维系。λ的绝对值大小描述了误差修正项对Δy_t的调节速度，反映了时间序列回到均衡状态的速度。在式（5.17）中，如果$\lambda=0$，说明不存在这种短期修正机制，则x与y之间不可能存在协整关系，只能应用差分回归：

$$\Delta y_t = \gamma_0 + \gamma_1 \Delta x_t + v_t$$

由于变量$\Delta y_t, \Delta x_t, e_{t-1}$都是$I(0)$变量，可以直接对式（5.17）进行OLS回归，得到经验误差修正模型：

$$\widehat{\Delta y}_t = \hat{\gamma}_0 + \hat{\gamma}_1 \Delta x_t + \hat{\lambda} e_{t-1} \tag{5.18}$$

建模实践中，误差修正模型可以与协整模型结合起来应用。因此，对存在协整关系的非平稳随机变量的结构建模可以分成两步：先建立反映变量之间长期均衡关系的协整模型；然后建立反映短期修正机制的误差修正模型。

三、案例

【**例5.3**】ex5.2.dta反映的是某地1979~2018年按不变价格计算的人均消费支出和人均收入数据，结构如表5.3所示。试进行协整检验，并建立误差修正模型。

表5.3　　部分年份人均消费支出和人均收入的数据

年份（year）	人均消费支出（y）	人均年收入（x）
1979	979	1656
1980	1050	1824
…	…	…
2018	8338	15222

1. 观察x和y的动态图。

```
.tsset year      //定义时间序列
.tsline x y      //时间序列动态图
```

如图5.5所示由于二者的变动轨迹渐行渐远，所以x和y很可能不存在长期的均衡关系。

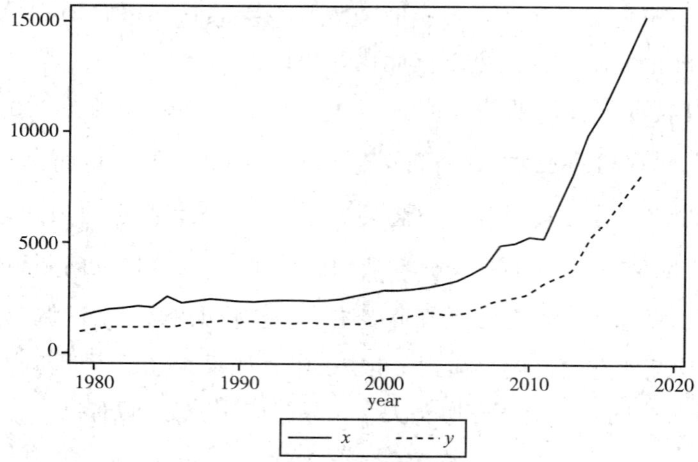

图5.5　变量水平值的时间序列

2. 进行数据预处理（对数化）后，作时间序列图。

```
.gen lny=ln(y)
```

.gen lnx=ln(x)

.tsline lnx lny

由图5.6可见，x和y的对数序列之间保持大体相同的随机趋势，有可能存在协整关系。

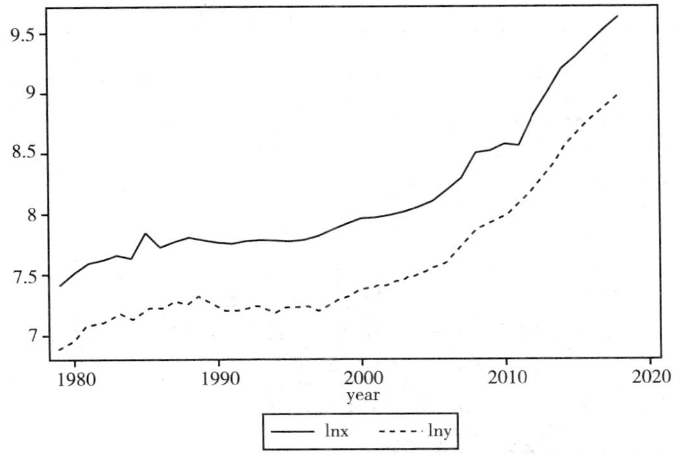

图5.6　变量对数的时间序列

3.确定单整阶数。

```
. dfuller lnx

Dickey-Fuller test for unit root                   Number of obs   =        39

                               ---------- Interpolated Dickey-Fuller ---------
                  Test         1% Critical       5% Critical      10% Critical
               Statistic           Value             Value             Value
------------------------------------------------------------------------------
 Z(t)             3.109           -3.655            -2.961            -2.613
------------------------------------------------------------------------------
MacKinnon approximate p-value for Z(t) = 1.0000

. dfuller d.lnx

Dickey-Fuller test for unit root                   Number of obs   =        38

                               ---------- Interpolated Dickey-Fuller ---------
                  Test         1% Critical       5% Critical      10% Critical
               Statistic           Value             Value             Value
------------------------------------------------------------------------------
 Z(t)            -4.905           -3.662            -2.964            -2.614
------------------------------------------------------------------------------
MacKinnon approximate p-value for Z(t) = 0.0000
```

可见，$\ln x_t \sim I(1)$。同样可以证明，$\ln y_t \sim I(1)$（过程略），满足协整回归的前提条件。

4.进行协整分析（Engle–Granger两步法）。

第一步：估计回归方程。

```
. regress lny lnx

      Source |       SS           df       MS      Number of obs   =        40
-------------+----------------------------------   F(1, 38)        =   7164.47
       Model |  12.4738619         1  12.4738619   Prob > F        =    0.0000
    Residual |  .066160791        38  .001741073   R-squared       =    0.9947
-------------+----------------------------------   Adj R-squared   =    0.9946
       Total |  12.5400227        39  .321539043   Root MSE        =    .04173

------------------------------------------------------------------------------
         lny |      Coef.   Std. Err.      t    P>|t|     [95% Conf. Interval]
-------------+----------------------------------------------------------------
         lnx |   .9431935   .0111432    84.64   0.000     .9206353    .9657517
       _cons |  -.1016017   .0910467    -1.12   0.271     -.285916    .0827127
------------------------------------------------------------------------------
```

第二步：对残差进行平稳性检验。

```
. predict e,r

. dfuller e,nocon

Dickey-Fuller test for unit root                   Number of obs   =        39

                               ---------- Interpolated Dickey-Fuller ---------
                  Test         1% Critical       5% Critical      10% Critical
               Statistic           Value             Value             Value
------------------------------------------------------------------------------
 Z(t)             -4.576            -2.638            -1.950            -1.606
```

结果说明协整残差序列平稳。所以，二者存在协整关系。第一步的表格反映的就是协整方程：

$$\widehat{\ln y_t} = -0.1016 + 0.9432 \ln x_t$$

可见，消费对收入的长期弹性为0.9432，在经济上可以解释，模型具有经济意义。

5. 建立误差修正模型。

```
. regress d.lny d.lnx l.e

      Source |       SS           df       MS      Number of obs   =        39
-------------+----------------------------------   F(2, 36)        =     49.56
       Model |  .131699502         2  .065849751   Prob > F        =    0.0000
    Residual |  .047834016        36  .001328723   R-squared       =    0.7336
-------------+----------------------------------   Adj R-squared   =    0.7188
       Total |  .179533518        38  .004724566   Root MSE        =    .03645

------------------------------------------------------------------------------
       D.lny |      Coef.   Std. Err.      t    P>|t|     [95% Conf. Interval]
-------------+----------------------------------------------------------------
         lnx |
         D1. |   .6956969   .0774997     8.98   0.000     .5385203    .8528735
             |
           e |
         L1. |  -.6990517   .1444435    -4.84   0.000    -.9919967   -.4061066
             |
       _cons |   .0145146   .0073229     1.98   0.055    -.0003368    .0293661
------------------------------------------------------------------------------
```

可见，有误差修正模型：

$$\widehat{\Delta \ln y_t} = 0.0145 + 0.696 \Delta \ln x_t - 0.699 e_{t-1}$$

模型等号后边的差分项$\Delta \ln x_t$的系数反映了两个变量短期波动之间的关系。由于对数的一阶差分相当于环比增长率，根据模型的参数估计值，结论是：如果人均收入增长率$\Delta \ln x$变动1个百分点，引起即期的人均消费增长率$\Delta \ln y$同向变动0.696个百分点。最后一项描述了误差修正机制：协整方程误差项的系数为负，符合误差修正原理；其绝对值较大，说明对均衡误差的修正力度较大。这一分析结果，说明了协整方程与误差修正模型相结合在分析现实经济问题中的优势所在。

第四节　分布滞后模型

一、分布滞后模型的种类

一个（一组）经济指标的变化会影响其他经济指标，而这种影响往往是一个持续的过程，所以有时需要在模型中引入外生变量及其滞后项作为解释变量，构造分布滞后模型（distributed lag model，DL）：

$$y_t = \alpha + \boldsymbol{x}_t \boldsymbol{\beta}_0 + \boldsymbol{x}_{t-1} \boldsymbol{\beta}_1 + \boldsymbol{x}_{t-2} \boldsymbol{\beta}_2 + \cdots + u_t \tag{5.19}$$

DL模型的解释变量是外生变量（向量）及其滞后项（向量），要求是严格外生的，或者同期外生但$\boldsymbol{x}_t$、y_t是遍历、平稳的；u_t是满足古典假定的随机误差项。

根据外生变量滞后期是否为有限值，分布滞后模型分为有限分布滞后模型和无限分布滞后模型。前者的最大滞后期是有限值，即在某一个时期后被截断；后者自变量的滞后可以一直追溯到无穷远的过去。分布滞后模型与自回归模型结合起来，称为自回归分布滞后模型（autoregressive distributed-lag model，ADL）。

分布滞后模型可以包括多个外生解释变量。为了叙述简洁，下面我们仅在一个外生解释变量条件下展开讨论，其结论可以直接推广应用于包含多个外生解释变量的情况下。

二、有限分布滞后模型

（一）模型形式

如果模型只有一个外生变量，有限分布滞后模型的一般形式如下：

$$y_t = \alpha + \beta_0 x_t + \beta_1 x_{t-1} + \beta_2 x_{t-2} + \cdots + \beta_q x_{t-q} + u_t \tag{5.20}$$

其中，x_{t-j}称为解释变量的滞后变量或滞后项，q为最大滞后阶数；u_t为满足古典假定的随机误差项。这样的模型称为q阶分布滞后模型，简记为DL(q)。

例如，在研究有机肥的增产效果时发现，当年粮食亩产y_t除了取决于当年施肥

量 x_t 的影响外，而且有可能受到前面两年施肥量 x_{t-1}、x_{t-2} 的影响，则生产函数应采用DL(2)形式：

$$y_t = \alpha + \beta_0 x_t + \beta_1 x_{t-1} + \beta_2 x_{t-2} + u_t$$

在有限分布滞后模型中，各回归参数（系数）体现了自变量各期滞后项对因变量的影响大小，即经济学中通常所说的“乘数效应”，所以，这些系数称为乘数（multiplers）。具体分为以下几种：

1. 即期乘数（短期乘数）。

$$\frac{\partial E(y_t \mid \boldsymbol{x})}{\partial x_t} = \beta_0$$

即期乘数表示各滞后变量保持不变的前提下，当期自变量观测值变动一个单位，导致影响当期因变量观测值平均的绝对变动数量。

2. 延迟乘数（动态乘数）。

$$\frac{\partial E(y_t \mid \boldsymbol{x})}{\partial x_{t-j}} = \beta_j \text{或} \frac{\partial E(y_{t+j} \mid \boldsymbol{x})}{\partial x_t} = \beta_j \quad (j = 1, 2, \cdots, s)$$

延迟乘数反映的是在保持 x 的其他滞后变量不变的前提下，x_{t-j} 观测值变动一个单位平均对当期因变量观测值（y_t）影响的绝对数量；或者等价地，表示当期的解释变量观测值变动一个单位对 j 期以后的被解释变量值（y_{t+j}）的绝对量影响。在 $E(u_t \mid \boldsymbol{x})=0$ 的假定下，$\beta_0, \beta_1, \cdots, \beta_s$ 可以反映 x_t 描述了一个单位对其后各期 y 的条件均值边际效应的动态变化轨迹，故也被称为动态乘数。

3. 累积乘数。有关乘数的代数和称为累积乘数。其中，$\sum_{i=0}^{m} \beta_i$（$m<q$）称为中期乘数，表示当期 x 变动一个单位，到其后第 m 期对 y 的累计效应；$\sum_{i=0}^{q} \beta_i$ 称为总分布乘数或长期乘数，表示当期 x 变动一个单位时，对以后的 y 产生的总效应。

（二）有限分布滞后模型的参数估计

在有限分布滞后模型（5.20）中，如果 x_t 是严格外生的（因而其滞后项都是严格外生的），而且 x_t 与其滞后变量之间不存在完全的多重共线性，u_t 满足古典假定，这时OLSE是BLUE。如果 x_t 的严格外生假定得不到满足，我们可以将其放宽为解释变量 x_{t-j} 与误差项正交，即有 $\text{cov}(x_{t-j}, u_t) = 0$。此时为了保证OLSE具有一致性和渐近正态性，我们同时要求时间序列 x_t 和 y_t 是遍历、平稳的。

在上述假定下，可以应用OLS估计有限分布滞后式（5.20）中的参数。但在建模中还解决以下问题：

1.最优滞后阶数的确定。可以借助信息准则（如 SC、AIC），在引入更多滞后项带来的好处与代价之间进行权衡，以寻找“最佳”的滞后期数。或者采用“序贯回归法”，将 x_t 的本期值及其各期滞后 x_{t-1}，x_{t-2} …由近及远序贯引入模型，当滞后变量的回归系数变得在统计上不显著，或者估计值符号发生变化变得无法解释时，就终上述过程，从而确定“最佳”滞后长度。

2.多重共线性问题。大多数经济变量的连续取值具有相关性，滞后变量之间可能存在比较严重的多重共线性问题。一般采用经验权数法解决这类问题。例如在式（5.20）我们将粮食亩产与施肥量之间的生产函数设定为：

$$y_t = \alpha + \beta_0 x_t + \beta_1 x_{t-1} + \beta_2 x_{t-2} + u_t$$

假定我们认为肥效是指数递减的，比如设定连续3年的肥效比为1:0.5:0.25，即：

$$\beta_0 = \gamma;\ \ \beta_1 = 0.5\gamma;\ \ \beta_2 = 0.25\gamma$$

带入式（5.20），作如下变换：

$$y_t = \alpha + \gamma x_t + 0.5\gamma x_{t-1} + 0.25\gamma x_{t-2} + u_t = \alpha + \gamma(x_t + 0.5x_{t-1} + 0.25x_{t-2}) + u_t$$

进行变换 $z_t = x_t + 0.5x_{t-1} + 0.25x_{t-2}$，式（5.20）变为一元线性回归模型：

$$y_t = \alpha + \gamma z_t + u_t$$

因为模型中只有一个自变量，自然不存在多重共线性问题，可以直接进行OLS回归。由于 z 相当于 x 及其滞后项的加权和，所以系数1、0.5和0.25被称为经验权数。赋权方法一般是设定递减权数（等差递减、等比递减或不规则递减），也可以酌情设定各个权数都是相等的（矩形权数）或先增后减（“∧”形权数）等形式，最终要视所研究的具体问题而定。

三、无限分布滞后模型

如果模型只有一个外生变量，无限分布滞后模型的一般形式如下：

$$y_t = \alpha + \beta_0 x_t + \beta_1 x_{t-1} + \beta_2 x_{t-2} + \cdots + u_t \tag{5.21}$$

其中的斜率系数 β_j 称为乘数。短期乘数、延迟乘数、累计乘数的定义同有限分布滞后模型。此外还包括：

1.长期乘数，或长期倾向（long run propensity，LRP）。

$$LRP = \beta_0 + \beta_1 + \beta_2 + \cdots = \sum_{j=0}^{+\infty} \beta_j$$

上式表示由于当期的 x 增加一个单位，对 y 产生的累积到无限远时期的总影响。

2.滞后权重。

$$\omega_k = \frac{\beta_k}{\sum_{j=0}^{+\infty} \beta_j} = \frac{\beta_k}{LRP}$$

上式反映x对y第k期的延迟乘数在长期乘数中占的相对比重。显然，$\omega_k > 0$，$\sum_{j=0}^{+\infty}\omega_j = 1$。

3. 平均滞后期。

$$\bar{s} = 0\cdot\omega_0 + 1\cdot\omega_1 + 2\cdot\omega_2 + \cdots = \sum_{j=0}^{+\infty} j\cdot\omega_j$$

其含义是，如果x的所有变动集中发生在t期，到$t+\bar{s}$期，x对y的总影响能全部发挥出来。

4. 中位滞后期。

中位滞后期是指能使得 $\omega_q = \dfrac{\sum_{j=0}^{q}\beta_j}{\sum_{j=0}^{+\infty}\beta_j} = 0.5$ 的时期q。其反映当期的x_t变化一个单位，推后q期，其累积影响能够达到其总影响的50%。

为了让式（5.21）有经济意义，一个自然的要求是，x的远期观测值对y影响要小于近期观测值，即随着滞后期j越来越大，乘数β_j的绝对值逐渐变小，直到衰减为0。但即使这样，在无限分布滞后模型估计中还存在另外一个困难，即我们只能观察到有限长度的历史数据，所以，模型系数无法直接或毫无限制地估计出来。为此，科伊克（Koyck，1954）提出了估计无限分布滞后模型的一种方法。他设想x_{t-j}对y_t的乘数按几何级数递减：

$$\beta_k = \beta_0\lambda^k \quad k = 0,1,2,\cdots$$

其中，$0<\lambda<1$，称为分布滞后的下降率或衰退率，$1-\lambda$称为调整速率。这意味着当追溯过去时，滞后解释变量x_{t-j}对y_t的影响逐渐减少，这是一个大致合理的假定。无限滞后模型式（5.21）就可以写为：

$$y_t = \alpha + \beta_0 x_t + \beta_0\lambda x_{t-1} + \beta_0\lambda^2 x_{t-2} + \cdots + u_t \tag{5.22}$$

将模型式（5.22）滞后一期，并且方程两边乘以λ：

$$\lambda y_{t-1} = \lambda\alpha + \beta_0\lambda x_{t-1} + \beta_0\lambda^2 x_{t-2} + \beta_0\lambda^3 x_{t-3} + \cdots + \lambda u_{t-1} \tag{5.23}$$

由式（5.22）减去式（5.23）得：

$$y_t - \lambda y_{t-1} = \alpha(1-\lambda) + \beta_0 x_t + (u_t - \lambda u_{t-1})$$

将λy_{t-1}移到等号后面，并记$\gamma = \alpha(1-\lambda)$，$v_t = u_t - \lambda u_{t-1}$，得：

$$y_t = \gamma + \beta_0 x_t + \lambda y_{t-1} + v_t \tag{5.24}$$

这个过程称为Koyck变换。通过Koyck变换，将一个无限分布滞后模型转化为一个带当期外生变量的AR(1)模型，从而解决了无限滞后模型估计的难题。假定λ为正值，该方案可排除β符号的改变，而且保证了长期乘数LRP是一个有限的值，即：

$$LRP=\sum_{k=0}^{+\infty}\beta_k=\beta_0\left(\frac{1}{1-\lambda}\right)<+\infty$$

通过Koyck变换可以方便地进行乘数分析。其中，平均滞后期为$\lambda/(1-\lambda)$；中位滞后期为$-\ln 2/\ln\lambda$。

然而，Koyck变换存在如下问题：

1.内生性问题。对于式（5.24），解释变量y_{t-1}与复合随机误差v_t中的u_{t-1}相关，即解释变量存在内生性，OLSE是不一致的。为此，古扎拉蒂（Gujarati，2000）建议采用极大似然估计解决这一问题。

2.误差项自相关问题。对于式（5.24）的复合随机误差$v_t=u_t-\lambda u_{t-1}$，由于v_t与v_{t-1}中都包含u_{t-1}，所以误差项肯定是序列相关的，违背了假定TS.5。

四、自回归分布滞后模型

自回归分布滞后模型（ADL）是分布滞后模型DL与自回归模型AR的结合，解释变量既包括因变量的滞后项，又包括外生变量及其滞后项，一般形式如下：

$$y_t=\alpha_0+\underbrace{\alpha_1 y_{t-1}+\alpha_2 y_{t-2}+\cdots+\alpha_p y_{t-p}}_{\text{AR部分}}+\underbrace{\beta_0 x_t+\beta_1 x_{t-1}+\cdots+\beta_q x_{t-q}}_{\text{DL部分}}+u_t \qquad (5.25)$$

记为ADL(p,q)。其中，p是自回归的阶数，q是分布滞后的阶数。

为了保证ADL参数估计的一致性，除了延续分布滞后模型DL中对x_t的假定以外，还要假定y_t生成自遍历、平稳的随机过程。在上述假定下，可以使用OLS方法进行参数估计和统计推断，OLSE具有一致性和渐近正态性，同时还是渐近有效的。

关于ADL模型中自回归的阶数p和分布滞后的阶数q的确定，除了从模型的实际意义入手以外，还可以借助检验统计量的显著性$\bar{R}^2$、AIC和SC等信息准则统计量，从备选模型中进行优选。

由于解释变量中包括y_t的滞后项，所以ADL模型等价于一个无限分布滞后模型。需要在ADL模型基础上导出对应的无限分布滞后模型，然后求出即期乘数、延迟乘数和总乘数。乘数分析方法同前面介绍的无限分布滞后模型，不再赘述。

此外，在亨德里（Hendry）提倡的“从一般到简单”建模方法中，ADL被看成是能够代表数据生成过程的母模型，通过逐步“约化”，可以派生出不同的应用模型。例如，对最简单的ADL (1, 1)：

$$y_t=\alpha_0+\alpha_1 y_{t-1}+\beta_0 x_t+\beta_1 x_{t-1}+u_t$$

通过对系数施加不同约束条件，可以得到若干具有特定经济意义的具体模型。例如：

1.若$\alpha_1=\beta_1=0$，产生静态回归模型：$y_t=\alpha_0+\beta_0 x_t+u_t$

2.若$\beta_0=\beta_1=0$成立，产生一阶自回归模型：$y_t=\alpha_0+\alpha_1 y_{t-1}+u_t$

3. 若 $\alpha_1=\beta_0=0$ 成立，产生“前导模型”：$y_t=\alpha_0+\beta_1 x_{t-1}+u_t$

4. 若 $\alpha_1=1,\beta_1=-\beta_0$ 成立，产生一阶差分模型：$\Delta y_t=\alpha_0+\beta_0\Delta x_t+u_t$。当 x_t,y_t 均为对数形式时，此为增长率模型。

5. 若 $\alpha_1=0$，产生一阶分布滞后模型：$y_t=\alpha_0+\beta_0 x_t+\beta_1 x_{t-1}+u_t$

6. 若 $\beta_1=0$，产生局部调整模型：$y_t=\alpha_0+\alpha_1 y_{t-1}+\beta_0 x_t+u_t$

7. 若 $\beta_0=0$，产生“盲始”模型：$y_t=\alpha_0+\alpha_1 y_{t-1}+\beta_1 x_{t-1}+u_t$。模型中只有因变量和自变量的滞后项作解释变量，$y_t$ 仅依靠滞后信息。

8. 若 $\beta_1=-\alpha_1$，产生比例响应模型：$y_t=\alpha_0+\alpha_1\left(y_{t-1}-x_{t-1}\right)+\beta_0 x_t+u_t$

由此可见，ADL模型是各种有特殊经济意义的时间序列模型的一般形式。

习　题

1. 遍历性、平稳性对时间序列回归有何意义？

2. DF、ADF和PP检验分布适用于什么情况下的单位根检验？如何确定检验模型？

3. 说明协整关系与误差修正机制的一致性。

4. 数据集finance.dta给出了1978~2003年中国财政收入y和税收x的数据（不变价格，单位亿元）。分别用DF、ADF和PP方法判断$\ln y$和$\ln x$的平稳性，如果是同阶单整的，检验它们之间是否存在协整关系，如果协整，则建立相应的协整模型和误差修正模型。

5. 数据集mexico.dta给出了1980年第一季度至2006年第三季度墨西哥和美国实际GDP的标准化数值（以2000年的平均值为100）。

（1）利用三个检验方程，对两国GDP的平稳性进行检验，单整阶数是否一致？

（2）根据经济趋同理论，两个国家的GDP增长率应该成比例，即应该是协整的。定量分析支持这一理论吗？

（3）如果两个国家的GDP之间不存在协整关系，你应该如何分析二者的数量依存关系？

6. 数据ukpi.dta给出了1996~2009年美国和欧元区物价指数的月度数据。

（1）绘制时间序列图，观察两个序列的平稳性。

（2）根据单位根检验，确定二者的单整阶数。

（3）利用EG两步法检验两个序列是否协整。如果存在协整关系，试构造误差修正模型。

7. 数据集sales.dta表示的是某百货公司157个星期的销售收入（*sales*）和广告支出（*adv*）数据，都用百万美元为计量单位。

（1）绘制两个时间序列的时间序列图。它们有没有确定性的时间趋势？

（2）以*sales*为因变量，以*adv*为自变量，分别估计滞后期数k为0、1、2、3、4、5阶的DL模型。报告每一个模型的*SC*和总乘数。总乘数对k是否敏感？

（3）以*SC*最小为标准，确定最优模型。评估模型的显著性及其滞后结构是否合理。

（4）如果有人宣称，未来三周内，每周广告费增加100万美元，会使每周的销售收入增加500万美元，在步骤（3）中确定的模型，你支持这种说法吗？

8. 数据集diqu.dta给出了某地区消费总额y（亿元）和货币收入总额x（亿元）的年度数据。

（1）估计y关于x的静态回归模型，对回归结果进行分析判断；

（2）建立无限分布滞后模型，作Koyck变换后进行估计，并对估计结果进行分析判断。

（3）在两种模型条件下，分析x对y的效应。

9. macro_swatson.dta是关于美国通货膨胀率（*inf*）和失业率（*unem*）的季度数据。

（1）检验inf的平稳性，然后将其平稳化。

（2）估计如下ADL（2，1）：$\Delta inf_t = \beta_0 + \beta_1 \Delta inf_{t-1} + \beta_2 \Delta inf_{t-2} + \beta_3 unem_{t-1} + u_t$

（3）估计结果能否支持Philips假说（即失业率与通货膨胀率存在反向关系）？

第六章　动态时间序列模型

时间序列不同时期观测值之间往往存在某种动态联系——即序列（自）相关性。基于这种动态联系构建的计量经济模型称为动态时间序列模型。狭义的动态模型指自回归移动平均模型（autoregressive moving average models，ARMA）和向量自回归模型（VAR）。由于自回归条件异方差（auto-regressive conditional heteroskedasticity，ARCH）反映了时间序列模型随机误差项方差的动态变化，所以也并入本章中进行介绍。

第一节　动态时间序列建模前提

时间序列是有顺序的数据，前后时期的观测值之间往往存在着某种相关性，即自相关或序列相关。博克斯和詹金斯（G.Box and G.Jenkins）于20世纪70年代根据时间序列的这个特点创立了一种动态建模方法，也称Box-Jenkins建模方法。其模型构建过程不依赖于任何经济学理论，而是基于时间序列观测值的自相关性寻找事物变化的动态机制，基于过去预测未来。

一、动态模型建立的前提

1.时间序列存在自相关。动态模型反映随机变量的当前值与其过去值之间的关联，有些模型还涉及因变量与解释变量过去值、随机误差项过去值之间的联系。所以时间序列前后观测值之间必须存在一定的自相关性。否则动态模型的构建则无从谈起。例如，一个产生自白噪声过程的时间序列，观测值之间完全独立，不包含任何系统性的动态联系信息，就无法用于动态建模。

2.随机变量的分布具有平稳性。动态模型是基于历史数据体现出来的规律性能够延续到未来这一假定之上的。对于基于随机变量自身历史信息构建的ARMA模型，自然要求随机变量的分布不随时间而改变，即时间序列的数据生成过程（DPG）具有平稳性。同时，从参数估计角度看，ARMA模型的解释变量是因变量或（和）随机误差项的滞后项，不满足解释变量严格外生假定TS.2，故只有随机变量是遍历、平稳的（TS.4′），OLSE才可能具有一致性。所以平稳性是建立动态模型的前提条件。如果时间序列不平稳，必须将其平稳化，才能用于建模。

二、时间序列DPG平稳性的判断

数据生成过程（DPG）的平稳性是动态建模的前提，如何判断时间序列是否生成自平稳过程？除了可以通过第五章介绍的规范的检验方法——单位根检验来判断，也可以根据平稳随机过程与非平稳随机过程具有的不同统计特征进行判断。例如，平稳的自回归AR(1)过程和非平稳的随机游走过程解释变量都是因变量的一阶滞后（回归系数分别小于1和等于1），但统计特征明显不同，具体比较如表6.1所示。

表6.1　平稳AR(1)过程与随机游走过程统计特征比较

项目	平稳AR(1)过程	随机游走过程
表达式	$y_t=\phi_1 y_{t-1}+u_t, \lvert\phi_1\rvert<1$ $u_t \sim i.i.d.N(0,\sigma_u^2)$	$y_t=y_{t-1}+u_t$, $u_t \sim i.i.d.N(0,\sigma_2)$
方差	$\sigma_u^2/(1-\phi_1^2)$（有限的）	$t\sigma_u^2$（无限的）
自相关系数	$\rho_k=\phi_1^k \to 0,\ \forall k\to\infty$,	$\rho_k=\sqrt{1-(k/T)}\to 1, \forall k, T\to\infty$
对冲击的响应（记忆性）	暂时的（短记忆）	永久的（长记忆）

产生时间序列的随机过程（即DPG）的平稳性，可以通过观察时间序列图、自相关函数图进行初步判断。

1.通过时序图观察DPG平稳性。生成自平稳过程的时间序列，其时序图（折线）有以下特点：围绕一条水平线（均值线）随机波动；变化轨迹频繁穿越均值线，但不存在系统性（规律性）的周期性特征；在均值线周围波动的幅度基本固定。如果不具备以上任何一项特征，就是非平稳的。

2.通过自相关函数观察时间序列平稳性。第四章提到了自相关系数，用来度量随机变量在两个不同时刻的取值之间相互关联的程度。随着时间间隔k的增加，无论随机过程是否平稳，ρ_k均会衰减至0。但平稳过程的衰减速度要比非平稳的随机趋势过程快得多。因为我们只有随机过程的一个实现或样本（时间序列），因此，ρ_k是无法得到的，只能根据给定的时间序列计算样本自相关函数（sample autocorrelation function）。样本的k阶自相关函数的计算公式为：

$$\hat{\rho}_k=\frac{s_{y_t y_{t-k}}}{s_{y_t}\times s_{y_{t-k}}}=\frac{\sum_{t=k+1}^{T}(y_t-\bar{y})(y_{t-k}-\bar{y})/(T-k-1)}{\sqrt{\frac{\sum_{t=1}^{T}(y_t-\bar{y})^2}{T}\times\frac{\sum_{t=k+1}^{T}(y_t-\bar{y})^2}{T-k-1}}}\approx\frac{\sum_{t=k+1}^{T}(y_t-\bar{y})(y_{t-k}-\bar{y})}{\sqrt{\sum_{t=1}^{T}(y_t-\bar{y})^2\times\sum_{t=k+1}^{T}(y_t-\bar{y})^2}},\quad k=1,2,\cdots \tag{6.1}$$

样本自相关函数 $\hat{\rho}_k$ 随时间间隔 k 变化的轨迹就是时间序列自相关图（见图6.1），可以帮助我们判断DGP的平稳性。判别准则如下：如果时间序列（样本）自相关函数 $\hat{\rho}_k$ 随着 k 的增加而迅速衰减为0（滞后阶数 k 一般不大于3，衰减过程可以呈指数形、正负交替形或正弦波形），通常意味着其DGP是平稳的；反之，其DGP可能是非平稳的。

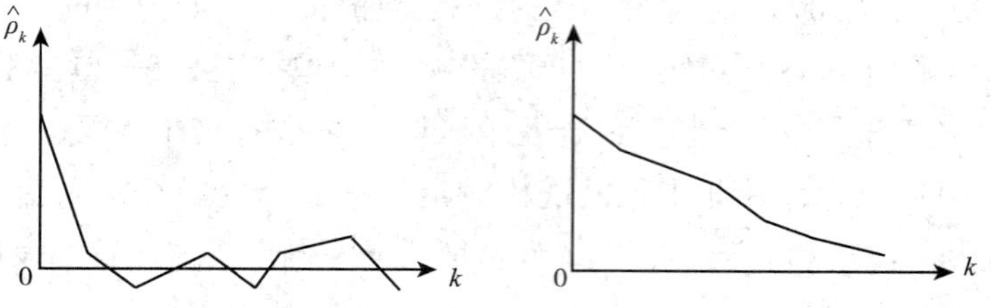

（a）平稳时间序列　　（b）随机趋势时间序列

图6.1　生成自平稳过程和与非平稳过程的时间序列自相关

如何确定 $\hat{\rho}_k$ 取值是否足够接近于0？巴特莱特（F.C. Bartlett）证明，如果时间序列生成自白噪声过程，则对所有的 $k>0$，$\sqrt{T}\hat{\rho}_k \overset{a}{\sim} N(0,1)$，或大致等价地理解为 $\hat{\rho}_k \overset{a}{\sim} N(0,1/T)$，其中 T 为样本期数（时间序列长度）。所以，对于白噪声观察，在95%的概率保证下，$|\hat{\rho}_k|<1.96\frac{1}{T}$。$\hat{\rho}_k$ 落在该区域即可视为 $\rho_k=0$。

【例6.1】 利用ex6.1.dta数据，判断GDP对数序列（*lngdp*）的DGP是否平稳。

打开ex6.1.dta，对序列进行直观观察：

.tsset year　　//定义时间序列

.tsline lngdp　　//生成 *lngdp* 时间序列图（见图6.2）

.generate dlngdp = d.lngdp　　//生成 *lngdp* 的一阶差分序列 *dlngdp*

.tsline dlngdp　　//产生 *dlngdp* 时间序列图（见图6.3）

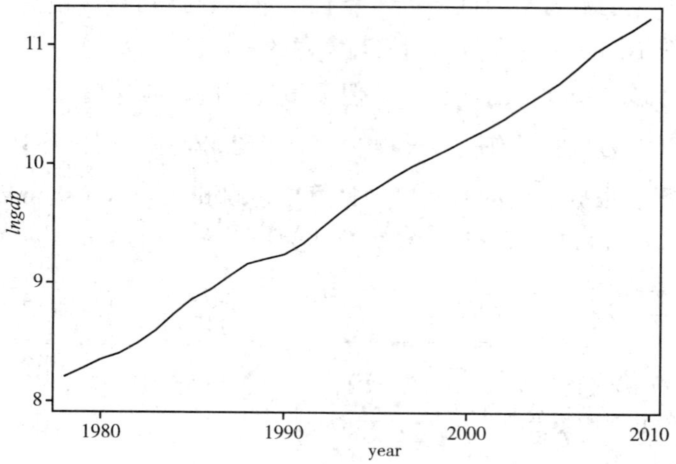

图6.2　*lngdp* 时间序列

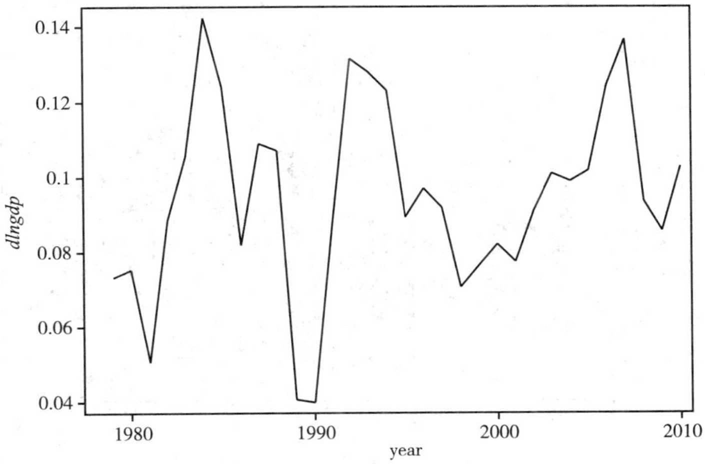

图6.3　*Δlngdp* 时间序列

由于*lngdp*具有明显的上升趋势（见图6.2），所以其DGP不平稳；图6.3则表明差分序列*dlngdp*的DGP具有平稳过程的特征。

.ac lngdp　　//产生*lngdp*自相关图（见图6.4）

.ac dlngdp　　//产生*dlngdp*自相关图（见图6.5）

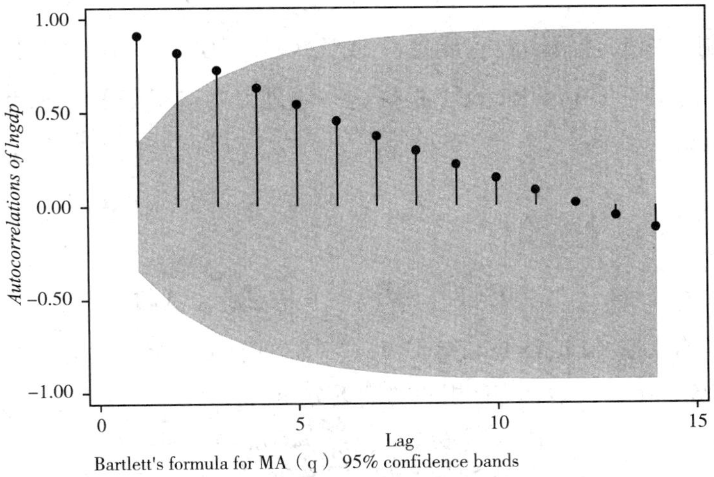

图6.4　*lngdp*序列的自相关函数

由于*lngdp*序列的自相关函数是缓慢下降的（见图6.4），可初步判断其DGP是非平稳的；而*dlngdp*序列的自相关系数在$k=2$以后即落入0区域（见图6.5），可初步确定其DGP是平稳的。

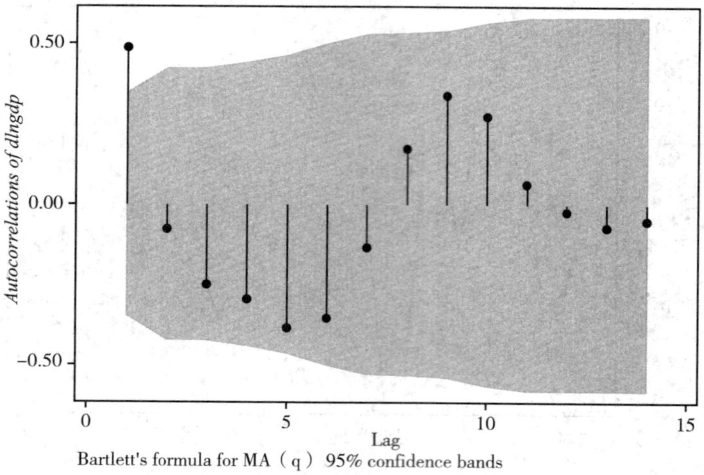

图6.5　$\Delta lngdp$ 序列的自相关函数

三、白噪声检验

平稳时间序列建模的另一个前提是时间序列不能生成自白噪声过程，因为白噪声过程对于任意的时间间隔k，自相关系数均为0，即观测值之间不存在动态联系。巴特莱特证明，如果时间序列生成自白噪声过程，$\sqrt{T}\hat{\rho}_k \overset{a}{\sim} N(0,1)$，其中$T$为序列长度。伯克斯－皮尔斯（Box–Pierce）根据这一原理，构造了如下Q统计量用于白噪声检验：

$$Q_{BP}=T\sum_{k=1}^{p}\hat{\rho}_k^2 \tag{6.2}$$

在$H_0:\rho_1=\rho_2=\cdots=\rho_p=0$（即白噪声）下，$Q_{BP}\overset{a}{\sim}\chi^2(p)$。

卢詹克和伯克斯（Ljung and Box）对式（6.2）的Q_{BP}统计量进行了改造，构造了Ljung–Box Q统计量（与Q_{BP}具有相同的渐近分布）：

$$Q_{LB}=T(T+2)\sum_{k=1}^{p}\frac{\hat{\rho}_k^2}{T-k} \tag{6.3}$$

Q_{LB}与Q_{BP}具有相同的渐近分布，但Q_{LB}尤其适用于对小样本的白噪声检验。

Stata提供了wntestq命令（wn代表white noise）用于特定阶数的Q_{LB}检验。对于【例6.1】用该命令：

```
.wntestq dlngdp,lags(5)
```

```
Portmanteau test for white noise
---------------------------------------------------
 Portmanteau (Q) statistic =     20.1556
 Prob > chi2(5)            =      0.0012
```

Stata提供的corrgram命令能够同时给出序贯阶数的AC、PAC和Q_{LB}检验值及其p值。对于【例6.1】:

.corrgram dlngdp, lag(6)　　　//最大滞后阶数为6（缺省由系统自动确定）

```
 LAG       AC       PAC      Q     Prob>Q  [Autocorrelation]  [Partial Autocor]
-------------------------------------------------------------------------------
 1       0.4878   0.4898   8.3526  0.0039          |---               |---
 2      -0.0750  -0.4169   8.5563  0.0139          |               ---|
 3      -0.2481   0.0363   10.866  0.0125        --|                  |
 4      -0.2937  -0.2989   14.219  0.0066       ---|                --|
 5      -0.3838  -0.3291   20.156  0.0012      ----|                --|
 6      -0.3518  -0.3096   25.336  0.0003       ---|                --|
```

可见，Q_{LB}检验拒绝了*dlngdp*序列生成自白噪声的原假设。可以基于*dlngdp*进行ARMA建模。

第二节　ARMA模型

一、模型形式

ARMA类模型属于单变量平稳随机过程建模，适用于平稳时间序列。如果时间序列含有确定性成分（破坏平稳性），需要先从数据中将其剔除掉，只对其中的随机成分建模。例如对于模型:

$$y_t = \mu + \alpha t + \phi_1 y_{t-1} + \phi_2 y_{t-2} + u_t \tag{6.4}$$

先对数据进行预处理，消除确定性成分：$y_t^* = y_t - \mu - \alpha t$，然后针对如下模型讨论建模问题:

$$y_t^* = \phi_1 y_{t-1} + \phi_2 y_{t-2} + u_t \tag{6.5}$$

ARMA类模型有三种基本类型：自回归模型(autoregressive models，AR)、移动平均模型(moving average models，MA)和自回归移动平均模型(ARMA)。向量形式的自回归模型（VAR）属于多方程模型，放在第三节中介绍。此外，近年还发展出一类带外生变量的ARMA模型——ARMAX模型，由于超出了本教材的范围，在此不进行讨论。

（一）AR模型

如果随机变量y_t可以表示为它的前期观测值的随机线性函数形式，即:

$$y_t = \phi_1 y_{t-1} + \phi_2 y_{t-2} + \cdots + \phi_p y_{t-p} + u_t \qquad u_t \sim WN(0, \sigma_u^2) \tag{6.6}$$

则称y_t是p阶自回归过程，记为AR(p)。其中的$\phi_0, \phi_1, \cdots, \phi_P$称为自回归参数；$u_t$是满足古典假定的随机误差项（白噪声过程），且$u_t$与滞后变量$y_{t-1}$，$y_{t-2}, \cdots, y_{t-p}$不相关。引入滞后算子$L$，式（6.6）可表示为:

$$y_t=\phi_1 Ly_t+\phi_2 L^2 y_t+\cdots+\phi_p L^P y_t+u_t \quad \Rightarrow(1-\phi_1 L-\phi_2 L^2-\cdots-\phi_p L^P)y_t=u_t \quad \Rightarrow \Phi(L)y_t=u_t \tag{6.7}$$

其中，$\Phi(L)=1-\phi_1 L-\phi_2 L^2-\cdots-\phi_p L^P$ 称为滞后算子多项式（或系数多项式）。

（二）MA模型

如果随机变量 y_t 是随机误差项的前期值的随机线性函数：

$$y_t=\theta_1 u_{t-1}+\theta_2 u_{t-2}+\cdots+\theta_q u_{t-q}+u_t \tag{6.8}$$

其中，u_t 是白噪声过程。则称 y_t 为 q 阶移动平均过程，记为MA(q)。其中的 $\theta_1,\theta_2,\cdots,\theta_q$ 称为移动平均参数，是模型的待估参数。引入滞后算子，则式（6.8）可以简写为：

$$y_t=(1+\theta_1 L+\theta_2 L^2+\cdots+\theta_q L^q)u_t \Rightarrow y_t=\Theta(L)u_t$$

（三）ARMA模型

如果随机变量 y_t 是它的前期观测值及前期随机误差项的随机线性函数：

$$y_t=\underbrace{\phi_1 y_{t-1}+\phi_2 y_{t-2}+\cdots+\phi_p y_{t-p}}_{\text{AR部分}}+\underbrace{\theta_1 u_{t-1}+\theta_2 u_{t-2}+\cdots+\theta_q u_{t-q}}_{\text{MA部分}}+u_t \tag{6.9}$$

其中，u_t 是白噪声过程。则称其为 (p,q) 阶的自回归移动平均过程，记为ARMA (p,q)。若使用滞后算子，则式（6.9）可以简记为：

$$\Phi(L)y_t=\Theta(L)u_t$$

显然，ARMA模型是AR和MA的结合。或者等价地说，AR模型和MA模型都是ARMA模型的特例。

二、ARMA过程的平稳性和可逆性

1. AR过程的平稳性。AR模型常用于刻画平稳时间序列的动态机制，但并非所有的AR模型都是平稳的。对于有限阶AR(p)过程 $y_t=\phi_1 y_{t-1}+\phi_2 y_{t-2}+\cdots+\phi_p y_{t-p}+u_t$，或者表示为：

$$(1-\phi_1 L-\phi_2 L^2-\cdots-\phi_p L^P)y_t=u_t \Rightarrow \Phi(L)y_t=u_t$$

平稳的条件是：系数多项式方程 $\Phi(L)=1-\phi_1 L-\phi_2 L^2-\cdots-\phi_p L^P=0$ 的根模大于1（在单位圆之外），或者等价的：特征方程 $\lambda^p-\phi_1\lambda^{p-1}-\cdots-\phi_{p-1}\lambda-\phi_p=0$ 的根模小于1，即在单位圆之内（因为系数多项式方程的根与特征方程的根互为倒数）[①]。一个必

① 如果将复数根记为（$a+bi$），复平面是以 a 为横轴、以 b 为纵轴的平面。复数根的模为 $\sqrt{a^2+b^2}$，即复数对应的坐标到原点的距离。$\sqrt{a^2+b^2}=1$ 形成的圆周称为复平面上的单位圆。实数根的模就是实数根的绝对值。

要（但不充分的）条件是：$\phi_1+\phi_2+\cdots+\phi_p<1$。

如果满足平稳性条件，AR(p)过程可以转换为一个无限阶的移动平均过程MA(∞)：

$$y_t=\phi_1 y_{t-1}+\phi_2 y_{t-2}+\cdots+\phi_p y_{t-p}=u_t+\theta_1 u_{t-1}+\theta_2 u_{t-2}+\cdots \quad （u为白噪声）$$

2. MA过程的可逆性。对于有限阶移动平均MA(q)过程 $y_t=\theta_1 u_{t-1}+\theta_2 u_{t-2}+\cdots+\theta_q u_{t-q}+u_t$，或者写作：

$$y_t=(1+\theta_1 L+\theta_2 L^2+\cdots+\theta_q L^q)u_t=\Theta(L)u_t$$

由于假定 u_t 为白噪声过程，所以，只要 y_t 的方差为有限值，MA(q)无条件平稳。而且只要其系数多项式方程 $\Theta(L)=0$ 的根模大于1（在单位圆之外），MA(q)就可以转换成一个无限阶的自回归过程AR(∞)：

$$y_t=\phi_1 y_{t-1}+\phi_2 y_{t-2}+\cdots+u_t$$

这种性质称为MA(q)过程的可逆性。对于MA(q)过程，只需考虑可逆性问题，不必考虑平稳性问题。

3. ARMA过程。ARMA (p,q) 模型是AR (p) 模型与MA (q) 模型的组合。因此ARMA (p,q) 模型的平稳性只取决于自回归AR (p) 部分的平稳性，其可逆性则只依赖于移动平均 (q) 部分的可逆性。

三、ARIMA模型与Box–Jenkins建模法

ARMA模型是单变量平稳过程建模方法。如果时间序列是非平稳的，需要先进行数据的平稳化处理，再基于处理后的平稳序列构建ARMA模型。假定如果我们通过 d 次差分将一个非平稳时间序列平稳化，然后用一个ARMA模型去拟合，称该模型是一个自回归单整移动平均模型（autoregressive integrated moving average models，ARIMA），记为ARIMA (p,d,q)。可见ARIMA建模等价于在ARMA建模之前加上了一个平稳化处理。ARMA可以看作是ARIMA的特例，即ARMA(p,q)等价于ARIMA(p,0,q)。

20世纪70年代，伯克斯和詹金斯（Box and Jenkins）针对平稳时间序列的ARMA建模及其应用提供了一套标准化的策略，即Box–Jenkins建模法。具体分为模型识别、参数估计和诊断检验、外推预测等几个步骤。

1. 模型识别。Box–Jenkins建模法是典型的“数据驱动”建模方法。模型设定不依赖于经济理论，仅仅依赖于时间序列（样本）信息，通过自相关系数和偏自相关系数等数字特征对生成时间序列的随机过程DGP进行推测，这被称为模型识别。对于非白噪声的遍历平稳过程，自相关系数AC和偏自相关系数PAC趋于0的方式有两种：如果随着滞后期的增加平滑地逐渐衰减至0，称为拖尾；如果在某阶滞后期以后

突然（迅速）趋于零，称为截尾。各类模型大致的识别规则如表6.2所示：

表6.2 模型识别规则

模型类别	AC特征	PAC特征
AR(p)	拖尾	p阶截尾
MA(q)	q阶截尾	拖尾
ARMA(p,q)	拖尾	拖尾

由于随机过程（相当于总体）的自相关系数和偏自相关系数是未知的，我们只能借助基于时间序列（相当于样本）计算样本自相关系数AC和偏自相关系数PAC。因此，上述特征体现得往往没有那么“规范”，而是比较模糊。实际应用时，可采用两种方法确定阶数：第一，按滞后期由大到小的序贯t检验。以AR模型为例，设定一个最大滞后期数p_{max}，对最大滞后项的回归系数进行t检验，如果不显著，则最大滞后期数重设为p_{max-1}，再进行回归估计和检验；重复这一过程直到最后一个系数显著为止，此时的滞后阶数就是最优滞后阶数。第二，根据准则统计量（如*MSE*、*SC*、*AIC*），逐个增加阶数进行尝试，确定p和q的最优阶数。伯克斯、詹金斯和瑞索尔（Box，Jenkins and Reinsel，1994）认为，在大多数情况下，对于平稳的ARMA (p,q) 过程，p与q的阶数一般不会大于2。所以，可以依次用不同的阶数组合如(1,0)、(1,1)、(1,2)等构建ARMA模型，然后根据信息准则进行选优。

2.参数估计。ARMA模型的识别与估计过程往往是同步进行的。参数估计的方法包括普通最小二乘法OLS、非线性最小二乘法NLS、矩估计MM和极大似然估计ML等。Stata提供了估计命令arima，基本形式是：

.arima y, arima(#p,#d,#q)　　//#p,#d,#q#依次表示自回归、差分和移动平均的阶数p、d、q。

以下是几个例子：

.arima y, arima(2,0,1)　　//估计ARMA(2,1)，等价于arima y, ar(1/2) ma(1)

.arima y, arima(2,1,1)　　//估计ARIMA(2,1,1)，等价于arima D.y, ar(1/2) ma(1)

.arima y x, arima(1,0,2)　　//估计含外生变量x的ARMAX(1,2)，等价于arima y x, ar(1) ma(1/2)

3.模型检验。ARMA模型的检验包括参数的显著性检验和随机误差项的白噪声检验。参数的显著性检验方法与常规模型相同。由于ARMA模型主要用于预测，所以对单个参数是否显著（t检验）不太重视，主要考察模型的整体显著性（F检验和R^2）。ARMA模型之所以要进行白噪声检验，是因为如果估计的模型是正确的，系统信息可以被模型完全“提取”，回归残差应是一个白噪声序列，否则，意味着误差序列还存在着系统信息没有被提取。可用Q_{LB}统计量对残差序列进行白噪声检验。如果原假设被拒绝，说明建立的ARMA模型设定不合理，需重新识别与估计。

4.外推预测。不同于结构（因果关系）模型，ARMA模型很难用于结构分析和政策评价，其主要功能是预测。下面以ARMA(1,1)模型为例具体介绍预测方法。对应ARMA(1,1)模型：

$$y_t = \phi_1 y_{t-1} + u_t + \theta_1 u_{t-1} \tag{6.10}$$

理论上$T+1$期的值应按下式计算：

$$y_{T+1} = \phi_1 y_T + u_{T+1} + \theta_1 u_T \tag{6.11}$$

基于时间序列样本$\{y_t\}, t=1,2,\cdots,T$，对式（6.10）进行拟合。用估计的参数$\hat{\phi}_1$，$\hat{\theta}_1$和e_T分别代替式（6.11）中的ϕ_1，θ_1和u_T。式（6.11）中的u_{T+1}是未知的，但已知$E(u_{T+1})=0$，所以取$u_{T+1}=0$。y_T是已知的（样本值）。对y_{T+1}的预测按下式进行：

$$\hat{y}_{T+1} = \hat{\phi}_1 y_T + \hat{\theta}_1 e_T$$

同理，理论上y_{T+2}的预测式是：

$$y_{T+2} = \phi_1 y_{T+1} + u_{T+2} + \theta_1 u_{T+1}$$

仍取$u_{T+1}=0$，$u_{T+2}=0$，则y_{T+2}的实际预测式是：

$$\hat{y}_{T+2} = \hat{\phi}_1 \hat{y}_{T+1}$$

其中，$\hat{y}_{T+1}$是上一步得到的预测值。以此类推，y_{T+k}的预测式是：

$$\hat{y}_{T+k} = \hat{\phi}_1 \hat{y}_{T+k-1}$$

可见，随着预测时期的后延，预测式（6.11）中MA部分逐步退出，预测式变为纯AR形式。ARMA模型只适合于对变量进行短期预测，长期预测的方差很大。所以，一般要求ARMA(p,q)外推的期数不应高于（p+q）。另外，如果是ARIMA模型，预测值是变量的差分值，还需要还原出其水平值。

归纳一下，Box-Jenkins建模法程序如图6.6所示。

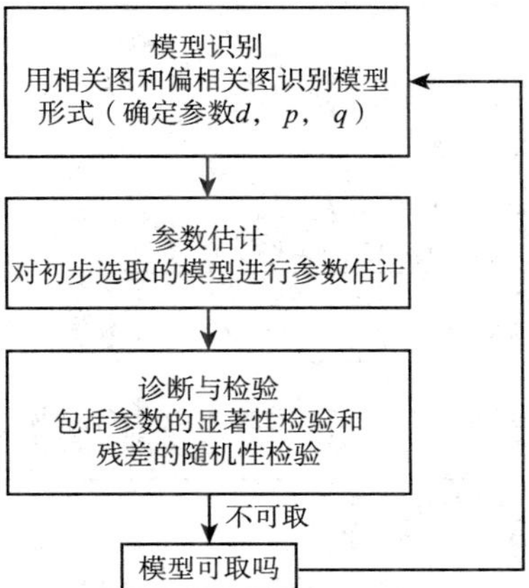

图6.6　Box-Jenkins建模流程

【例6.2】仍使用我国GDP数据ex6.1.dta。【例6.1】中，已确定*dlngdp*是平稳序列，试对*dlngdp*进行Box–Jenkins建模，并据此预测2011年我国GDP数据。

1.模型识别。

.corrgram dlngdp,lag(8)　　//观察AC和PAC，以初步确定模型形式

LAG	AC	PAC	Q	Prob>Q	-1 0 1 [Autocorrelation]	-1 0 1 [Partial Autocor]
1	0.4878	0.4898	8.3526	0.0039		
2	-0.0750	-0.4169	8.5563	0.0139		
3	-0.2481	0.0363	10.866	0.0125		
4	-0.2937	-0.2989	14.219	0.0066		
5	-0.3838	-0.3291	20.156	0.0012		
6	-0.3518	-0.3096	25.336	0.0003		
7	-0.1321	-0.1491	26.095	0.0005		
8	0.1731	0.0233	27.454	0.0006		

可以看出，样本自相关函数在滞后1期后趋于0；偏自相关函数则在滞后2期后趋于0，而拖尾的特征不甚明显。因此，对于*dlngdp*序列，可初步选择ARMA(2,0)、ARMA(0,1)、ARMA(1,1)、ARMA(2,1)、ARMA(1,2)和ARMA(2,2)模型。首先，分别估计出上述模型，并保存。如：

.arima dlngdp ,ar (2)　　//估计AR(2)

.estimate store a　　//保存为模型a

在依次估计出其他阶数的ARMA模型，分别保存为b、c、d、e和f。然后，显示全部估计结果：

.estimates table　a b c d e f,stats(aic bic) star　　//star表示用*标注参数检验的显著性水平

Variable	a	b	c	d	e	f
dlngdp						
_cons	.09502123***	.09423769***	.09420432***	.09459911***	.0947083***	.09472181***
ARMA						
ar						
L1.	.68710484**		.14373753	.69115393*	1.2771549***	1.0842906***
L2.	-.40431363*				-.67194302***	-.49800598*
ma						
L1.		.6768995***	.61041587*	-.29356661	-.99999484	-.62670879
L2.				-.70646712		-.37328721
sigma						
_cons	.01982947***	.02008654***	.01995671***	.01855883	.01726537	.0171949
Statistics						
aic	-151.47687	-152.6681	-151.04135	-151.98324	-155.26264	-153.86444
bic	-145.61392	-148.2709	-145.1784	-144.65456	-147.93396	-145.07002

legend: * p<0.05; ** p<0.01; *** p<0.001

最后，根据信息准则，确定最优的阶数。按照*AIC*准则，模型e即ARMA(2,1)最优；而按照*BIC*(*SC*)准则，模型b即ARMA(0,1)最优。按照简约性原则，我们选用MA(1)模型。

2. 参数估计。

.arima dlngdp ,ma (1)　　　//估计MA(1)模型

```
ARIMA regression

Sample:  1979 - 2010                            Number of obs      =        32
                                                Wald chi2(1)       =     12.13
Log likelihood =  79.33403                      Prob > chi2        =    0.0005

------------------------------------------------------------------------------
             |                 OPG
      dlngdp |      Coef.   Std. Err.      z    P>|z|     [95% Conf. Interval]
-------------+----------------------------------------------------------------
dlngdp       |
       _cons |   .0942377    .006211    15.17   0.000     .0820643    .1064111
-------------+----------------------------------------------------------------
ARMA         |
          ma |
         L1. |   .6768994   .1943403     3.48   0.000     .2959994    1.057799
-------------+----------------------------------------------------------------
      /sigma |   .0200866   .0022526     8.92   0.000     .0156716    .0245015
------------------------------------------------------------------------------
Note: The test of the variance against zero is one sided, and the two-sided
      confidence interval is truncated at zero.
```

即最终模型为：$\widehat{dlngdp_t}=0.094+0.677u_{t-1}$

3. 模型检验与诊断。有关参数的显著性检验结果已在上一步参数估计中给出。仅需对回归残差进行白噪声检验：

.predict e, residual　　　//产生回归残差序列

.wntestq e, lag（8）　　//对残差序列进行白噪声检验：

```
Portmanteau test for white noise
---------------------------------------
 Portmanteau (Q) statistic =     9.3059
 Prob > chi2(8)            =     0.3171
```

检验结果表明，不能拒绝白噪声残差项的假设，说明样本信息被模型提取完毕。模型可用。

4. 短期外推预测。首先利用tsappend命令将样本的时期延长至预测期，然后利用predict命令进行外推预测。本例假定我们要进行向后3期预测，即预测2011~2013年的*dlngdp*值。命令如下：

.tsappend, add(3)　　　//样本时期延长3年

.predict yhat　　　//预测（拟合）因变量的值，命名为yhat

.list in –4/–1　　　//显示最后4年（2010~2013年）的数据

	year	gdp	lngdp	dlngdp	yhat
33.	2010	75434.6	11.231	.1028996	.0963568
34.	2011	.	.	.	.0986665
35.	2012	.	.	.	.0942377
36.	2013	.	.	.	.0942377

yhat是$dlngdp$的MA(1)预测值，在外推2期以后变为常数。如果要预测GDP的绝对数，需要进行推算。以2011年为例：因为已知$lngdp_{2010}$=11.231，所以有：

$$\widehat{lngdp}_{2011} = lngdp_{2010} + \widehat{dlngdp}_{2011} = 11.2310+0.0986665=11.329667$$

由此推算出GDP的绝对数为：

$$\widehat{gdp}_{2011} = e^{11.329667} = 83255.294（亿元）$$

请读者自行预测2012~2013年的GDP绝对数。

第三节　向量自回归模型

一、VAR模型的一般形式

一个VAR包括m个方程（$m \geqslant 2$），每个方程有一个内生变量（因变量），各方程的解释变量完全相同，都是所有内生变量的滞后项。由于内生变量的滞后项与随机误差项是渐进不相关的，所以VAR模型避免了经典的联立方程模型中的联立性偏倚问题。

一个涉及两个变量的VAR（2）模型（简化式）为：

$$\begin{cases} y_t = \alpha_0 + \alpha_1 y_{t-1} + \alpha_2 y_{t-2} + \alpha_3 x_{t-1} + \alpha_4 x_{t-2} + u_{1t} \\ x_t = \beta_0 + \beta_1 y_{t-1} + \beta_2 y_{t-2} + \beta_3 x_{t-1} + \beta_4 x_{t-2} + u_{2t} \end{cases} \tag{6.12}$$

把两个方程写在一起：

$$\begin{pmatrix} y_t \\ x_t \end{pmatrix} = \begin{pmatrix} \alpha_0 \\ \beta_0 \end{pmatrix} + \begin{pmatrix} \alpha_1 & \alpha_3 \\ \beta_1 & \beta_3 \end{pmatrix}\begin{pmatrix} y_{t-1} \\ x_{t-1} \end{pmatrix} + \begin{pmatrix} \alpha_2 & \alpha_4 \\ \beta_2 & \beta_4 \end{pmatrix}\begin{pmatrix} y_{t-2} \\ x_{t-2} \end{pmatrix} + \begin{pmatrix} u_{1t} \\ u_{2t} \end{pmatrix}$$

用矩阵形式简记为：

$$\boldsymbol{Y}_t = \boldsymbol{\Pi}_0 + \boldsymbol{\Pi}_1 \boldsymbol{Y}_{t-1} + \boldsymbol{\Pi}_2 \boldsymbol{Y}_{t-2} + \boldsymbol{U}_t$$

其中，$\boldsymbol{Y} = \begin{pmatrix} y \\ x \end{pmatrix}$

更一般的，m维VAR（p）简化方程的一般形式为：

$$\boldsymbol{Y}_t = \boldsymbol{\Pi}_0 + \boldsymbol{\Pi}_1 \boldsymbol{Y}_{t-1} + \boldsymbol{\Pi}_2 \boldsymbol{Y}_{t-2} + \cdots + \boldsymbol{\Pi}_p \boldsymbol{Y}_{t-p} + \boldsymbol{U}_t \tag{6.13}$$

其中，$\boldsymbol{Y}_t$是m维的内生变量序列，$\boldsymbol{U}_t$是m维新息过程（innovation process），假设是向量白噪声过程。因VAR模型中每个方程的右侧只含有内生变量的滞后项，它们与u_t是渐近不相关的，所以可用OLS法依次估计每一个方程，得到参数的一致估计量。

与ARMA模型类似，VAR模型通过挖掘数据内部的自相关性构建模型，不以严格的经济理论为依据，也属于“数据驱动”建模方法。VAR模型的主要应用是预测，所以重点关注模型对数据的整体拟合效果，不太关注具体参数的显著性。模型中的变量不再区分内生变量和外生变量，困扰联立方程模型的解释变量内生性问题在VAR模型中不存在。

早期的VAR建模只针对平稳变量。后来的研究认为，存在协整关系的若干个非平稳变量也能构成一个平稳系统，所以，协整的非平稳变量也可以建立VAR模型（称为向量误差修正模型VEMC）。目前，VAR模型发展出带外生变量的VARX模型、方程右侧带同期内生变量的结构VAR模型（SVAR）等。本章只讨论最基本的VAR模型形式。

二、VAR的稳定性与滞后期选择

对于AR(p)过程，稳定的条件是系数多项式方程$\Phi(L)=0$的根必须在单位圆以外。对于VAR模型，也用这种方法判别稳定性。对于VAR(p)：

$$\boldsymbol{Y}_t=\boldsymbol{\Pi}_0+\boldsymbol{\Pi}_1\boldsymbol{Y}_{t-1}+\boldsymbol{\Pi}_2\boldsymbol{Y}_{t-2}+\cdots+\boldsymbol{\Pi}_p\boldsymbol{Y}_{t-p}+\boldsymbol{U}_t$$

$$(\boldsymbol{I}-\boldsymbol{\Pi}_1\boldsymbol{L}-\boldsymbol{\Pi}_2\boldsymbol{L}^2-\cdots-\boldsymbol{\Pi}_p\boldsymbol{L}^p)\boldsymbol{Y}_t=\boldsymbol{\Pi}_0+\boldsymbol{U}_t$$

保持VAR模型稳定的条件是系数多项式方程$|\boldsymbol{I}-\boldsymbol{\Pi}_1\boldsymbol{L}-\boldsymbol{\Pi}_2\boldsymbol{L}^2-\cdots-\boldsymbol{\Pi}_p\boldsymbol{L}^p|=0$的根都在单位圆以外。等价于特征方程的根在单位圆之内。

VAR模型稳定的经济意义是，模型描述的经济结构有稳定解或存在均衡状态。从随机过程角度而言，稳定性表明当把一个脉动冲击施加在某一个方程的随机误差项即新息（innovation）上时，随着时间的推移，这个冲击对VAR系统的影响会逐渐地消失。否则，说明系统对冲击是永久记忆的，即系统是不稳定的。

建立VAR模型除了要满足平稳性条件外，还应该确定最优滞后阶数k。一般采用准则统计量进行优选，如按照AIC、SC最小的原则确定。

三、脉冲响应函数与方差分解

由于VAR模型参数个数众多，单个参数估计值的经济解释非常困难。要对一个VAR模型做出分析，通常是观察系统的脉冲响应函数和方差分解。

脉冲响应函数描述的是一个内生变量对误差冲击的反应。具体地说，它描述的是在随机误差项上施加一个标准差大小的冲击后对内生变量的当期值和未来值所带来影响的大小。

由于任何一个VAR(p)模型都可以表示为一个无限阶的向量移动平均VMA(∞)过程：

$$\boldsymbol{Y}_t=\boldsymbol{U}_t+\boldsymbol{\psi}_1\boldsymbol{U}_{t-1}+\boldsymbol{\psi}_2\boldsymbol{U}_{t-2}+\cdots+\boldsymbol{\psi}_s\boldsymbol{U}_{t-s}+\cdots$$

等价于：

$$\boldsymbol{Y}_{t+s}=\boldsymbol{U}_{t+s}+\boldsymbol{\psi}_1\boldsymbol{U}_{t+s-1}+\boldsymbol{\psi}_2\boldsymbol{U}_{t+s-2}+\cdots+\boldsymbol{\psi}_s\boldsymbol{U}_t+\cdots$$

显然，

$$\boldsymbol{\Psi}_s = \frac{\partial \boldsymbol{Y}_{t+s}}{\partial \boldsymbol{U}_t} \tag{6.14}$$

矩阵 $\boldsymbol{\Psi}_s$ 中第i行第j列元素表示的是，保持其他误差项在任何时期都不变，当y_j中的误差项u_j在t期受到一个单位的冲击后，对y_i在$t+s$期造成的影响。

把式（6.14）的 $\boldsymbol{\Psi}_s$ 中第i行第j列元素 $\frac{\partial y_{i,t+s}}{\partial u_{j_t}}$ （$s = 1, 2, 3, \cdots$）看成滞后期s的函数，称作脉冲响应函数（impulse response function，IRF）。脉冲响应函数描述了保持其他变量在t期以及以前各期不变的前提下，$y_{i,\ t+s}$对y_j在第t期时被施加冲击的响应过程。

对脉冲响应函数解释的困难在于，实际中误差项从来都不是完全独立（无关）的。为处理这一问题，常用的是一种使误差项正交的变换方法，称作Cholesky分解法。通过分解，原误差项相关的部分归于VAR系统中第一个变量的随机扰动项，所以方程顺序的改变将会影响到脉冲响应函数。

1980年，西姆斯（Sims）依据VMA(∞)表示，又提出了方差分解方法（variance decomposition），以大略把握变量间的相互影响关系。根据递推公式，VAR中的任何一个内生变量y_i可以表示为MA（∞），其方差可以分解成k种不相关的影响，为了测定各个扰动项对y_i的方差有多大程度的贡献，可以计算相对方差贡献率（relative variance contribution，RVC），根据y_j中误差项u_j的方差对y_i的各个时期方差的相对贡献度来观测第j个变量对第i个变量的影响。

四、Granger因果关系

如果变量之间的联系比较简单，只要进行定性分析或依据经济理论，区分哪个（些）是原因变量，哪个（些）是结果变量并不是太困难。但当遇到的变量之间联系比较复杂时，就需要借助于一定的统计方法进行区分。克莱夫·格兰杰（Clive W.J.Granger，1967）提出了一个利用变量滞后关系检验因果关系的方法，称为Granger因果关系检验（Granger Causality Tests）。下面以一个二维VAR(2)为例加以说明：

$$\begin{cases} y_t = \alpha_0 + \alpha_1 y_{t-1} + \alpha_2 y_{t-2} + \alpha_3 x_{t-1} + \alpha_4 x_{t-2} + u_{1t} & (6.15) \\ x_t = \beta_0 + \beta_1 y_{t-1} + \beta_2 y_{t-2} + \beta_3 x_{t-1} + \beta_4 x_{t-2} + u_{2t} & (6.16) \end{cases}$$

假定x_t和y_t是平稳的时间序列，或x_t、y_t之间存在协整关系，Granger因果关系检验依据的原理是，如果变量x是y的原因，则在给定x_t和y_t的信息集的情况下，利用x的信息有助于更好地预测y的值。检验方法是，将x的滞后项作为解释变量加到y的自回归方程中，考察模型解释（预测）能力的变化，即在式（6.15）中检验约束条件$H_0:\alpha_3=\alpha_4=0$。如果拒绝了原假设，说明x滞后项的引入明显提高了模型的解释（预测）能力，则x是y在Granger意义上的原因；反之亦然。然后按照相同的办法检验y是否是x在Granger意义上的原因，即在式（6.16）中检验约束条件$H_0:\beta_1=\beta_2=0$。

检验的结论有三种可能：x和y之间不存在Granger因果关系；x和y之间存在单向Granger因果关系；x和y之间互为因果关系。使用Granger检验需要特别注意三点：第一，Granger因果关系是从预测的意义上说，称为“Granger预测能力”更合适一些，与逻辑上的“因果关系”不完全是一回事；第二，为避免伪回归，用于检验的时间序列必须满足平稳性条件（或具有协整关系）；第三，滞后期数的长短在很大程度上决定了Granger检验的结论，故应该根据SC或AIC准则谨慎确定滞后期数。

【例6.3】ex6.3.dta是某地区水产养殖业产值增长率x和水产加工业产值增长率y的历史数据，数据结构如表6.3所示。试对两个序列进行VAR建模，并进行Granger因果关系检验和外推预测。

表6.3　　某地区水产养殖业、加工业产值年环比增长率　　单位：%

年份	x	y
1983	4.889	7.619
1984	5.784	8.116
…	…	…
2022	8.201	8.590

1. 定义时间序列，并观察其平稳性。

```
.tsset year
.tsline x y
```

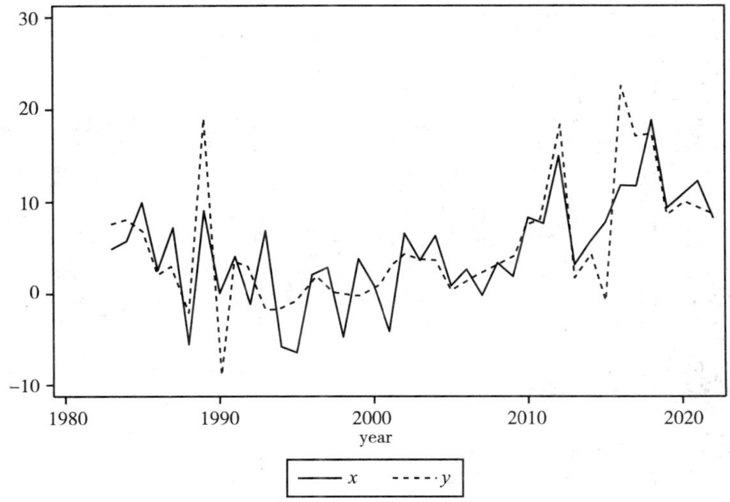

图6.7　时间序列图

从时间序列图6.7，基本可以断定两个序列都是平稳序列。满足构建VAR模型的条件。

2. 确定VAR阶数。

```
. varsoc x y,maxlag(5)

   Selection-order criteria
   Sample:  1984 - 2018                           Number of obs      =        35
```

lag	LL	LR	df	p	FPE	AIC	HQIC	SBIC
0	-213.756				775.256	12.3289	12.3596	12.4178
1	-208.338	10.836	4	0.028	715.5	12.2479	12.3399	12.5145
2	-197.781	21.115	4	0.000	493.42	11.8732	12.0266*	12.3176*
3	-194.814	5.9334	4	0.204	527.105	11.9322	12.147	12.5544
4	-189.321	10.986	4	0.027	490.184	11.8469	12.123	12.6468
5	-183.157	12.327*	4	0.015	442.111*	11.7233*	12.0608	12.7009

```
   Endogenous:  x y
    Exogenous:  _cons
```

可见可以选择2阶或5阶。根据简约原则，我们选择$p=2$。

3. 估计模型，并观察脉冲响应函数。软件默认显示正交化的脉冲响应函数（oirf），如果需要显示原始脉冲响应函数，加选项“irf”即可（见图6.8）。

```
. varbasic x y,lag(1/2) irf

Vector autoregression

Sample:  1981 - 2018                              Number of obs     =         38
Log likelihood =  -213.6653                       AIC               =   11.77186
FPE            =   445.4883                       HQIC              =   11.92518
Det(Sigma_ml)  =   262.3779                       SBIC              =     12.2028
```

Equation	Parms	RMSE	R-sq	chi2	P>chi2
x	5	4.57975	0.4558	31.83113	0.0000
y	5	6.16763	0.2533	12.89029	0.0118

	Coef.	Std. Err.	z	P>|z|	[95% Conf.	Interval]
x						
x						
L1.	-.3216724	.205547	-1.56	0.118	-.7245371	.0811924
L2.	.1499543	.190659	0.79	0.432	-.2237304	.5236391
y						
L1.	.4793704	.1654536	2.90	0.004	.1550872	.8036535
L2.	.4014679	.1729277	2.32	0.020	.0625357	.7404
_cons	1.265397	.9780307	1.29	0.196	-.6515079	3.182302
y						
x						
L1.	.0507766	.2768137	0.18	0.854	-.4917682	.5933214
L2.	.561508	.2567637	2.19	0.029	.0582604	1.064756
y						
L1.	.0690384	.2228192	0.31	0.757	-.3676793	.505756
L2.	-.016096	.2328847	-0.07	0.945	-.4725417	.4403497
_cons	1.868833	1.317131	1.42	0.156	-.7126952	4.450362

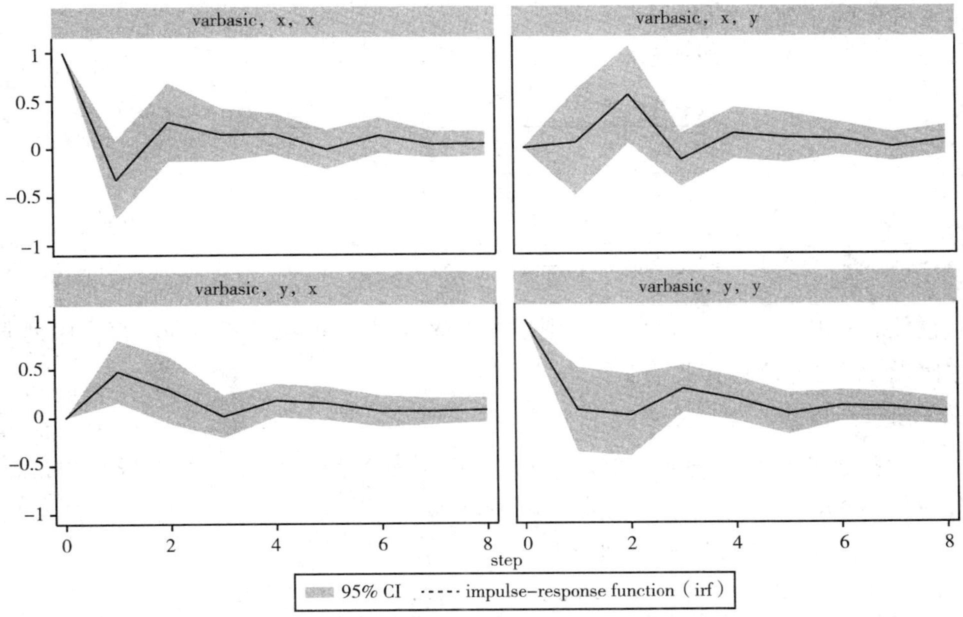

图 6.8　脉冲响应

4. 检验VAR(2)及其每一个方程的联合显著性。

```
. varwle
```

Equation: x

lag	chi2	df	Prob > chi2
1	9.372045	2	0.009
2	18.48507	2	0.000

Equation: y

lag	chi2	df	Prob > chi2
1	.5143919	2	0.773
2	9.737479	2	0.008

Equation: All

lag	chi2	df	Prob > chi2
1	17.37742	4	0.002
2	26.39009	4	0.000

命令varwle中的wle是Wald Lag−Exclusion Statistic的简写。检验的原假设是某些或全部变量滞后项的系数为0。上述结论是大多数系数显著。

5.残差的序列相关检验。

```
. varlmar
```

Lagrange-multiplier test

lag	chi2	df	Prob > chi2
1	5.5528	4	0.23512
2	11.2309	4	0.02409

H0: no autocorrelation at lag order

说明在0.05显著性水平下，1阶序列相关检验没有拒绝残差序列不存在序列相关的原假设，但2阶序列相关检验拒绝了原假设。

6.稳定性检验。

四个特征根的模都在单位圆之内（等价于系数多项式方程的根模在单位圆之外），所以VAR（2）过程是平稳的（见图6.9）。

```
. varstable,graph
```

Eigenvalue stability condition

Eigenvalue	Modulus
.8116663	.811666
-.6696653	.669665
-.1973175 + .6166378*i*	.647438
-.1973175 - .6166378*i*	.647438

All the eigenvalues lie inside the unit circle.
VAR satisfies stability condition.

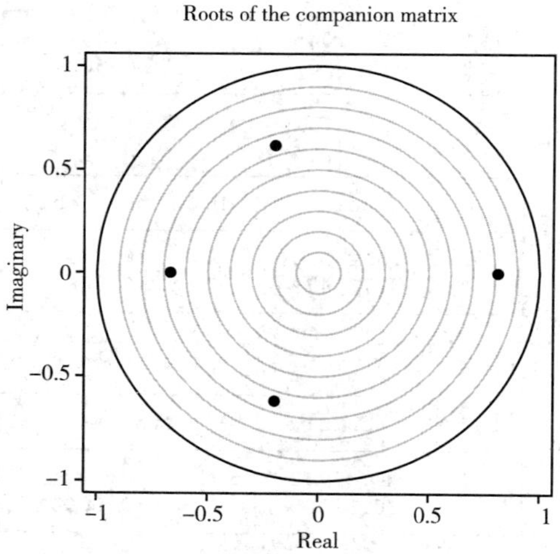

图6.9 特征根的分布

7. Granger因果关系检验。

```
. vargranger

Granger causality Wald tests
```

Equation	Excluded	chi2	df	Prob > chi2
x	y	10.99	2	0.004
x	ALL	10.99	2	0.004
y	x	4.7914	2	0.091
y	ALL	4.7914	2	0.091

可见，拒绝了“y不是x的原因”，而没有拒绝“x不是y的原因”的假设，说明y与x之间存在单向Granger因果关系，即水产加工业产值y的过去值有助于对当期水产养殖业产值x的预测，或者等价地说，y的现在值有助于对x将来值的预测。说明存在着水产加工能力对水产养殖业的引领或制约作用。

8. 对未来5年的预测。软件默认给出二者的95%预测区间的下限LB和上限UB。

. fcast compute f , step(5)　　//f是预测值序列的前缀，step（#）指定预测期数

.fcast graph fx fy　　//将以上预测结果绘制预测图形（见图6.10）

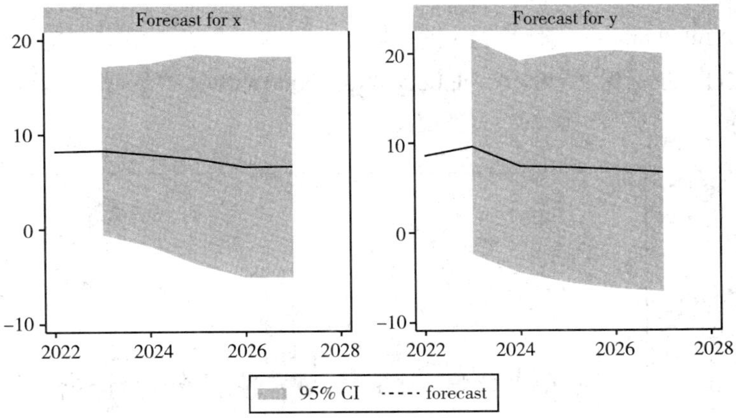

图6.10　区间预测

第四节　自回归条件异方差

除了 $\mathrm{var}(u_t \mid \boldsymbol{x}_t)=\sigma_t^2=\sigma^2 f(\boldsymbol{x}_t)$ 形式的常规条件异方差，时间序列回归中还存在一种动态形式的异方差，恩格尔（Engle，1982）将其称为自回归条件异方差（auto-regressive conditional heteroskedasticity，ARCH）。

一、ARCH效应

考虑古典假定下的时间序列模型：

$$y_t = \boldsymbol{x}_t\boldsymbol{\beta} + u_t = \beta_0 + \beta_1 x_{1t} + \cdots + \beta_k x_{kt} + u_t \tag{6.17}$$

根据TS.4的同方差假定，$\mathrm{var}(u_t \mid \boldsymbol{X})=\sigma_u^2$，即误差项的方差均值独立于自变量取值$\boldsymbol{X}$。但即使如此，异方差还会以其他的形式出现，例如，对于有些时间序列模型（特别是描述金融资产价格的时间序列模型），误差项方差σ_t^2是一个随时间变化的量，存在一段时间内波动（方差）小，而另一段时间波动（方差）大的现象，这种现象被称为“波动聚集”(volatility clustering)，或ARCH效应。

【例6.4】数据集ex6.4.dta反映了1990年12月19日~2018年12月19日上证指数的收盘价指数（y）。对于y拟合AR(1)模型，作图观察其误差项（实际上近似为指数的涨跌幅）的波动集聚情况。

.tsset t　　//定义时间序列

.quietly regress y l.y　　//估计AR(1)模型

.predict e,residual　　//计算残差序列

.tsline e,xlabel(0(1000)7000) ylabel(−4000(2000)4000)　　//作残差序列的时序图（见图6.11）

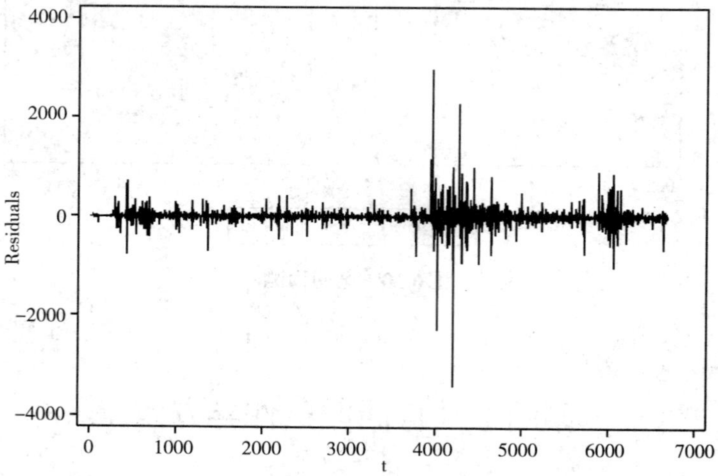

图6.11　ARCH效应

可见，残差序列（代表股指日涨跌幅）围绕均值0随机波动，在某一段时间内大起大落，在另一段时间则风平浪静。也就是说，当本期或过去若干期的波动（用方差衡量）较大时，未来几期的波动很可能也较大；反之亦然。由于波动呈现典型的波动集聚或“扎堆”特征，说明存在ARCH效应。

为了描述ARCH效应，将当期随机误差项的方差设定为以前各期误差项平方的线性函数：

$$\sigma_t^2 = E(u_t^2) = \alpha_0 + \alpha_1 u_{t-1}^2 + \alpha_2 u_{t-2}^2 + \cdots + \alpha_m u_{t-m}^2 \tag{6.18}$$

称为m阶ARCH模型，记为ARCH(m)。当然，一个自然的要求是，模型（6.18）的系数取值能够保证方差的非负性和平稳性。

ARCH实际上是u_t的二阶矩自相关问题。而古典假定没有涉及u_t的二阶矩的自相关问题，所以，ARCH效应不违背古典假定，自然不影响OLSE的有限样本性质（BLUE）和渐进性质。既然如此，为什么我们还关注其中的ARCH形式的异方差呢？第一，通过将方差模型式（6.18）与均值回归模型式（6.17）结合起来，以便更充分地提取样本数据（包括残差）中的信息；第二，ARCH模型可以描述时间序列的波动（方差）的动态特征。

二、ARCH检验

如何判断是否存在ARCH效应？可以通过e_t^2序列的自相关图直观地进行观察，也可以应用Engle提出的LM检验方法。LM检验的原理是，如果式（6.18）中斜率系数均为0，则不存在ARCH效应。检验步骤是：首先估计均值模型式（6.17），求出残差序列e_t；然后，估计出对应式（6.18）的样本回归方程：

$$\hat{e}_t^2 = \hat{\alpha}_0 + \hat{\alpha}_1 e_{t-1}^2 + \hat{\alpha}_2 e_{t-2}^2 + \cdots + \hat{\alpha}_m e_{t-m}^2 \tag{6.19}$$

最后，计算LM统计量$LM = TR^2$，其中T是观测值个数，R^2是模型式（6.19）的样本决定系数。在原假设$H_0: a_1 = \cdots = a_m = 0$（不存在ARCH效应）下，$LM \overset{a}{\sim} \chi^2(m)$。据此可以对$H_0$进行常规的$\chi^2$检验。Stata提供了估计后命令archlm，执行上述检验过程。

【**例6.5**】接【例6.4】（数据集ex6.4.dta），检验ARCH效应。

```
.quietly regress y l.y
.archlm,lags(1/5)
```

LM test for autoregressive conditional heteroskedasticity (ARCH)

lags(*p*)	chi2	df	Prob > chi2
1	1.813	1	0.1781
2	2.210	2	0.3312
3	2.295	3	0.5134
4	16.977	4	0.0020
5	17.569	5	0.0035

H0: no ARCH effects　　*vs.*　H1: ARCH(*p*) disturbance

可见，在滞后期为4、5时，拒绝了无ARCH效应的假设，说明误差项存在高阶的ARCH效应。

三、ARCH类模型

一个完整的ARCH模型包括一个均值模型和一个方差模型：

均值方程：$y_t = \boldsymbol{x}_t\boldsymbol{\beta} + u_t$ （解释变量向量$\boldsymbol{X}$可以是外生变量，也可以是y的滞后变量）

方差方程：$\sigma_t^2 = \alpha_0 + \alpha_1 u_{t-1}^2 + \cdots + \alpha_m \sigma_{t-m}^2 + v_t$

方差模型往往包含很多参数。为了简化表达，可以用一个或几个σ_t^2的滞后项代替众多u_t^2的滞后项，这就是广义自回归条件异方差模型（generalized autoregressive conditional heteroscedasticity model，GARCH）。例如，GARCH(1,1)模型：

均值方程：$y_t = \boldsymbol{x}_t\boldsymbol{\beta} + u_t$

方差方程：$\sigma_t^2 = \alpha_0 + \alpha_1 u_{t-1}^2 + \alpha_2 \sigma_{t-1}^2 + v_t$

ARCH模型可以看作GARCH模型的特例，例如ARCH(1)就是GARCH(1,0)。ARCH模型还包括其他许多形式，如IGARCH、ARCH–M、TARCH、EGARCH、PARCH等，统称为ARCH类模型。ARCH类模型一般用极大似然方法进行估计。Stata的模型估计的命令为arch，均值模型与方差模型两个部分用逗号隔开。

【例6.6】接【例6.4】(数据集ex6.4.dta)，建立GARCH(1,1)模型。

.arch y l.y, arch(1) garch(1)

```
Sample: 2 - 6683                                Number of obs     =      6,682
Distribution: Gaussian                          Wald chi2(1)      =   1.51e+06
Log likelihood = -38642.21                      Prob > chi2       =     0.0000
```

y	Coef.	OPG Std. Err.	z	P>|z|	[95% Conf.	Interval]
y						
y L1.	.9978578	.0008122	1228.63	0.000	.996266	.9994497
_cons	3.145796	1.65152	1.90	0.057	-.0911245	6.382716
ARCH						
arch L1.	.049417	.0005509	89.70	0.000	.0483373	.0504967
garch L1.	.9530657	.0003589	2655.28	0.000	.9523622	.9537692
_cons	61.16214	.7529777	81.23	0.000	59.68633	62.63795

所以，关于上证指数序列的完整时间序列模型为：

$$\hat{y}_t = 3.146 + 0.998 y_{t-1} \quad （均值方程）$$

$$\hat{\sigma}_t^2 = 61.162 + 0.049 u_{t-1}^2 + 0.953 \sigma_{t-1}^2 \quad （方差方程）$$

习　题

1. ARMA模型与横截面数据多元回归模型有何不同之处？对于ARMA模型，平稳性检验和白噪声检验分别意味着什么？

2. 应用Stata对如下AR过程进行数据模拟，生成一个长度为100的时间序列。利用时间序列动态图形或自相关系数，初步判断各随机过程的平稳性：

（1）$y_t = 0.25 + y_{t-1} + u_t$

（2）$y_t = 0.25 - 0.7y_{t-1} + u_t$

（3）$y_t = 0.25 + 0.7y_{t-1} + 0.8y_{t-2} + u_t$

3. 用命令“sysuse uslifeexp2，clear”，打开Stata自带的美国1900~1999年预期寿命的时间序列数据集uslifeexp2.dta。

（1）定义（声明）时间序列。观察*le*的时间序列图和自相关函数，判断*le*的平稳性。

（2）产生*le*的一阶差分序列d*le*。观察d*le*的时间序列图和自相关函数，判断d*le*的平稳性。

（3）对于d*le*，序贯建立AR（1）、AR（2）、AR（3）和AR（4），进行优选。

（4）利用优选出的模型，预测2000年和2001年的*le*值。

4. 数据sterling.dta是美元对欧元汇率和美元对英镑汇率的时间序列。

（1）检验两个序列的平稳性。

（2）检验两个序列差分的平稳性。

（3）构造合适阶数的VAR。

（4）对VAR的平稳性进行判断。

（5）对脉冲响应函数进行分析。

（6）对两个序列进行Granger因果关系检验。

5. 数据xiaofei.dta反映的是改革开放以来部分年份我国的人均GDP(y)和人均消费（c）时间序列数据。试通过VAR模型、脉冲响应函数等方法分析二者的动态联系，并进行Granger因果关系检验。

6. 考虑ARCH模型：$\sigma_t^2 = 1.0 + 0.8u_{t-1}^2$，解释为什么会导致波动集聚性。

7. 打开Stata自带的标准普尔指数数据集sp500.dta，对其收盘价的日变动率（*change*）进行如下分析：

（1）定义时间序列，绘制*change*的时间序列图。

（2）确定AR(p)模型的阶数p，并估计此模型。

（3）检验上述AR(p)残差是否存在ARCH效应。

（4）确定ARCH(m)模型的阶数m，并估计ARCH(m)。

（5）估计更为简洁的GARCH(1,1)模型。

第三篇

扩展的计量经济学方法

第七章 估计方法扩展

现代计量经济学提供了很多估计的方法，既有参数估计的方法也有非参数估计的方法。前面线性回归模型中使用的普通最小二乘法（ordinary least square，OLS），仅是其中一种较好理解、计算也较简单的方法。本章将介绍另外几种广泛应用于各种情形的常用估计方法，具体包括极大似然估计法（maximum likelihood estimation，MLE），该方法是计量经济学中经典参数估计的主要方法；广义矩估计法（generalized method of moments, GMM），该方法是半参数估计的主要方法；非线性最小二乘法（nonlinear least square, NLL），该方法是针对非线性模型，通过多次迭代搜寻目标函数局部最小值，确定参数估计值的方法。

第一节 极大似然估计

极大似然方法是统计学中非常重要且应用广泛的参数估计方法之一，该方法最早由德国数学家高斯（C.F.Gauss）于1821年提出，但未得到重视，费希尔（R. A.Fisher）在1922年再次提出了极大似然的思想并探讨了它的性质，该方法才得到了广泛的重视与应用。

一、极大似然估计原理

普通最小二乘法（OLS）的估计原理是极小化目标函数——残差平方和*RSS*，该估计过程用不到变量分布的信息。极大似然法（ML）的估计原理是极大化目标函数——似然函数（likelihood function），该估计过程需要假设变量分布已知。

（一）极大似然估计的基本原理

假设某随机变量 x 的概率为 $P(x;\boldsymbol{\theta})$，其中 $\boldsymbol{\theta}=(\theta_1,\theta_2,\cdots,\theta_k)'$ 是总体参数向量。因为随机样本的观测值被认为是彼此独立的，于是样本 $\{x_1,x_2,\cdots,x_n\}$ 发生的概率为所有观测值概率的乘积：

$$L(x_1,x_2,\cdots,x_n;\boldsymbol{\theta})=P(x_1;\boldsymbol{\theta})P(x_2;\boldsymbol{\theta})\cdots P(x_n;\boldsymbol{\theta})=\prod_{i=1}^{n}P(x_i;\boldsymbol{\theta}) \quad (7.1)$$

在样本 $\{x_1,x_2,\cdots,x_n\}$ 已知，$\boldsymbol{\theta}$ 未知的情况下，样本发生概率的乘积式（7.1）被称为似然函数。ML 的估计思想是：选取一组恰当的参数，能使该组样本出现的概率最大，即选取能够使似然函数式（7.1）取得极大值的参数作为总体参数 $\boldsymbol{\theta}$ 的估计，该参数估计量就称为极大似然估计量（maximum likelihood estimator），记为 $\hat{\boldsymbol{\theta}}_{\mathrm{ML}}$。从对数函数的单调性可知，似然函数式（7.1）的对数 $\ln L(x_1,x_2,\cdots,x_n;\boldsymbol{\theta})=\sum_{i=1}^{n}\ln P(x_i;\boldsymbol{\theta})$ 在 $\hat{\boldsymbol{\theta}}_{\mathrm{ML}}$ 上也能取得极大值。所以，为了计算上的方便，目标函数往往是对数似然函数：

$$\ln L\left(x_1,x_2,\cdots,x_n;\boldsymbol{\theta}\right)=\ln P\left(x_1;\boldsymbol{\theta}\right)+\ln P\left(x_2;\boldsymbol{\theta}\right)+\cdots+\ln P\left(x_n;\boldsymbol{\theta}\right)=\sum_{i=1}^{n}\ln P(x_i;\boldsymbol{\theta}) \quad (7.2)$$

根据极值原理，求解如下方程组：

$$\frac{\partial\sum\ln P(x_i;\boldsymbol{\theta})}{\partial\boldsymbol{\theta}}=\begin{pmatrix}\partial\sum\ln P(x_i;\boldsymbol{\theta})/\partial\boldsymbol{\theta}_1\\ \cdots\\ \partial\sum\ln P(x_i;\boldsymbol{\theta})/\partial\boldsymbol{\theta}_k\end{pmatrix}=\mathbf{0} \quad (7.3)$$

即可以得到极大似然估计量 $\hat{\boldsymbol{\theta}}_{\mathrm{ML}}$。$\hat{\boldsymbol{\theta}}_{\mathrm{ML}}$ 是总体参数 $\boldsymbol{\theta}$ 的一致和渐近有效估计量，但无偏性等有限样本性质不再具备。

由于总体有离散型和连续型两种分布，对应随机变量的概率分别用分布律（列）和密度函数来表示，所以离散型分布通过分布律（列）构造似然函数，而连续型分布通过概率密度函数来构造似然函数，二者有区别，下面分别进行讨论。

（二）离散型随机变量极大似然估计原理

若总体为离散型分布，已知其分布律形式为 $P\left(X=x\right)=p(x;\boldsymbol{\theta})$，其中，$\boldsymbol{\theta}=(\theta_1,\theta_2,\cdots,\theta_k)'$ 是待估参数向量。

设 $X_1,X_2,\cdots,X_n$ 表示总体 $\boldsymbol{X}$ 的一个样本，独立同分布（i.i.d.），$x_1,x_2,\cdots,x_n$ 是相应样本的一组观测值，则产生此样本观察值的概率分布，就是事件 $\{X_1=x_1,X_2=x_2,\cdots,X_n=x_n\}$ 发生的联合概率：

$$L(\boldsymbol{\theta})=L(x_1,x_2,\cdots,x_n;\boldsymbol{\theta})=\prod_{i=1}^{n}p(x_i;\boldsymbol{\theta}) \quad (7.4)$$

概率 $L(\boldsymbol{\theta})$ 是 $\boldsymbol{\theta}$ 的函数，随着 $\boldsymbol{\theta}$ 取值的不同而变化，称 $L(\boldsymbol{\theta})$ 为样本的似然函数。ML 的思想就是在参数 $\boldsymbol{\theta}$ 所有可能的取值范围内选择能使似然函数 $L(\boldsymbol{\theta})$ 达到最大的参数 $\hat{\boldsymbol{\theta}}$ 作为 $\boldsymbol{\theta}$ 的估计值，即求解 $\hat{\boldsymbol{\theta}}$，满足：

$$L(x_1,x_2,\cdots,x_n;\hat{\boldsymbol{\theta}})=\underset{\theta}{\mathrm{Max}}\,L(x_1,x_2,\cdots,x_n;\boldsymbol{\theta}) \quad (7.5)$$

式（7.5）一般可以根据极值原理，令 $\frac{\partial L(\boldsymbol{\theta})}{\partial \boldsymbol{\theta}}=0$，求解得到 $\hat{\boldsymbol{\theta}}$，也可以通过迭代的方法得到。这样得到的 $\hat{\boldsymbol{\theta}}$ 称为 $\boldsymbol{\theta}$ 的极大似然估计值，相应的统计量记为 $\hat{\boldsymbol{\theta}}_{\mathrm{ML}}$，称为参数 $\boldsymbol{\theta}$ 的极大似然估计量。

（三）连续型分布的极大似然原理

若总体为连续型分布，已知其概率密度函数为 $f(x;\boldsymbol{\theta})$，$\boldsymbol{\theta}=(\theta_1,\theta_2,\cdots,\theta_k)'$ 是待估参数向量。

设 $X_1,X_2,\cdots,X_n$ 来自总体 $\boldsymbol{X}$ 的样本，满足独立同分布（i.i.d.），则 $X_1,X_2,\cdots,X_n$ 的联合概率密度为：

$$\prod_{i=1}^{n} f(x_i;\boldsymbol{\theta}) \tag{7.6}$$

设 $x_1,x_2,\cdots,x_n$ 是相应样本的一组观测值，则随机点 $(X_1,X_2,\cdots,X_n)$ 落在点 $(x_1,x_2,\cdots,x_n)$ 的邻域内的概率可近似表示为：

$$\prod_{i=1}^{n} f(x_i;\boldsymbol{\theta})\mathrm{d}x \tag{7.7}$$

其值随 $\boldsymbol{\theta}$ 的取值而变化，但与 $\prod_{i=1}^{n}\mathrm{d}x$ 无关，所以定义样本似然函数为：

$$L(x_1,x_2,\cdots,x_n;\boldsymbol{\theta})=\prod_{i=1}^{n} f(x_i;\boldsymbol{\theta}) \tag{7.8}$$

极大似然估计法原理是：在 $\boldsymbol{\theta}$ 可能的取值范围内，求解使似然函数 $L(x_1,x_2,\cdots,x_n;\boldsymbol{\theta})$ 达到最大的 $\boldsymbol{\theta}$ 值作为参数的估计值 $\hat{\boldsymbol{\theta}}$，即满足：

$$L(x_1,x_2,\cdots,x_n;\hat{\boldsymbol{\theta}})=\operatorname*{Max}_{\theta} L(x_1,x_2,\cdots,x_n;\boldsymbol{\theta}) \tag{7.9}$$

则称 $\hat{\boldsymbol{\theta}}$ 为参数 $\boldsymbol{\theta}$ 的极大似然估计量，记为 $\hat{\boldsymbol{\theta}}_{\mathrm{ML}}$。

和离散情形一样，极大似然估计量的求解，一般根据极值原理，利用微分的方法，令：$\frac{\partial L(\boldsymbol{\theta})}{\partial \boldsymbol{\theta}}=0$ 求得。有时也利用数值迭代算法，具体的计算方法应根据随机变量分布的复杂性来确定。

由于似然函数 $L(\boldsymbol{\theta})$ 一般都是密度函数乘积的形式，取对数可以将其转化为多项式求和的形式，而多项式求和的形式对后续微分运算带来很大便利。同时，$L(\boldsymbol{\theta})$ 与 $\ln L(\boldsymbol{\theta})$ 在同一点处取到极值，所以，求解 $\boldsymbol{\theta}$ 的极大似然估计值 $\hat{\boldsymbol{\theta}}$ 通常先对似然函数取对数，得到对数似然函数 $\ln L(x_1,x_2,\cdots,x_n;\boldsymbol{\theta})$，再从方程：

$$\frac{\partial \ln L(\boldsymbol{\theta})}{\partial \boldsymbol{\theta}}=0 \tag{7.10}$$

解得 $\hat{\boldsymbol{\theta}}$。称对数似然函数的一阶导数向量：

$$S(\boldsymbol{\theta})=\frac{\partial \ln L(\boldsymbol{\theta})}{\partial \boldsymbol{\theta}}=\begin{bmatrix}\partial\sum \ln L(x_i,\boldsymbol{\theta})/\partial\theta_1\\ \vdots \\ \partial\sum \ln L(x_i,\boldsymbol{\theta})/\partial\theta_k\end{bmatrix} \tag{7.11}$$

为Score向量或梯度向量，$\boldsymbol{\theta}$ 的极大似然估计值是通过求解 $S(\boldsymbol{\theta})=0$ 得到，因此，$S(\boldsymbol{\theta})=0$ 称为似然方程。

【例7.1】设有一元线性回归模型：

$$y=\beta_0+\beta_1 x+u,$$

其中，β_0,β_1 为未知参数，u 为随机扰动项，满足：$u\sim N(0,\sigma^2)$ 等古典假设。样本数据 $(x_i,y_i),i=1,2,\cdots,n$，满足独立同分布。求未知参数 β_0,β_1 和 σ^2 的极大似然估计量。

根据以上假设可知：$y_i\sim N(\beta_0+\beta_1 x_i,\sigma^2)$，因此，$y_i$ 的概率密度函数为：

$$f(y_i)=\left(2\pi\sigma^2\right)^{-\frac{1}{2}}\exp\left(-\frac{(y_i-\beta_0-\beta_1 x_i)^2}{2\sigma^2}\right),i=1,2,\cdots,n. \tag{7.12}$$

由于 y_i 是独立同分布的，因此，联合概率密度函数，即似然函数为：

$$L(\beta_0,\beta_1,\sigma^2)=\prod_{i=1}^n f(y_i)=\left(2\pi\sigma^2\right)^{-\frac{n}{2}}\exp\left(-\frac{1}{2\sigma^2}\sum_{i=1}^n(y_i-\beta_0-\beta_1 x_i)^2\right) \tag{7.13}$$

对数似然函数为：

$$\ln L(\beta_0,\beta_1,\sigma^2)=-\frac{n}{2}\ln 2\pi-\frac{n}{2}\ln\sigma^2-\frac{1}{2\sigma^2}\sum_{i=1}^n(y_i-\beta_0-\beta_1 x_i)^2 \tag{7.14}$$

其中，β_0,β_1,σ^2 是三个未知参数，利用多元函数求极值的方法确定未知参数：

$$\begin{cases}\dfrac{\partial \ln L(\beta_0,\beta_1,\sigma^2)}{\partial\beta_0}=0\\ \dfrac{\partial \ln L(\beta_0,\beta_1,\sigma^2)}{\partial\beta_1}=0\\ \dfrac{\partial \ln L(\beta_0,\beta_1,\sigma^2)}{\partial\sigma^2}=0\end{cases}\Rightarrow\begin{cases}\sum_{i=1}^n(y_i-\hat{\beta}_0-\hat{\beta}_1 x_i)=0\\ \sum_{i=1}^n(y_i-\hat{\beta}_0-\hat{\beta}_1 x_i)x_i=0\\ -\dfrac{n}{\sigma^2}+\dfrac{1}{\sigma^4}\sum_{i=1}^n(y_i-\beta_0-\beta_1 x_i)^2=0\end{cases} \tag{7.15}$$

显然，式（7.15）中的第一、第二式和利用普通最小二乘法（OLS）得到的正规方程组是一样的，所以得到的参数估计值和OLSE完全一样：

$$\begin{cases}\hat{\beta}_1=\dfrac{\sum_{i=1}^n(x_i-\bar{x})(y_i-\bar{y})}{\sum_{i=1}^n(x_i-\bar{x})^2}=\dfrac{n\sum_{i=1}^n x_i y_i-\sum_{i=1}^n x_i\sum_{i=1}^n y_i}{n\sum_{i=1}^n x_i^2-\left(\sum_{i=1}^n x_i\right)^2}\\ \hat{\beta}_0=\bar{y}-\hat{\beta}_1\bar{x}\end{cases} \tag{7.16}$$

由第三式得到 σ^2 的估计值为：

$$\hat{\sigma}^2 = \frac{\sum_{i=1}^{n}(y_i - \hat{\beta}_0 - \hat{\beta}_1 x_i)^2}{n} \tag{7.17}$$

进一步分析，前面利用普通最小二乘法得到的随机误差项方差估计值为：

$$\hat{\sigma}_{OLS}^2 = \frac{\sum_{i=1}^{n} e_i^2}{n-2} = \frac{\sum_{i=1}^{n}(y_i - \hat{\beta}_0 - \hat{\beta}_1 x_i)^2}{n-2} \tag{7.18}$$

它是一个无偏估计量，与此处的估计结果不一致。推导可知：

$$E\left(\hat{\sigma}^2\right) = E\left[\frac{\sum_{i=1}^{n}(y_i - \hat{\beta}_0 - \hat{\beta}_1 x_i)^2}{n}\right] = E\left[\frac{\sum_{i=1}^{n} e_i^2}{n}\right] = \frac{(n-2)\sigma^2}{n} = \sigma^2 - \frac{2\sigma^2}{n} \tag{7.19}$$

这说明极大似然估计法得到的 $\hat{\sigma}^2$ 是一个有偏估计量。但是当 n 趋于无穷时有：

$$E\left(\hat{\sigma}^2\right) = \sigma^2 - \frac{2\sigma^2}{n} \xrightarrow{n\to\infty} \sigma^2 \tag{7.20}$$

因此，$\hat{\sigma}^2$ 是一个渐近无偏估计量。

二、极大似然估计量的性质

讨论极大似然估计量的性质前，先给出正则性条件的含义：

（1）对几乎所有的 x 和 $\boldsymbol{\theta}$，$\ln f(x;\boldsymbol{\theta})$ 对 $\boldsymbol{\theta}$ 的前三阶导数连续且有限。

（2）$\ln f(x;\boldsymbol{\theta})$ 一阶导和二阶导的期望存在且可获得。

（3）对 $\boldsymbol{\theta}$ 的任意取值，$\left|\partial^3 \ln f(x;\boldsymbol{\theta}) / \partial\theta_j \partial\theta_k \partial\theta_l\right|$ 不大于存在有限期望的函数。

上述正则条件保证了对数似然函数 $\ln L(\boldsymbol{\theta})$ 的导数存在泰勒级数近似和有限方差，可以截取泰勒展开式。

可以证明，在上述正则条件下，极大似然估计量 $\hat{\boldsymbol{\theta}}$ 有如下渐近性质：

（1）一致性：$\hat{\boldsymbol{\theta}}$ 是 $\boldsymbol{\theta}$ 的一致性估计量，即有：$P\lim \hat{\boldsymbol{\theta}} = \boldsymbol{\theta}$。

（2）渐近正态性：$\hat{\boldsymbol{\theta}}$ 渐近地服从正态分布，即有：$\hat{\boldsymbol{\theta}} \overset{a}{\sim} N[\boldsymbol{\theta}, \{\boldsymbol{I}(\boldsymbol{\theta})\}^{-1}]$，其中，$\boldsymbol{I}(\boldsymbol{\theta}) = -E[\partial^2 \ln L / \partial\boldsymbol{\theta}\partial\boldsymbol{\theta}']$，称为信息矩阵，其概括了观测值中包含的有关 $\boldsymbol{\theta}$ 的信息的期望值。

（3）渐近有效性：$\hat{\boldsymbol{\theta}}$ 是渐近有效的，并且达到了一致估计量的克拉默-拉奥下界（Cramér–Rao Lower Bound），即在所有一致渐近正态估计量（consistent asymptotically normal estimators）中具有最小方差。

三、基于极大似然估计的大样本检验方法

似然比检验（likelihood ratio test，LR）、沃尔德检验（Wald test，W）和拉格朗日乘数检验（Lagrange multiplier test，LM）是三种基于极大似然法的大样本检验方法。前面介绍的F检验适用于检验线性回归模型的线性约束条件，如果施加于模型的约束是非线性的，模型存在参数非线性，或者扰动项的分布不是正态的，在这些情况下F检验就不再适用，通常需要采用LR、W和LM这三种检验方法中的一种来检验约束条件是否成立。大样本条件下，这三个检验方法是渐近等价的，渐近地服从自由度为约束条件个数的χ^2分布，但其统计量的小样本分布是未知的。

（一）三种检验的基本原理

似然比检验（LR）、沃尔德检验（W）和拉格朗日乘数检验（LM）这三个检验统计量基于三种不同的原理，我们用图7.1来解释。

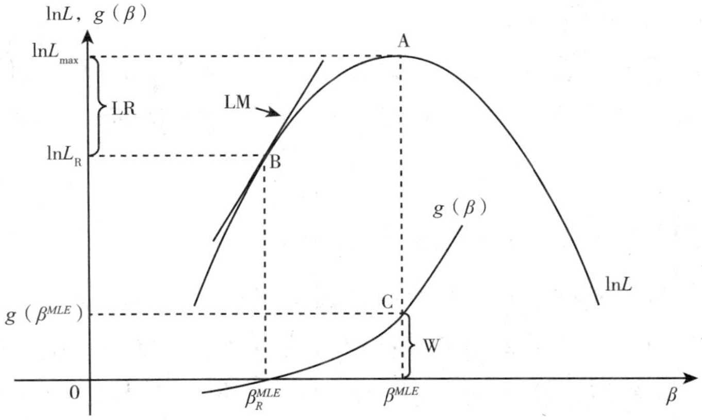

图7.1 似然比检验、沃尔德检验和拉格朗日乘数检验

图7.1中，对数似然函数（$\ln L$）由上面的那条曲线表示，它是要估计的参数β的函数。β^{MLE}是使$\ln L$达到极大的β值。假设要检验的约束条件是$g(\beta)=0$，这一条件在β_R^{MLE}这个值得到满足，从图中看，这个点是函数$g(\beta)$与横轴β的交点。下面对这三个检验所依据的原理作出解释。

1. LR检验。如果约束条件为真，则在施加约束条件的情况下，$\ln L$的极大值$\ln L_R$不应当显著小于$\ln L$的无约束极大值$\ln L_{\max}$。因此，LR检验要检验的是（$\ln L_{\max}-\ln L_R$）是否显著异于0。

2. W检验。如果约束条件$g(\beta)=0$为真，则$g(\beta^{MLE})$不应当显著异于0，其中β^{MLE}是β的无约束极大似然估计值。因此，W检验要检验的是$g(\beta^{MLE})$是否显著异

于0。

3. LM检验。对数似然函数 $\ln L$ 在A点达到极大，在这点 $\ln L$ 关于 β 的斜率为0。如果约束条件为真，则 $\ln L$ 在B点的斜率不应当显著异于0。LM检验要检验的是用约束估计值 β_R^{MLE} 计算的 $\ln L$ 的斜率是否显著异于0。

（二）似然比（LR）检验

设 $\boldsymbol{\theta}$ 为待估计参数向量，原假设 H_0 规定施加于这些参数上的约束，$\hat{\boldsymbol{\theta}}_U$ 为 $\boldsymbol{\theta}$ 的无约束极大似然估计量，$\hat{\boldsymbol{\theta}}_R$ 为约束极大似然估计量。如果 $\hat{L}_U$ 和 $\hat{L}_R$，分别是用这两个估计值计算的似然函数值，则似然比为：

$$\lambda = \frac{\hat{L}_R}{\hat{L}_U} \tag{7.21}$$

因为两个似然值都是正的，并且 $\hat{L}_R$ 不会大于 $\hat{L}_U$（约束最优不可能超过无约束最优），λ 的值位于0~1。如果 λ 接近0，则有理由怀疑约束条件的正确性；如果 λ 接近1，则没有理由怀疑约束条件的正确性。

LR检验的检验统计量是 $-2\ln\lambda$，该统计量在大样本情况下服从自由度为约束条件个数的 χ^2 分布，其取值范围是0到正无穷，取值越大越倾向于拒绝原假设，取值越接近0越倾向于不拒绝原假设。

（三）沃尔德（W）检验

对模型进行似然比检验时，既要进行约束回归，得到约束模型的参数估计值，也要进行无约束回归，得到无约束模型的参数估计值。然而，在处理复杂模型时，只计算其中一个参数估计值可能已显困难，同时求解两者无疑会极大地加剧检验的复杂性和工作量。幸运的是，沃尔德检验和拉格朗日乘数检验，可以有效地解决这个问题，这两个检验只需要计算约束或无约束模型参数估计量中的一个即可完成检验，从而有效减轻了计算负担。

设 $\hat{\boldsymbol{\theta}}$ 是在无约束情况下得到的参数估计值向量，要检验的原假设为：

$$H_0 : c(\boldsymbol{\theta}) = \boldsymbol{g} \tag{7.22}$$

若约束条件成立，则至少 $\hat{\boldsymbol{\theta}}$ 应该近似地满足它们，此时 $c(\hat{\boldsymbol{\theta}}) - \boldsymbol{g}$ 应近似地等于 $\mathbf{0}$；若约束条件不成立，则 $c(\hat{\boldsymbol{\theta}}) - \boldsymbol{g}$ 应显著地异于 $\mathbf{0}$。W检验就是遵循这个思路构建的。W统计量是：

$$W = \left[c(\hat{\boldsymbol{\theta}}) - \boldsymbol{g}\right]' \text{Asy.Var}\left[c(\hat{\boldsymbol{\theta}}) - \boldsymbol{g}\right]^{-1}\left[c(\hat{\boldsymbol{\theta}}) - \boldsymbol{g}\right] \tag{7.23}$$

H_0 成立和大样本的情况下，W服从自由度为约束条件个数的 χ^2 分布。

要注意的是，W统计量仅需要无约束模型的计算，但仍需要计算协方差矩阵，其由下式给出：

$$\text{Est.Asy.Var}[c(\hat{\boldsymbol{\theta}})-\boldsymbol{g}]=\widehat{\boldsymbol{C}}\text{Est.Asy.Var}[\hat{\boldsymbol{\theta}}]\widehat{\boldsymbol{C}}' \tag{7.24}$$

$$\widehat{\boldsymbol{C}}=\left[\frac{\partial c(\hat{\boldsymbol{\theta}})}{\partial \hat{\boldsymbol{\theta}}'}\right] \tag{7.25}$$

其中，Est. 和 Asy. 分别表示估计和渐近。$\boldsymbol{C}$是一个$J\times K$矩阵，J是约束条件的个数，K是待估计参数的个数，它的第j行第K列元素是第j个约束关于$\boldsymbol{\theta}$的第k个元素的导数。

当用于检验一组线性约束$\boldsymbol{R\theta}=\boldsymbol{g}$时，沃尔德检验基于：

$$H_0:c(\boldsymbol{\theta})-\boldsymbol{g}=\boldsymbol{R\theta}-\boldsymbol{g}=\boldsymbol{0} \tag{7.26}$$

$$\widehat{\boldsymbol{C}}=\left[\frac{\partial c(\hat{\boldsymbol{\theta}})}{\partial \hat{\boldsymbol{\theta}}'}\right]=\boldsymbol{R}' \tag{7.27}$$

$$\text{Est.Asy.Var}\left[c(\boldsymbol{\theta})-\boldsymbol{g}\right]=\boldsymbol{R}\text{Est.Asy.Var}[\hat{\boldsymbol{\theta}}]\boldsymbol{R}' \tag{7.28}$$

$$W=[\boldsymbol{R}\hat{\boldsymbol{\theta}}-\boldsymbol{g}]'[\boldsymbol{R}\text{Est.Asy.Var}(\hat{\boldsymbol{\theta}})\boldsymbol{R}']^{-1}[\boldsymbol{R}\hat{\boldsymbol{\theta}}-\boldsymbol{g}] \tag{7.29}$$

自由度为常数向量$\boldsymbol{R}$中的行数。

（四）拉格朗日乘数（LM）检验

拉格朗日乘数检验（LM），也称有效得分检验（efficient score test），得分检验（score test）。该检验基于约束模型，无须估计无约束模型。

假设要施加一组约束条件$c(\boldsymbol{\theta})-\boldsymbol{g}=\boldsymbol{0}$，在该条件下极大化对数似然函数。令$\boldsymbol{\lambda}$表示拉格朗日乘数向量，并定义拉格朗日函数：

$$\ln L^*(\boldsymbol{\theta})=\ln L(\boldsymbol{\theta})+\boldsymbol{\lambda}'(c(\boldsymbol{\theta})-\boldsymbol{g}) \tag{7.30}$$

约束最大化问题的解就是下式的根：

$$\frac{\partial \ln L^*}{\partial \boldsymbol{\theta}}=\frac{\partial \ln L(\boldsymbol{\theta})}{\partial \boldsymbol{\theta}}+\boldsymbol{C}'\boldsymbol{\lambda}=0 \tag{7.31}$$

$$\frac{\partial \ln L^*}{\partial \lambda}=c(\boldsymbol{\theta})-\boldsymbol{g}=0 \tag{7.32}$$

其中，$\boldsymbol{C}'$是矩阵$\boldsymbol{C}=\left[\frac{\partial c(\boldsymbol{\theta})}{\partial \boldsymbol{\theta}'}\right]$的转置。

若约束成立，则加上它们不会造成对数似然函数极大值的显著差异。这意味着在一阶条件下，第二项应该很小，特别是$\boldsymbol{\lambda}$应该很小。我们可以直接进行检验，即检验$H_0:\boldsymbol{\lambda}=0$，这即是拉格朗日乘数检验。

直接检验拉格朗日乘数向量$\boldsymbol{\lambda}$比较困难，有另一个等价而简单一些的方法。在约束估计值处计算的对数似然函数的导数是：

$$\frac{\partial \ln L(\hat{\boldsymbol{\theta}}_R)}{\partial \hat{\boldsymbol{\theta}}_R} = -\widehat{\boldsymbol{C}}'\hat{\boldsymbol{\lambda}}' = \hat{\boldsymbol{g}}_R \tag{7.33}$$

如果约束条件成立，至少在抽样变差的范围内成立，则应有 $\hat{\boldsymbol{g}}_R = 0$ ，也就是说，在约束估计值处计算的对数似然函数的导数应该近似为0。对数似然函数的一阶导数向量是Score向量 $\boldsymbol{S}(\boldsymbol{\theta})$ 。由于我们的检验基于这个向量，因而被称为Score检验，但大多数文献中还是称为拉格朗日乘数检验。一阶导数向量的方差是信息阵 $\boldsymbol{I}(\boldsymbol{\theta})$ ，我们用它来计算极大然估计量的渐近协方差矩阵。

LM检验统计量是：

$$LM = \left(\frac{\partial \ln L(\hat{\boldsymbol{\theta}}_R)}{\partial \hat{\boldsymbol{\theta}}_R}\right)'\left[\boldsymbol{I}(\hat{\boldsymbol{\theta}}_R)\right]^{-1}\left(\frac{\partial \ln L(\hat{\boldsymbol{\theta}}_R)}{\partial \hat{\boldsymbol{\theta}}_R}\right) \tag{7.34}$$

在原假设下，LM统计量渐近服从自由度为约束条件个数的 χ^2 分布。

实际应用中，LM统计量有一个很简单的公式： $LM = nR^2$ ，其中 n 是观测值数目，R^2 是用一个元素均为1的列向量对在约束估计值 $\hat{\boldsymbol{\theta}}_R$ 处计算的对数似然函数的诸导数（即Score向量）进行线性回归得到的非中心 R^2 （非中心 R^2 的含义是，在计算总平方和 TSS 时，因变量不减去其均值，即 $TSS = \sum y^2$ ）。用这种方法计算LM统计量非常容易，但对于小样本来说不可靠，犯第一类错误的可能性很大。戴维森和麦金农（Davidson and MacKinnon，1983）提出了计算LM统计量的另一种方法，该方法克服了上述方法的缺点，而保持了其计算简便的优点，尽管计算中需要执行它们所称的双长度回归（double-length regression，DLR）。

（五）实践中三种检验法的选择问题

当面临具有相同渐近性质的几种统计量时，计量经济学家通常根据它们的小样本性质来进行选择。然而实践中在LR、W和LM的选择上，计算成本往往起着关键作用。

1.计算LR统计量，$\boldsymbol{\theta}$ 的约束和无约束估计值都要计算，如果二者都不难计算，则LR检验是三种检验中最具吸引力的，因为尽管要多做一次回归，但LR统计量的计算比其他两种要简单得多。

2.计算W统计量仅需要无约束估计值。如果约束估计值的计算很困难，而无约束估计值计算不困难，如约束条件是非线性的情况，则W统计量应成为首选。

3.计算LM统计量仅需约束估计值。如果约束估计值的计算比较容易，而无约束估计值的计算困难，如施加约束后使非线性模型转换成线性模型的情况，则LM统计量应成为首选。

当然，在当前计量分析软件普及的条件下，计算的难易与计算量的多少已经不是问题，同一个问题往往三种方法都可以尝试使用，但也应注意三种统计量只是渐近相同，检验结果不会完全一致。对于线性回归模型，在小样本条件下，三者的值有如下关系：$LM \leqslant LR \leqslant W$，所以，只有当LM检验结果为拒绝原假设（约束条件不成立）或者W检验结果为不拒绝原假设（约束条件成立）时，三种检验的结论才是一致的。又由于三种检验统计量都是渐近地服从卡方分布，所以当样本量比较少且约束条件为线性时，用F检验要比上述三种检验更可靠。

第二节　广义矩估计

1982年拉尔斯·汉森（Lars Hansen）首次将广义矩估计（generalized method of moments，GMM）方法引入计量经济学研究领域。自此以后，GMM方法在理论和实践中都获得了普遍的认可，特别是在宏观经济与金融分析领域内，得到了日益广泛的应用。前面提及的普通最小二乘法与极大似然估计法等传统方法，均各自面临一定的局限性。具体而言，普通最小二乘法的有效性高度依赖经典假设条件，一旦出现异方差或序列相关等假设违背情况，其最佳、线性、无偏等优良性质便不再完全具有。而极大似然估计法的应用则预设了对随机误差项分布的明确假设，如假定为正态分布，这在实践中往往难以完全满足。

相比之下，GMM方法展现了独特的优势，它无须精确知晓随机误差项的具体分布形态，且能够容忍异方差与自相关等经典假设的违背，从而在多种场景下保持其估计的有效性和稳健性。GMM本质上是一种面向大样本数据的估计方法，随着样本量的增大，GMM估计量将趋近于渐近有效。值得注意的是，包括OLS、MLE以及工具变量法（instrumental variables，IV）在内的多种传统估计技术，均可视为GMM在特定条件下的特殊应用形式，进一步凸显了GMM在计量经济学中的广泛适用性和灵活性。

一、矩估计法

矩估计法（method of moments，MM）是GMM法的基础，为了详细学习GMM，有必要先对MM作简要说明。

（一）矩估计原理

一般来说，样本统计量中每一个都有它的总体对应物，例如，样本均值（样本一阶矩）对应总体期望值，样本方差（样本二阶矩）对应总体方差。因此一个很自然的想法是用各样本“矩”作为总体参数的估计量。

设$\boldsymbol{X}$为随机变量，$\boldsymbol{X}_1, \boldsymbol{X}_2, \cdots, \boldsymbol{X}_n$是来自$\boldsymbol{X}$的样本，连续型随机变量和离散型随机变量$\boldsymbol{X}$的前$k$阶总体矩分别定义为：

$$\mu_l = E\left(X^l\right) = \int_{-\infty}^{\infty} x^l f(x, \boldsymbol{\theta}) \mathrm{d}x \quad l = 1, 2, \cdots, k \tag{7.35}$$

$$\mu_l = E\left(X^l\right) = \sum x^l P(x,\boldsymbol{\theta}) \quad l = 1,2,\cdots,k \tag{7.36}$$

其中，$f(x,\boldsymbol{\theta})$ 为连续型随机变量 $\boldsymbol{X}$ 的概率密度函数，$P(x,\boldsymbol{\theta})$ 为离散型随机变量 $\boldsymbol{X}$ 的分布函数，$\boldsymbol{\theta}$ 是参数向量，$\boldsymbol{\theta} = (\theta_1,\theta_2,\cdots,\theta_k)'$。总体矩是 $\boldsymbol{\theta}$ 的函数。设函数关系如下：

$$\begin{cases} f_1(\mu_1,\mu_2,\cdots,\mu_k) = g_1(\theta_1,\theta_2,\cdots,\theta_k) \\ f_2(\mu_1,\mu_2,\cdots,\mu_k) = g_2(\theta_1,\theta_2,\cdots,\theta_k) \\ \qquad\cdots \\ f_k(\mu_1,\mu_2,\cdots,\mu_k) = g_k(\theta_1,\theta_2,\cdots,\theta_k) \end{cases} \tag{7.37}$$

这是一个包含k个未知参数 $\theta_1,\theta_2,\cdots,\theta_k$ 的方程组。一般来说，可以从中解出 $\theta_1,\theta_2,\cdots,\theta_k$，得到：

$$\begin{cases} \theta_1 = h_1(\mu_1,\mu_2,\cdots,\mu_k) \\ \theta_2 = h_2(\mu_1,\mu_2,\cdots,\mu_k) \\ \qquad\cdots \\ \theta_k = h_k(\mu_1,\mu_2,\cdots,\mu_k) \end{cases} \tag{7.38}$$

样本矩 S_l 依概率收敛于相应的总体矩 $\mu_l(l=1,2,\cdots,k)$，样本矩的连续函数依概率收敛于相应的总体矩的连续函数，因此，可用样本矩 S_l 作为相应的总体矩的估计量。而以样本矩的连续函数作为相应的总体矩的连续函数的估计量。以 S_l 分别代替上式中的 μ_l，$l=1,2,\cdots,k$，得到 θ_l 的估计量：

$$\hat{\theta}_l = h_l(S_1,S_2,\cdots,S_k)\ ,\ l=1,2,\cdots,k \tag{7.39}$$

这种估计方法称为矩估计法。

【例7.2】 $\boldsymbol{X} \sim N(\mu,\sigma^2)$，$\mu,\sigma^2$ 未知，$\boldsymbol{X}_1,\boldsymbol{X}_2,\cdots,\boldsymbol{X}_n$ 是来自随机变量 $\boldsymbol{X}$ 的样本观测值，试用矩估计法求参数 μ,σ^2 的估计量 $\hat{\mu},\hat{\sigma}^2$。

样本一阶和二阶原点矩分别为：$S_1 = \frac{1}{n}\sum_{i=1}^{n} X_i$，$S_2 = \frac{1}{n}\sum_{i=1}^{n} X_i^2$，因为矩估计认为样本矩等于总体矩，所以总体矩的估计量为：

$$\hat{\mu}_1 = E(X) = S_1 = \frac{1}{n}\sum_{i=1}^{n} X_i,\ \ \hat{\mu}_2 = E(X^2) = S_2 = \frac{1}{n}\sum_{i=1}^{n} X_i^2$$

对于正态总体，μ,σ^2 分别为总体的均值和方差，均值和方差与总体一阶、二阶原点矩有如下关系：

$$E(X) = \mu, \sigma^2 = E(X^2) - \mu^2$$

所以根据矩估计，正态总体的均值 μ 和方差 σ^2 的估计量为：

$$\hat{\mu} = \hat{\mu}_1 = E(X) = S_1 = \frac{1}{n}\sum_{i=1}^{n} X_i, \hat{\sigma}^2 = E(X^2) - \hat{\mu}^2 = \frac{1}{n}\sum_{i=1}^{n} X_i^2 - \left(\frac{1}{n}\sum_{i=1}^{n} X_i\right)^2$$

（二）OLS和ML估计量的矩估计

考虑经典线性回归模型的OLS估计量，该模型的一个重要假设条件是解释变量与扰动项无关，即：

$$E\left(\boldsymbol{x}_i \boldsymbol{u}_i\right) = E[\boldsymbol{x}_i(\boldsymbol{y}_i - \boldsymbol{x}_i'\boldsymbol{\beta})] = \mathbf{0} \tag{7.40}$$

这组矩条件的样本对应物是：

$$\frac{1}{n}\sum_{i=1}^{n}\boldsymbol{x}_i e_i = \frac{1}{n}\sum_{i=1}^{n}\boldsymbol{x}_i(\boldsymbol{y}_i - \boldsymbol{x}_i'\hat{\boldsymbol{\beta}}) = \mathbf{0} \tag{7.41}$$

$\boldsymbol{\beta}$的估计量是满足这些矩条件的$\hat{\boldsymbol{\beta}}$。不难看出，这些矩条件正好是OLS估计量的正规方程，因此我们看到，OLS估计量是矩估计量。

极大似然估计量是通过对数似然函数的导数等于0得到的，对于满足正则条件的密度，有：

$$E\left[\frac{\partial \ln L(\boldsymbol{\theta})}{\partial \boldsymbol{\theta}}\right] = E\left[\frac{\partial \ln \prod_{i=1}^{n} f(\boldsymbol{y}_i, \boldsymbol{\theta})}{\partial \boldsymbol{\theta}}\right] = 0 \tag{7.42}$$

其中，$f(\bullet)$为概率密度函数，$\boldsymbol{\theta}$是参数向量。

通过令式（7.42）的样本对应物等于0来求极大似然估计量：

$$\frac{1}{n}\frac{\partial \ln L}{\partial \hat{\boldsymbol{\theta}}} = \frac{1}{n}\sum_{i=1}^{n}\frac{\partial \ln f(\boldsymbol{y}_i, \hat{\boldsymbol{\theta}})}{\partial \hat{\boldsymbol{\theta}}} = 0 \tag{7.43}$$

由此可以看出，极大似然估计量也可以通过一组矩条件用矩估计法导出。事实上，前面已经讨论过的和后面将要碰到的几乎所有估计量，如IV、NLS等都可用矩估计法构建。

二、广义矩法

在矩估计中，矩条件的个数恰好等于要估计参数的数目，即方程个数等于未知参数的个数，所以存在未知参数的唯一解。如果矩条件的数目大于参数的个数，情况会怎样呢？这个问题引出了广义矩法（generalized method of moments，GMM）。广义矩法直接从模型所施加的矩条件来估计模型，这些矩条件有时是线性的，但多数情况下是非线性的。我们在前面矩估计法的介绍中讨论了构建OLS和LM估计量的矩条件，下面我们给出矩条件的一般定义。矩条件的一般形式为：

$$E\begin{bmatrix} f_1(\boldsymbol{y}_i, \boldsymbol{x}_i, z_i, \boldsymbol{\theta}) \\ f_2(\boldsymbol{y}_i, \boldsymbol{x}_i, z_i, \boldsymbol{\theta}) \\ \cdots \\ f_R(\boldsymbol{y}_i, \boldsymbol{x}_i, z_i, \boldsymbol{\theta}) \end{bmatrix} = \begin{bmatrix} 0 \\ 0 \\ \cdots \\ 0 \end{bmatrix} \tag{7.44}$$

为了方便表述，将上式写成：

$$E\left[f(\boldsymbol{y}_i,\boldsymbol{x}_i,\boldsymbol{z}_i,\boldsymbol{\theta})\right]=\mathbf{0} \tag{7.45}$$

其中，$f(\bullet)$表示有R个元素的向量函数，$\boldsymbol{\theta}$为K维未知参数向量$\boldsymbol{\theta}=(\theta_1,\theta_2,\cdots,\theta_K)'$，$\boldsymbol{y}_i,\boldsymbol{x}_i$和$z_i$为模型中全部变量，如$\boldsymbol{x}_i$为解释变量向量，$z_i$为工具变量向量。

为了估计$\boldsymbol{\theta}$，我们考虑式（7.45）的样本对应物：

$$g_n(\boldsymbol{\theta})=\frac{1}{n}\sum_{i=1}^{n}f\left(\boldsymbol{y}_i,\boldsymbol{x}_i,\boldsymbol{z}_i,\boldsymbol{\theta}\right) \tag{7.46}$$

如果矩条件的个数R等于未知参数的个数K，则有可能令式（7.45）的R个元素等于0，解出$\boldsymbol{\theta}$的唯一解，得到一个一致估计量；若f是$\boldsymbol{\theta}$的非线性函致，则可能得不到解析解；如果矩条件的个数小于参数的个数，则参数向量$\boldsymbol{\theta}$不可识别；如果矩条件的个数大于参数的个数，即$R>K$，我们无法通过令式（7.46）等于0求得$\boldsymbol{\theta}$的唯一解，因为方程数目多于变量个数。

（一）广义矩估计方法概要

在矩条件的个数大于参数的个数（$R>K$），如工具变量的个数多于原解释变量的数目的情况下，我们不能通过设定式（7.45）为0来唯一确定参数向量$\boldsymbol{\theta}$的估计量，为了充分利用R个矩条件的信息，我们只能转而借助最优化方法的思路，选择使样本矩向量从总体上尽可能接近于0的$\boldsymbol{\theta}$的估计量。这就是广义矩估计方法的思路。具体的做法是将下面的加权平方和（亦称为距离函数）：

$$Q_n(\boldsymbol{\theta})=g_n(\boldsymbol{\theta})'\boldsymbol{W}_n g_n(\boldsymbol{\theta}) \tag{7.47}$$

作为目标函数，求出使该目标函数达到最小的$\boldsymbol{\theta}$的值$\hat{\boldsymbol{\theta}}$，就得到GMM估计量。

式（7.47）中，$\boldsymbol{W}_n$为任意正定矩阵，称为权矩阵，假设它收敛于一个常数矩阵$\boldsymbol{W}$，即$P\lim\boldsymbol{W}_n=\boldsymbol{W}$。权矩阵可能依赖于数据，但不是$\boldsymbol{\theta}$的函数。权矩阵在某种意义上反映了诸矩条件在距离函数中所占的权重，因此可以考虑将它设定为一个对角矩阵，其对角线元素是各个矩的方差的倒数。

至此，我们将矩条件个数大于参数个数情况下参数的估计问题转化为如下的最小化问题：

$$\min_{\theta}Q_n(\boldsymbol{\theta})=\min_{\theta}[g_n(\boldsymbol{\theta})'\boldsymbol{W}_n g_n(\boldsymbol{\theta})] \tag{7.48}$$

求解此最优化问题，得到的估计量就是广义矩估计（GMM）的估计量$\hat{\boldsymbol{\theta}}$。尽管一般情况下我们无法得到它的解析解，但可以证明，在某些弱正则条件下，GMM估计量是一致和渐近正态估计量。实践中通常采用数值解法求解式（7.48）中的最小化问题得到GMM估计量。

不同的权矩阵$\boldsymbol{W}_n$会导致不同的一致估计量，其渐近协方差矩阵不同。为了得到最小协方差矩阵，必须选择合适的权矩阵，我们称与此最小协方差矩阵对应的权矩阵为最优权矩阵，用$\boldsymbol{W}_n^{OPT}$表示。在不存在自相关的情况下，它是样本矩的协方差矩阵的逆矩阵：

$$\boldsymbol{W}_n^{OPT}=(E[f(\boldsymbol{y}_i,\boldsymbol{x}_i,z_i,\boldsymbol{\theta})f(\boldsymbol{y}_i,\boldsymbol{x}_i,z_i,\boldsymbol{\theta})'])^{-1} \tag{7.49}$$

$\boldsymbol{W}_n^{OPT}$一般依赖于未知参数向量$\boldsymbol{\theta}$，因此在没有得到参数估计量$\hat{\boldsymbol{\theta}}$以前，这个权矩阵只是理论上的一个最优权矩阵。在实际应用中为了得到最优权矩阵，我们采用下面的两步估计法。

第一步：先选择一个与参数向量$\boldsymbol{\theta}$无关的权矩阵，例如单位矩阵，得到$\boldsymbol{\theta}$的一个一致估计量$\hat{\boldsymbol{\theta}}_c$，然后用$\hat{\boldsymbol{\theta}}_c$得到最优权矩阵的一致估计值：

$$\boldsymbol{W}_n^{OPT}=\left(\frac{1}{n}\sum_{i=1}^{n}f(\boldsymbol{y}_i,\boldsymbol{x}_i,z_i,\hat{\boldsymbol{\theta}}_c)f(\boldsymbol{y}_i,\boldsymbol{x}_i,z_i,\hat{\boldsymbol{\theta}}_c)'\right)^{-1} \tag{7.50}$$

第二步：得到一致有效的（最优）GMM估计量$\hat{\boldsymbol{\theta}}_{\text{GMM}}$：

$$\hat{\boldsymbol{\theta}}_{\text{GMM}}=\min\left[g_n(\boldsymbol{\theta})'\left(\boldsymbol{W}_n^{OPT}\right)^{-1}g_n(\boldsymbol{\theta})\right] \tag{7.51}$$

其渐近分布由下式给出：

$$\sqrt{n}(\hat{\boldsymbol{\theta}}_{\text{GMM}}-\boldsymbol{\theta})\overset{a}{\sim}N(0,\boldsymbol{V}) \tag{7.52}$$

式中渐近协方差矩阵由下式给出：

$$\boldsymbol{V}=\left(\boldsymbol{D}\boldsymbol{W}_n^{OPT}\boldsymbol{D}'\right)^{-1} \tag{7.53}$$

其中D是$K\times R$导数矩阵：

$$D=E\left\{\frac{\partial f(\boldsymbol{y}_i,\boldsymbol{x}_i,z_i,\boldsymbol{\theta})}{\partial\boldsymbol{\theta}'}\right\} \tag{7.54}$$

与矩估计法一样，广义矩法也提供了一种具有包容性的框架，绝大多数估计方法，如普通最小二乘法、极大似然估计法和工具变量法等，都可以看作广义矩方法的特例。

（二）GMM法的优点

与其他估计法相比，GMM法有下列几个显著的优点。

（1）它无须规定正态分布之类的有关分布的假设，GMM估计量的一致性仅取决于矩条件的正确设定。

（2）它为很多类似估计量，如OLS、IV等的分析提供了一个统一的框架。

（3）它为那些传统估计方法计算很困难，特别是模型无法解析求解的情况提供了一种方便的方法。

（4）它允许研究人员规定经济上有意义的一组矩，或者被认为是对经济或统计模型的误设定不灵敏的一组矩。

【例7.3】布莱克本和纽马克（Blackburn and Neumark，1992）在格里利兹（Griliches，1976）的研究基础上继续研究了受教育年限对工资的影响。本例题利用该研究数据（ex7.3.dta）建立如下模型：

$$lw = \beta_0 + \beta_1 educ + \beta_2 iq + \beta_3 expr + \beta_4 tenure + \beta_5 rns + \beta_6 smsa + u$$

其中，*lw*表示工资的对数，*educ*表示受教育年限，*iq*表示智商，*expr*表示劳动力市场上的工作年限，*tenure*表示本岗位工作年限，*rns*表示地区虚拟变量，=1表示住在美国南方，*smsa*表示城市虚拟变量，=1表示住在大城市。此外，该数据集还包括以下变量：*age*（年龄），*med*（母亲受教育年限），*kww*（在“knowledge of the world of work”测试中的成绩），*mrt*（婚姻虚拟变量，=1表示已婚）。试用GMM法估计上述方程。

模型中的*iq*作为能力的代理变量，可能存在“测量误差”，为避免内生性，选择*med*、*kww*、*age*和*mrt*作为工具变量进行GMM估计，具体命令和软件输出结果为：

gmm (lw−{b1}*educ−{b2}*iq−{b3}*expr−{b4}*tenure−{b5}*rns−{b6}*smsa−{b0}), instruments (educ expr tenure rns smsa med kww mrt age)

```
GMM estimation

Number of parameters =   7
Number of moments    =  10
Initial weight matrix: Unadjusted                 Number of obs   =        758
GMM weight matrix:     Robust
```

	Coef.	Robust Std. Err.	z	P>|z|	[95% Conf.	Interval]
/b1	.1476169	.0179064	8.24	0.000	.1125209	.1827129
/b2	-.0137762	.0057772	-2.38	0.017	-.0250993	-.0024531
/b3	.0348096	.0077052	4.52	0.000	.0197078	.0499114
/b4	.0458733	.009846	4.66	0.000	.0265755	.0651711
/b5	-.1142741	.0368962	-3.10	0.002	-.1865893	-.0419588
/b6	.1494162	.0332042	4.50	0.000	.0843372	.2144951
/b0	4.912586	.3895011	12.61	0.000	4.149178	5.675994

```
Instruments for equation 1: educ expr tenure rns smsa med kww mrt age _cons
```

也可以利用ivregress命令进行GMM估计，具体命令和软件输出结果为：

ivregress gmm lw educ expr tenure rns smsa (iq=educ rns smsa expr tenure age med kww mrt)

```
Instrumental variables (GMM) regression          Number of obs   =        758
                                                 Wald chi2(6)    =     359.06
                                                 Prob > chi2     =     0.0000
                                                 R-squared       =     0.1475
GMM weight matrix: Robust                        Root MSE        =     .39578
```

lw	Coef.	Robust Std. Err.	z	P>|z|	[95% Conf.	Interval]
iq	-.0137762	.0057772	-2.38	0.017	-.0250993	-.0024531
educ	.1476169	.0179064	8.24	0.000	.1125209	.1827129
expr	.0348096	.0077052	4.52	0.000	.0197078	.0499114
tenure	.0458733	.009846	4.66	0.000	.0265755	.0651711
rns	-.1142741	.0368962	-3.10	0.002	-.1865893	-.0419588
smsa	.1494162	.0332042	4.50	0.000	.0843372	.2144951
_cons	4.912586	.3895011	12.61	0.000	4.149178	5.675994

```
Instrumented:  iq
Instruments:   educ expr tenure rns smsa age med kww mrt
```

两种方法估计结果一致：

$$\widehat{lw} = 4.9126 + 0.1476educ - 0.0138iq + 0.0348expr + 0.0459tenure$$
$$-0.1143rns + 0.1494smsa$$

三、基于广义矩估计的检验方法

基于广义矩估计通常可以进行内生性、正交性和异方差等方面的检验，下面分别进行介绍。

（一）工具变量估计的内生性检验

解释变量内生性问题造成回归参数估计量的不一致，进而误导对经济关系的判断。在使用工具变量对内生变量进行替代时，也应先明确变量是否具有内生性。对内生性的判断一方面可以从理论背景角度进行定性分析；另一方面也可以借助计量方法进行检验。如在前述章节中介绍了使用Hausman检验判断解释变量内生性的方法。Hausman检验的原假设是：OLS估计的结果是一致有效的，即解释变量不具有内生性。如果拒绝原假设，则存在内生性，应使用工具变量法。

本节再介绍使用ivendog进行Hausman检验的方法，该检验原假设认为变量是外生的，拒绝原假设则认为变量具有内生性。Hausman检验统计量和前面介绍的一样。

$$W = (\hat{\beta}_{IV} - \hat{\beta}_{OLS})'[\widehat{\mathrm{var}(\hat{\beta}_{IV} - \hat{\beta}_{OLS})}]^{-1}(\hat{\beta}_{IV} - \hat{\beta}_{OLS}) \qquad (7.55)$$

能够证明，在原假设H_0下，$W \sim \chi^2(k)$（自由度k为内生变量的个数），故可以基于χ^2分布对原假设进行统计检验。

该检验可以直接使用ivendog命令进行（该命令需要下载：ssc install ivendog）。但需注意，ivendog只有在使用ivreg或ivreg2之后才能使用。检验的原假设认为变量具有外生性。

【例7.4】在【例7.3】的模型中，从数据角度分析认为*iq*可能存在测量误差，为了避免可能造成的内生性，选择*med*、*kww*、*age*和*mrt*作为工具变量参与回归分析。下面再对*iq*的内生性进行具体的假设检验。对变量的内生性问题前面利用hausman和estat endogenous命令进行了检验。这里介绍使用ivendog进行检验。（例题数据见ex7.3.dta）

首先，选择*med*、*kww*、*age*和*mrt*作为*iq*的工具变量，利用ivreg或者ivreg2进行工具变量回归。

```
ivreg lw educ expr tenure rns smsa ( iq= med kww age mrt)
```

```
Instrumental variables (2SLS) regression

      Source |       SS           df       MS      Number of obs   =       758
-------------+----------------------------------   F(6, 751)       =     55.92
       Model |  27.8865599         6  4.64775998   Prob > F        =    0.0000
    Residual |   111.39959       751  .148335007   R-squared       =    0.2002
-------------+----------------------------------   Adj R-squared   =    0.1938
       Total |   139.28615       757  .183997556   Root MSE        =    .38514

------------------------------------------------------------------------------
          lw |      Coef.   Std. Err.      t    P>|t|     [95% Conf. Interval]
-------------+----------------------------------------------------------------
          iq |  -.0115468   .0052411    -2.20   0.028    -.0218358   -.0012578
        educ |   .1373477   .0170419     8.06   0.000     .1038922    .1708032
        expr |   .0338041   .0073018     4.63   0.000     .0194697    .0481385
      tenure |    .040564   .0088965     4.56   0.000     .0230991     .058029
         rns |  -.1176984   .0354679    -3.32   0.001    -.1873263   -.0480704
        smsa |    .149983   .0315715     4.75   0.000     .0880041     .211962
       _cons |   4.837875   .3464242    13.97   0.000       4.1578     5.51795
------------------------------------------------------------------------------
Instrumented:  iq
Instruments:   educ expr tenure rns smsa med kww age mrt
------------------------------------------------------------------------------
```

再利用ivendog进行内生性检验，具体命令和软件输出结果如下：

ivendog

```
Tests of endogeneity of: iq
H0: Regressor is exogenous
    Wu-Hausman F test:                 10.69904  F(1,750)    P-value = 0.00112
    Durbin-Wu-Hausman chi-sq test:     10.66108  Chi-sq(1)   P-value = 0.00109
```

上述Wu–Hausman检验和Durbin–Wu–Hausman检验结果基本一致（侧面说明不存在异方差），概率p值小于0.05，拒绝原假设，认为变量iq具有内生性，选择工具变量参与回归结果更可靠。

（二）GMM正交性检验

在处理内生性问题时会经常使用解释变量的滞后值、差分值及其他具有实际意义的变量作为工具变量，对所选工具变量的外生性，除了利用前面介绍过的estat overid进行检验，也可以使用orthog( )正交选项进行检测。使用正交选项orthog( )得到C统计量，也称为“GMM距离”或“Sargan中的差异”统计量。它是定义为具有较小工具集（在无效假设和备选假设下均有效）的方程与具有完整工具集的方程Sargan–Hansen统计量的差值，在数值上等于Hausman检验统计量。原假设认为，指定的变量可以被视为外生变量，也就是说原假设为工具变量是有效的。

【例7.5】【例7.4】中的检验说明iq具有内生性，可以选择工具变量参与回归得到更可靠的结果。但最终得到的模型，$educ$的系数估计值为0.1373，即教育回报率达到了13.73%，而iq的系数估计值竟然为–0.0115，这两个结果似乎都不可靠。初步怀疑选择的工具变量可能存在问题。作为工具变量首先应满足有效性，为此，先进行过

度识别检验，考察模型中所选工具变量是否全部具有外生性。（例题数据见ex7.3.dta）

首先利用ivregress gmm命令进行工具变量的广义矩估计：

ivregress gmm lw educ expr tenure rns smsa (iq=mrt age med kww)

```
Instrumental variables (GMM) regression          Number of obs   =        758
                                                 Wald chi2(6)    =     359.06
                                                 Prob > chi2     =     0.0000
                                                 R-squared       =     0.1475
GMM weight matrix: Robust                        Root MSE        =     .39578

------------------------------------------------------------------------------
             |               Robust
          lw |      Coef.   Std. Err.      z    P>|z|     [95% Conf. Interval]
-------------+----------------------------------------------------------------
          iq |  -.0137762   .0057772    -2.38   0.017    -.0250993   -.0024531
        educ |   .1476169   .0179064     8.24   0.000     .1125209    .1827129
        expr |   .0348096   .0077052     4.52   0.000     .0197078    .0499114
      tenure |   .0458733    .009846     4.66   0.000     .0265755    .0651711
         rns |  -.1142741   .0368962    -3.10   0.002    -.1865893   -.0419588
        smsa |   .1494162   .0332042     4.50   0.000     .0843372    .2144951
       _cons |   4.912586   .3895011    12.61   0.000     4.149178    5.675994
------------------------------------------------------------------------------
Instrumented:  iq
Instruments:   educ expr tenure rns smsa mrt age med kww
```

然后对所选工具变量的外生性进行检验，即过度识别检验，该检验的原假设为所有工具变量均为外生。

estat overid

```
  Test of overidentifying restriction:

  Hansen's J chi2(3) = 51.5449 (p = 0.0000)
```

检验结果概率p值为0.0000，小于0.05，拒绝原假设（所有工具变量均为外生），认为某（几）个工具变量不具有外生性。如果进一步分析认为*mrt*和*age*可能不满足外生性，则利用ivreg2（需单独下载）中提供的orthog( )选项计算C统计量进行检验。该检验的原假设为所选工具变量具有外生性。

Stata命令及分析结果如下：

ivreg2 lw educ expr tenure rns smsa (iq= med kww mrt age), gmm2s robust orthog (mrt age)

```
Hansen J statistic (overidentification test of all instruments):        51.545
                                                 Chi-sq(3) P-val =    0.0000
-orthog- option:
Hansen J statistic (eqn. excluding suspect orthog. conditions):          0.116
                                                 Chi-sq(1) P-val =    0.7333
C statistic (exogeneity/orthogonality of suspect instruments):          51.429
                                                 Chi-sq(2) P-val =    0.0000
Instruments tested:   mrt age
------------------------------------------------------------------------------
Instrumented:         iq
Included instruments: educ expr tenure rns smsa
Excluded instruments: med kww mrt age
------------------------------------------------------------------------------
```

从输出结果看，ivreg2得到的回归系数和稳健标准误差与ivregress 2sls完全一样。服从卡方分布的C统计量值为51.429，对应概率*p*值为0.0000，拒绝原假设，即认为*mrt*和*age*不具有外生性，不应作为*iq*的工具变量使用。

（三）GMM异方差检验

对工具变量估计进行异方差性检验的常用Stata命令为ivhettest，该检验类似于异方差的Breusch–Pagan检验和White检验。在对模型进行回归分析（如regress、ivreg和ivreg2等命令）后，再检验残差是否同方差。检验的原假设是随机误差项具有同方差。

【例7.6】继续对【例7.5】的模型进行分析，前述检验表明，*age*和*mrt*不具有外生性，故只选择*med*和*kww*作为工具变量，再进行工具变量回归。（例题数据见ex7.3.dta）

Stata命令及软件输出结果如下：

ivreg2 lw educ expr tenure rns smsa (iq= med kww), gmm2s robust

```
2-Step GMM estimation
---------------------

Estimates efficient for arbitrary heteroskedasticity
Statistics robust to heteroskedasticity

                                                   Number of obs =       758
                                                   F(  6,    751) =     61.77
                                                   Prob > F      =    0.0000
Total (centered) SS     =  139.2861498             Centered R2   =    0.2750
Total (uncentered) SS   =  24652.24662             Uncentered R2 =    0.9959
Residual SS             =  100.9784314             Root MSE      =      .365

------------------------------------------------------------------------------
             |               Robust
          lw |      Coef.   Std. Err.      z    P>|z|     [95% Conf. Interval]
-------------+----------------------------------------------------------------
          iq |   .0140888   .0060252     2.34   0.019     .0022796    .0258981
        educ |   .0603672   .0189208     3.19   0.001     .0232832    .0974512
        expr |   .0431117   .0073918     5.83   0.000     .0286241    .0575993
      tenure |   .0299764    .008273     3.62   0.000     .0137616    .0461913
         rns |   -.044516   .0343841    -1.29   0.195    -.1119077    .0228757
        smsa |   .1267368   .0297152     4.27   0.000      .068496    .1849776
       _cons |   3.207298   .3974102     8.07   0.000     2.428388    3.986208
------------------------------------------------------------------------------
Underidentification test (Kleibergen-Paap rk LM statistic):             24.223
                                                   Chi-sq(2) P-val =    0.0000
------------------------------------------------------------------------------
Weak identification test (Cragg-Donald Wald F statistic):               14.906
                         (Kleibergen-Paap rk Wald F statistic):         13.403
Stock-Yogo weak ID test critical values: 10% maximal IV size             19.93
                                         15% maximal IV size             11.59
                                         20% maximal IV size              8.75
                                         25% maximal IV size              7.25
Source: Stock-Yogo (2005).  Reproduced by permission.
NB: Critical values are for Cragg-Donald F statistic and i.i.d. errors.
------------------------------------------------------------------------------
```

```
Hansen J statistic (overidentification test of all instruments):          0.151
                                                   Chi-sq(1) P-val =     0.6972
-------------------------------------------------------------------------------
Instrumented:          iq
Included instruments: educ expr tenure rns smsa
Excluded instruments: med kww
-------------------------------------------------------------------------------
```

对模型进行异方差检验，Stata命令及结果如下：

ivhettest, all　　//检验所有变量，要了解更多该命令的情况请参考help ivhettest

```
IV heteroskedasticity test(s) using levels of IVs only
Ho: Disturbance is homoskedastic
    Pagan-Hall general test statistic     :  4.998  Chi-sq(7) P-value = 0.6602
    Pagan-Hall test w/assumed normality  :  5.696  Chi-sq(7) P-value = 0.5757
    White/Koenker nR2 test statistic     :  6.457  Chi-sq(7) P-value = 0.4875
    Breusch-Pagan/Godfrey/Cook-Weisberg  :  7.635  Chi-sq(7) P-value = 0.3659
```

ivhettest, fitsq all　　//使用因变量的预测值和预测值的平方项进行辅助回归

```
IV heteroskedasticity test(s) using fitted value (X-hat*beta-hat) & its square
Ho: Disturbance is homoskedastic
    Pagan-Hall general test statistic     :  0.452  Chi-sq(2) P-value = 0.7977
    Pagan-Hall test w/assumed normality  :  0.531  Chi-sq(2) P-value = 0.7668
    White/Koenker nR2 test statistic     :  0.460  Chi-sq(2) P-value = 0.7944
    Breusch-Pagan/Godfrey/Cook-Weisberg  :  0.544  Chi-sq(2) P-value = 0.7617
```

以上四个检验结果：(1) Pagan–Hall general test statistic; (2) Pagan–Hall test w/ assumed normality; (3)White/Koenker nR2 test statistic; (4) Breusch–Pagan/Codfrey/Cook–Weisberg，均不拒绝原假设，说明原模型中的随机误差项具有同方差。

（四）GMM冗余检验

工具变量选择的一个基本的条件就是：工具变量与其所替代的内生变量有足够的相关性，即所选工具变量不具有弱相关性。该检验可以利用redundant( )选项完成。

【例7.7】对【例7–6】中，所选工具变量*med*和*kww*与内生变量*iq*是否高度相关，即是否具有弱相关性进行检验。（例题数据见ex7.3.dta）

Stata命令及分析结果如下：

ivreg2 lw educ expr tenure rns smsa (iq= med kww), gmm2s robust first redundant(med kww)

//不加gmm2s选项，就是2S1S估计

```
-redundant- option:
IV redundancy test (LM test of redundancy of specified instruments):      24.223
                                                   Chi-sq(2) P-val =     0.0000
Instruments tested:   med kww
-------------------------------------------------------------------------------
```

命令中的redundant(med kww)选项即为冗余检验，考察*med*和*kww*是否为冗余的工具变量，即没有提供任何解释作用。检验结果概率p值为0.0000，拒绝原假设，即

工具变量非冗余，与所替代的内生变量有足够的相关性。

第三节 非线性回归模型及参数估计方法

如果研究表明所选择的模型是实质非线性回归模型，即存在参数非线性并且无法通过代数变换转变成线性模型，那么一般有两种策略进行处理，一是通过泰勒级数展开的方法，将模型近似转换为线性模型，再通过OLS求解参数估计值；二是直接通过非线性最小二乘法（nonlinear least square，NLS）求解参数估计值。下面就对这两种方法分别进行介绍。注意下文提到的非线性回归模型均指实质非线性回归模型。

一、非线性回归模型的含义

非线性模型的一般形式是：

$$y_i = f(x_{1i}, x_{2i}, \cdots, x_{ki}; \beta_1, \beta_2, \cdots, \beta_m) + u_i \tag{7.56}$$

其中，y是被解释变量，$x_1, x_2, \cdots, x_k$是解释变量，$\beta_1, \beta_2, \cdots, \beta_m$为模型参数，$u$为随机误差项，$f(\bullet; \beta_1, \beta_2, \cdots, \beta_m)$是非线性函数。请注意式中解释变量的个数$k$与参数个数$m$不一定相等，这与线性模型不同。

【例7.8】不变替代弹性生产函数模型

不变替代弹性生产函数模型（constant elasticity of substitution production function，CES），其函数形式如下：

$$Q_i = A(\delta_1 K_i^{-\rho} + \delta_2 L_i^{-\rho})^{-\frac{1}{\rho}} v_i \tag{7.57}$$

其中，Q, K, L含义同C–D生产函数，$A, \delta_1, \delta_2, \rho$为模型参数，$v$为扰动项。

CES模型两边取对数，得到：

$$\ln Q_i = \ln A - \frac{1}{\rho}\ln(\delta_1 K_i^{-\rho} + \delta_2 L_i^{-\rho}) + u_i \tag{7.58}$$

其中，$u_i = \ln v_i$。

各种变量代换和初等数学变换均无法使上述模型变成线性模型，所以对参数而言，CES模型本质上是非线性模型。

二、非线性模型的线性化处理

泰勒级数提供了一种将非线性函数近似转化为多项式的方法，借助该方法可以将非线性模型转化为多项式模型，进而转化为线性模型。

将非线性模型的矩阵形式写为：

$$y_i = f(\boldsymbol{x}_i, \boldsymbol{\beta}) + u_i \tag{7.59}$$

其中，$\boldsymbol{x}_i = (x_{1i}, x_{2i}, \cdots, x_{ki})'$，$\boldsymbol{\beta} = (\beta_1, \beta_2, \cdots, \beta_m)'$。

如果函数 $f(\boldsymbol{x}_i, \boldsymbol{\beta})$ 在参数向量 $\boldsymbol{\beta}^0$ 附近连续可微，将 $f(\boldsymbol{x}_i, \boldsymbol{\beta})$ 在参数向量 $\boldsymbol{\beta}^0$ 附近进行一阶泰勒级数展开。记梯度向量为：

$$\frac{\partial f(\boldsymbol{x}_i, \boldsymbol{\beta}^0)}{\partial \boldsymbol{\beta}} = \left(\frac{\partial f(\boldsymbol{x}_i, \boldsymbol{\beta}^0)}{\partial \beta_1}, \frac{\partial f(\boldsymbol{x}_i, \boldsymbol{\beta}^0)}{\partial \beta_2}, \cdots, \frac{\partial f(\boldsymbol{x}_i, \boldsymbol{\beta}^0)}{\partial \beta_m} \right) \tag{7.60}$$

则：

$$\begin{aligned} f(\boldsymbol{x}_i, \boldsymbol{\beta}) &= f(\boldsymbol{x}_i, \boldsymbol{\beta}^0) + \frac{\partial f(\boldsymbol{x}_i, \boldsymbol{\beta}^0)}{\partial \boldsymbol{\beta}} (\boldsymbol{\beta} - \boldsymbol{\beta}^0) + r_i^0 \\ &= \left[f(\boldsymbol{x}_i, \boldsymbol{\beta}^0) - \frac{\partial f(\boldsymbol{x}_i, \boldsymbol{\beta}^0)}{\partial \boldsymbol{\beta}} \boldsymbol{\beta}^0 \right] + \frac{\partial f(\boldsymbol{x}_i, \boldsymbol{\beta}^0)}{\partial \boldsymbol{\beta}} \boldsymbol{\beta} + r_i^0 \end{aligned} \tag{7.61}$$

其中，r_i^0 为 $f(\boldsymbol{x}_i, \boldsymbol{\beta})$ 在 $\boldsymbol{\beta}^0$ 处的一阶泰勒展开余项。

原模型可写为：

$$y_i = f(\boldsymbol{x}_i, \boldsymbol{\beta}) + u_i = \left[f(\boldsymbol{x}_i, \boldsymbol{\beta}^0) - \frac{\partial f(\boldsymbol{x}_i, \boldsymbol{\beta}^0)}{\partial \boldsymbol{\beta}} \boldsymbol{\beta}^0 \right] + \frac{\partial f(\boldsymbol{x}_i, \boldsymbol{\beta}^0)}{\partial \boldsymbol{\beta}} \boldsymbol{\beta} + r_i^0 + u_i \tag{7.62}$$

令：

$$y_i^0 = y_i - \left[f(\boldsymbol{x}_i, \boldsymbol{\beta}^0) - \frac{\partial f(\boldsymbol{x}_i, \boldsymbol{\beta}^0)}{\partial \boldsymbol{\beta}} \boldsymbol{\beta}^0 \right] \tag{7.63}$$

$$\boldsymbol{z}_i^0 = \frac{\partial f(\boldsymbol{x}_i, \boldsymbol{\beta}^0)}{\partial \boldsymbol{\beta}} = (z_{1i}^0, z_{2i}^0, \cdots, z_{mi}^0) \tag{7.64}$$

$$u_i^0 = r_i^0 + u_i \tag{7.65}$$

则：

$$y_i^0 = \boldsymbol{z}_i^0 \boldsymbol{\beta} + u_i^0 = \beta_1 z_{1i}^0 + \beta_2 z_{2i}^0 + \cdots + \beta_m z_{mi}^0 + u_i^0 \tag{7.66}$$

其中，y_i^0，$\boldsymbol{z}_i^0$ 为可观测向量。扰动项 u^0 包含了扰动项 u 和进行线性泰勒近似所带来的误差 r^0。这是一个线性化模型，给定参数向量 $\boldsymbol{\beta}^0$ 的值，便能计算 y_i^0 与 $\boldsymbol{z}_i^0$，然后按线性模型进行估计。

【例 7.9】在 $\rho = 0$ 附近利用泰勒展开将【例 7.8】中的 CES 模型近似转换为线性模型。

在 $\rho = 0$ 附近，可以将 CES 生产函数展开成一阶泰勒级数，即：

$$\ln Q_i \approx \ln A + \delta_1 \ln K_i + \delta_2 \ln L_i - \frac{1}{2} \rho \delta_1 \delta_2 \left(\ln \left(\frac{K_i}{L_i} \right) \right)^2 + u_i$$

此模型可以转化成：

$$\ln Q_i = \ln A + \delta_1 \ln K_i + \delta_2 \ln L_i + \delta_3 \left(\ln\left(\frac{K_i}{L_i}\right) \right)^2 + u_i^*$$

其中，u^* 等于扰动项 u 与一阶泰勒展开余项之和，$\delta_3 = -\frac{1}{2}\rho\delta_1\delta_2$。

通过估计此线性模型的参数，可以计算出CES生产函数模型的参数估计值。但由于 u^* 包含扰动项与泰勒展开余项，所以可能无法确定参数估计量的性质。

三、非线性最小二乘法

对于非线性模型也可以不转化为线性模型，而是以误差平方和最小为准则来直接求解模型的参数。具体求解过程如下，设有非线性模型形式为：$y_i = f(\boldsymbol{x}_i, \boldsymbol{\beta}) + u_i$，$(y_i, \boldsymbol{x}_i), i = 1, 2, \cdots, n$，为 n 组样本观测值。y_i 的估计值为：

$$\hat{y}_i = f(\boldsymbol{x}_i, \hat{\boldsymbol{\beta}}) \tag{7.67}$$

残差为：$e_i = y_i - \hat{y}_i$。残差平方和为：

$$S(\hat{\boldsymbol{\beta}}) = \sum_{i=1}^{n} e_i^2 = \sum_{i=1}^{n} (y_i - \hat{y}_i)^2 = \sum_{i=1}^{n} (y_i - f(\boldsymbol{x}_i, \hat{\boldsymbol{\beta}}))^2 \tag{7.68}$$

问题是找出一组参数估计值，使残差平方和最小。如果参数向量 $\boldsymbol{\beta}$ 的最小二乘估计量 $\hat{\boldsymbol{\beta}}$ 能使残差平方和 $S(\hat{\boldsymbol{\beta}})$ 达到最小的，即有：

$$S(\hat{\boldsymbol{\beta}}) = \min_{\boldsymbol{\beta}} S(\boldsymbol{\beta}) = \min_{\boldsymbol{\beta}} \sum_{i=1}^{n} (y_i - f(\boldsymbol{x}_i, \boldsymbol{\beta}))^2 \tag{7.69}$$

则称 $\hat{\boldsymbol{\beta}}$ 为非线性最小二乘估计量，该方法称为非线性最小二乘法（NLS）。

线性模型参数最小二乘估计的一阶条件仍是参数的线性方程，只要解释变量不取常数，即可求得其解析解。而非线性模型有很大不同，其一阶条件是 $\frac{\partial S(\hat{\boldsymbol{\beta}})}{\partial \hat{\boldsymbol{\beta}}} = 0$，即：

$$-2\sum_{i=1}^{n} (y_i - f(\boldsymbol{x}_i, \hat{\boldsymbol{\beta}})) \frac{\partial f(\boldsymbol{x}_i, \hat{\boldsymbol{\beta}})}{\partial \hat{\boldsymbol{\beta}}} = 0 \tag{7.70}$$

式（7.70）实际是由 m 个方程组成的方程组：

$$\begin{cases} \dfrac{\partial S(\hat{\boldsymbol{\beta}})}{\partial \hat{\beta}_1} = -2\sum\limits_{i=1}^{n} (y_i - f(\boldsymbol{x}_i, \hat{\boldsymbol{\beta}})) \dfrac{\partial f(\boldsymbol{x}_i, \hat{\boldsymbol{\beta}})}{\partial \hat{\beta}_1} = 0 \\ \dfrac{\partial S(\hat{\boldsymbol{\beta}})}{\partial \hat{\beta}_2} = -2\sum\limits_{i=1}^{n} (y_i - f(\boldsymbol{x}_i, \hat{\boldsymbol{\beta}})) \dfrac{\partial f(\boldsymbol{x}_i, \hat{\boldsymbol{\beta}})}{\partial \hat{\beta}_2} = 0 \\ \cdots \\ \dfrac{\partial S(\hat{\boldsymbol{\beta}})}{\partial \hat{\beta}_m} = -2\sum\limits_{i=1}^{n} (y_i - f(\boldsymbol{x}_i, \hat{\boldsymbol{\beta}})) \dfrac{\partial f(\boldsymbol{x}_i, \hat{\boldsymbol{\beta}})}{\partial \hat{\beta}_m} = 0 \end{cases} \tag{7.71}$$

该方程组称为正规方程组。

非线性模型的一阶条件一般仍为估计参数的非线性函数，也就是说式（7.71）往往是一个非线性的方程组，很难求得其解析解。

【例7.10】写出如下一元非线性模型：

$$y_i = \beta_1 + \beta_2 e^{\beta_3 x_i} + u_i$$

的NLS求解过程。

NLS估计的残差平方和为：

$$S(\hat{\beta}) = \sum_{i=1}^{n} [y_i - (\hat{\beta}_1 + \hat{\beta}_2 e^{\hat{\beta}_3 x_i})]^2$$

参数的NLS估计的一阶条件为：

$$\begin{cases} \dfrac{\partial S(\hat{\boldsymbol{\beta}})}{\partial \hat{\beta}_1} = -2\sum_{i=1}^{n}[y_i - (\hat{\beta}_1 + \hat{\beta}_2 e^{\hat{\beta}_3 x_i})] = 0 \\ \dfrac{\partial S(\hat{\boldsymbol{\beta}})}{\partial \hat{\beta}_2} = -2\sum_{i=1}^{n}[y_i - (\hat{\beta}_1 + \hat{\beta}_2 e^{\hat{\beta}_3 x_i})]e^{\hat{\beta}_3 x_i} = 0 \\ \dfrac{\partial S(\hat{\boldsymbol{\beta}})}{\partial \hat{\beta}_3} = -2\sum_{i=1}^{n}[y_i - (\hat{\beta}_1 + \hat{\beta}_2 e^{\hat{\beta}_3 x_i})]\hat{\beta}_2 x_i e^{\hat{\beta}_3 x_i} = 0 \end{cases}$$

即：

$$\begin{cases} \sum_{i=1}^{n}[y_i - (\hat{\beta}_1 + \hat{\beta}_2 e^{\hat{\beta}_3 x_i})] = 0 \\ \sum_{i=1}^{n}[y_i - (\hat{\beta}_1 + \hat{\beta}_2 e^{\hat{\beta}_3 x_i})]e^{\hat{\beta}_3 x_i} = 0 \\ \sum_{i=1}^{n}[y_i - (\hat{\beta}_1 + \hat{\beta}_2 e^{\hat{\beta}_3 x_i})]\hat{\beta}_2 x_i e^{\hat{\beta}_3 x_i} = 0 \end{cases} \tag{7.72}$$

式（7.72）是一个关于 $\hat{\beta}_1, \hat{\beta}_2$ 和 $\hat{\beta}_3$ 的三元非线性方程组，求解该方程组即可得到原模型的非线性最小二乘估计量。但需要说明，该方程组没有解析解，可通过其他方法求解数值解。

四、非线性最小二乘估计量的计算

（一）NLS估计量的计算原理

由于NLS方法中的残差平方和 $S(\boldsymbol{\beta})$ 不是 $\boldsymbol{\beta}$ 的二次函数，一阶条件是关于 $\boldsymbol{\beta}$ 的非线性方程组，一般很难得到解析解，通常采用数值解法。

无约束极小化问题有很多种数值解法，其中迭代法是一种非常有效的算法，许多其他算法也可归结于迭代算法。

迭代算法由一系列迭代步骤构成，每次迭代从 $\boldsymbol{\beta}$ 的一个特定值开始，尝试找到更优的$\boldsymbol{\beta}$值。迭代算法首先确定一个搜索方向，然后确定在该方向上的移动步长。完成一次移动后，检验当前$\boldsymbol{\beta}$值是否充分接近$S(\boldsymbol{\beta})$的极小点。若是，则计算终止，否则继续搜索，如此下去，直至按终止规则停止。

（二）NLS估计量的计算步骤

高斯—牛顿法是非线性回归分析中常用的迭代算法。高斯—牛顿法的基本思路是：在一个线性化回归模型中，若有参数初值$\boldsymbol{\beta}^0$可用，则相应的线性化模型可用最小二乘估计，从而得到参数新的估计值，它又可以作为参数初值，再进行线性化模型的估计。如此往复，迭代到指定的停止规则为止。

具体算法如下。

1.给定参数初值$\boldsymbol{\beta}^0$。如果目标函数$S(\boldsymbol{\beta})$为凸函数，则$S(\boldsymbol{\beta})$至多有一个极小点，且局部极小即是整体最小，迭代会收敛到最小值，但初值的选择对迭代速度的影响相当大。如果目标函数$S(\boldsymbol{\beta})$不是凸函数但有唯一极小点，迭代也会有不错的效果。但如果目标函数$S(\boldsymbol{\beta})$有多于一个的极小点，迭代可能收敛到局部极小点，不能保证是整体最小点，则迭代初值的选择就更加重要。

2.将非线性回归模型在参数初值附近线性化。对非线性模型式（7.59），即$y_i = f(\boldsymbol{x}_i,\boldsymbol{\beta}) + u_i$，将$f(\boldsymbol{x}_i,\boldsymbol{\beta})$在参数初始向量$\boldsymbol{\beta}^0$附近进行一阶泰勒展开，得到式（7.66），即：$y_i^0 = \boldsymbol{z}_i^0\boldsymbol{\beta} + u_i^0 = \beta_1 z_{1i}^0 + \beta_2 z_{2i}^0 + \cdots + \beta_m z_{mi}^0 + u_i^0$，各符号含义如式（7.63）~式（7.65）所示。

3.迭代计算。采用OLS法估计线性模型式（7.66），得到系数的一组估计值$\boldsymbol{\beta}^1$，然后用这组估计值代替前面给出的参数初值，将非线性式（7.59）在$\boldsymbol{\beta}^1$附近重新线性化，再采用OLS法估计这个新的线性模型，得到系数的一组新估计值$\boldsymbol{\beta}^2$，再将非线性式在这组新估计值附近线性化……不断重复这个迭代过程。

每次迭代计算后，需将最新计算的系数估计值与前一次计算结果进行比较，如果前后两次计算的值充分接近，即$\|\boldsymbol{\beta}^{j+1} - \boldsymbol{\beta}^j\| < \varepsilon$（$\varepsilon$为事先设定的一个正数）时，认为迭代过程收敛，迭代停止，最后的参数估计值即为NLS估计值。否则以最新得到的NLS估计值作为新的参数初值，再继续进行迭代。

注意：

（1）收敛标准中ε是一个很小的正数，由使用者选择。ε值的选择部分地依赖于计算费用，因为它越小，达到收敛所需要的迭代次数越多。

（2）迭代结果可能会收敛于残差平方和函数的一个局部极小点，而不是总体极小点。要检查是否如此，可采用一组新的参数初值（猜测值）重新进行迭代。

（3）迭代过程也可能始终不收敛。这种情况称为迭代过程发散，也可试用一组新的参数猜测值重新进行迭代。如果仍不收敛，只能使用其他估计非线性模型的方法。

【例7.11】 考虑非线性消费函数：

$$cons_i = \alpha + \beta inc_i^{\gamma} + u_i$$

其中，解释变量 inc 为人均可支配收入（单位：万元），被解释变量 $cons$ 为人均消费（单位：万元）。样本数据是全国31个省份（不包括港澳台地区）2023年的年度数据，具体数据见 ex7.11.dta。

由于是迭代运算，首先要赋初值。对比凯恩斯消费函数，不妨设初值 $\hat{\alpha}=-1, \hat{\beta}=1, \hat{\gamma}=1$，使用Stata命令及分析结果如下：

.nl (cons = {b1} +{b2} * inc^{b3}) , initial(b1 –1 b2 1 b3 1)

```
      Source |      SS            df       MS
-------------+----------------------------------    Number of obs =         31
       Model |  21.175685          2  10.5878425    R-squared     =     0.9748
    Residual |   .5470666         28  .019538093    Adj R-squared =     0.9730
-------------+----------------------------------    Root MSE      =   .1397787
       Total |  21.722752         30  .724091717    Res. dev.     =  -37.17814

------------------------------------------------------------------------------
        cons |      Coef.   Std. Err.      t    P>|t|     [95% Conf. Interval]
-------------+----------------------------------------------------------------
         /b1 |  -1.526678   1.426353    -1.07   0.294     -4.44843    1.395075
         /b2 |   1.913731   1.115969     1.71   0.097    -.3722289     4.19969
         /b3 |   .5829726   .1767557     3.30   0.003      .220905    .9450403
------------------------------------------------------------------------------
```

最终迭代结果为：$\hat{\alpha}=-1.5267$，$\hat{\beta}=1.9137$，$\hat{\gamma}=0.5830$。于是，用NLS估计出的非线性消费方程是：

$$\widehat{cons_i} = -1.5267 + 1.9137 inc_i^{0.5830}$$

五、非线性估计的假设检验

因为我们无法得到检验统计量的精确分布，所以通常在线性回归中检验系数显著性的 t 检验，以及评价总体显著性的 F 检验，在非线性模型中会遇到困难。

然而，由于在一定的假设下，NLS估计量具有一致性和渐近有效等渐近性质，因而有些假设检验的通常程序仍然可用，只不过结论是渐近的。

在非线性回归模型情况下，通常采用前面介绍的LR、W和LM检验法进行假设检验，它们是渐近等价的，均渐近服从于自由度为约束条件个数的 χ^2 分布，所以上述三种检验在大样本情况下一般没有区别，但是在小样本情况下，结论有可能不一致。

设要检验的原假设是：

$$H_0 : r(\boldsymbol{\beta}) = \mathbf{0} \tag{7.73}$$

其中，$r(\boldsymbol{\beta})$ 为J维列向量，每个分量均为 $\boldsymbol{\beta}$ 的连续函数。这些约束条件可以是线性的，也可以是非线性的。与线性模型不同，非线性模型假设检验程序复杂程度千差万别，使用何种检验方法往往取决于计算的困难程度。

【例7.12】在【例7.11】中，我们采用NLS法估计了非线性消费函数，得到函数方程为：$\widehat{cons}_i = -1.5267 + 1.9137 inc_i^{0.5830}$。现检验关于此非线性消费函数的原假设（数据见ex7.11.dta）：

$$H_0 : \gamma = 1$$

Stata软件对变量显著性检验的常用命令是test，这里对 $\gamma = 1$ 进行检验，命令如下：

```
. testnl [/b3]=1
          chi2(1) =        5.57
      Prob > chi2 =      0.0183
```

由结果可知，$\chi^2 = 5.57$，对应的概率值 $p = 0.0183$，在0.05的显著性水平下，拒绝 $\gamma = 1$ 的原假设。

习　题

1.假设离散型随机变量x服从泊松分布，其概率分布律为 $P(x=k) = \dfrac{\lambda^k e^{-\lambda}}{k!}$，$k = 0,1,2,\cdots$。对随机样本 $\{x_1, x_2, \cdots, x_n\}$，求$\lambda$的极大似然估计量。

2.假设随机变量x的概率函数为：$f(x;\theta) = \sqrt{\theta} x^{\sqrt{\theta}-1}, 0 < x < 1, \theta > 0$。对随机样本 $\{x_1, x_2, \cdots, x_n\}$，求$\theta$的极大似然估计量。

3.假设随机变量x的分布列为：$P(x=k) = (k-1)\theta^2(1-\theta)^{k-2}, k = 2,3,\cdots, 0 < \theta < 1$。对随机样本 $\{x_1, x_2, \cdots, x_n\}$，求$\theta$的矩估计量。

4.假设随机变量x的概率函数为：$f(x;\theta) = \dfrac{2}{\theta^2}(\theta - x), 0 < x < \theta, \theta > 0$。对随机样本 $\{x_1, x_2, \cdots, x_n\}$，求$\theta$的矩估计量。

5.设有矩阵形式的多元线性回归模型：$y_i = \boldsymbol{X}_i'\boldsymbol{\beta} + u_i, i = 1,2,\cdots,n$。其中，$\boldsymbol{X}_i' = (1, x_{1i}, x_{2i}, \cdots, x_{ki})$ 是第i组解释变量样本，$\boldsymbol{\beta}$为参数列向量，随机误差项满足：$u_i \sim N(0, \sigma^2)$。试用极大似然估计法估计该模型的参数估计量。

6.利用某年全国31个省份（不包括港澳台地区）数据（xt7.6.dta）建立一个二元线性模型，分析财政收入受地区生产总值和税收收入影响的问题。请分别使用OLS，

ML和GMM方法估计模型的参数，并比较结果的异同。

7.收集某年全国31个省份（不包括港澳台地区）建筑行业企业总资产、从业人员数和总产值数据（xt7.7.dta），建立C–D生产函数：$Q = AK^{\alpha}L^{\beta} + u$，其中$A,\alpha,\beta$为未知参数，$u$为随机误差项。

（1）将模型转换为双对数模型，利用OLS求解参数估计值。

（2）利用NLS直接估计模型未知参数，并与（1）中的参数估计值进行对比。

（3）验证建筑行业企业生产是规模报酬不变的，即有：$\alpha + \beta = 1$。

第八章　面板数据模型

本教材前面两篇介绍了横截面数据和时间序列数据的建模问题。截面数据和时间序列数据只有一个方面的属性，因此被称为一维数据。还有一种重要的数据类型称为面板数据，它具有时间和个体两个属性，所以是二维数据。面板数据建模面临着比一维数据更多的问题，其建模方法论是对经典计量经济模型建模方法论的扩展。

第一节　面板数据与面板数据模型

一、面板数据（panel data）

截面数据是变量在截面空间维度上的观测数据，时间序列数据是变量在时间维度上的观测数据，它们都是一维数据，以x_i、x_t表示，只有一个表述观测维度的下标。变量同时在时期和截面空间上取得的数据称为时间序列横截面数据（time series and cross section data）或合并数据（pool data）。例如，我们在10年中每年随机抽取1000个家庭进行家计调查，所得数据就是合并数据。如果合并数据在每个时间截面上包含的个体相同，则被称为面板数据（panel data），例如上述家计调查中，10年内每年被调查的家庭都固定不变。可见，面板数据是一种特殊的合并数据，可以用于对调查对象的持续追踪研究，包含的信息量和实际应用价值比一般的合并数据更大。

面板数据既有时间属性，又有个体属性，属于二维数据，记法如x_{it}，变量带两个下标。面板数据集$\{x_{it}:i=1,2,\cdots,n;t=1,2,\cdots,T\}$，表明面板数据中含有$n$个个体，时间序列的最大长度为$T$。对于特定的时期$t$，$x_{i.}(i=1,2,\cdots,n)$是随机变量的一个横截面数据；对于特定的某一个体，$x_{.t}(t=1,2,\cdots,T)$是纵剖面上的一个时间序列。如果每一个个体具有相同的时期长度，或者每个时期截面具有相同的个体，则称为平衡面板数据（balanced panel data）；否则，称为非平衡面板数据（unbalanced panel data）。如果T较小，n很大，称为短面板数据；反之，称为长面板数据。

【**例8.1**】2019~2023年某省15个县的居民家庭人均消费和人均收入数据如表8.1

所示，数据的时间长度是5年，每一年都包含15个个体，共75对观测值，所以属于平衡面板数据。

表8.1　　2019~2023年某省15个县居民家庭人均消费和人均收入数据（不变价格）

县	居民家庭人均消费（y）					居民家庭人均收入（x）				
	2019年	2020年	2021年	2022年	2023年	2019年	2020年	2021年	2022年	2023年
A	6421	6783	7147	7642	8133	8109	8804	8937	9590	10358
B	11572	12672	13950	14712	17804	14064	15518	17000	19091	21576
…	…	…	…	…	…	…	…	…	…	…
…	…	…	…	…	…	…	…	…	…	…
N	9348	10059	10448	11737	12276	12148	13150	13894	15048	15938
O	10603	11222	11817	13546	14946	13362	14501	15618	17826	20097

二、面板数据模型的分类

从建模方法论角度，面板数据模型可分为两大类：第一，经典面板数据模型。即建立在古典假定基础上的线性面板数据模型。第二，非经典面板数据模型。包括非平稳时间序列问题的面板数据模型（面板数据协整模型）；特殊因变量面板数据模型（面板数据Logit模型、面板数据计数模型、非线性面板数据模型、面板数据分位数回归模型），等等。

经典面板数据模型的一般形式为：

$$y_{it} = \alpha_{it} + \boldsymbol{\beta}_{it}\boldsymbol{X}_{it} + \varepsilon_{it} \tag{8.1}$$

其中，$\boldsymbol{X}$是自变量（行）向量，$\boldsymbol{\beta}$是斜率（列）序列。为了简化叙述，我们假设只有一个自变量x：

$$y_{it} = \alpha_{it} + \beta_{it}x_{it} + \varepsilon_{it}$$

α和β是回归系数，且：

$$\alpha_{it} = \alpha + u_i + u_t\text{，}\quad \beta_{it} = \beta + v_i + v_t \tag{8.2}$$

不同个体之间客观存在、不随时间改变而改变的差异称为个体效应或个体异质性（individual heterogeneity），即上式中的u_i、v_i，分别是体现在截距项和斜率项中的个体效应（异质性）。类似地，不同时期之间客观存在、不随个体改变而改变的差异称为时期效应或时期异质性（period heterogeneity），上式中的u_t和v_t分别代表截距项和斜率项中的时期效应（异质性）。为了简化分析，假定不存在时期异质性，则上述面板一般形式简化为：

$$y_{it} = (\alpha + u_i) + (\beta + v_i)x_{it} + \varepsilon_{it}\text{ 即 }y_{it} = \alpha_i + \beta_i x_{it} + \varepsilon_{it} \tag{8.3}$$

根据回归参数（截距和斜率）中是否存在个体差异（异质性），可以对式（8.3）

施加不同的约束，从而产生不同类型的面板数据模型：

1. 如果 $u_i = 0$， $v_i = 0$，产生不变系数模型：

$$y_{it} = \alpha + \beta x_{it} + \varepsilon_{it} \tag{8.4}$$

2. 如果 $u_i \neq 0$， $v_i = 0$，产生变截距模型（截距存在差异，斜率固定）：

$$y_{it} = \alpha_i + \beta x_{it} + \varepsilon_{it} \tag{8.5}$$

3. 如果 $u_i \neq 0$， $v_i \neq 0$，产生变系数模型（截距、斜率均存在差异）：

$$y_{it} = \alpha_i + \beta_i x_{it} + \varepsilon_{it} \tag{8.6}$$

后两类模型都存在个体异质性。根据对个体异质性存在原因的解不同，分为固定效应和随机效应两种。如果认为个体异质性是由于每个个体具有的某些与自变量x相关的确定性因素造成的，称为固定效应假定。如果认为个体异质性是由某些偶然性因素造成的，这些偶然性因素与x无关，称为随机效应假定。根据异质性的来源假定不同，式（8.5）和式（8.6）又各派生出固定效应和随机效应两种类型，归纳分类如表8.2所示。

表8.2　　面板数据模型的分类

<table>
<tr><th colspan="2">模型类型</th><th>模型假定</th><th>模型特点</th></tr>
<tr><td colspan="2">不变系数模型</td><td>不存在个体异质性</td><td>各个体的回归系数相同</td></tr>
<tr><td rowspan="2">变截距模型</td><td>固定效应变截距模型</td><td>固定因素（与x相关）引起的个体异质性影响截距</td><td rowspan="2">各个体的斜率系数相同，但截距各不相同</td></tr>
<tr><td>随机效应变截距模型</td><td>随机因素（与x不相关）引起的个体异质性影响截距</td></tr>
<tr><td rowspan="2">变系数模型</td><td>固定效应变系数模型</td><td>固定因素（与x相关）引起个体异质性影响模型截距和斜率</td><td rowspan="2">各个体的截距、斜率系数都各不相同</td></tr>
<tr><td>随机效应变系数模型</td><td>随机因素（与x不相关）引起个体异质性影响模型截距和斜率</td></tr>
</table>

如果存在时期异质性，模型设定与此相似。

三、面板数据模型的作用

面板数据模型与一维数据模型相比，有其独特的优越性：

1. 扩展样本容量。计量经济建模实践中，经常面临样本规模不足的困扰，尤其是时间序列数据，由于时间的不可逆性，扩展样本长度几乎是不可能的。面板数据可以在时间和个体两个维度对样本规模进行扩张，有助于克服一维数据扩展样本的困难。

2. 提高估计效率。面板数据能更好地识别和度量纯时间序列和纯横截面数据所不能发现的影响因素，如个体之间的差异（个体异质性）、时期之间的差异（时期异质性）等，模型设定更加灵活，可以从两个维度分析问题，能够提供更多的信息、更多的变化、更多的自由度和更高的估计效率。

3.有助于内生性问题的解决。内生性往往是由遗漏变量引起的。而遗漏变量大都是由于忽视个体异质性造成的。由于个体（时期）异质性不随时间（个体）改变而改变，可以通过不同时期（个体）的组内差分将相应的异质性消除掉，为解决变量的内生性问题提供了另一条途径。

尽管面板数据模型研究的理论和应用发展很快，但目前仍然存在一些问题需要解决。例如，收集数据成本较高；不同时期的数据质量可比性较差；模型设定存在选择性困难；等等。

第二节　不变系数模型

一、面板数据结构

面板数据的每一个观测值都有时期和个体两个属性，在数据结构上必须体现出这两个属性。面板数据的基本结构为“长”型结构。如可以将表8.3以如下格式录入（导入）Stata中，命名为ex8.1.dta：

表8.3　**面板数据结构（长型）**

个体（crossid）	时期（year）	变量（y）	变量（x）
A	2019	6421	8109
A	2020	6783	8804
…	…	…	…
…	…	…	…
O	2022	13546	17826
O	2023	14946	20097

由于Stata默认的数据类型是横截面数据，所以需要首先在ex8.1.dta中对面板数据进行定义：

.encode crossid , gen（id）　//如果crossid是文字格式（string），需要将其数字化

.xtset id year　//声明个体变量和时间变量，定义面板数据

然后对数据进行初步观察：

.xtdes　//数据观察

.xtsum y x　//数据统计

.xtline y x　//图示（如果所有个体的图形放在一个图中，加选项“overlay”）

有时建模需要“宽”型结构的数据，形式如下表8.4所示。

表8.4　　面板数据结构（宽型）

年份	个体A		个体B		…		个体O	
	y	x	y	x	y	x	y	x
2019	6421	8109	11572	14064	…	…	10603	13362
2020	6783	8804	12672	15518	…	…	11222	14501
2021	7147	8937	13950	17000	…	…	11817	15618
2022	7642	9590	14712	19091	…	…	13546	17826
2023	8133	10358	17804	21576	…	…	14946	20097

长型面板数据与宽型面板数据可以互相转换。命令如下：

```
.reshape wide x y,i(year) j(id)      //长型转宽型，i代表行属性，j代表列属性
.reshape long x y,i(year) j(id)      //宽型转长型
```

二、不变系数模型

如果从时间角度看，经济关系在不同个体之间不存在显著性差异；从个体角度看，不同时期的经济关系也不存在显著性差异，即各回归系数不随个体或时期的变化而变化，那么就可以建立不变系数模型（混合估计模型）。

$$y_{it}=\alpha+\beta x_{it}+\varepsilon_{it},\quad i=1,2,\cdots,n;t=1,2,\cdots,T \tag{8.7}$$

式（8.7）中，对于所有的时期和个体，结构关系参数α和β都是固定的，除了应用于面板数据外，模型在形式上与经典的线性回归模型没有什么两样。所以可以直接把每一个时期的横截面数据（或每一个个体的时间序列数据）混合在一起，进行OLS回归，该类模型也被称为混合估计模型（pooled model）（见图8.1）。如果ε_{it}是满足古典假定，混合模型的OLSE都是无偏、一致和有效估计量。需要注意的是，由于面板数据同一个体不同时期的误差项之间可能存在序列相关（组内序列相关），不同个体观测值可能随时期变异的幅度不同（聚类异方差），需要使用聚类稳健的方法计算系数的标准误。

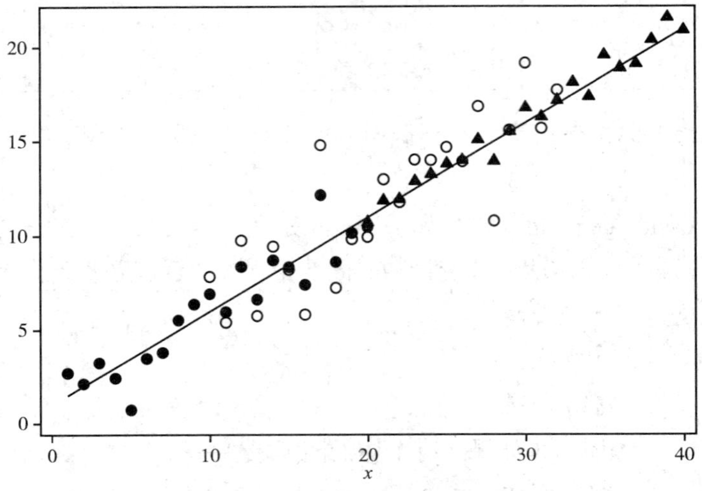

图8.1　混合回归

【例8.2】在ex8.1.dta中，该面板数据共包括15×5＝75个观测点，如果不考虑其个体异质性，将75个观测点看作是一个观测样本，进行混合回归。

.reg y x ,vce(cluster id)　　//聚类变量是id

```
Linear regression                               Number of obs     =         75
                                                F(1, 14)          =     941.00
                                                Prob > F          =     0.0000
                                                R-squared         =     0.9830
                                                Root MSE          =      389.2

                                   (Std. Err. adjusted for 15 clusters in id)
```

y	Coef.	Robust Std. Err.	t	P>|t|	[95% Conf. Interval]	
x	.7614629	.0248229	30.68	0.000	.708223	.8147029
_cons	125.5514	267.3337	0.47	0.646	-447.8224	698.9252

混合估计的前提是不存在个体异质性，否则会产生遗漏变量问题，影响估计量的统计性质。所以，必须对是否存在异质性进行检验（见后）。

第三节　变截距模型

一、变截距模型的一般形式

如果由于个体（时期）异质性问题，导致截距项却在不同的个体（或时期）上有所不同，而自变量对因变量的边际效应（斜率）却不随个体（时期）的变化而变化，此时可以建立个体（时期）变截距模型（variable intercept model）（见图8.2）。

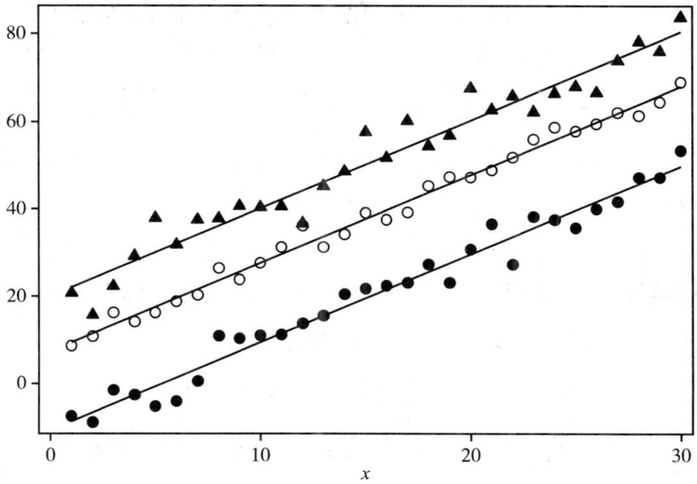

图8.2　变截距模型

以只存在个体异质性为例，变截距模型的一般形式如下：

$$y_{it}=\alpha+\beta x_{it}+u_i+\varepsilon_{it}=(\alpha+u_i)+\beta x_{it}+\varepsilon_{it}=\alpha_i+\beta x_{it}+\varepsilon_{it} \tag{8.8}$$

其中，ε_{it}（$i=1, 2, \cdots, n; t=1, 2, \cdots, T$）表示满足所有古典假定的随机误差项，本章将其称为“纯随机误差项”，u_i代表第i个个体的异质性。

根据异质性u_i的产生机理不同，个体变截距模型分为两类：如果个体异质性与x相关，称为固定效应（fixed effects，FE）变截距模型；如果个体异质性与x无关，则称为随机效应（random effects，RE）变截距模型。不论何种情况，异质性u_i都是随机变量，所以张晓峒（2017）认为，上述术语容易引起误解，固定效应模型称为“相关效应模型”、随机效应模型称为“非相关效应模型”更为恰当。

由于两种模型对个体的异质性u_i的设定不同，所以估计方法有所不同。

二、固定效应变截距模型

在个体固定效应变截距模型：

$$y_{it}=\beta+\beta_1 x_{it}+u_i+\varepsilon_{it} \tag{8.9}$$

其中，u_i代表第i个个体的异质性，假定它是由于不随时间变化的因素z_i造成的，即$u_i=\gamma z_i$，而z_i与x有关（比如生产函数中的企业技术水平，至少短期内保持固定，但与不同企业的资金投入有关；消费函数中的家庭消费习惯，短期内不可能有根本性变化，但与不同家庭的收入水平有关）。

（一）参数估计

目前，估计固定效应变截距模型主要有三种方法：

1.组内一阶差分法。面板数据中，通常将同一个体的数据（时间序列）称为“组”。对于给定个体的时间序列（即给定的“组”），有：

$$y_{it}=\alpha+\beta x_{it}+u_i+\varepsilon_{it}；\quad y_{it-1}=\alpha+\beta x_{it-1}+u_i+\varepsilon_{it-1}$$

其中的个体固定效应u_i只与个体有关，不随时期改变而改变，可以通过一阶差分，消去各个体的异质性：

$$y_{it}-y_{it-1}=\beta(x_{it}-x_{it-1})+(\varepsilon_{it}-\varepsilon_{it-1}) \quad 即\ \Delta y_{it}=\beta\Delta x_{it}+\Delta\varepsilon_{it}$$

然后，利用组内差分数据，进行OLS回归，解出各个体共同的斜率系数估计值$\hat{\beta}$。如果感兴趣的是各个体的截距项，可按照如下方法推出：

$$\hat{u}_i=\overline{y}_i-\hat{\beta}\overline{x}_i$$

其中，$\overline{x}_i$、$\overline{y}_i$即组内平均数，分别代表第i个个体（组）相应变量的平均数。

2.组内中心化法。组内一阶差分法的代价是每一个体都损失第一期的观测值。为了克服这个缺陷，用同一个体每一个时期的观测值减去该个体所有时期的均值，以去掉固定模型中的个体异质性，称为组内中心化处理：

$$y_{it}=\alpha+\beta x_{it}+u_i+\varepsilon_{it}\ ;\ \bar{y}_i=\alpha+\beta\bar{x}_i+u_i+\bar{\varepsilon}_i$$

$$y_{it}-\bar{y}_i=\beta(y_{it}-\bar{x}_i)+(\varepsilon_{it}-\bar{\varepsilon}_i)$$

$$y'_{it}=\beta x'_{it}+\Delta\varepsilon_{it}$$

先利用中心化处理后的数据，估计共同斜率 $\hat{\beta}$（各个体共同的参数），然后推算出各个体的截距。推算方法与组内一阶差分法相同。

【例8.3】 对于ex8.1.dta，Stata组内中心化方法估计如下：

.xtreg y x, fe robust　　// fe即fixed effects（固定效应），robust是稳健标准误，等价于vce（cluster id）

```
Fixed-effects (within) regression               Number of obs      =        75
Group variable: id                              Number of groups   =        15

R-sq:                                           Obs per group:
     within  = 0.9563                                         min =          5
     between = 0.9892                                         avg =        5.0
     overall = 0.9830                                         max =          5

                                                F(1,14)            =     714.63
corr(u_i, Xb)  = 0.5914                         Prob > F           =     0.0000

                                 (Std. Err. adjusted for 15 clusters in id)
------------------------------------------------------------------------------
             |               Robust
           y |      Coef.   Std. Err.      t    P>|t|     [95% Conf. Interval]
-------------+----------------------------------------------------------------
           x |   .7041376   .0263401    26.73   0.000     .6476437    .7606316
       _cons |   793.3513   306.8444     2.59   0.022     135.2355    1451.467
-------------+----------------------------------------------------------------
     sigma_u |  385.11217
     sigma_e |  270.16604
         rho |  .67017923   (fraction of variance due to u_i)
------------------------------------------------------------------------------
```

表中的sigma_u是个体固定效应 u_i 的标准差 σ_u；sigma_e是纯随机误差项 ε_{it} 的标准差 σ_ε。通过二者可以计算出 *rho*：

$$rho=\frac{\sigma_u^2}{\sigma_u^2+\sigma_\varepsilon^2} \tag{8.10}$$

rho 数值越大，说明个体异质性在复合误差项（$u_i+\varepsilon_{it}$）波动中的贡献越大，个体异质性越明显。

如果对各个体的异质性（固定效应）感兴趣，可以计算各个体的截距：

.predict ui，u　　//估计各个体（组）固定效应 $\hat{u}_i$：

.gen alpha_fe=_b[_cons]+ ui　　//计算各个体（组）回归方程的可变截距 $\hat{\alpha}_i=\hat{\alpha}+\hat{u}_i$

.table id,content(mean ui mean alpha_fe) //列表显示个体固定效应 $\hat{u}_i$ 和可变截距 $\hat{\alpha}_i$

.graph bar alpha_fe ,over(id) //截距 $\hat{\alpha}_i$ 的条形图（见图8.3）

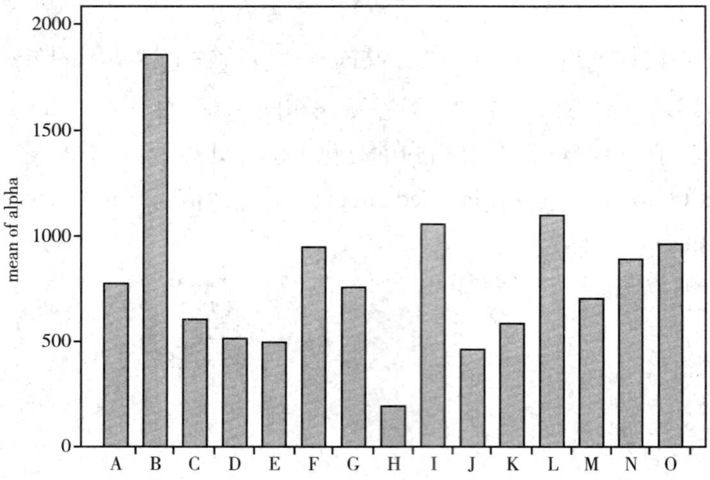

图8.3 可变截距

3. 虚拟变量法（LSDV）。

由于

$$y_{it}=\alpha+\beta x_{it}+u_i+\varepsilon_{it} \quad (8.11)$$

假设其中的个体异质性 u_i 取决于个体 i 中不随时间改变而改变的确定性因素 z_i（与 x_i 相关），即 $u_i=\gamma_i z_i$，用个体虚拟变量 D_i 代替不可观测的 z_i：

$$D_i=\begin{cases}1, & 如果属于第i个个体，i=1,2,\ldots,n\\0, & 其他\end{cases}$$

为了避免多重共线性，将 $(n-1)$ 个虚拟变量 D_i 引入模型。式（8.11）可改写为：

$$y_{it}=(\alpha+\gamma_2 D_2+\cdots+\gamma_n D_n)+\beta x_{it}+\varepsilon_{it}$$

可见，$\alpha_1=\alpha$；$\alpha_2=\alpha+u_2$；…；$\alpha_n=\alpha+u_n$

如果纯随机误差项 ε_i 满足经典假定，并且解释变量之间不存在完全共线性，面板数据模型式（8.11）可以用OLS估计，全部参数估计量都是无偏和一致的。

【例8.4】 对于ex8.1.dta，用LSDV估计个体固定效应变截距模型。

.reg y x i.id, vce(cluster id) //i.id产生对应于每一个id的虚拟变量

```
Linear regression                               Number of obs     =         75
                                                F(0, 14)          =          .
                                                Prob > F          =          .
                                                R-squared         =     0.9934
                                                Root MSE          =     270.17

                                   (Std. Err. adjusted for 15 clusters in id)
```

y	Coef.	Robust Std. Err.	t	P>|t|	[95% Conf.	Interval]
x	.7041376	.029299	24.03	0.000	.6412974	.7669779
id						
B	1079.358	242.895	4.44	0.001	558.4001	1600.316
C	-170.1523	113.8092	-1.50	0.157	-414.2488	73.94423
D	-262.7212	20.68513	-12.70	0.000	-307.0864	-218.356
E	-279.4873	14.11042	-19.81	0.000	-309.7512	-249.2235
F	173.2117	16.79422	10.31	0.000	137.1917	209.2317
G	-18.56433	80.6134	-0.23	0.821	-191.4629	154.3342
H	-582.7648	9.879639	-58.99	0.000	-603.9545	-561.5751
I	280.1876	4.336259	64.62	0.000	270.8873	289.488
J	-314.0124	11.66688	-26.91	0.000	-339.0354	-288.9894
K	-190.5588	54.23254	-3.51	0.003	-306.876	-74.24156
L	321.2328	299.864	1.07	0.302	-321.9116	964.3772
M	-71.49193	21.30041	-3.36	0.005	-117.1768	-25.8071
N	115.0248	142.8622	0.81	0.434	-191.384	421.4337
O	187.295	208.6444	0.90	0.385	-260.2027	634.7927
_cons	775.5808	268.3676	2.89	0.012	199.9896	1351.172

（二）混合估计模型与固定效应变截距模型的选择

对于给定的面板数据，究竟是否存在个体异质性？换句话说，应该建立不变系数（混合估计）模型还是固定效应变截距模型？由于不变系数模型可以可看作变截距模型的约束模型，前者嵌套于后者，所以可以通过约束条件的F检验完成选择。

H_0：不同个体的模型截距项相同（建立混合估计模型，即施加约束条件$u_1=u_2=\cdots=u_n=0$的受约束模型）。

H_1：不同个体的模型截距项不同（建立个体固定效应模型，非约束模型）。

$$F=\frac{(RSS_{混}-RSS_{固})/[df_{混}-df_{固}]}{RSS_{固}/df_{固}}=\frac{(RSS_{混}-RSS_{固})/[(nT-k-1)-(nT-k-n)]}{RSS_{固}/(nT-k-n)}$$
$$=\frac{(RSS_{混}-RSS_{固})/(n-1)}{RSS_{固}/(nT-k-n)} \tag{8.12}$$

其中，$RSS_{混}$，$RSS_{固}$分别表示混合估计模型（约束模型）和个体固定效应模型（无约束模型）回归的残差平方和。无约束模型比约束模型多了$(n-1)$个待估参数。在原假设H_0下，F服从自由度为$(n-1,nT-n-k)$的F分布。

Stata在进行组内估计时，如果不加选项vce(cluster id)或robust，输出结果最后自动给出F检验的结果。

【例8.5】接【例8.4】，F检验如下：

.xtreg y x, fe

```
Fixed-effects (within) regression               Number of obs      =        75
Group variable: id                              Number of groups   =        15

R-sq:                                           Obs per group:
     within  = 0.9563                                         min =          5
     between = 0.9892                                         avg =        5.0
     overall = 0.9830                                         max =          5

                                                F(1,59)           =    1291.19
corr(u_i, Xb)  = 0.5914                         Prob > F          =     0.0000

------------------------------------------------------------------------------
           y |      Coef.   Std. Err.      t    P>|t|     [95% Conf. Interval]
-------------+----------------------------------------------------------------
           x |   .7041376   .0195958    35.93   0.000     .6649266    .7433487
       _cons |   793.3513    230.399     3.44   0.001      332.324    1254.379
-------------+----------------------------------------------------------------
     sigma_u |  385.11217
     sigma_e |  270.16604
         rho |  .67017923   (fraction of variance due to u_i)
------------------------------------------------------------------------------
F test that all u_i=0: F(14, 59) = 6.61                      Prob > F = 0.0000
```

可见，应该拒绝原假设，即与不变系数模型相比，固定效应变截距模型更适合于本例。

三、随机效应变截距模型

如果我们认为个体（时期）异质性造成不同个体（时期）的截距不同，而个体（时期）异质性是由于与x无关的因素造成的，则应该建立个体随机效应变截距模型。个体随机效应变截距模型的一般形式为：

$$y_{it}=\alpha+\beta x_{it}+u_i+\varepsilon_{it}=\alpha+\beta x_{it}+(u_i+\varepsilon_{it})=\alpha+\beta x_{it}+u_{it} \qquad (8.13)$$

其中，α为公共截距，u_i为个体截距与均值截距的差，属于个体i的随机波动分量，即个体异质性，而且该异质性与模型解释变量x的大小无关。由于模型的误差项由两个分量组成（$u_{it}=u_i+\varepsilon_{it}$），故式（8.13）又被称为误差分量模型（error component model）。其中，假定个体随机误差分量u_i~$iid.N(0, \sigma_u^2)$，纯随机误差分量ε_{it}~$iid.N(0, \sigma_w^2)$，u_i、ε_{it}、x_{it}不相关两两正交。

（一）参数估计

1.可行的广义最小二乘法（FGLS）。由于$\text{cov}(u_{it}, u_{is})=\text{E}(u_{it}u_{is})=\text{E}[(u_i+\varepsilon_{it})\cdot(u_i+\varepsilon_{is})]=\text{var}(u_i)=\sigma_u^2\neq 0$，在$t\neq s$时，复合误差项（$u_i+\varepsilon_{it}$）存在组内自相关，所以OLSE失去有效性。此时可采用广义最小二乘法（GLS）估计随机效应模型的参数。GLS基本思想如下：

定义

$$\theta=1-\frac{\sigma_\varepsilon}{(T\sigma_u^2+\sigma_\varepsilon^2)^{1/2}} \qquad (8.14)$$

显然，$0\leqslant\theta\leqslant1$。然后，以个体为单位对样本进行分组，对每一个体（组）计算对应于式（8.13）的均值方程：

$$\bar{y}_i = \alpha + \beta\bar{x}_i + u_i + \bar{\varepsilon}_i$$

用θ乘以上述均值方程得：

$$\theta\bar{y}_i = \theta\alpha + \theta\beta\bar{x}_i + \theta u_i + \theta\bar{\varepsilon}_i \tag{8.15}$$

式（8.13）减去式（8.15）得：

$$y_{it} - \theta\bar{y}_i = (1-\theta)\alpha + \beta(x_{it} - \theta\bar{x}_i) + [(1-\theta)u_i + (\varepsilon_{it} - \theta\bar{\varepsilon}_i)]$$

$$y'_{it} = \alpha' + \beta x'_{it} + u'_{it} \tag{8.16}$$

其中，$y'_{it} = y_{it} - \theta\bar{y}_i, x'_{it} = (x_{it} - \theta\bar{x}_i)$称为$x$和$y$的组内广义（准）差分；复合误差$u'_{it} = (1-\theta)u_i + (\varepsilon_{it} - \theta\bar{\varepsilon}_i)$称为"广义（准）差分离差"，渐进独立同分布。由于复合误差项不存在自相关问题，因此可以对式（8.16）进行OLS回归。

但θ一般未知，可用固定效应模型（其参数估计具有一致性）均方差MSE来估计，记为$\hat{\sigma}_\varepsilon^2$；利用混合回归的MSE估计式（8.14）的分母项，进而得到θ的一致估计量：

$$\hat{\theta} = 1 - \frac{\hat{\sigma}_\varepsilon}{(T\hat{\sigma}_u^2 + \hat{\sigma}_\varepsilon^2)^{1/2}} \tag{8.17}$$

用$\hat{\theta}$替代θ对x和y进行组内广义差分变换，得到x'_{it}和y'_{it}，然后对式（8.16）进行OLS回归。其实质是可行的广义最小二乘法（FGLS）。显然，如果$\hat{\theta}$=0，FGLS等价于OLS；如果$\hat{\theta}$=1，FGLS等价于组内中心化法（固定效应）。

【例8.6】对于ex8.1.dta，随机效应模型估计如下：

.xtreg y x, re robust theta //re表示随机效应，robust表示计算稳健标准误，theta表示显示$\hat{\theta}$值

```
Random-effects GLS regression                   Number of obs      =        75
Group variable: id                              Number of groups   =        15

R-sq:                                           Obs per group:
     within  = 0.9563                                         min =          5
     between = 0.9892                                         avg =        5.0
     overall = 0.9830                                         max =          5

                                                Wald chi2(1)       =    954.19
corr(u_i, X)     = 0 (assumed)                  Prob > chi2        =    0.0000
theta            = .6022172

                                   (Std. Err. adjusted for 15 clusters in id)
```

y	Coef.	Robust Std. Err.	z	P>|z|	[95% Conf.	Interval]
x	.7340684	.023764	30.89	0.000	.6874918	.780645
_cons	444.6783	239.9695	1.85	0.064	-25.65325	915.0098
sigma_u	278.67382					
sigma_e	270.16604					
rho	.51549767	(fraction of variance due to u_i)				

如果关注个体的截距项，需要在FGLS估计出公共截距 $\hat{\alpha}$ 和公共斜率 $\hat{\beta}$ 后，进一步推算各个体的随机效应（u_i的估计值）$\hat{u}_i = \bar{y}_i - (\hat{\alpha} + \hat{\beta}\bar{x}_i)$ 和截距项 $\hat{\alpha}_i = \hat{\alpha} + \hat{u}_i = \bar{y}_i - \hat{\beta}\bar{x}_i$。Stata命令为：

.predict ui , u　　//得到各个体随机效应（个体异质性）u_i的估计

.gen alpha_re=_b[_cons]+ui　　//公共截距项与随机效应相加，得到各个体的截距项

可见，固定效应和随机效应方法的参数估计结果有所不同。对于本例，固定效应（组内估计）和随机效应（FGLS）估计的斜率分别是0.704和0.734，估计的各个体异质性（变截距）比较如下：

id	mean(alpha_fe)	mean(alpha_re)
A	775.5808	492.4474
B	1854.939	1192.147
C	605.4285	251.3517
D	512.8596	253.5093
E	496.0935	269.3174
F	948.7925	652.6932
G	757.0165	407.4995
H	192.816	10.38981
I	1055.768	724.5717
J	461.5684	238.1541
K	585.022	285.4053
L	1096.814	504.9923
M	704.0889	450.5843
N	890.6056	466.4218
O	962.8757	470.6891

如果随机误差分量服从已知分布（如正态分布），模型的参数还可以用极大似然法（ML）估计。对于【例8.6】，Stata命令为：

.xtreg y x , mle

```
Random-effects ML regression                    Number of obs      =        75
Group variable: id                              Number of groups   =        15

Random effects u_i ~ Gaussian                   Obs per group:
                                                             min =         5
                                                             avg =       5.0
                                                             max =         5

                                                LR chi2(1)         =    250.20
Log likelihood  = -541.34723                    Prob > chi2        =    0.0000
```

y	Coef.	Std. Err.	z	P>|z|	[95% Conf.	Interval]
x	.7330744	.0169573	43.23	0.000	.6998387	.76631
_cons	456.2587	213.7108	2.13	0.033	37.39327	875.1242
/sigma_u	291.3414	69.35327			182.7154	464.5464
/sigma_e	272.811	25.54753			227.0653	327.773
rho	.5328109	.134155			.2812978	.7714607

LR test of sigma_u=0: chibar2(01) = 22.73　　Prob >= chibar2 = 0.000

2.组间估计方法（BE）。估计随机效应模型，还可以使用“组间估计方法”（between estimators，BE），即对每一个体计算观测值的序时平均数，得到所有的n个个体的组内平均数$(\bar{x}_i, \bar{y}_i)$，将其看作样本规模为n的横截面数据，进行OLS回归。但将面板数据合成（压缩）为横截面数据，损失较多信息，而且组间估计量往往是不一致的，所以只是一种参考方法。

【例8.7】对于ex8.1.dta，组间估计如下：

.xtreg y x, be

```
Between regression (regression on group means)  Number of obs      =         75
Group variable: id                              Number of groups   =         15

R-sq:                                           Obs per group:
     within  = 0.9563                                          min =          5
     between = 0.9892                                          avg =        5.0
     overall = 0.9830                                          max =          5

                                                F(1,13)            =    1186.07
sd(u_i + avg(e_i.))=  303.7384                  Prob > F           =     0.0000
```

y	Coef.	Std. Err.	t	P>|t|	[95% Conf. Interval]	
x	.7733749	.0224562	34.44	0.000	.7248613	.8218885
_cons	-13.21504	273.1014	-0.05	0.962	-603.2147	576.7846

（二）随机效应检验

如何在不变系数（混合估计）模型与个体随机效应之间进行选择？即如何对以下假设进行检验：

$H_0: \text{var}(u_i)=\sigma_u^2=0$（不存在个体异质性$u_i$，即混合估计模型）

$H_1: \text{var}(u_i)=\sigma_u^2\neq 0$（存在个体异质性$u_i$，即个体随机效应模型）

布劳施和帕甘（Breusch and Pagan，1980）提出了如下LM统计量：

$$LM=\frac{NT}{2(T-1)}=\left[\frac{T^2 RSS_{随}}{RSS_{混}}-1\right]^2$$

其中，$RSS_{随}$表示由个体随机效应模型计算的残差平方和。$RSS_{混}$表示由混合估计模型计算的残差平方和。在$H_0: \text{var}(u_i)=\sigma_u^2=0$（适用混合估计）下，该LM统计量服从1个自由度的$\chi^2$分布。Stata提供了随机效应估计后的LM检验命令xttest0检验上述假设，视检验结果在混合估计模型和个体随机效应之间进行选择。

【例8.8】接【例8.6】，随机效应检验如下：

.qui xtreg y x, re　　//qui表示静默模式（不显示模型估计结果）

.xttest0

```
Breusch and Pagan Lagrangian multiplier test for random effects

        y[id,t] = Xb + u[id] + e[id,t]

        Estimated results:
                         |       Var     sd = sqrt(Var)
                ---------+-----------------------------
                       y |    8806239       2967.531
                       e |   72989.69        270.166
                       u |    77659.1       278.6738

        Test:   Var(u) = 0
                             chibar2(01) =    29.38
                          Prob > chibar2 =   0.0000
```

四、随机效应模型与固定效应模型的选择

变截距模型视随机误差项与解释变量是否相关，有随机效应与固定效应两种设定形式。对于长而窄（T远大于n）的数据，两种方法差别不大。而对于宽而短（n远大于T）的样本，二者估计结果可能相差很大。二者分别适用于不同的情况，究竟使用哪一种设定，应该根据经济理论和定性分析加以判断。如果不好下结论，则需要通过一定的准则进行判断：

1. 根据数据类型判断：宏观数据一般用固定效应（因为大量偶然性波动通过数据汇总抵消了）；微观数据一般用随机效应。

2. 根据个体数目判断：如果数据包括了总体的全部个体（例如山东省全部县级单位的收入—消费数据），其目的在于描述总体，一般用固定效应，因为不是随机抽样，随机效应解释不通；如果个体是随机抽取的一部分总体单位，目的在于推算总体（如统计调查数据），个体差异可以视为随机的，一般用随机效应。

3. 根据模型参数估计量性质判断：最常用的是Hausman检验。其检验原理是，记个体效应为 u_i，如果 $\text{cov}(u_i,x_i)=0$，随机效应模型（GLS）、固定效应模型（OLS）都产生回归系数的一致估计量，但随机效应模型的估计量方差更小（更有效），所以应该采用随机效应模型；如果个体效应 u_i 与自变量相关，即 $\text{cov}(u_i,x_i)\neq 0$，固定效应模型产生一致估计量，随机效应模型的估计量不一致，所以应该采用固定效应模型。Hausman检验在球形扰动项假定（误差项同方差、无序列相关）下进行，不适合用于稳健标准误的面板数据模型的检验。Hausman检验采用Wald统计量：

H_0：$\text{cov}(u_i,x_i)=0$（采用随机效应模型）

H_1：$\text{cov}(u_i,x_i)\neq 0$（采用固定效应模型）

$$H=(\hat{\boldsymbol{\beta}}_{\text{固定}}-\hat{\boldsymbol{\beta}}_{\text{随机}})'[\text{var}(\hat{\boldsymbol{\beta}}_{\text{固定}})-\text{var}(\hat{\boldsymbol{\beta}}_{\text{随机}})]^{-1}(\hat{\boldsymbol{\beta}}_{\text{固定}}-\hat{\boldsymbol{\beta}}_{\text{随机}})$$

其中，$\hat{\boldsymbol{\beta}}_{\text{固定}}$ 和 $\hat{\boldsymbol{\beta}}_{\text{随机}}$ 分别表示固定效应模型和随机效应模型的参数估计值。如果原假设 H_0 成立，随机效应模型方差最小，可以证明：

$$\text{var}(\hat{\boldsymbol{\beta}}_{固定}-\hat{\boldsymbol{\beta}}_{随机})=\text{var}(\hat{\boldsymbol{\beta}}_{固定})+\text{var}(\hat{\boldsymbol{\beta}}_{随机})-2\text{cov}(\hat{\boldsymbol{\beta}}_{固定},\hat{\boldsymbol{\beta}}_{随机})=\text{var}(\hat{\boldsymbol{\beta}}_{固定})-\text{var}(\hat{\boldsymbol{\beta}}_{随机})$$

在H_0下，$H\sim\chi^2(k)$，k是参数个数。可以据此对H_0进行假设检验。

在一元线性回归模型中，斜率β为标量（一个数值），Wald统计量退化为：

$$H=\frac{(\hat{\beta}_{固定}-\hat{\beta}_{随机})^2}{\text{var}(\hat{\beta}_{固定})-\text{var}(\hat{\beta}_{随机})} \tag{8.18}$$

Stata中，需要先分别估计两种模型，并保存各自的估计结果，然后运行Hausman命令。

【**例8.9**】对于ex8.1.dta，将Hausman检验过程写成do文件：

```
*d11.1：变截距模型Hausman检验
qui xtreg y x,fe        //估计固定效应模型（静默模式）
esti store fe        //存储估计结果
qui  xtreg y x,re        //估计随机效应模型（静默模式）
esti store re        //存储估计结果
hausman fe re,constant sigmamore        //运行hausman检验。constant代表计算H时
```

包含截距，sigmamo表示用式（8.16）计算方差估计量

运行结果如下：

	Coefficients (b) fe	Coefficients (B) re	(b-B) Difference	sqrt(diag(V_b-V_B)) S.E.
x	.7041376	.7340684	-.0299308	.0132664
_cons	793.3513	444.6783	348.673	135.627

```
                 b = consistent under Ho and Ha; obtained from xtreg
      B = inconsistent under Ha, efficient under Ho; obtained from xtreg

  Test:  Ho:  difference in coefficients not systematic

              chi2(2) = (b-B)'[(V_b-V_B)^(-1)](b-B)
                      =        5.09
            Prob>chi2 =      0.0785
            (V_b-V_B is not positive definite)
```

所以在0.05的显著性水平下，接受了原假设，即变截距模型应该采用随机效应假定。

第四节　变系数模型

一、变系数模型的一般形式

对于某些面板数据，当认为对于不同个体（时期），解释变量的回归系数存在显

著性差异时，可以允许每个个体（时期）拥有各自不同的截距系数和斜率系数，称为变系数模型（见图8.4）。

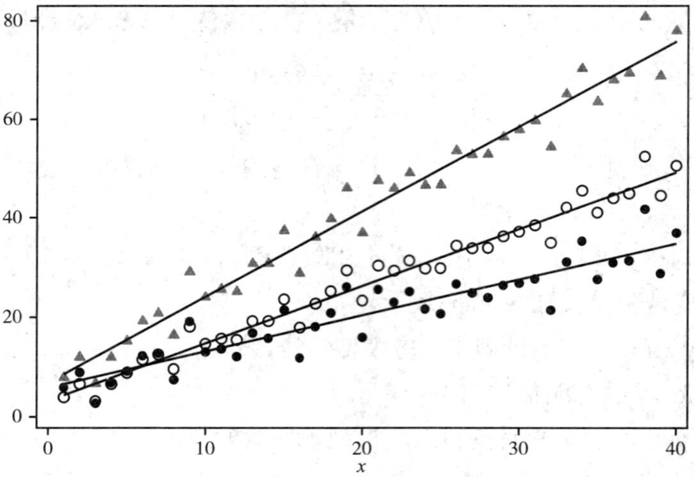

图8.4　变系数模型

为了便于叙述，我们假设只有一个自变量，而且只存在个体异质性，变系数模型的一般形式为：

$$y_{it} = \alpha_i + \beta_i x_{it} + \varepsilon_{it} \tag{8.19}$$

α_i, β_i 是随个体而变的回归系数。根据个体之间回归系数差异产生的原因不同，变系数也分为固定效应变系数模型和随机效应变系数模型两种。

二、固定效应变系数模型

假定由于某种与x相关、不随时间变化而变化的客观原因（比如地理位置或消费习惯等因素）导致个体异质性，进而造成不同个体的回归系数（包括截距和斜率）有所差异，可以建立固定效应变系数模型：

$$y_{it} = (\alpha + u_i) + (\beta + v_i) x_{it} + \varepsilon_{it} \tag{8.20}$$

（一）参数估计

1.虚拟变量回归（LSDV）。由于导致系数变化的个体异质性源于不可观测的因素，这些因素只与个体有关，与时间无关，所以可用个体虚拟变量作为其代理变量。式（8.20）变为：

$$y_{it} = [\alpha + \alpha_1 D_1 + \alpha_2 D_2 + \cdots + \alpha_n D_n] + [\beta + \beta_2 D_2 + \cdots + \beta_n D_n] x_{it} + \varepsilon_{it} \tag{8.21}$$

等价于：

$$y_{1t} = \alpha + \beta x_{1t} + \varepsilon_{1t}, i = 1 \text{（对于第1个体）},$$

$$y_{2t}=\alpha_2+\beta_2x_{2t}+\varepsilon_{2t},i=2\text{（对于第2个个体），}$$

$$\cdots$$

$$y_{nt}=\alpha_n+\beta_nx_{nt}+\varepsilon_{nt},i=n\text{（对于第}n\text{个个体）}$$

上述方法是对全部观测值进行虚拟变量回归（LSDV），等价于对每一个个体进行OLS回归，所以又称为“分别回归”方法。

【**例8.10**】对于ex8.1.dta，用LSDV估计固定效应变系数模型，Stata命令如下：

.xi : regress y i.id*x, vce(cluster id)

```
. xi:reg y  i.id*x,vce(cluster id)
i.id              _Iid_1-15           (naturally coded; _Iid_1 omitted)
i.id*x            _IidXx_#            (coded as above)

Linear regression                                   Number of obs     =         75
                                                    F(2, 14)          =          .
                                                    Prob > F          =          .
                                                    R-squared         =     0.9961
                                                    Root MSE          =     238.93

                                        (Std. Err. adjusted for 15 clusters in id)
```

y	Coef.	Robust Std. Err.	t	P>|t|	[95% Conf.	Interval]
_Iid_2	385.8373	4.25e-09	9.1e+10	0.000	385.8373	385.8373
_Iid_3	2734.528	4.30e-09	6.4e+11	0.000	2734.528	2734.528
_Iid_4	-131.2848	4.26e-09	-3.1e+10	0.000	-131.2848	-131.2848
_Iid_5	948.4235	4.26e-09	2.2e+11	0.000	948.4235	948.4235
_Iid_6	689.5208	4.25e-09	1.6e+11	0.000	689.5208	689.5208
_Iid_7	2664.861	4.26e-09	6.3e+11	0.000	2664.861	2664.861
_Iid_8	967.602	4.26e-09	2.3e+11	0.000	967.602	967.602
_Iid_9	414.0475	4.25e-09	9.7e+10	0.000	414.0475	414.0475
_Iid_10	-2372.819	4.30e-09	-5.5e+11	0.000	-2372.819	-2372.819
_Iid_11	1417.29	4.25e-09	3.3e+11	0.000	1417.29	1417.29
_Iid_12	713.8014	4.25e-09	1.7e+11	0.000	713.8014	713.8014
_Iid_13	1277.162	4.25e-09	3.0e+11	0.000	1277.162	1277.162
_Iid_14	-451.1049	4.25e-09	-1.1e+11	0.000	-451.1049	-451.1049
_Iid_15	1662.964	4.25e-09	3.9e+11	0.000	1662.964	1662.964
x	.7882492	4.63e-13	1.7e+12	0.000	.7882492	.7882492
_IidXx_2	-.0002167	4.63e-13	-4.7e+08	0.000	-.0002167	-.0002167
_IidXx_3	-.247731	4.66e-13	-5.3e+11	0.000	-.247731	-.247731
_IidXx_4	-.0193419	4.64e-13	-4.2e+10	0.000	-.0193419	-.0193419
_IidXx_5	-.1368291	4.64e-13	-2.9e+11	0.000	-.1368291	-.1368291
_IidXx_6	-.054516	4.63e-13	-1.2e+11	0.000	-.054516	-.054516
_IidXx_7	-.2447191	4.64e-13	-5.3e+11	0.000	-.2447191	-.2447191
_IidXx_8	-.1725159	4.64e-13	-3.7e+11	0.000	-.1725159	-.1725159
_IidXx_9	-.0157192	4.64e-13	-3.4e+10	0.000	-.0157192	-.0157192
_IidXx_10	.2388089	4.69e-13	5.1e+11	0.000	.2388089	.2388089
_IidXx_11	-.1601674	4.63e-13	-3.5e+11	0.000	-.1601674	-.1601674
_IidXx_12	-.0646284	4.63e-13	-1.4e+11	0.000	-.0646284	-.0646284
_IidXx_13	-.1526819	4.64e-13	-3.3e+11	0.000	-.1526819	-.1526819
_IidXx_14	.0111147	4.63e-13	2.4e+10	0.000	.0111147	.0111147
_IidXx_15	-.1274289	4.63e-13	-2.7e+11	0.000	-.1274289	-.1274289
_cons	5.152315	4.25e-09	1.2e+09	0.000	5.152315	5.152315

LSDV法的缺点是系数很多，尤其是自变量较多时，损失较多的自由度。为此可以考虑建立“部分变参数模型”，即让控制变量系数保持固定，只设定被关注变量的

截距和斜率随个体而变。对于T较大、n较小的所谓“长面板数据”，个体（组）内可能存在误差项序列相关，可以使用组内一阶差分法，消除自相关，然后应用LSDV。

2. 似不相关回归（SUR）。在变系数模型中，即使各个体的纯随机误差项不存在组内自相关和组间异方差，但各个体之间可能存在同期的相关性，$\mathrm{cov}(\varepsilon_{it},\varepsilon_{jt})\neq 0$ $(i\neq j)$，违背了OLS的假定条件。可以用似不相关回归（seemingly unrelated regressionn，SUR）进行“系统估计”，提高估计的有效性。

常用的面板数据一般是如表8.3所示的长型面板数据，SUR需要将其变为宽型数据。

【**例8.11**】对于ex8.1.dta，用SUR估计固定效应变系数模型。

.reshape wide x y,i(year) j(id)   //将表8.3形式的长型数据变为宽型数据

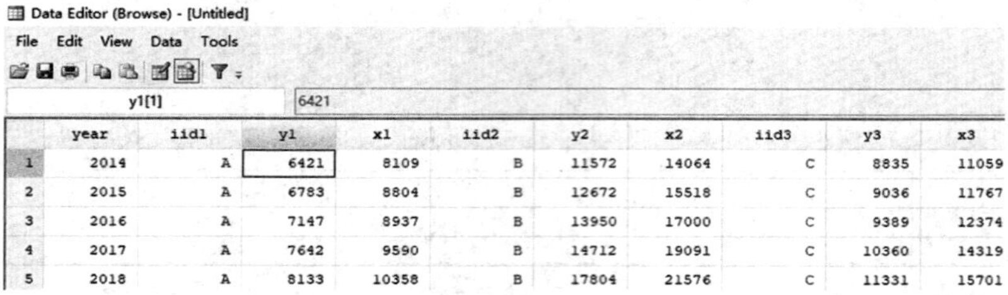

	year	iid1	y1	x1	iid2	y2	x2	iid3	y3	x3
1	2014	A	6421	8109	B	11572	14064	C	8835	11059
2	2015	A	6783	8804	B	12672	15518	C	9036	11767
3	2016	A	7147	8937	B	13950	17000	C	9389	12374
4	2017	A	7642	9590	B	14712	19091	C	10360	14319
5	2018	A	8133	10358	B	17804	21576	C	11331	15701

图8.5　宽型面板数据结构（局部）

.sureg (y1 x1) (y2 x2) (y3 x3) (y4 x4)   //为节省篇幅，只对前四个县用SUR估计固定效应变系数模型

	Coef.	Std. Err.	z	P>|z|	[95% Conf.	Interval]
y1						
x1	.7936976	.0461678	17.19	0.000	.7032104	.8841849
_cons	-44.75265	424.9363	-0.11	0.916	-877.6125	788.1073
y2						
x2	.8023119	.0503012	15.95	0.000	.7037233	.9009006
_cons	141.817	894.2342	0.16	0.874	-1610.85	1894.484
y3						
x3	.5448761	.0217546	25.05	0.000	.5022379	.5875144
_cons	2682.836	286.8986	9.35	0.000	2120.525	3245.147
y4						
x4	.7653742	.0232681	32.89	0.000	.7197696	.8109788
_cons	-91.27575	231.5422	-0.39	0.693	-545.09	362.5386

（二）固定效应变系数模型的检验

在已经拒绝不变系数模型假定（即接受固定效应变截距模型）的前提下，如何确定是否需要使用固定效应变系数模型？可采用约束条件的F检验：

H_0：不同个体的模型截距项不同，斜率系数相同（建立变截距模型，约束模型）。

H_1：不同个体的模型截距项不同，斜率系数不同（建立变系数模型，无约束模型）。

$$F=\frac{(RSS_{截}-RSS_{系})/[df_{截}-df_{系}]}{RSS_{系}/df_{系}}=\frac{(RSS_{截}-RSS_{系})/[(NT-N-K)-(NT-NK-N)]}{RSS_{系}/(NT-NK-N)}$$
$$=\frac{(RSS_{截}-RSS_{系})/(NK-K)}{RSS_{系}/(NT-NK-N)}$$

其中，$RSS_{截}$、$RSS_{系}$分别代表约束模型（固定效应变截距模型）和无约束模型（固定效应变系数模型）的残差平方和。

三、随机效应变系数模型

将个体之间回归系数的不同看作与x无关的随机因素影响，式（8.19）称为随机效应变系数模型。假设 $\alpha_i=\alpha+u_i;\beta_i=\beta+v_i$，$u_i$、$v_i$是随机变量（随个体而变，与$x$无关，对时期保持固定），则：

$$y_{it}=\alpha_i+\beta_i x_{it}+u_{it}=(\alpha+u_i)+(\beta+v_i)x_{it}+\varepsilon_{it}=\alpha+\beta x_{it}+(u_i+v_i x_{it}+\varepsilon_{it})=\alpha+\beta x_{it}+u_{it}^{'}$$
（8.22）

由于仍然有$E(u_i'|x_i)=0$，所以，OLSE是一致的。但复合随机项$u_i^{'}$存在序列相关和异方差，不满足古典假定，斯瓦米（Swamy，1970）建议应用FGLS估计，即先使用OLS回归，估计出回归残差的方差—协方差矩阵，然后运行GLS。

【**例8.12**】对于ex8.1.dta，应用FGLS估计随机效应变系数模型。

.xtrc y x

```
Random-coefficients regression                  Number of obs      =        75
Group variable: id                              Number of groups   =        15

                                                Obs per group:
                                                              min =         5
                                                              avg =       5.0
                                                              max =         5

                                                Wald chi2(1)       =    440.47
                                                Prob > chi2        =    0.0000
```

y	Coef.	Std. Err.	z	P>|z|	[95% Conf.	Interval]
x	.7161065	.0341208	20.99	0.000	.649231	.7829821
_cons	658.4661	351.882	1.87	0.061	-31.20998	1348.142

```
Test of parameter constancy:    chi2(28) =   314.39      Prob > chi2 = 0.0000
```

表格下面的检验称为“系数一致性检验”，原假设是$H_0:u_1=u_2=\cdots=0$; $v_1=v_2=\cdots=0$（即不变系数模型）。可见，本例拒绝了这个假设，应该使用变系数模型。

在上述命令Stata后面加选项“betas”，则显示每一个个体（组）的回归系数，即$(\alpha+u_i)$和$(\beta+v_i)$的估计值。对于本例，

.xtrc y x，betas

Group-specific coefficients

	Coef.	Std. Err.	z	P>|z|	[95% Conf.	Interval]
Group 1						
x	.7693795	.0569434	13.51	0.000	.6577725	.8809865
_cons	176.8909	527.115	0.34	0.737	-856.2355	1210.017
Group 2						
x	.8163579	.0312975	26.08	0.000	.755016	.8776999
_cons	-171.5956	400.8759	-0.43	0.669	-957.2978	614.1067

（限于篇幅，其他13个组（个体）的回归系数估计输出结果从略）

四、随机效应模型与固定效应模型的选择

与变截距模型类似，变系数模型也包含随机效应与固定效应两种模型。变截距模型条件下两种方法的选择，同样适用于变系数模型。

【例8.13】对于ex8.1.dta，在变系数模型条件下，进行Hausman检验：

```
*d11.2：变系数模型Hausman检验
qui xi : reg y i.id*x      //估计固定效应模型（静默模式）
esti store fe       //存储估计结果
qui  xtrc y x       //估计随机效应模型（静默模式）
esti store re       //存储估计结果
hausman fe re       //运行hausman检验
```

运行结果如下：

	Coefficients (b) xi	(B) rc	(b-B) Difference	sqrt(diag(V_b-V_B)) S.E.
x	.7882492	.7161065	.0721427	.1360626

```
              b = consistent under Ho and Ha; obtained from regress
   B = inconsistent under Ha, efficient under Ho; obtained from xtrc

 Test:  Ho:  difference in coefficients not systematic

              chi2(1) = (b-B)'[(V_b-V_B)^(-1)](b-B)
                      =        0.28
            Prob>chi2 =      0.5960
```

所以在0.05的显著性水平下，不能拒绝原假设，即变系数模型应该采用随机效应。

第五节　面板数据模型的其他问题

一、非平衡面板数据

调查对象灭失或样本轮换，往往会导致部分个体（或时期）数据的缺失，由此造成面板数据不完整，称为非平衡面板数据。非平衡面板数据并不影响离差形式的组内估计量，所以不影响固定效应的估计。非平衡面板对随机效应模型的估计也没有实质性影响，只是在运行FGLS时，不能再使用统一的广义差分参数，而是根据每个个体（组）的时期不同，定义不同的广义差分参数：

$$\hat{\theta}_i = 1 - \frac{\hat{\sigma}_\varepsilon}{(T_i\hat{\sigma}_u^2 + \hat{\sigma}_\varepsilon^2)^{1/2}} \qquad (i = 1,2,\cdots,n) \tag{8.23}$$

为了分析简便，也可以从非平衡面板数据中“提取”一个规模较小的平衡面板数据子集，但会损失信息量，影响估计效率。平衡面板的主要问题是，数据的缺失往往是内生性的（与随机误差项相关），例如，规模较小的企业更容易“灭失”（破产倒闭或不参与调查），从而影响样本的随机性，进而影响参数估计量的一致性。

二、长面板数据

对于短面板（n很大，而T较小的“宽而短”面板）数据，反映时间序列特征的信息较少，一般假定u_{it}是独立同分布的，估计问题相对简单。但对于长面板（即T很大，而n较小的“窄而长”面板）数据而言，独立同分布的假定往往过于严格，随机误差项u_{it}的自相关和异方差问题多有发生。有三种处理思路：

第一，仍然应用OLS，但使用参数估计量的稳健标准误进行假设检验。即使ε_{it}存在自相关和异方差问题，OLS仍然是一致估计量，此时，也可以仍然应用OLS（即LSDV)，但同时使用“对组间异方差、组间同期相关稳健的标准误”，即“面板校正标准误差”（panel-corrected standard error，PCSE）。Stata命令是：

.xtpcse y x　　//存在组间异方差、组间同期相关

.xtpcse y x，hetonly　　//只存在组间异方差

第二，用针对性的FGLS来估计。例如，如果随机误差项存在组内自列相关，可以应用Prais-Winsten广义差分进行估计：

.xtpcse y x，corr(ar1)　　//运行Prais-Winsten广义差分回归，各个体（组）自相关系数ρ相等

.xtpcse y x，corr(psar1)　　//运行Prais-Winsten广义差分回归，各个体（组）

自相关系数ρ_i不全相等

第三，全面FGLS。即同时考虑组内自相关、组间异方差和组间同期相关时的FGLS。首先进行OLS回归，求得残差的方差—协方差矩阵，然后据此进行FGLS回归。还可以利用迭代法，利用FGLS的残差的协方差矩阵，继续进行FGLS回归，直到参数收敛为止。Stata命令为：

```
.xtgls y x, panels(option)  corr(option)  igls
```

其中，panels(option)对各个体随机误差项的组间特征作出假定，包括各个体误差项独立同分布的panels(iid)、独立但组间异方差的panels(het)、组间同期相关且异方差的panels(correlated)；corr(option)对误差项组内自相关作出假定，如corr(ar1)表明各组自相关系数相同的一阶自相关，corr(psar1ar1)各组自相关系数不同表明一阶自相关；igls表明使用迭代法估计。

三、时期异质性

面板数据的时期异质性，也称为时期效应，是指变量之间的经济关系随时间的改变而改变的特征。根据时期异质性是否存在及其影响不同，也分为不变系数、变截距和变系数三类模型。后面两类模型又分为时期固定效应和时期随机效应两种。建模思路法可比照个体异质性建模方法。但Stata默认的异质性是个体异质性，在分析时期异质性时，需要在估计命令中特别声明（定义）。

1. 如果截距具有时变特征（随时间而变），需要建立变截距模型（假设时间变量名为time）：

```
.reg y x i.time        //时期固定效应，LSDV
.xtreg y x, fe i(time)        //时期固定效应，组内估计
.xtreg y x, re i(time)        //时期随机效应，FGLS
```

2. 如果截距和斜率均具有时变特征，需要建立变系数模型：

```
.xi: reg  y  i.time*x        //时期固定效应，LSDV
.xtrc  y  x, re i(time)        //时期随机效应，GLS
```

如果面板数据既有时期效应，也有个体效应，称为双向效应。需要将个体效应与时间效应都纳入模型来进行估计。其中，如果时期和个体都存在固定效应，称为双向固定效应模型（bidirectional fixed effect model）。其估计命令形式为：

```
.xtreg y x i.time, fe robust
```

四、面板数据单位根检验和协整

本章第二~四节的研究都是在经典计量经济学框架下进行的。前提性假定自变量是非随机变量；或自变量是随机变量但严格外生；或自变量非严格外生但平稳。所

以，没有考虑到由于数据非平稳性造成的虚假回归问题，这也是经典面板数据理论与方法的潜在漏洞之一。为此，最近20年，时间序列回归的理论与方法引入面板数据分析领域，尤其是单位根和协整理论的引入，发展出面板数据单位根检验和面板数据协整方法。

（一）面板数据单位根检验

对于长面板数据，为了避免伪回归，确保估计结果的有效性，必须对各面板序列的平稳性进行检验。而检验数据平稳性最常用的办法就是单位根检验。可以先对面板序列绘制时序图，以粗略观测时序图中由各个观测值描出代表变量的折线是否含有趋势项和（或）截距项，从而为进一步的单位根检验的检验模式做准备。

面板单位根检验方法主要有：LLC检验（Levin，Lin and Chu，2002）、Breitung检验（Breitung，2000），检验原假设是含有相同的单位根；IPS检验（Im，Pesaran and Shin，2003）、Fisher-ADF（Maddala and Wu，1999；Choi，2001），原假设是各组（不同个体）含有不同的单位根；Hadri检验（Hadri，1999），原假设为每一个体都不含有（相同的）单位根。

选择检验方法的经验法则是：

第一，一般只采用相同根单位根检验LLC（Levin-Lin-Chu）检验和不同根单位根检验Fisher-ADF检验，在两种检验中均拒绝存在单位根的原假设则我们说此序列是平稳的；反之则不平稳。

第二，当时期长度$T<20$时，不需要进行单位根检验。因为上述检验方法适用于大样本。

（二）面板数据协整检验

如果基于单位根检验的结果发现变量之间是同阶单整的，那么我们可以进行协整检验。狭义协整的要求或前提是一阶单整$I(1)$。但也有如下的广义协整观点：（1）如果变量个数多于两个（解释变量个数多于一个），被解释变量的单整阶数不能高于任何一个解释变量的单整阶数。（2）当解释变量的单整阶数高于被解释变量的单整阶数时，则必须至少有两个解释变量的单整阶数高于被解释变量的单整阶数。（3）如果只含有两个解释变量，则两个变量的单整阶数应该相同。

高（Kao，1999）、高和蒋（Kao and Chiang，2000）利用推广的DF和ADF检验提出了检验面板协整的方法，原假设是没有协整关系，利用静态面板回归的残差来构建统计量；佩德隆（Pedron，1999）在零假设是在动态多元面板回归中没有协整关系的条件下给出了基于残差的面板协整检验方法；拉尔森等（Larsson et al.，2001）发展了基于约翰森（Johnsen，1995）向量自回归的似然检验的面板协整检验方法。实践中主要采用的是Pedroni、Kao、Johansen的方法。

通过了协整检验，说明变量之间存在着长期稳定的均衡关系，其方程回归残差是平稳的。因此可以在此基础上直接对原方程进行回归，此时才能避免虚假回归。

当变量不是同阶单整，或是同阶单整但无协整关系，需要对序列差分，使其平稳，用差分序列进行面板数据建模。但要注意回归系数的解释与原始序列回归的区别。

五、其他类型的面板数据模型

1. 动态面板数据模型。即自变量包含因变量的滞后变量的面板数据模型。一般通过广义矩方法（GMM）估计。Stata提供了xtbond、xtdpd和xtdpsys等命令。

2. 特殊问题的面板数据模型。面板数据还与其他微观计量经济方法结合起来，发展出特殊问题的面板数据回归方法，如非线性面板数据模型、特殊因变量（二值因变量、有序选择、计数数据、受限数据）面板数据模型、面板数据分位数回归模型等。Stata提供了xttobit、xtintreg、xtlogit、xtprobit、xtologit、xtpoisson、xtnbreg等命令。

3. 工具变量回归。如果面板数据的解释变量存在内生性问题，需要给内生变量寻找工具变量（IV），克服内生性问题，从而比照经典面板数据分析方法建模。可以应用Stata提供的面板数据工具变量回归的程序（xtivreg）。

习　题

1. 举例说明什么是面板数据。Stata如何定义面板数据？

2. 什么是固定效应和随机效应？设定面板数据模型时如何确定是哪一种效应？

3. 面板数据模型分为哪几类？如何判断使用哪一种模型？

4. traffic.dta是一个关于1982~1988年美国48个州交通事故死亡率的面板数据集。可以认为交通事故死亡率（fatal）受到啤酒税（beertax）、酒精消费量（spircons）、失业率（unrate)、人均资本收入（perincK）的影响。试完成以下工作：

（1）标识（声明）面板数据。

（2）对面板数据进行描述统计分析。

（3）估计混合估计模型。

（4）建立固定效应变截距模型，并将其与步骤（3）模型比较选优。

（5）建立随机效应变截距模型，并将其与步骤（4）模型比较选优。

（6）建立固定效应变系数模型，并将其与步骤（4）模型比较选优。

（7）建立随机效应变系数模型，并将其与步骤（6）模型比较选优。

（8）建立双向固定效应变截距模型，检验是否存在时间效应。

5. grunfeld.dta是一个关于10个公司20年的投资、市值和资本存量的面板数据。设定投资函数为个体变系数模型：

$$invest_{it} = \beta_{0i} + \beta_{1i}mvalue_{it} + \beta_{2i}kstock_{it} + u_i + \varepsilon_{it}$$

（1）试应用SUR方法对此进行估计。

（2）将其看作“长面板数据”，进行有关估计。

第九章　特殊因变量模型

在前面章节内容中，主要聚焦于因变量为连续数值型变量的情形，这类变量可以在实数范围内取任意值，比如身高、体重或温度等。然而，在实际应用中，因变量取值会有所限制，即因变量的取值并非完全自由的，而是受到某种规则或条件的约束。对于这类取值范围受到限制的因变量建立的模型称为特殊因变量模型（special dependent variable models），主要包括以下几种：

当决策者需要在有限多个方案中做出选择时，因变量只取有限多个离散的值。比如，交通工具，是想乘公共交通工具还是私人交通工具。我们还可以做更多细致的分类，是汽车、火车、飞机还是私家车。根据不同选择，我们可以建立不同的特殊因变量模型：当在两个离散的选择之间作决定时，要建立二值选择模型（binary regression models）；当在多种离散选择之间作决定时，就要建立多值选择模型（multinomial regression models）。

当探讨的因变量是计数型变量时，例如，每年公司取得的专利数量、一年中去看牙的次数等，这些例子中潜在的变量都是离散的，只能取有限的非负整数。对于这类现象建立的特殊因变量模型为计数模型（ordered models）。

当数据不完全或存在天然限制时，因变量的数据只能取总体的一个子集，无法完全反映总体特征，这时建立的特殊因变量模型为限值因变量回归模型（limited dependent variable regression models）。

第一节　二值选择模型

二值选择模型的估计方法主要发展于20世纪80年代初期，随后被广泛应用于购买决策、经济布局、交通问题、就业问题等领域的研究。在二值选择模型中，因变量y是分类变量，像定义虚拟解释变量一样，将此分类型因变量赋值转化为二值变量，即y只取两个值：1或者0。自变量$\boldsymbol{x}$可以是常规变量，也可以是虚拟变量。二值选择模型就是用来研究选择（y）与影响因素（$\boldsymbol{x}$）之间的对应关系。比如公共交通工具（$y=1$）和私人交通工具（$y=0$）的选择问题，如何选择取决于两类因素$\boldsymbol{x}$：

一类是交通工具所具有的属性（如速度、便捷程度、成本）；另一类是决策个体本身所具有的属性（如职业、年龄、收入水平、健康状况）。

一、二值选择模型形式

最简单的二值选择模型为线性概率模型（linear probability model，LPM），但由于其自身存在一些固有的局限性，我们一般选择潜变量模型——Logit模型或Probit模型。

（一）线性概率模型

线性概率模型的回归形式为：

$$y_i=\beta_0+\beta_1x_{1i}+\beta_2x_{2i}+\cdots+\beta_kx_{ki}+u_i=\boldsymbol{x}_i\boldsymbol{\beta}+u_i \quad (i=1,2,\cdots,n) \tag{9.1}$$

其中，n 是样本容量，k 是解释变量的个数，$\boldsymbol{x}_i=(1,x_{1i},x_{2i},\cdots,x_{ki})$ 为解释变量，$\boldsymbol{\beta}=(\beta_0,\beta_1,\beta_2,\cdots,\beta_k)'$ 为斜率系数，u_i 为相互独立且均值为0的随机误差项，y_i 为取值为0和1的虚拟被解释变量，即：

$$y_i=\begin{cases}1 & \text{做出某种选择}\\0 & \text{不做出某种选择}\end{cases}$$

线性概率模型研究的是做出某种选择的概率，如果令 $p_i=P(y_i=1)$（做出某种选择的概率），则 $1-p_i=P(y_i=0)$（不做出某种选择的概率），于是有：

$$E(y_i)=1\bullet P(y_i=1)+0\bullet P(y_i=0)=p_i$$

又因为 $E(u_i)=0$，所以 $E(y_i)=E(\boldsymbol{x}_i\boldsymbol{\beta}+u_i)=\boldsymbol{x}_i\boldsymbol{\beta}$，从而有下面的等式：

$$E(y_i)=p_i=P(y_i=1)=\boldsymbol{x}_i\boldsymbol{\beta} \tag{9.2}$$

式（9.2）表示在给定解释变量的情况下，某事件发生（y_i 取值为1）的平均概率。假设依据惯用的普通最小二乘法（OLS）进行估计，斜率系数表示在其他解释变量不变的情况下，该解释变量的单位变动引起的因变量等于1的概率的变动。

采用OLS方法估计线性概率模型存在几个问题：（1）LPM假定解释变量和 $y_i=1$ 的概率之间存在线性关系，而现实中此关系往往不是线性的；（2）$E(y_i)=p_i$ 不满足在0~1的约束；（3）随机误差项 u_i 不服从正态分布；（4）随机误差项 u_i 存在异方差；（5）R^2 以及 $\bar{R}^2$ 不再是合适的拟合优度测度。

（二）潜变量模型——Logit模型和Probit模型

线性概率模型存在的上述问题中，非正态分布问题可以通过大样本渐近为正态分布来弥补，异方差问题可以用广义最小二乘法（如WLS）弥补，R^2 问题用计数 R^2 代替来解决。而除了硬性规定外，显然用普通线性概率回归要求 $0\leqslant p_i\leqslant 1$ 难以做到。更为重要的是，对于二值选择模型，还应有一个自然的要求，就是 p_i 随 $\boldsymbol{x}_i$ 的增加而变化的速率应该越来越慢（$\boldsymbol{x}_i$ 对 y_i 的边际效应递减），不能如线性模型那样直来直去成比例增长。基于潜变量的非线性模型是一个比较好的选择。建模思路是：

假定有一个未被观测到的潜变量 y_i^*，它是 $\boldsymbol{x}_i$ 的线性函数，即：

$$y_i^* = \boldsymbol{x}_i\boldsymbol{\beta} + u_i^* \tag{9.3}$$

其中，u_i^* 为扰动项；虽然潜变量 y_i^* 无法观测，但与观测到的 y 的取值有对应关系：若 $y_i^* > 0$，则 $y_i = 1$；若 $y_i^* \leqslant 0$，则 $y_i = 0$。这里把临界值选为0，但事实上只要 $\boldsymbol{x}_i$ 包含常数项，临界值的选择就是无关的，所以不妨设为0。

假设函数 $F(\bullet)$ 是 u_i^* 的累计概率分布函数，是一个连续单调递增的函数，$0 \leqslant p_i \leqslant 1$。这样有：

$$p_i = P(y_i = 1) = P(y_i^* > 0) = P(\boldsymbol{x}_i\boldsymbol{\beta} + u_i^* > 0) = P(u_i^* > -\boldsymbol{x}_i\boldsymbol{\beta}) = 1 - F(-\boldsymbol{x}_i\boldsymbol{\beta}) = F(\boldsymbol{x}_i\boldsymbol{\beta}) \tag{9.4}$$

$$1 - p_i = P(y_i = 0) = P(y_i^* \leqslant 0) = P(\boldsymbol{x}_i\boldsymbol{\beta} + u_i^* \leqslant 0) = P(u_i^* \leqslant -\boldsymbol{x}_i\boldsymbol{\beta}) = F(-\boldsymbol{x}_i\boldsymbol{\beta}) = 1 - F(\boldsymbol{x}_i\boldsymbol{\beta}) \tag{9.5}$$

式（9.5）中 $F(\bullet)$ 也被称为 y_i^* 的投影函数、潜变量反应函数（latent response function）、指示函数，其函数形式取决于有关扰动项 u_i^* 的假设。根据投影函数 $F(\bullet)$ 的不同，潜变量模型可以有不同类型，常用的潜变量模型如表9.1所示，其对应的曲线如图9.1所示。

表9.1　常用的潜变量模型

u_i^* 对应的分布	投影函数 $F(\bullet)$	模型
标准正态分布	$\Phi(\boldsymbol{x}_i\boldsymbol{\beta}) = \frac{1}{\sqrt{2\pi}}\int_{-\infty}^{\boldsymbol{x}_i\boldsymbol{\beta}} e^{-\frac{t^2}{2}}dt$	Probit模型
逻辑分布	$\Lambda(\boldsymbol{x}_i\boldsymbol{\beta}) = \frac{e^{\boldsymbol{x}_i\boldsymbol{\beta}}}{1+e^{\boldsymbol{x}_i\boldsymbol{\beta}}}$	Logit模型

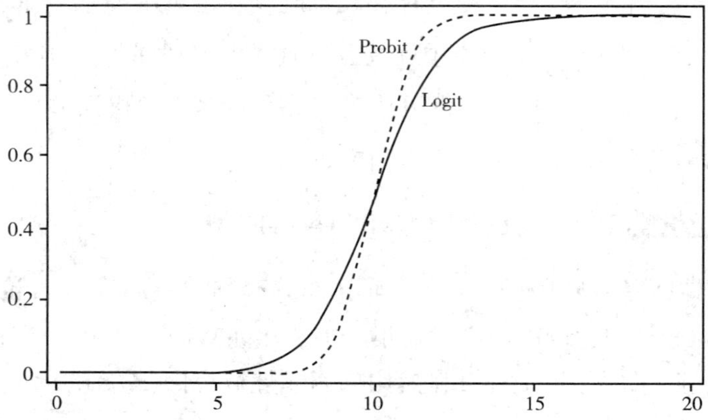

图9.1　Probit曲线、Logit曲线比较

从表9.1和图9.1可以发现Probit模型和Logit模型都具有以下特点：（1）Probit模型和Logit模型的最小值为0、最大值为1，满足 $0 \leqslant p_i \leqslant 1$ 。（2）概率 p_i 是解释变量 $\boldsymbol{x}_i$ 的非线性函数，呈现出 S 形曲线的特征。（3）Probit曲线和Logit曲线都是在 $p_i = 0.5$ 处有拐点，在拐点之前，其增长速度越来越快；在拐点之后，其增长速度越来越慢，逐渐趋于0。但要注意的是：Probit曲线在两个尾部不如Logit曲线厚，即Logit模型的条件概率接近0或1的速度比Probit模型慢。

二、二值选择模型的参数估计

Probit模型和Logit模型是非线性模型，不能用OLS法估计，通常采用极大似然法（maximum likelihood estimation，MLE）进行估计。它的基本思想是通过选择参数值，使观测到的数据出现的概率（即似然函数）最大化。这种方法适用于具有明确概率分布的情况。更多关于MLE的细节可参考第七章第一节。

将式（9.4）和式（9.5）合写为：

$$P(y = y_i) = [F(\boldsymbol{x}_i\boldsymbol{\beta})]^{y_i}[1 - F(\boldsymbol{x}_i\boldsymbol{\beta})]^{1-y_i} \tag{9.6}$$

对于给定样本的 n 个观测点，二值选择模型的似然函数为：

$$L(\boldsymbol{\beta}) = \prod_{i=1}^{n}[F(\boldsymbol{x}_i\boldsymbol{\beta})]^{y_i}[1 - F(\boldsymbol{x}_i\boldsymbol{\beta})]^{1-y_i} \tag{9.7}$$

对数似然函数为：

$$\ln L(\boldsymbol{\beta}) = \sum y_i \ln[F(\boldsymbol{x}_i\boldsymbol{\beta})] + \sum(1 - y_i)\ln[1 - F(\boldsymbol{x}_i\boldsymbol{\beta})] \tag{9.8}$$

极大化式（9.8），即得到回归系数的极大似然估计量 $\hat{\boldsymbol{\beta}}_{MLE}$ 。它是总体参数的一致估计量，而且是渐进有效和渐进正态的。

三、二值选择模型的检验

要判断估计得到的二值选择模型对观测数据拟合的优劣程度以及回归系数的可靠性，类似于经典单方程模型，需要进行检验。主要包括拟合优度、总体显著性检验、变量显著性检验、预测效果检验、异方差性检验等。其中与经典单方程模型相类似的检验不再赘述，这里仅介绍拟合优度和总体显著性检验。

（一）拟合优度

由于不存在平方和分解公式，故无法计算 R^2 。二值选择模型采用McFadden的准 R^2（ $Pesudo\text{-}R^2$ ）作为拟合优度的测度。这里的“准”意思是与常规 R^2 类似但并不相同。其定义为：

$$准\ R^2 = \frac{\ln L_0 - \ln L}{\ln L_0} = 1 - \frac{\ln L}{\ln L_0} \tag{9.9}$$

其中，$\ln L_0$ 为只有截距项模型的对数似然函数值；$\ln L$ 为对概率模型进行极大似然估计的对数似然函数值。显然，如果模型完全不拟合样本观测值，$L = L_0$，则有 $R^2 = 0$；如果模型完全拟合样本观测值，$L = 1$，则有 $R^2 = 1$。所以准 R^2 可以作为检验模型拟合优度的统计量，R^2 越接近于1，模型的拟合效果越好。

另一个衡量拟合优度的方法是计数 R^2，定义如下：

$$R^2_{count} = \frac{\text{正确预测的次数}}{\text{总观测次数}} \tag{9.10}$$

由于因变量取值为1或0，因此若所预测的概率大于0.5，那么我们把它归类到1；若小于0.5，则将其归类到0。然后，我们数出正确预测次数并用上述定义算出计数 R^2。

（二）似然比检验

在线性模型中，我们通过F检验验证了回归模型的整体显著性。在MLE条件中，等价的检验是似然比（likelihood ratio）检验，检验步骤为：

第一步，建立假设。

原假设 H_0：$\beta_1 = \beta_2 = \cdots \beta_k = 0$（所有斜率系数同时为零）

备择假设 H_1：$\beta_1, \beta_2 \cdots, \beta_k$ 不同时为零

第二步，构造似然比统计量。

$$LR = -2(\ln L_0 - \ln L) \tag{9.11}$$

其中，$\ln L_0$ 为受约束似然统计量；$\ln L$ 为无约束似然统计量。

可以证明，在 H_0：$\beta_1 = \beta_2 = \cdots \beta_k = 0$ 下，

$$LR = -2(\ln L_0 - \ln L) \sim \chi^2(k) \tag{9.12}$$

第三步，统计决策。给定显著水平 α，如果 $LR \geqslant \chi^2_\alpha(k)$，则拒绝原假设 H_0，说明该模型总体显著；如果 $LR < \chi^2_\alpha(k)$，则不拒绝原假设 H_0，说明该模型总体不显著。

注意：若在原假设中将某个（些）参数设定为0，此时为排除性约束检验，而似然比检验为排除性约束检验的特例。

四、边际效应分析

（一）边际效应

在保持其他变量不变的情况下，第 i 个解释变量 x_i 每变动一个单位对响应概率（$y_i = 1$）的影响称为边际效应或偏效应。对于线性概率模型，由于 $P(y_i = 1) = \boldsymbol{x}_i\boldsymbol{\beta}$，因此线性概率模型的边际效应很直观地可以看出为常数 β_j。但在Probit模型和Logit

模型中是复杂的，这是因为解释变量 x_i 每变动一个单位，响应概率的变化不仅取决于解释变量的系数，还取决于衡量该变化的概率水平。Probit模型和Logit模型的边际效应分别为：

$$\frac{\partial P(y_i=1)}{\partial x_{ji}}=\frac{\partial \Phi(\boldsymbol{x}_i\boldsymbol{\beta})}{\partial x_{ji}}=\Phi'(\boldsymbol{x}_i\boldsymbol{\beta})\cdot\beta_j=\phi(\boldsymbol{x}_i\boldsymbol{\beta})\cdot\beta_j\quad(j=1,2,\cdots,k)\tag{9.13}$$

$$\frac{\partial P(y_i=1)}{\partial x_{ji}}=\frac{\partial \Lambda(\boldsymbol{x}_i\boldsymbol{\beta})}{\partial x_{ji}}=\Lambda'(\boldsymbol{x}_i\boldsymbol{\beta})\cdot\beta_j=\Lambda(\boldsymbol{x}_i\boldsymbol{\beta})\left[1-\Lambda(\boldsymbol{x}_i\boldsymbol{\beta})\right]\cdot\beta_j\quad(j=1,2,\cdots,k)\tag{9.14}$$

可见，$\boldsymbol{x}_i$ 对 p_i 的边际效应不再是常数 β_j，是一个随 $\boldsymbol{x}_i$ 取值而变化的量，这是与线性概率模型经济含义的不同之处。但边际效应与斜率系数具有相同的符号。与线性概率模型相比，边际效应值多出一个乘积项，即式（9.13）和式（9.14）中的 $\phi(\boldsymbol{x}_i\boldsymbol{\beta})$ 和 $\Lambda(\boldsymbol{x}_i\boldsymbol{\beta})\left[1-\Lambda(\boldsymbol{x}_i\boldsymbol{\beta})\right]$，称为比例因子或调整因子。根据不同的比例因子，可以计算不同的边际效应：

1.平均边际效应，即分别计算在每个样本观测值上的边际效应，然后进行简单算术平均。此时Probit模型和Logit模型的比例因子分别为 $\frac{1}{n}\sum_{i=1}^{n}\phi(\boldsymbol{x}_i\hat{\boldsymbol{\beta}})$ 和 $\left[\frac{1}{n}\sum_{i=1}^{n}\Lambda(\boldsymbol{x}_i\hat{\boldsymbol{\beta}})\right]\left[1-\frac{1}{n}\sum_{i=1}^{n}\Lambda(\boldsymbol{x}_i\hat{\boldsymbol{\beta}})\right]$。

2.样本均值处的边际效应，即在 $\boldsymbol{x}=\bar{\boldsymbol{x}}$ 处的边际效应。此时Probit模型和Logit模型的比例因子分别为 $\phi(\bar{\boldsymbol{x}}_i\boldsymbol{\beta})$ 和 $\Lambda(\bar{\boldsymbol{x}}_i\boldsymbol{\beta})\left[1-\Lambda(\bar{\boldsymbol{x}}_i\boldsymbol{\beta})\right]$。

3.在某代表值处的边际效应，即给定 $\boldsymbol{x}_1$，在 $\boldsymbol{x}=\boldsymbol{x}_1$ 处的边际效应。此时Probit模型和Logit模型的比例因子分别为 $\phi(\boldsymbol{x}_1\boldsymbol{\beta})$ 和 $\Lambda(\boldsymbol{x}_1\boldsymbol{\beta})\left[1-\Lambda(\boldsymbol{x}_1\boldsymbol{\beta})\right]$。

如何快速比较不同模型的参数估计值的大小，可以采用粗略的比较方法。由于Logistic分布的方差为 $\pi^2/3$，正态分布的方差为1，因此Logit模型得到的估计值必须乘以 $\sqrt{3}/\pi$ 才能与Probit模型得到的估计值相比较。当然，用这种方式计算边际效应不仅复杂且粗糙，可以在Stata软件中用估计后命令margins计算。

（二）回归系数的解释

既然斜率系数 β_j 并非边际效应，那么它究竟有什么含义呢？对于Logit模型：

$$p_i=P(y=1)=F(\boldsymbol{x}_i\boldsymbol{\beta})=\Lambda(\boldsymbol{x}_i\boldsymbol{\beta})=\frac{e^{\boldsymbol{x}_i\boldsymbol{\beta}}}{1+e^{\boldsymbol{x}_i\boldsymbol{\beta}}}$$

由于 $1-p_i=\frac{1}{1+e^{\boldsymbol{x}_i\boldsymbol{\beta}}}$，那么：

$$\frac{p_i}{1-p_i}=e^{\boldsymbol{x}_i\boldsymbol{\beta}}\tag{9.15}$$

$$\ln\left(\frac{p_i}{1-p_i}\right)=\boldsymbol{x}_i\boldsymbol{\beta} \tag{9.16}$$

其中，$\frac{p_i}{1-p_i}$为机会比率或几率比（odds ratio），即做出某种选择的概率与不做出某种选择的概率之比；$\ln\left(\frac{p_i}{1-p_i}\right)$是机会比率的对数，称为对数机会比率。这里，术语“概率”和“机会”不是一回事。如果一个事件的概率是0.25，则机会将是1/3。

式（9.16）表明对数机会比率是各解释变量的线性函数，而对于线性概率模型，概率p_i为各解释变量的线性函数。因此，Logit模型不能像线性概率模型那样解释成概率的变动，但可以解释成某个解释变量的变动对y等于1的机会的影响。斜率系数β_j表示在其他解释变量不变的情况下，该解释变量变动一个单位所引起的机会比率的对数的变化。实际上，通过计算机会比率来解释系数是很有用的。$\boldsymbol{e}^{\beta_j}$表示解释变量变动一个单位所引起的几率比的变化倍数或变化百分比。另外，需要注意的是，对于Probit模型，无法对其系数进行类似的解释。

五、模型应用

二值模型的stata命令为：

```
. probity x1 x2 x3,nolog        //probit模型的估计
. logity x1 x2 x3,or nolog      // logit模型的估计
```

其中，选择项“or”表示显示几率比（而不显示系数）。

完成估计后，可用以下命令进行预测，并计算准确预测的百分比：

```
. predict yhat        //计算发生概率的预测值ŷ，命名为yhat
. estat class         //计算预测正确的百分比，class表示classification
```

计算边际效应的stata命令为：

```
. margins,dydx(*)              //计算所有解释变量的平均边际效应
. margins,dydx(*) atmeans      //计算所有解释变量在样本均值处的边际效应
. margins,dydx(x1)             //计算解释变量x1的平均边际效应
```

【**例9.1**】候选人甲和乙二人竞选某市市长，预建立选民决策影响模型。经分析认为影响选民的决策（*cand*，投候选人甲的票为1，投候选人乙的票为0）的主要因素有家庭收入（*income*，千美元）、年龄（*age*）、性别（*male*，男性为1，女性为0）。收集到的30位选民的样本数据见数据文件“ex9.1.dta”，以此分析影响选民决策的因素。

1. 估计Logit模型。

```
. logit cand income age male,nolog

Logistic regression                             Number of obs     =         30
                                                LR chi2(3)        =      24.96
                                                Prob > chi2       =     0.0000
Log likelihood =  -8.248706                     Pseudo R2         =     0.6020
```

cand	Coef.	Std. Err.	z	P>|z|	[95% Conf.	Interval]
income	.122033	.0616256	1.98	0.048	.0012491	.2428169
age	.1279217	.0631075	2.03	0.043	.0042333	.2516101
male	-1.028054	1.542285	-0.67	0.505	-4.050876	1.994768
_cons	-8.964652	3.232416	-2.77	0.006	-15.30007	-2.629232

由此可得Logit模型的估计表达式为：

$$p_i = \frac{e^{-8.96+0.12income_i+0.13age_i-1.03male_i}}{1+e^{-8.96+0.12income_i+0.13age_i-1.03male_i}}$$

回归结果显示，LR统计量为24.96，对应的p值是0.00，表明模型整体是显著的。准R^2为0.6020，含义是Logit模型解释了因变量60.20%的变动。家庭收入和年龄对选择候选人甲的平均概率有正向影响，且在5%的显著性水平下显著；选民的性别对选择候选人甲的平均概率有负向影响但不显著。对回归系数的解释为：年龄的系数估计值0.13意味着在收入和性别不变的情况下，年龄增大一岁，选举候选人甲的机会的对数增加0.13，其他变量也可做类似解释。

2. 为了便于解释系数，计算几率比。

```
. logit cand income age male,or nolog

Logistic regression                             Number of obs     =         30
                                                LR chi2(3)        =      24.96
                                                Prob > chi2       =     0.0000
Log likelihood =  -8.248706                     Pseudo R2         =     0.6020
```

cand	Odds Ratio	Std. Err.	z	P>|z|	[95% Conf.	Interval]
income	1.129791	.069624	1.98	0.048	1.00125	1.274835
age	1.136464	.0717194	2.03	0.043	1.004242	1.286095
male	.3577023	.5516788	-0.67	0.505	.0174071	7.350499
_cons	.0001279	.0004133	-2.77	0.006	2.27e-07	.0721338

结果显示，在给定其他变量的情况下，收入每增加1000美元，选择候选人甲的几率比增加12%；年龄每增加一岁，选择候选人甲的几率比增加13%。

3.计算准确预测的比率。

```
. estat class

Probit model for cand

              ———————— True ————————
Classified  |         D            ~D  |      Total
————————————+——————————————————————————+———————————
     +      |        11             1  |         12
     -      |         3            15  |         18
————————————+——————————————————————————+———————————
   Total    |        14            16  |         30

Classified + if predicted Pr(D) >= .5
True D defined as cand != 0
———————————————————————————————————————————————————
Sensitivity                     Pr( +| D)   78.57%
Specificity                     Pr( -|~D)   93.75%
Positive predictive value       Pr( D| +)   91.67%
Negative predictive value       Pr(~D| -)   83.33%
———————————————————————————————————————————————————
False + rate for true ~D        Pr( +|~D)    6.25%
False - rate for true D         Pr( -| D)   21.43%
False + rate for classified +   Pr(~D| +)    8.33%
False - rate for classified -   Pr( D| -)   16.67%
———————————————————————————————————————————————————
Correctly classified                        86.67%
———————————————————————————————————————————————————
```

该表对拟合值和实际值进行了比较。正确预测的比率是86.67%。其中，1个观测值被误分为1，而正确的分类是0；3个值在正确值为1时被误分为0；其余的11+15个观测值是正确设定的。比率11/14，被称为敏感性度量，显示被正确设定的$y=1$的观测值部分；比率15/16，被称为设定度量，显示被正确设定的$y=0$的那部分观测值比率；比率1/16和3/14都被看作是错的正值和负值分类误差比率。

4.计算边际效应。

```
. margins,dydx(*)

Average marginal effects                        Number of obs     =         30
Model VCE    : OIM

Expression   : Pr(cand), predict()
dy/dx w.r.t. : income age male

------------------------------------------------------------------------------
             |            Delta-method
             |      dy/dx   Std. Err.      z    P>|z|     [95% Conf. Interval]
-------------+----------------------------------------------------------------
      income |   .0105469   .0036849     2.86   0.004     .0033246    .0177693
         age |   .0108185   .0035955     3.01   0.003     .0037714    .0178656
        male |   -.103192    .126322    -0.82   0.414    -.3507785    .1443945
------------------------------------------------------------------------------
```

上表为平均边际效应的输出结果，可以看到，在给定其他变量的情况下，收入每增加1000美元，选择候选人甲的平均概率增加0.01；年龄每增加一岁，选择候选人甲的平均概率增加0.01；对于男性选民，选择候选人甲的平均概率减少0.10，但不显著。读者可根据前面给出的命令计算其他边际效应。

读者还可根据前面给出的命令估计Probit模型，并与Logit模型进行对比。

第二节 多值选择模型

多值选择模型是研究在多于两个的选项中进行决策的模型。一般可以依照选择集分为定序和非定序两种宽泛的类型。比如，第三个候选人丙加进上面的候选人选举中变为对甲乙丙三人的选举，这就是非定序的，这些类型的模型称为无序多值选择模型，通常用多项Logit模型或多项Probit模型；消费者对商品的喜欢程度分为非常不喜欢、不喜欢、比较喜欢和非常喜欢，这就是定序的，这些类型的模型称为有序多值选择模型，通常用有序Logit模型与有序Probit模型。

一、多项Logit和多项Probit模型

（一）模型概述

对从个体选项中得到的无序多项选择结果而言，计量经济学家偏向从效用最大化中引出的模型。假设个体 i 选择选项 j 所能带来的随机效用为：

$$U_{ij} = \boldsymbol{x}_i \boldsymbol{\beta}_j + u_{ij} \quad (i = 1, 2, \cdots, n; j = 1, 2, \cdots, J)$$

其中，解释变量 $\boldsymbol{x}_i$ 只随个体 i 而变，不随选项 j 而变，系数 $\boldsymbol{\beta}_j$ 表明 $\boldsymbol{x}_i$ 对随机效用 U_{ij} 的作用取决于选项 j 。

如果选项 j 在选项中具有最高的效用，我们观测结果 $y_i = j$ 。然后有：

$$\begin{aligned} P(y_i = j|\boldsymbol{x}_i) &= P(U_{ij} \geqslant U_{ik}, \forall k \neq j) \\ &= P(U_{ik} - U_{ij} \leqslant 0, \forall k \neq j) \\ &= P(u_{ik} - u_{ij} \leqslant \boldsymbol{x}_i\boldsymbol{\beta}_j - \boldsymbol{x}_i\boldsymbol{\beta}_k, \forall k \neq j) \end{aligned}$$

对 $\{u_{ij}\}$ 联合分布的不同假设会产生不同的多项选择模型。如果 $\{u_{ij}\}$ 服从Ⅰ型极值分布，则可得到多项Logit模型；如果假设 $\{u_{ij}\}$ 服从 J 维正态分布，则可得到多项Probit模型。由于多项Probit模型的选择概率涉及高维积分，不易计算，因此接下来只介绍多项Logit模型。

可证明，多项Logit模型的设定形式为：

$$P(y_i = j|\boldsymbol{x}_i) = \frac{e^{\boldsymbol{x}_i\boldsymbol{\beta}_j}}{\sum_{k=1}^{J} e^{\boldsymbol{x}_i\boldsymbol{\beta}_k}} \tag{9.17}$$

显然，各项选择的概率之和为1，即 $\sum_{j=1}^{J} P(y_i = j|\boldsymbol{x}_i) = 1$ 。需要注意的是，无法同

时识别所有的系数$\boldsymbol{\beta}_k$。这是因为，如果将$\boldsymbol{\beta}_k$变为$\boldsymbol{\beta}_k^* = \boldsymbol{\beta}_k + \alpha$（$\alpha$为某常数向量），完全不会影响模型的拟合。为此，通常将某选项（比如，选项1）作为“参照选项”，然后令其相应系数$\boldsymbol{\beta}_1 = 0$。由此，个体i选择选项j的概率为：

$$P(y_i = j|\boldsymbol{x}_i) = \begin{cases} \dfrac{1}{1+\sum\limits_{k=2}^{J} e^{\boldsymbol{x}_i\boldsymbol{\beta}_k}} & (j=1) \\ \dfrac{e^{\boldsymbol{x}_i\boldsymbol{\beta}_j}}{1+\sum\limits_{k=2}^{J} e^{\boldsymbol{x}_i\boldsymbol{\beta}_k}} & (j=2,\cdots,J) \end{cases} \tag{9.18}$$

其中，“$j=1$”所对应的方案为参照方案。可以发现，式（9.18）是二值Logit模型向多值Logit模型的自然推广。为了进行清晰的理解，举例如下：

二值Logit模型中，y=0,1。将$y=0$设为基准组，则：

$$p_i = P(y_i = 1) = \frac{e^{\boldsymbol{x}_i\boldsymbol{\beta}}}{1+e^{\boldsymbol{x}_i\boldsymbol{\beta}}}$$

$$p_0 = P(y_i = 0) = \frac{1}{1+e^{\boldsymbol{x}_i\boldsymbol{\beta}}}$$

多值Logit模型中，y取3个及以上的值。假定y=1,2,3，可得到：

$$p_1 = P(y_i = 1) = \frac{1}{1+e^{\boldsymbol{x}_i\boldsymbol{\beta}_2}+e^{\boldsymbol{x}_i\boldsymbol{\beta}_3}}$$

$$p_2 = P(y_i = 2) = \frac{e^{\boldsymbol{x}_i\boldsymbol{\beta}_2}}{1+e^{\boldsymbol{x}_i\boldsymbol{\beta}_2}+e^{\boldsymbol{x}_i\boldsymbol{\beta}_3}}$$

$$p_3 = P(y_i = 3) = \frac{e^{\boldsymbol{x}_i\boldsymbol{\beta}_3}}{1+e^{\boldsymbol{x}_i\boldsymbol{\beta}_2}+e^{\boldsymbol{x}_i\boldsymbol{\beta}_3}}$$

（二）参数估计

无序多值选择模型的参数估计仍然用极大似然法MLE进行估计。个体i的似然函数为：

$$\mathrm{L}_i(\boldsymbol{\beta}) = \prod_{j=1}^{J}[P(y_i = j|\boldsymbol{x}_i)]^{1(y_i=j)} \tag{9.19}$$

对数似然函数为：

$$\ln\mathrm{L}_i(\boldsymbol{\beta}) = \sum_{j=1}^{J} 1(y_i=j)\cdot\ln P(y_i = j|\boldsymbol{x}_i) \tag{9.20}$$

其中，$1(\cdot)$为示性函数，即如果括号里的表达式为真，取值为1；反之，取值为0。将所有个体加总，即得到对数似然函数整个样本的对数似然函数。极大化上式，即得到回归系数的极大似然估计量$\hat{\boldsymbol{\beta}}_{MLE}$。

（三）边际效应分析

1.边际效应。无序多值选择模型的边际效应，即 p_{ij} 对第 k 个解释变量的偏导数为：

$$\frac{\partial p_{ij}}{\partial x_{ik}} = p_{ij}\left(\beta_j - \sum_{j=2}^{J} p_{ij}\beta_j\right) \tag{9.21}$$

根据式（9.21），我们可以得到保持其他变量不变，某个解释变量变化一单位对选择概率的影响。但是边际效应的计算同二值选择模型比，更为复杂。不仅如此，x_k 对选择概率的边际效应可能与 x_k 的系数有不同的符号。这是因为无序多值选择模型中所有的参数（不仅是 x_k 的系数）都涉及计算 x_k 对选择概率的边际效应。基于此，无序多值选择模型的边际效应虽然可以在Stata软件中用估计后命令margins计算，但实际中会更趋向于把精力集中在机会比率或几率比。

2.回归系数的解释。对无序多值选择模型来说，将式（9.18）转换为机会比率或几率比更容易对系数进行解释。也就是像二值Logit模型一样，采用与基准类别进行比较的方法。那么，选择选项 j 而不是1的几率比为：

$$\frac{P(y_i = j)}{P(y_i = 1)} = e^{x_i\beta_j} \tag{9.22}$$

所以，$e^{\beta_{jk}}$ 给出了 x_{ik} 变化一个单位时，选择选项 j 而不是1时的几率比变化。

【**例9.2**】数据文件ex9.2.dta在ex9.1.dta数据的基础上增加了支持候选人丙的选民的相关数据，建立选民决策影响模型，分析收入、年龄和性别对选民决策的影响。

1.进行多项Logit回归。

```
. mlogit cand income age male,nolog

Multinomial logistic regression                 Number of obs     =         40
                                                LR chi2(6)        =      43.41
                                                Prob > chi2       =     0.0000
Log likelihood =  -21.51487                     Pseudo R2         =     0.5022
```

cand	Coef.	Std. Err.	z	P>|z|	[95% Conf.	Interval]
1						
income	.1332517	.0634436	2.10	0.036	.0089047	.2575988
age	.1303997	.0656855	1.99	0.047	.0016586	.2591408
male	-.5772391	1.515473	-0.38	0.703	-3.547512	2.393034
_cons	-9.500298	3.299871	-2.88	0.004	-15.96793	-3.032671
2	(base outcome)					
3						
income	.0426186	.059993	0.71	0.477	-.0749655	.1602027
age	-.1017605	.0918242	-1.11	0.268	-.2817326	.0782117
male	2.443485	1.224905	1.99	0.046	.0427157	4.844255
_cons	-.6154711	2.149454	-0.29	0.775	-4.828323	3.59738

由于没有指定参照选择，故命令mlogit自动选择观测值最多的方案（即候选人乙）为参照方案。则选择候选人甲和候选人丙而不是候选人乙的概率分别按如下模型计算：

$$\frac{P(y_i=1)}{P(y_i=2)}=e^{(-9.50+0.13income+0.13age-0.58male)}$$

$$\frac{P(y_i=3)}{P(y_i=2)}=e^{(-0.62+0.04income-0.10age+2.44male)}$$

上表显示，收入income系数的两个估计值分别是0.13和0.04，即收入对于选择候选人甲和选择候选人丙都呈正向关系，对比候选人乙而言，收入越高，越倾向于选择候选人甲或丙。但在5%的显著性水平上，由于系数0.13是统计显著的，而0.04是统计不显著的，说明高收入者倾向于选择候选人甲，低收入者倾向于选丙或选乙。类比分析，年龄较大的选民倾向于选甲，年轻选民倾向于选择丙或选乙；男选民倾向于选择丙，女选民倾向于选择甲或乙。

2. 为了便于解释系数，计算机会比率。

```
. mlogit,rrr

Multinomial logistic regression                 Number of obs     =         40
                                                LR chi2(6)        =      43.41
                                                Prob > chi2       =     0.0000
Log likelihood =  -21.51487                     Pseudo R2         =     0.5022
```

cand	RRR	Std. Err.	z	P>|z|	[95% Conf.	Interval]
1						
income	1.142538	.0724867	2.10	0.036	1.008944	1.29382
age	1.139284	.0748344	1.99	0.047	1.00166	1.295816
male	.5614463	.8508568	-0.38	0.703	.0287962	10.94665
_cons	.0000748	.0002469	-2.88	0.004	1.16e-07	.0481868
2	(base outcome)					
3						
income	1.04354	.0626051	0.71	0.477	.9277755	1.173749
age	.9032459	.0829398	-1.11	0.268	.7544754	1.081352
male	11.5131	14.10245	1.99	0.046	1.043641	127.0086
_cons	.5403863	1.161535	-0.29	0.775	.0079999	36.50249

上表显示，在给定其他变量的情况下，收入每增加1000美元，选甲的几率比增加14.25%；年龄每增加1岁，选甲的几率比增加13.93%；男选民选丙的几率比是女性的11.51倍。

读者还可根据下面给出的命令估计多项Probit模型，并与多项Logit模型进行对比。

```
. mprobit cand income age male,nolog        //多项probit模型的估计
```

二、有序Logit和有序Probit模型

（一）模型概述

在排序选择模型中，与二元选择模型类似，假设变量y_i有$0,1,2,\cdots,J$共$J+1$个取值种类，有一个未被观测到的潜在变量y_i^*，它与$\boldsymbol{x}_i$之间具有线性关系，即：

$$y_i^* = \boldsymbol{x}_i\boldsymbol{\beta} + u_i \quad (y_i = 0,1,2,\cdots,J)$$

其中，u_i是独立同分布的随机变量，y_i可以用y_i^*表示如下：

$$y_i = \begin{cases} 0 & y_i^* \leqslant \mu_1 \\ 1 & \mu_1 < y_i^* \leqslant \mu_2 \\ 2 & \mu_2 < y_i^* \leqslant \mu_3 \\ \vdots & \vdots \\ J & \mu_J \leqslant y_i^* \end{cases}$$

如果u_i^*的概率分布函数为$F(\bullet)$，则由此得到y_i取值的概率为：

$$\begin{aligned} P(y_i = 0) &= P(y_i^* \leqslant \mu_1) = P(\boldsymbol{x}_i\boldsymbol{\beta} + u_i \leqslant \mu_1) \\ &= P(u_i \leqslant \mu_1 - \boldsymbol{x}_i\boldsymbol{\beta}) \\ &= F(\mu_1 - \boldsymbol{x}_i\boldsymbol{\beta}) \\ P(y_i = 1) &= P(\mu_1 < y_i^* \leqslant \mu_2) = P(y_i^* \leqslant \mu_2) - P(y_i^* \leqslant \mu_1) \\ &= P(\boldsymbol{x}_i\boldsymbol{\beta} + u_i \leqslant \mu_2) - P(\boldsymbol{x}_i\boldsymbol{\beta} + u_i \leqslant \mu_1) \\ &= P(u_i \leqslant \mu_2 - \boldsymbol{x}_i\boldsymbol{\beta}) - P(u_i \leqslant \mu_1 - \boldsymbol{x}_i\boldsymbol{\beta}) \\ &= F(\mu_2 - \boldsymbol{x}_i\boldsymbol{\beta}) - F(\mu_1 - \boldsymbol{x}_i\boldsymbol{\beta}) \\ &\cdots\cdots \\ P(y_i = J) &= 1 - F(\mu_J - \boldsymbol{x}_i\boldsymbol{\beta}) \end{aligned} \tag{9.23}$$

如果u_i的累积分布为标准正态分布，可以构造有序Probit模型。如果u_i服从Logistic分布，可以构造有序Logit模型。为了进行清晰的理解，令y_i=0,1,2,3，如图9.2所示。

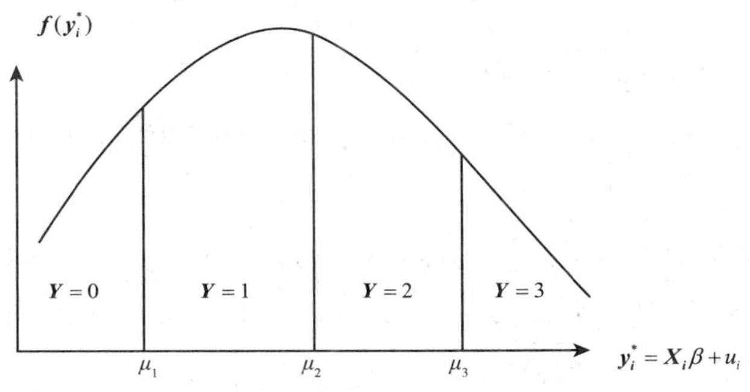

图9.2 有序多值选择模型

（二）参数估计

有序多值选择模型的参数估计仍然用极大似然法。似然函数为：

$$L=\prod^{n_o} F(\mu_1-\boldsymbol{x}_i\boldsymbol{\beta})\prod^{n_1}\left[F(\mu_2-\boldsymbol{x}_i\boldsymbol{\beta})-F(\mu_1-\boldsymbol{x}_i\boldsymbol{\beta})\right]$$
$$\prod^{n_2}\left[F(\mu_3-\boldsymbol{x}_i\boldsymbol{\beta})-F(\mu_2-\boldsymbol{x}_i\boldsymbol{\beta})\right]\cdots\prod^{n_J}\left[1-F(\mu_J-\boldsymbol{x}_i\boldsymbol{\beta})\right] \tag{9.24}$$

对数似然函数为：

$$\ln L=\sum_{n_o}\ln F(\mu_1-\boldsymbol{x}_i\boldsymbol{\beta})+\sum_{n_1}\ln\left[F(\mu_2-\boldsymbol{x}_i\boldsymbol{\beta})-F(\mu_1-\boldsymbol{x}_i\boldsymbol{\beta})\right]$$
$$+\sum_{n_2}\ln\left[F(\mu_3-\boldsymbol{x}_i\boldsymbol{\beta})-F(\mu_2-\boldsymbol{x}_i\boldsymbol{\beta})\right]+\cdots+\sum_{n_J}\ln\left[1-F(\mu_J-\boldsymbol{x}_i\boldsymbol{\beta})\right] \tag{9.25}$$

使对数似然函数取得极大值的 $\hat{\beta},\hat{\mu}_1,\hat{\mu}_2,\cdots,\hat{\mu}_J$，就是参数 $\beta,\mu_1,\mu_2,\cdots,\mu_J$ 的极大似然估计量。注意这里与二值选择模型不同，需要估计的参数除了潜变量的系数外，还包括 J 个临界值。各系数的解一般采用牛顿渐进法求得。

（三）边际效应分析

1.边际效应。有序多值选择模型的边际效应，即当解释变量 x_{ik} 变化时，选择选项 j 的概率为：

$$\frac{\partial P(y_i=j)}{\partial x_{ik}}=\left[F'(\mu_{j-1}-\boldsymbol{x}_i\boldsymbol{\beta})-F'(\mu_j-\boldsymbol{x}_i\boldsymbol{\beta})\right]\beta_k \tag{9.26}$$

同样，边际效应的计算同二值选择模型比，更为复杂。虽然可以在Stata软件中用估计后命令margins计算，但实际中会更趋向于把精力集中在机会比率或几率比。

2.回归系数的解释。现在回归参数 $\hat{\boldsymbol{\beta}}_{MLE}$ 的符号可以解释为：潜变量 y_i^* 是否随着解释变量而增长。如果 $\hat{\boldsymbol{\beta}}_{MLE}$ 是正值，那么 $\boldsymbol{x}_i$ 的增长必然会减少在最低类别的概率（$y_i=1$），并且会增加最高类别的概率（$y_i=J$）。对有序多值选择模型来说，将式（9.23）转换为机会比率或几率比更容易对系数进行解释。由于有序Probit模型数学上的复杂性，我们仅考虑有序Logit模型。有序Logit模型的几率比为：

$$\frac{P(y_i\leqslant j)}{P(y_i>j)}=\frac{P(y_i\leqslant j)}{1-P(y_i\leqslant j)}=\frac{e^{\boldsymbol{x}_i\boldsymbol{\beta}}}{1+e^{\boldsymbol{x}_i\boldsymbol{\beta}}}\Big/\frac{1}{1+e^{\boldsymbol{x}_i\boldsymbol{\beta}}}=e^{\boldsymbol{x}_i\boldsymbol{\beta}} \tag{9.27}$$

所以，$e^{\beta_{jk}}$ 表示 $\boldsymbol{x}_i$ 提高一个单位，倾向于更高类别的机会比更低类别的机会大于多少。

【例9.3】汽车的消费与居民可支配收入是密切相关的。不同的收入水平对汽车的喜好程度不同。其中 x 代表居民的可支配收入，y 代表对汽车的喜好程度（0为不喜欢，1为比较喜欢，2为非常喜欢）。收集到的数据见ex9.3.dta文件，以此分析居民收入对汽车喜好程度的影响情况。

1. 进行有序Logit估计。

```
. ologit y x,nolog

Ordered logistic regression                     Number of obs     =         32
                                                LR chi2(1)        =      45.10
                                                Prob > chi2       =     0.0000
Log likelihood = -12.079355                     Pseudo R2         =     0.6512
```

y	Coef.	Std. Err.	z	P>|z|	[95% Conf.	Interval]
x	.0044164	.0014243	3.10	0.002	.0016247	.007208
/cut1	6.393518	2.047949			2.379612	10.40742
/cut2	13.96701	4.4469			5.251243	22.68277

输出结果上半部分是潜变量模型的参数估计。等价于有以下潜变量模型（无常数项，常数项与cut合并了）：

$$y_i^* = 0.0044x_i$$

下半部分是对临界值的估计结果。cut1 和cut2 分别代表有序选择模型中的两个临界值的估计值。y_i 的取值概率按如下模型计算（有几种选择就有几个模型）：

$$P(y_i = 0) = \Lambda(6.3935 - 0.0044x_i)$$

$$P(y_i = 1) = \Lambda(13.9670 - 0.0044x_i) - \Lambda(6.3935 - 0.0044x_i)$$

$$P(y_i = 2) = 1 - \Lambda(13.9670 - 0.0044x_i)$$

2. 为了便于解释系数，计算机会比率。

```
. ologit y x,nolog or

Ordered logistic regression                     Number of obs     =         32
                                                LR chi2(1)        =      45.10
                                                Prob > chi2       =     0.0000
Log likelihood = -12.079355                     Pseudo R2         =     0.6512
```

y	Odds Ratio	Std. Err.	z	P>|z|	[95% Conf.	Interval]
x	1.004426	.0014306	3.10	0.002	1.001626	1.007234
/cut1	6.393518	2.047949			2.379612	10.40742
/cut2	13.96701	4.4469			5.251243	22.68277

上表显示，如果将收入增加1元，倾向于喜欢汽车的机会比不喜欢汽车的机会要大于1。或者说，收入越高，对汽车的喜好程度越大。

读者还可根据下面给出的命令估计有序Probit模型，并与有序Logit模型进行对比。

```
. oprobit y x,nolog        //有序Probit模型的估计
```

第三节　计数模型

有些被解释变量只能取非负整数，即0,1,2,⋯，比如，专利个数、奥运会金牌个数、子女个数、看病次数，这类数据称为计数数据。对于这一类计数数据，常使用“泊松回归”（poisson regression）及其替代选择“负二项回归”，负二项回归主要是用来弥补泊松回归的缺陷。

一、泊松回归

（一）模型概述

首先回顾泊松分布。假设在一次实验中某事件的发生概率为p，共进行了n次相互独立的随机试验，记该事件的发生次数为Y，则$Y=y$的概率为：

$$P(Y=y)=C_n^y p^y(1-p)^{n-y}\quad (y=0,1,\cdots,n)$$

当$p\to 0$，$n\to\infty$，而$np=\lambda>0$时，此概率的极限为泊松分布：

$$\lim_{n\to\infty}P(Y=y)=\lim_{n\to\infty}C_n^y p^y(1-p)^{n-y}=\frac{e^{-\lambda}\lambda^y}{y!}\quad (y=0,1,\cdots,n)$$

回到计数数据的情形，对于个体i，记被解释变量为Y_i，假设$Y_i=y_i$的概率由参数为λ_i的泊松分布决定：

$$P(Y_i=y_i|\boldsymbol{x}_i)=\frac{e^{-\lambda_i}\lambda_i^{y_i}}{y_i!}\quad (y_i=0,1,\cdots,n) \tag{9.28}$$

其中，$\lambda_i>0$，为泊松分布的参数，表示事件发生的平均次数，由解释变量$\boldsymbol{x}_i$所决定。可以证明：

$$\begin{aligned}E(y_i|\boldsymbol{x}_i)&=\lambda_i\\ Var(y_i|\boldsymbol{x}_i)&=\lambda_i\end{aligned} \tag{9.29}$$

这就是著名的泊松分布均值和方差相等的特性，也被称为泊松分布的均匀离散性质。

为了保证λ_i非负，假设Y_i的“条件期望函数”为：

$$E(y_i|\boldsymbol{x}_i)=\lambda_i=e^{\boldsymbol{x}_i\boldsymbol{\beta}} \tag{9.30}$$

因此，$\ln\lambda_i=\boldsymbol{x}_i\boldsymbol{\beta}$为对数线性模型。

（二）参数估计

假设样本独立同分布，则样本的似然函数为：

$$L(\boldsymbol{\beta})=\frac{e^{-\sum_{i=1}^{n}\lambda_i}\prod_{i=1}^{n}\lambda_i^{y_i}}{\prod_{i=1}^{n}y_i!} \tag{9.31}$$

其对数似然函数为：

$$\begin{aligned}\ln L(\boldsymbol{\beta})&=\sum_{i=1}^{n}[-\lambda_i+y_i\ln\lambda_i-\ln(y_i!)]\\&=\sum_{i=1}^{n}[-e^{\boldsymbol{x}_i\boldsymbol{\beta}}+y_i\boldsymbol{x}_i\boldsymbol{\beta}-\ln(y_i!)]\end{aligned} \tag{9.32}$$

极大化式（9.32），即得到回归系数的极大似然估计量 $\hat{\boldsymbol{\beta}}_{MLE}$。如果条件均值函数被正确地指定，且 y 的条件分布为泊松分布，则 $\hat{\boldsymbol{\beta}}_{MLE}$ 就是一致的、有效的，且渐进服从正态分布。

（三）边际效应分析

1. 边际效应。计数模型的边际效应，即连续解释变量 x_{ik} 对平均值的边际效应为：

$$\frac{\partial E(y_i|x_k)}{\partial x_k}=\frac{\partial e^{\boldsymbol{x}_i\boldsymbol{\beta}}}{\partial \boldsymbol{x}_i\boldsymbol{\beta}}\cdot\frac{\partial \boldsymbol{x}_i\boldsymbol{\beta}}{\partial x_k}=e^{\boldsymbol{x}_i\boldsymbol{\beta}}\beta_k=E(y_i|x_k)\beta_k \tag{9.33}$$

如式（9.33）所示，解释变量 x_{ik} 的边际效应不仅取决于系数 β_k，而且取决于 y_i 的期望值，而这个值由模型中所有解释变量的值所决定。显然，边际效应的计算更为复杂。实际中，边际效应通常用所有解释变量的均值来计算。

2. 回归系数的解释。由于 $\ln\lambda_i=\boldsymbol{x}_i\boldsymbol{\beta}$，因此可以将 $\hat{\boldsymbol{\beta}}$ 解释为“半弹性”，即当解释变量 $\boldsymbol{x}_i$ 增加微小量时，事件的平均发生次数将增加多少百分比。另外由于 $\lambda_i=e^{\boldsymbol{x}_i\boldsymbol{\beta}}$，故也可计算 $e^{\boldsymbol{x}_i\boldsymbol{\beta}}$，它表示 $\boldsymbol{x}_i$ 增加一个单位时，事件的平均发生次数将是原来的多少倍。

二、负二项回归

（一）模型概述

由于过度离散的普遍存在，实证研究中均匀离散的性质经常会违背。这样（条件）方差就会超过（条件）均值，即存在“过度分散”。这是由多种因素造成的，其中最重要的原因就是存在不可观测的异质性。不可观测的异质性会令 y 产生额外的变化，它可以通过在条件期望函数中增加一个随机乘数来获得。

令随机变量 ε_i 表示条件期望函数中的不可观察部分或个体的异质性，则 $\ln\lambda_i = \boldsymbol{x}_i\boldsymbol{\beta} + \varepsilon_i$，从而有 $\lambda_i = e^{\boldsymbol{x}_i\boldsymbol{\beta}} \cdot e^{\varepsilon_i} = \mu_i \nu_i$。在这里，$\mu_i = e^{\boldsymbol{x}_i\boldsymbol{\beta}}$ 为 $\boldsymbol{x}_i$ 的确定性函数，而 $\nu_i = e^{\varepsilon_i}$ 仍为随机变量。

给定 $\boldsymbol{x}_i$ 与 ν_i，则 y_i 依然服从泊松分布：

$$P(Y_i = y_i | \boldsymbol{x}_i, \nu_i) = \frac{e^{-\mu_i\nu_i}(\mu_i\nu_i)^{y_i}}{y_i!} \quad (y_i=0,1,\cdots,n) \tag{9.34}$$

当 $\nu_i \sim Gamma(1,\alpha)$ 时，其中 α 是伽马分布的方差参数，y 的边际分布就是一个具有闭合形式的泊松–伽马混合分布（闭合形式是用负二项（NB）分布来定义的，即 $NB(\mu,\alpha)$），它们的概率密度函数是：

$$P(Y_i = y_i | \mu, \alpha) = \frac{\Gamma(\alpha^{-1} + y_i)}{\Gamma(\alpha^{-1})\Gamma(y_i + 1)} \left(\frac{\alpha^{-1}}{\alpha^{-1} + \mu}\right)^{\alpha^{-1}} \left(\frac{\mu}{\mu + \alpha^{-1}}\right)^{y} \tag{9.35}$$

其中，$\Gamma(\bullet)$ 是一个伽马积分，它设定了积分参数的阶乘。由此可以写出样本数据的似然函数，然后进行极大似然估计。这称为“负二项回归”。

（二）过度离散检验

可以证明，负二项回归模型的条件期望仍为 $E(y_i | \boldsymbol{x}_i) = \mu_i = e^{\boldsymbol{x}_i\boldsymbol{\beta}}$，而条件方差为：

$$Var(y_i | \boldsymbol{x}_i) = \mu_i + \alpha\mu_i^2 > \mu_i = E(y_i | \boldsymbol{x}_i) \tag{9.36}$$

这表明，在负二项回归中，条件方差大于条件期望。从式（9.36）中可以看出，条件方差是 α 的增函数，故称为“过度分散参数”；特别地，当 $\alpha \to 0$ 时，泊松回归实际上是负二项回归的特例。因此，在进行负二项回归后，只要对原假设“$H_o: \alpha = 0$”进行检验，即可确定使用负二项回归还是泊松回归。具体的检验步骤为：

1. 将原假设设为 $H_o: \alpha = 0$，备择假设设为 $H_1: \alpha > 0$。

2. 生成被解释变量 $y_i^* = \left[(y_i - \hat{\mu}_i)^2 - y_i\right] / \hat{\mu}_i$。

3. 用 y^* 对 $\hat{\mu}_i$ 进行辅助回归。

4. 对 $\hat{\mu}_i$ 的系数是否为0进行 t 检验。

【例9.4】 数据集“ex9.4.dta”是一个关于犯罪率的数据集。包括以下变量：1986年被捕次数（narr86），有前科的比例（pcnv），平均判刑月数（avgsen），18岁以来入狱月数（tottime），1986年入狱月数（ptime86），1986年就业季度数（qemp86），1986年合法收入（inc86），是否黑人（black），是否拉丁裔（hispan），是否生于1960年（born60）。根据此数据文件，研究影响犯罪率的因素。

1. 进行泊松回归。

```
. poisson narr86 pcnv avgsen tottime ptime86 qemp86 inc86 black hispan born60, nolog

Poisson regression                              Number of obs     =      2,725
                                                LR chi2(9)        =     386.32
                                                Prob > chi2       =     0.0000
Log likelihood = -2248.7611                     Pseudo R2         =     0.0791
```

narr86	Coef.	Std. Err.	z	P>|z|	[95% Conf.	Interval]
pcnv	-.4015713	.0849712	-4.73	0.000	-.5681117	-.2350308
avgsen	-.0237723	.019946	-1.19	0.233	-.0628658	.0153212
tottime	.0244904	.0147504	1.66	0.097	-.0044199	.0534006
ptime86	-.0985584	.0206946	-4.76	0.000	-.1391192	-.0579977
qemp86	-.0380187	.0290242	-1.31	0.190	-.0949051	.0188677
inc86	-.0080807	.001041	-7.76	0.000	-.010121	-.0060404
black	.6608376	.0738342	8.95	0.000	.5161252	.80555
hispan	.4998133	.0739267	6.76	0.000	.3549196	.644707
born60	-.0510286	.0640518	-0.80	0.426	-.1765678	.0745106
_cons	-.5995888	.0672501	-8.92	0.000	-.7313966	-.467781

由此可得泊松回归模型的估计表达式为：

$$\hat{\lambda}_i = e^{x_i\hat{\beta}} = \exp(-0.60 - 0.40pcnv - 0.02avgsen + 0.02tottime - 0.10ptime86 \\ - 0.04qemp86 - 0.01inc86 + 0.66black + 0.50hispan - 0.05born60)$$

经对数变换为：

$$\ln\hat{\lambda}_i = \boldsymbol{x}_i\hat{\boldsymbol{\beta}} = -0.60 - 0.40pcnv - 0.02avgsen + 0.02tottime - 0.10ptime86 \\ - 0.04qemp86 - 0.01inc86 + 0.66black + 0.50hispan - 0.05born60$$

回归结果显示，LR统计量为386.32，对应的p值是0.00，表明模型整体是显著的。准R^2仅为0.0791，但多数解释变量都很显著。对回归系数的解释是：有前科的比例（pcnv）提高1%，总拘捕次数下降0.4%，其他变量也可类似解释。

2. 为了便于解释系数，计算机会比率。

```
. poisson narr86 pcnv avgsen tottime ptime86 qemp86 inc86 black hispan born60, irr nolog

Poisson regression                              Number of obs     =      2,725
                                                LR chi2(9)        =     386.32
                                                Prob > chi2       =     0.0000
Log likelihood = -2248.7611                     Pseudo R2         =     0.0791
```

narr86	IRR	Std. Err.	z	P>|z|	[95% Conf.	Interval]
pcnv	.6692676	.0568685	-4.73	0.000	.5665943	.7905465
avgsen	.976508	.0194775	-1.19	0.233	.9390695	1.015439
tottime	1.024793	.0151161	1.66	0.097	.9955899	1.054852
ptime86	.9061427	.0187523	-4.76	0.000	.8701243	.9436521
qemp86	.9626949	.0279415	-1.31	0.190	.9094592	1.019047
inc86	.9919519	.0010326	-7.76	0.000	.98993	.9939778
black	1.936414	.1429736	8.95	0.000	1.675523	2.237927
hispan	1.648413	.1218618	6.76	0.000	1.426066	1.905429
born60	.9502515	.0608653	-0.80	0.426	.8381419	1.077357
_cons	.5490374	.0369228	-8.92	0.000	.4812364	.6263907

Note: _cons estimates baseline incidence rate.

上表显示，给定其他变量，黑人被捕的平均次数比白人多93.6%，其他变量的效应也可类似地解释。

3. 使用泊松回归的前提之一是，被解释变量的期望与方差相等。为此，进行过度离散检验。

. predict muhat,n　　//计算预测值 $\hat{\mu}$，命名为muhat

. generate ystar=((narr86–muhat)^2– narr86)/muhat　　//计算 $y_i^* = \left[(y_i - \hat{\mu}_i)^2 - y_i\right] / \hat{\mu}_i$

. reg ystar muhat,noconstant noheader　　//做 y^* 对 $\hat{\mu}_i$ 的辅助回归

ystar	Coef.	Std. Err.	t	P>|t|	[95% Conf.	Interval]
muhat	1.245731	.2585404	4.82	0.000	.7387757	1.752686

此检验结果的 p 值是0.00，表明拒绝均匀离散的原假设，存在显著的过度离散性，应使用负二项回归。

4. 计算负二项回归。

```
. nbreg narr86 pcnv avgsen tottime ptime86 qemp86 inc86 black hispan born60,nolog

Negative binomial regression                    Number of obs     =      2,725
                                                LR chi2(9)        =     266.12
Dispersion      = mean                          Prob > chi2       =     0.0000
Log likelihood =  -2157.628                     Pseudo R2         =     0.0581
```

narr86	Coef.	Std. Err.	z	P>|z|	[95% Conf.	Interval]
pcnv	-.4770963	.1033295	-4.62	0.000	-.6796183	-.2745743
avgsen	-.0173385	.0261171	-0.66	0.507	-.0685272	.0338501
tottime	.0197394	.0192325	1.03	0.305	-.0179557	.0574344
ptime86	-.1073997	.025074	-4.28	0.000	-.1565439	-.0582555
qemp86	-.0504884	.0351857	-1.43	0.151	-.1194511	.0184743
inc86	-.0077126	.0011465	-6.73	0.000	-.0099596	-.0054656
black	.6560406	.0923594	7.10	0.000	.4750195	.8370617
hispan	.5048465	.0895663	5.64	0.000	.3292998	.6803932
born60	-.046412	.0776384	-0.60	0.550	-.1985804	.1057564
_cons	-.5637368	.0827121	-6.82	0.000	-.7258495	-.4016242
/lnalpha	-.0738912	.1177617			-.3046999	.1569175
alpha	.9287728	.1093739			.7373446	1.169899

```
LR test of alpha=0: chibar2(01) = 182.27                 Prob >= chibar2 = 0.000
```

其中，输出结果的下方也会显示过度离散检验的结果，也可以此判断使用负二项回归还是泊松回归。上表显示，LR统计量为182.27，对应的 p 值为0，故可在5%的显著性水平上拒绝过度分散参数"$\alpha = 0$"的原假设，即认为应使用负二项回归。

在实践中，究竟何时使用泊松回归或负二项回归？如果研究者只关心 $\boldsymbol{x}_i$ 对平均效应的影响，那么泊松回归就足够了，且泊松回归简单，并能得出好的结论；但如果希望预测"$Y = y$"的发生概率，则可考虑负二项回归。

第四节　限值因变量回归模型

在很多实际问题中，有些因变量数据由于受到主观或客观的限制而不能从全部个体中抽取因变量的样本观测值，称为“受限被解释变量”，这时应建立限值因变量回归模型。此模型共分为两类：其中一种指的是断尾回归模型，主要针对于断尾数据。例如，在研究某地区所有企业的年销售收入时，统计局只收集规模以上企业（大于10万元）的数据。这样被解释变量在100000处就存在“左边断尾”。另一种是截取回归模型，主要针对的是截取数据，在研究家庭财富问题时，通常允许他们回答“高于50万美元”。于是我们只能观察到那些财富不足50万美元的受访者的实际财富。这样，被解释变量在500000处就存在“右边截取”。

一、断尾回归

（一）模型概述

如果数据在a处发生左侧断尾，即小于a的数据都被丢失，那么我们可以构造潜在变量如下：

$$y_i^* = \boldsymbol{x}_i\boldsymbol{\beta} + u_i \qquad u_i \sim N(0,\sigma^2)$$

实际观测的因变量y_i取值根据y_i^*的取值范围分为以下两种情况：

$$y_i = \begin{cases} y_i^* & y_i^* > a \\ \text{不可观测} & y_i^* \leqslant a \end{cases}$$

根据u_i的正态分布假定$u_i \sim N(0,\sigma^2)$，则有：

$$\begin{aligned} P(y > a|\boldsymbol{x}_i) &= P(y_i^* > a) = 1 - P(y_i^* \leqslant a) = 1 - P(\boldsymbol{x}_i\boldsymbol{\beta} + u_i \leqslant a) \\ &= 1 - P(u_i \leqslant a - \boldsymbol{x}_i\boldsymbol{\beta}) = 1 - P\left(\frac{u_i}{\sigma} \leqslant \frac{a - \boldsymbol{x}_i\boldsymbol{\beta}}{\sigma}\right) \\ &= 1 - \Phi\left(\frac{a - \boldsymbol{x}_i\boldsymbol{\beta}}{\sigma}\right) \end{aligned} \tag{9.37}$$

当随机变量y_i断尾后，其概率密度函数也随之发生变化。记原来的概率密度为$f(y)$，则在a处左边断尾后的条件密度函数为：

$$f(y|y > a) = \begin{cases} \dfrac{f(y)}{P(y > a)} & y > a \\ 0 & y \leqslant a \end{cases} \tag{9.38}$$

由式（9.37）知 $P(y>a|\boldsymbol{x}_i)=1-\Phi\left(\dfrac{a-\boldsymbol{x}_i\boldsymbol{\beta}}{\mu}\right)$，现在重点是求 $f(y)$，我们可以先求出累积分布函数：

$$F(y|\boldsymbol{x}_i)=P(y\leqslant y_i|\boldsymbol{x}_i)=1-P(y>y_i|\boldsymbol{x}_i)=1-P(y^*>y_i|\boldsymbol{x}_i)$$
$$=1-P\left(\frac{u_i}{\sigma}>\frac{y_i-\boldsymbol{x}_i\boldsymbol{\beta}}{\sigma}|\boldsymbol{x}_i\right)=\Phi\left(\frac{y_i-\boldsymbol{x}_i\boldsymbol{\beta}}{\sigma}\right)$$

然后求断尾前 y_i 的概率密度函数：

$$f(y=y_i|\boldsymbol{x}_i)=\frac{\mathrm{d}F(t|\boldsymbol{x}_i)}{\mathrm{d}t}\Big|_{t=y_i}=\frac{\mathrm{d}\Phi\left(\dfrac{t-\boldsymbol{x}_i\boldsymbol{\beta}}{\sigma}\right)}{\mathrm{d}t}\Big|_{t=y_i}=\frac{1}{\sigma}\phi\left(\frac{y_i-\boldsymbol{x}_i\boldsymbol{\beta}}{\sigma}\right)=(2\pi\sigma^2)^{-\frac{1}{2}}e^{-\frac{(y_i-\boldsymbol{x}_i\boldsymbol{\beta})^2}{2\sigma^2}} \quad (9.39)$$

因此，根据式（9.38），断尾后的条件密度为：

$$f(y_i|y_i>a,\boldsymbol{x}_i)=\frac{f(y_i)}{P(y_i>a)}=\frac{(2\pi\sigma^2)^{-\frac{1}{2}}e^{-\frac{(y_i-\boldsymbol{x}_i\boldsymbol{\beta})^2}{2\sigma^2}}}{1-\Phi\left(\dfrac{a-\boldsymbol{x}_i\boldsymbol{\beta}}{\sigma}\right)}=\frac{\dfrac{1}{\sigma}\phi\left(\dfrac{y-\boldsymbol{x}_i\boldsymbol{\beta}}{\sigma}\right)}{1-\Phi\left(\dfrac{a-\boldsymbol{x}_i\boldsymbol{\beta}}{\sigma}\right)} \quad (9.40)$$

（二）参数估计

由于断尾数据不能代表总体，如果使用OLS对整个样本进行线性回归，将会产生不一致的参数估计值。这是因为，对于整个样本：

$$\begin{aligned}E(y_i|\boldsymbol{x}_i;y_i>a)&=E(y_i^*|\boldsymbol{x}_i;y_i>a)=E(\boldsymbol{x}_i\boldsymbol{\beta}+u_i|\boldsymbol{x}_i;y_i^*>a)\\&=\boldsymbol{x}_i\boldsymbol{\beta}+E(u_i|\boldsymbol{x}_i;\boldsymbol{x}_i\boldsymbol{\beta}+u_i>a)\\&=\boldsymbol{x}_i\boldsymbol{\beta}+E(u_i|\boldsymbol{x}_i;u_i>a-\boldsymbol{x}_i\boldsymbol{\beta})\\&=\boldsymbol{x}_i\boldsymbol{\beta}+\sigma\cdot\frac{\phi[(a-\boldsymbol{x}_i\boldsymbol{\beta})/\sigma]}{1-\Phi[(a-\boldsymbol{x}_i\boldsymbol{\beta})/\sigma]}\end{aligned} \quad (9.41)$$

式（9.41）表明，在使用OLS进行回归时，其非线性项 $\sigma\cdot\dfrac{\phi[(a-\boldsymbol{x}_i\boldsymbol{\beta})/\sigma]}{1-\Phi[(a-\boldsymbol{x}_i\boldsymbol{\beta})/\sigma]}$ 将被纳入扰动项中，导致扰动项与解释变量 $\boldsymbol{x}_i$ 相关，故OLS估计是不一致的。

因此，断尾回归的参数估计仍然用极大似然法。似然函数为：

$$L(\boldsymbol{\beta})=\prod_{i=1}^{n}f(y_i|y_i>a)=\prod_{i-1}^{n}\frac{(2\pi\sigma^2)^{-\frac{1}{2}}e^{-\frac{(y_i-\boldsymbol{x}_i\boldsymbol{\beta})^2}{2\sigma^2}}}{1-\Phi\left(\dfrac{a-\boldsymbol{x}_i\boldsymbol{\beta}}{\sigma}\right)} \quad (9.42)$$

其对数似然函数为：

$$\ln L(\boldsymbol{\beta})=-\frac{n}{2}\left[\ln(2\pi)+\ln(\sigma^2)\right]-\frac{1}{2\sigma^2}\sum_{i=1}^{n}(y_i-\boldsymbol{x}_i\boldsymbol{\beta})^2-\sum_{i=1}^{n}\ln\left[1-\Phi\left(\frac{a-\boldsymbol{x}_i\boldsymbol{\beta}}{\sigma}\right)\right] \quad (9.43)$$

极大化式（9.43），即得到回归系数的极大似然估计量。由于这是一个复杂的非线性问题，需要采用牛顿迭代法求解。

（三）边际效应分析

1.边际效应。断尾回归的边际效应，即解释变量的变化对被解释变量的条件均值的影响为：

$$\partial E(y|\boldsymbol{x}_i, y>a)/\partial \boldsymbol{x} = \left\{1-\left[(a-\boldsymbol{x}_i\boldsymbol{\beta})/\sigma\right]\cdot\frac{\phi\left[(a-\boldsymbol{x}_i\boldsymbol{\beta})/\sigma\right]}{1-\Phi\left[(a-\boldsymbol{x}_i\boldsymbol{\beta})/\sigma\right]}-\left[\frac{\phi\left[(a-\boldsymbol{x}_i\boldsymbol{\beta})/\sigma\right]}{1-\Phi\left[(a-\boldsymbol{x}_i\boldsymbol{\beta})/\sigma\right]}\right]^2\right\}\cdot\beta \tag{9.44}$$

显然，用这种方式计算边际效应很复杂，不过我们可以在Stata软件中用估计后命令margins计算。

. margins,dydx(*) predict(e(0,.))

2.回归系数的解释。由于 $\partial E(y^*|\boldsymbol{x}_i)/\partial \boldsymbol{x}=\beta$，即 $\hat{\boldsymbol{\beta}}$ 是相应变量对潜在变量 y^* 的平均值的边际效应。我们可以把潜在变量理解为偏好或期望。那么 $\hat{\boldsymbol{\beta}}$ 表示 $\boldsymbol{x}_i$ 变动一个单位时，被解释变量 y 的期望变化多少。当然，我们并没有 y 的实际观测值，因为这是一个抽象结构。

【例9.5】本例研究已婚妇女工作时间问题。以数据集“ex9.5.dta”为例，它给出了250位已婚女性的数据资料，其中150位有在外工作，100位没有在外工作（工作小时为零）。因变量为已婚妇女工作时间（whrs），影响工作决定的一些社会经济变量有6岁以下儿童数（kl6）、受教育年限（we）、丈夫的工资（hw）、家庭收入（faminc）。根据此数据文件分析已婚妇女工作时间的影响因素。

1.假设我们只能收集到150位有工作的已婚妇女的数据，此时因变量工作时间是一个断尾变量，我们可选用断尾回归进行分析。

```
. truncreg whrs kl6 we hw faminc,ll(0) nolog
(note: 100 obs. truncated)

Truncated regression
Limit:   lower =          0                   Number of obs     =        150
         upper =       +inf                   Wald chi2(4)      =      19.20
Log likelihood = -1195.8681                   Prob > chi2       =     0.0007
```

whrs	Coef.	Std. Err.	z	P>|z|	[95% Conf.	Interval]
kl6	-675.0513	275.1842	-2.45	0.014	-1214.402	-135.7001
we	-41.85886	48.78578	-0.86	0.391	-137.4772	53.75952
hw	-104.7572	40.14177	-2.61	0.009	-183.4336	-26.08079
faminc	.0417506	.0112606	3.71	0.000	.0196802	.0638209
_cons	1491.375	573.8474	2.60	0.009	366.6543	2616.095
/sigma	932.3916	85.54488	10.90	0.000	764.7268	1100.057

上表显示，除受教育年限（we）之外的所有解释变量在5%的水平上都是显著的。系数表示潜变量y^*关于解释变量的偏导数，并非实际观测值y的边际效应。

2. 边际效应。

```
. margins,dydx(*) predict(e(0,.))

Average marginal effects                        Number of obs     =        250
Model VCE    : OIM

Expression   : E(whrs|whrs>0), predict(e(0,.))
dy/dx w.r.t. : kl6 we hw faminc
```

	dy/dx	Delta-method Std. Err.	z	P>|z|	[95% Conf.	Interval]
kl6	-264.3595	83.56791	-3.16	0.002	-428.1496	-100.5694
we	41.79625	19.5924	2.13	0.033	3.39586	80.19664
hw	-62.74843	14.22987	-4.41	0.000	-90.63846	-34.85841
faminc	.017432	.004932	3.53	0.000	.0077655	.0270985

上表表示所有解释变量对实际观测值y的边际效应。K16的系数–264.36表示每增加一个6岁以下儿童，每年将减少约264.36小时的工作时长；we的系数41.80表示受教育年限每增加一年，每年将增加约41.80小时的工作时间，其他变量也可进行类似解释。

二、截取回归

（一）模型概述

截取回归与断尾回归不同的是，虽然有全部的观测数据，但对于某些观测数据，被解释变量y_i被压缩到一个点上了。此时y_i的概率分布就变成由一个离散点与一个连续分布所组成的混合分布。

如果数据在a处发生左侧截取，即小于a的数据都截取为a，那么我们可以构造潜在变量如下：

$$y_i^* = \boldsymbol{x}_i\boldsymbol{\beta} + u_i \qquad u_i \sim N(0,\sigma^2)$$

实际观测的因变量y_i取值根据y_i^*的取值范围分为以下两种情况：

$$y_i = \begin{cases} y_i^* & y_i^* > a \\ a & y_i^* \leqslant a \end{cases}$$

根据u_i的正态分布假定$u_i \sim N(0,\sigma^2)$，则有：

$$\begin{aligned} P(y > a|\boldsymbol{x}_i) &= P(y_i^* > a) = 1 - P(y_i^* \leqslant a) = 1 - P(\boldsymbol{x}_i\boldsymbol{\beta} + u_i \leqslant a) \\ &= 1 - P(u_i \leqslant a - \boldsymbol{x}_i\boldsymbol{\beta}) = 1 - P\left(\frac{u_i}{\sigma} \leqslant \frac{a - \boldsymbol{x}_i\boldsymbol{\beta}}{\sigma}\right) \\ &= 1 - \Phi\left(\frac{a - \boldsymbol{x}_i\boldsymbol{\beta}}{\sigma}\right) \end{aligned} \tag{9.45}$$

$$P(y=a|\boldsymbol{x}_i)=P(y_i^*\leqslant a)=P(\boldsymbol{x}_i\boldsymbol{\beta}+u_i\leqslant a)$$
$$=P(u_i\leqslant a-\boldsymbol{x}_i\boldsymbol{\beta})=P\left(\frac{u_i}{\sigma}\leqslant\frac{a-\boldsymbol{x}_i\boldsymbol{\beta}}{\sigma}\right) \tag{9.46}$$
$$=\Phi\left(\frac{a-\boldsymbol{x}_i\boldsymbol{\beta}}{\sigma}\right)$$

在截取数据的情况下，$y_i>a$ 的概率密度依然不变，仍为 $\frac{1}{\sigma}\phi\left(\frac{y_i-\boldsymbol{x}_i\boldsymbol{\beta}}{\sigma}\right)$。而 $y_i\leqslant a$ 的分布被挤到一个点 $y_i=a$ 上了，即 $P(y=a|\boldsymbol{x}_i)=\Phi\left(\frac{a-\boldsymbol{x}_i\boldsymbol{\beta}}{\sigma}\right)$。因此，该混合分布的概率密度函数为：

$$f(y_i|\boldsymbol{x}_i)=\left[\Phi\left(\frac{a-\boldsymbol{x}_i\boldsymbol{\beta}}{\sigma}\right)\right]^{1(y_i=a)}\left[\frac{1}{\sigma}\phi\left(\frac{y_i-\boldsymbol{x}_i\boldsymbol{\beta}}{\sigma}\right)\right]^{1(y_i>a)} \tag{9.47}$$

其中，$1(\cdot)$ 为示性函数，即如果括号里的表达式为真，取值为1；反之，取值为0。

（二）参数估计

由于截取数据不能代表总体，如果使用OLS对整个样本进行线性回归，将会产生不一致的参数估计值。这是因为，对于整个样本：

$$E(y_i|\boldsymbol{x}_i)=a\cdot P(y_i=a|\boldsymbol{x}_i)+E(y_i|\boldsymbol{x}_i;y_i>a)\cdot P(y_i>a|\boldsymbol{x}_i)$$
$$=a\cdot\Phi\left(\frac{a-\boldsymbol{x}_i\boldsymbol{\beta}}{\sigma}\right)+E(y_i|\boldsymbol{x}_i;y_i>a)\cdot P(y_i>a|\boldsymbol{x}_i) \tag{9.48}$$
$$=a\cdot\Phi\left(\frac{a-\boldsymbol{x}_i\boldsymbol{\beta}}{\sigma}\right)+\left[1-\Phi\left(\frac{a-\boldsymbol{x}_i\boldsymbol{\beta}}{\sigma}\right)\right]\cdot\left[\boldsymbol{x}_i\boldsymbol{\beta}+\sigma\cdot\frac{\phi\left[(a-\boldsymbol{x}_i\boldsymbol{\beta})/\sigma\right]}{1-\Phi\left[(a-\boldsymbol{x}_i\boldsymbol{\beta})/\sigma\right]}\right]$$

其中，式（9.48）利用到式（9.41）和式（9.45）。

根据式（9.48），$E(y_i|\boldsymbol{x}_i)$ 是解释变量 $\boldsymbol{x}_i$ 的非线性函数，在使用OLS进行回归时，其非线性项将被纳入扰动项中，导致扰动项与解释变量 $\boldsymbol{x}_i$ 相关，故OLS估计是不一致的。

托宾（Tobin）于1958年提出用MLE估计该模型，该方法因此被称为“Tobit模型”。似然函数为：

$$L(\beta)=\prod_{y_i=a}\Phi\left(\frac{a-\boldsymbol{x}_i\boldsymbol{\beta}}{\sigma}\right)+\prod_{y_i>a}\frac{1}{\sigma}\phi\left(\frac{y_i-\boldsymbol{x}_i\boldsymbol{\beta}}{\sigma}\right) \tag{9.49}$$

对应的对数似然函数为：

$$\ln L(\beta)=\sum_{y_i=a}\ln\left[\Phi\left(\frac{a-\boldsymbol{x}_i\boldsymbol{\beta}}{\sigma}\right)\right]+\sum_{y_i>a}\left[\frac{1}{\sigma}\phi\left(\frac{y_i-\boldsymbol{x}_i\boldsymbol{\beta}}{\sigma}\right)\right] \tag{9.50}$$

显然，式（9.50）由两部分组成，一部分对应于受到限制的观测值，另一部分对应于没有限制的观测值，是经典的回归部分。这是一个非标准的似然函数，它实际上是离散分布与连续分布的混合。

极大化式（9.50），即得到回归系数的极大似然估计量。同样，由于这是一个复杂的非线性问题，需要采用牛顿迭代法求解。

（三）边际效应分析

1.边际效应。截取回归的边际效应，即解释变量的变化对被解释变量的条件均值的影响为：

$$E(y|\boldsymbol{x}_i)/\partial \boldsymbol{x} = \Phi(\boldsymbol{x}_i\boldsymbol{\beta}/\sigma)\cdot\beta \qquad (9.51)$$

如式（9.51）所示，解释变量 x_i 的边际效应不仅取决于解释变量的系数，还取决于衡量该变化的概率水平。当然，用这种方式计算边际效应很复杂，可以在Stata软件中用估计后命令margins计算。

. margins,dydx(*) predict(ystar(0,.))

2.回归系数的解释。由于 $\partial E(y^*|\boldsymbol{x}_i)/\partial \boldsymbol{x} = \beta$，即 $\hat{\boldsymbol{\beta}}$ 是相应变量对潜在变量 y^* 的平均值的边际效应。我们可以把潜在变量理解为偏好或期望。那么 $\hat{\boldsymbol{\beta}}$ 表示 $\boldsymbol{x}_i$ 变动一个单位时，被解释变量 y 的期望变化多少。当然，我们并没有 y 的实际观测值，因为这是一个抽象结构。

【例9.6】接【例9.5】的数据，假设我们除了收集到有工作的150位已婚妇女的数据，还收集到没工作的100位已婚妇女的数据，仍然分析已婚妇女工作时长的影响因素。

（1）由于本例数据不仅包括工作时长大于0的数据，还包括工作时长等于0的数据，此时因变量工作时间是一个截取变量，我们可选用截取回归（Tobit回归）进行分析。

```
. tobit whrs kl6 we hw faminc,ll(0)

Refining starting values:

Grid node 0:   log likelihood = -1395.4012

Fitting full model:

Iteration 0:   log likelihood = -1395.4012
Iteration 1:   log likelihood = -1363.3686
Iteration 2:   log likelihood = -1359.2892
Iteration 3:   log likelihood = -1359.2493
Iteration 4:   log likelihood = -1359.2493

Tobit regression                                Number of obs     =        250
                                                   Uncensored     =        150
Limits: lower = 0                                  Left-censored  =        100
        upper = +inf                               Right-censored =          0

                                                LR chi2(4)        =      38.71
                                                Prob > chi2       =     0.0000
Log likelihood = -1359.2493                     Pseudo R2         =     0.0140
```

whrs	Coef.	Std. Err.	t	P>|t|	[95% Conf.	Interval]
kl6	-586.1475	183.775	-3.19	0.002	-948.1208	-224.1743
we	92.67218	43.45586	2.13	0.034	7.079165	178.2652
hw	-139.1281	31.16786	-4.46	0.000	-200.518	-77.73822
faminc	.038651	.0108204	3.57	0.000	.0173385	.0599634
_cons	-438.2137	509.3814	-0.86	0.390	-1441.519	565.0914
var(e.whrs)	1581801	199338.9			1234107	2027453

上表显示，所有解释变量在5%的水平上都是显著的。系数表示潜变量y^*关于解释变量的偏导数，并非实际观测值y的边际效应。

（2）边际效应。

```
. margins,dydx(*) predict(ystar(0,.))

Average marginal effects                        Number of obs     =        250
Model VCE      : OIM

Expression     : E(whrs*|whrs>0), predict(ystar(0,.))
dy/dx w.r.t.  : kl6 we hw faminc
```

	dy/dx	Delta-method Std. Err.	z	P>|z|	[95% Conf.	Interval]
kl6	-363.4727	113.2581	-3.21	0.001	-585.4544	-141.4909
we	57.46643	26.72247	2.15	0.032	5.091339	109.8415
hw	-86.27396	18.99783	-4.54	0.000	-123.509	-49.0389
faminc	.0239676	.0066567	3.60	0.000	.0109208	.0370145

上表表示所有解释变量对实际观测值y的边际效应。K16的系数–363.47表示每增加一个6岁以下儿童，每年将减少约363.47小时的工作时长；we的系数57.47表示受教育年限每增加一年，每年将增加约57.47小时的工作时间，其他变量也可进行类似解释。

习　题

1. 为什么说普通最小二乘法一般不是估计特殊因变量模型的较好方法？

2. “xt9.1.dta”是南开大学国际经济研究所1999级研究所考试分数及录取情况的数据集。包括因变量y（考生录取为1，未录取为0）、自变量score（考生考试分数）和D（应届生为1，非应届生为0）。

（1）根据所给数据建立二值Probit模型和Logit模型，对模型拟合优度和总体显著性进行检验。

（2）利用估计的Probit模型和Logit模型进行预测，如果某一考生为应届毕业生且考试分数为360分，则该考生被录取的概率有多大？

3.数据集“xt9.2.dta”包含200名高中生的如下变量：定性变量ice_cream（取值为chocolate，vanilla与strawberry），female（是否女性），video（电子游戏成绩），puzzle（猜谜成绩）。

（1）根据所给数据建立多值Probit模型和Logit模型，并解释估计结果的经济意义。

（2）利用相对风险比率解释各变量对这些学生对冰淇淋口味的偏好。

4.在调查执政者的支持率的民意测验中，由于执政者执行了对某一收入阶层有利的政策而使得不同收入的市民对其支持不同，所以收入成为决定市民是否支持的因素。通过调查取得了市民收入与支持与否的数据，见数据集“xt9.3.dta”。其中，因变量y表示三种态度：0表示支持；1表示中立；2表示不支持。Income表示收入。

（1）对该调查数据进行有序选择模型分析。

（2）利用估计的有序选择模型进行预测，当某一市民收入为1500元时，该市民对执政者的支持率有多大？

5.使用数据集“xt9.4.dta”，估计决定“初中生旷课天数”（daysabs）的计数模型，解释变量为“语言艺术课成绩”与“是否是男性”（male）。

（1）估计泊松回归模型。

（2）估计负二项回归模型。

（3）计算被解释变量的均值与方差，是否方差比均值大很多？

（4）根据LR检验，应使用泊松回归还是负二项回归？

6.数据集“xt9.5.dta”包含了1995年2724个比利时家庭的以下变量：因变量为share2（烟草占预算比重）；自变量为age（年龄），lnx（家庭开支的对数），nadults（家庭中成年人数），nkids（两岁以上儿童数），nkids2（两岁及以下儿童数）。

（1）假设在被解释变量“share2=0”处存在左边断尾，进行断尾回归。

（2）假设在被解释变量“share2=0”处存在左边截取，进行截取回归（Tobit）。

第十章 结构突变模型

在经典的时间序列模型中，因变量（被解释变量）对自变量（解释变量）变动的平均响应用模型参数表示。假定产生样本观测值的经济结构保持不变，变量之间的经济关系对于所有样本保持稳定，即经济结构固定，那么模型参数不变，解释变量对被解释变量的影响是固定的，此时模型被称为常参数模型或固定结构模型。

由于政策变化、所处经济环境的改变或者个体特征的异质性，在不同时间段、不同截面或者某变量所划分的某些特定的样本范围中，变量之间的关系呈现不一样的结构特征，即存在经济结构变化。在模型中参数具有某种形式的变化特征，将参数本身的变化规律体现在模型之中即为变参数模型或者可变结构模型。根据参数的变化形式不同，变参数模型又可分为确定型变参数模型（结构突变模型）与随机变参数模型。

结构突变模型是最早发展起来的一种可变结构模型，可以假设结构突变发生的样本点是已知的，也可以假定是未知的。在不同的假定下，检验方法有所区别，相应地发展出不同的建模方法。本章重点介绍结构突变模型的结构突变检验与门限回归模型。

第一节 结构突变检验

第二章中的分段回归阐述的是横截面数据在分段点的结构突变，本节重点介绍时间序列数据的结构突变检验方法。

时间序列的非平稳性有两个来源：趋势（trend）和结构突变（structural breaks），结构突变（structural break）是随机过程非平稳性的第二个来源。体制转型、经济危机、技术突破、重大政策出台、大规模战争和严重自然灾害等剧烈外生冲击（shock），可能会导致数据生成过程DGP发生变化，表现为经济关系或经济结构在突变点前后发生明显改变。例如，1973年的石油危机改变了战后美国经济发展的进程；1978年的改革开放改变了中国传统的计划经济模式和经济增长方式等。由于变量之间的结构通过模型的参数表现出来，所以表现为回归模型系数的时变特征。

若怀疑时间序列过程存在结构突变，其建模方法一般分为三步：第一步，通过某些统计量证实（或探测出）经济结构在某一个（或某几个）时点存在突变并检验；第二步，以这个（些）时点为界，将时间序列分为两个（或几个）部分，即子样本，然后运用常规的建模方法，对各子样本分别进行回归建模；第三步，通过不同子样本模型的参数变化观察经济结构的变化。本节重点介绍第一步证实（或探测）经济结构突变点过程中所使用的方法。至于后面两步的内容，都是基于常规的回归方法，本节不再赘述。

一、已知突变点

（一）Chow突变点检验

对结构突变的检验方法最早是由邹至庄（G.C.Chow，1960）提出的，所以被称为Chow突变点检验（chow breakpoint test）。基本思想是，利用已知（或设想）的n个突变点，把时间序列数据分为（n+1）个部分（子样本），对每个子样本进行分段回归。通过将各子样本回归的残差平方和的合计与全部样本数据回归的残差平方和进行比较，判断已知（或设想）的n个突变点是否真实存在（见图10.1）。Chow突变点检验还可以推广到横截面数据，应用非常灵活方便。

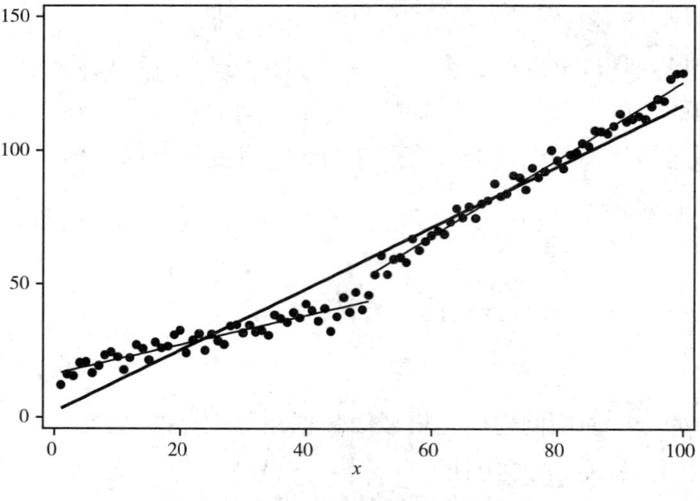

图10.1　一个突变点的结构突变检验

下面以一个突变点的情况为例，说明Chow检验方法。给定的时间序列总长度为T，模型中自变量个数为k。假设认为（怀疑）经济结构有一个突变点，检验步骤如下：

1.以给定的突变点为界，将时间序列分为两个部分（子样本），分别进行OLS估计，残差平方和分别记为RSS_1、RSS_2，二者相加就是无约束模型的残差平方和。即：$RSS_U = RSS_1 + RSS_2$，自由度$df_U = T - 2(k+1)$。

2. 根据所有时期（全样本）数据，进行OLS回归。由于这等价于对前面一步的回归施加了“两个子样本回归系数相同”的约束，所以得到的是有约束回归模型。得到其残差平方和RSS_R，自由度$df_R = T-k-1$。

3. 构造F统计量并进行检验：

$$F = \frac{(RSS_R - RSS_U)/(df_R - df_U)}{RSS_U/df_U} = \frac{(RSS_R - RSS_U)/(k+1)}{RSS_U/[T-2(k+1)]} \tag{10.1}$$

在原假设H_0：两个子样本回归系数相同（即无结构突变）成立的条件下，$F \sim F(k+1, T-2(k+1))$。依此可对原假设进行F检验。

【例10.1】 ex10.1.dta给出了某国1985~2000年消费者价格指数CPI数据cpi和利率数据r，数据结构如表10.1所示。一般认为，该国的市场化改革在1993年左右开始的。如果认为CPI是由当期利率r唯一决定的，而且r是严格外生的①，能否认为1993年是经济结构突变点（等价于市场化改革改变了CPI序列的生成函数，或者1993年前后CPI和r之间的关系有显著变化）？

表10.1　　某国消费者价格指数与利率历史数据　　单位：%

年份（year）	价格指数（*cpi*）	利率（*r*）
1985	82.54	5.16
1986	86.79	5.87
…	…	…
2000	206.50	11.25

原假设是“1993年不是转折点”。将检验过程写成do文件：

```
*d10.1：一个转折点的Chow检验
quietly regress cpi r if year<1993        //第一子样本（1985~1992年）回归（静默模式）
scalar rss1=e(rss)        //第一子样本回归的残差平方和
scalar df1=e(df_r)        //第一子样本回归的自由度
quietly regress cpi r if year>=1993       //第二子样本（1993~2000年）回归（静默模式）
scalar rss2=e(rss)        //第二子样本回归的残差平方和
scalar df2=e(df_r)        //第二子样本回归的自由度
scalar rssu=rss1+rss2       //无约束回归残差平方和
quietly regress cpi r       //全样本回归（受约束回归）（静默模式）
scalar rssr=e(rss)        //全样本回归（受约束回归）的残差平方和
scalar dfr=e(df_r)        //全样本回归（受约束回归）的自由度
scalar F=[(rssr−rssu)/(dfr−df1−df2)]/(rssu/df1+df2)       //计算F统计量
```

① 这显然是一个不甚合理的假设。不过为了简化分析过程，从而说明Chow检验的应用过程，我们暂且接受这个假设。

```
scalar p=Ftail(2,12,F)    //计算F统计量对应的p值（伴随概率）
scalar list F p    //显示F统计量及其对应的p值
```

do文件运行结果显示如下：

```
F =  10.338405
p =  .00245273
```

由于$p<0.05$，所以，拒绝原假设（即“1993年不是转折点”），认为1993年前后CPI和利率r的关系有显著变化，即1993年是经济结构的突变点。

（二）Gujarati突变点检验

由于变量之间的结构关系通过模型的参数（即回归系数）表现出来，结构突变表现为回归系数在设定的（疑似）突变点前后的显著变化。达摩达尔·N.古扎拉蒂（Damodar N. Gujarati，1970）将表示突变点的虚拟变量引入回归模型，通过检验有关虚拟变量系数的显著性，判断是否存在结构突变。

【例10.2】接【例10.1】(ex10.1.dta)，利用Gujarati方法检验原假设，H_0：1993年是经济结构突变点。

首先，依据以下规则设置虚拟变量D：

$$D_t=\begin{cases}0 & 1985\leqslant t\leqslant 1992\\ 1 & 1993\leqslant t\leqslant 2000\end{cases}$$

然后，重新设定以下模型：

$$y_t=(\beta_0+\alpha_0 D_t)+(\beta_1+\alpha_1 D_t)x_t+u_t$$

等价于：

$$\begin{cases}y_t=\beta_0+\beta_1 x_t+u_t & \text{对于}D_t=0\\ y_t=(\beta_0+\alpha_0 D_t)+(\beta_1+\alpha_1 D_t)x_t+u_t & \text{对于}D_t\neq 0\end{cases}$$

所以是否存在结构突变的问题，变为检验“$H_0:\alpha_0=\alpha_1=0$”的问题。将检验过程写成do文件如下：

```
*d10.2：结构突变检验的Gujarati方法
generate d=(year>=1993)    //设置虚拟变量
generate dr=d*r    //设置交互项
quietly regress cpi d r dr    //回归方程估计（静默模式）
test d dr    //检验与虚拟变量相关的系数的显著性
```

运行结果如下：

```
F(  2,    12) =    8.86
     Prob > F =    0.0043
```

可见，检验统计量F的值与Chow检验的F值完全相同，所以本质上二者是等价的。

但Gujarati方法更加简便。Stata提供了外部命令chowreg，用Gujarati方法进行一个突变点的结构突变检验。读者可以通过命令findit chowreg，查找这个外部命令安装使用。

二、未知突变点

在不确定突变点的情况下，就需要发现可能的突变点、确定突变点的个数，以及检验是否存在真实的结构突变。假设认为经济结构可能有一个突变点N_0，不过突变点N_0未知。假定两个子样本的随机误差项方差相等：$\text{var}(u_{1t})=\text{var}(u_{2t})$。通常可以选择多个不同的$N_0$，按照Chow突变点检验方法进行检验，从多次试估计中选择最优者。选择的标准是使得两个子样本方程的残差平方和之和最小，或者F统计量最大。因为安德鲁（Andrews，1993）、侯赛因（Hausen，1997）的贡献，该方法被称为匡特–安德鲁未知突变点检验（quandt–andrews unknown breakpoint test）。白（Bai，1997）、白和佩龙（Bai and Perron，1998；2003）进一步扩大了Quandt–Andrews检验的框架，允许多个未知断点存在。

Bai–Perron检验（Bai–Perron test）方法最早由白和佩龙于1998年提出，用样本回归方程残差平方和（RSS）最小化方法来搜寻和确定样本数据中存在的m个断点。考虑一个标准的多元回归，含有T期数据，m个潜在的断点（即包含m+1个回归机制，即$j=0，1，\cdots，m$）。

表10.2 机制划分

潜在机制（分段）	0	1	2	…	m
数据期数	$[T_0，T_1-1]$	$[T_1，T_2-1]$	$[T_2，T_3-1]$	…	$[T_m，T]$

对于第j种回归机制，包含的样本数据期数是$[T_j，T_{j+1}-1]$。回归方程是：

$$y_t=\boldsymbol{X}_t\boldsymbol{b}+\boldsymbol{Z}_t\boldsymbol{d}_j+u_t \tag{10.2}$$

其中，全部自变量分为两个部分：固定参数的自变量（向量）$\boldsymbol{X}_t$；不同机制之间参数变化的自变量（向量）$\boldsymbol{Z}_t$。多个断点检验分为全局最大化断点检验和序贯检验两种基本类型，这里以全局最大化断点检验为例简要说明。

如果断点数目m已知，只需要确定断点日期（时刻），对于所有可能的断点时刻组合$\{T\}m=(T_1，T_2，\cdots，T_m)$，式（10.2）对应的残差平方和记为：

$$Q\left(b,d_j\mid\{T\}_m\right)=\sum_{j=0}^{m}\sum_{t=T_j}^{T_{j+1}-1}(y_t-\boldsymbol{X}_t\boldsymbol{b}-\boldsymbol{Z}_t\boldsymbol{d}_j)^2 \tag{10.3}$$

能够使式（10.3）最小的断点时刻组合就是最有可能发生经济结构变化的时刻。基于普通最小二乘法（OLS）原理，最小化式（10.3），就可以得到最有可能的断点组合及其对应的参数的估计值$(\hat{b},\widehat{d_j})$。

如果断点个数m未知，设定不同的m取值，最优的断点时刻组合及其对应的参数估计值（$\hat{b},\widehat{d_j}$）是变化的。确定方法是，对于所有可能的m取值，最小化残差平方和即目标函数（10.3），从中寻求最优的断点数目m、时刻组合｛T｝m及其对应的参数估计值（$\hat{b},\widehat{d_j}$），称为结构突变的全局最优化解。随着T和m的增加，可能的断点组合非常之多，所以需要更加有效的最优化算法。

白和佩龙（2003）对与其有关的动态优化算法进行了研究，卡拉维亚斯，那拉杨和韦斯特隆德（Karavias，Narayan，Westerlund，2021）和迪岑，卡拉维亚斯，韦斯特隆德（Ditzen，Karavias，Westerlund，2021）也进一步讨论了结构突变点的估计和检验。基于Bai–Perron检验以及上述进一步研究的结果，Stata提供外部命令xtbreak，对时间序列和面板数据模型中的结构突变点进行检验及估计，结构突变发生的次数和时间已知、未知都可以，xtbreak命令中含xtbreak test和xtbreak estimate。

对于已知断点，xtbreak test可以检验在特定时点结构突变是否发生；对于未知结构突变点的情况，xtbreak test可以实现对三种不同假设进行检验。这三种假设分别是：

（Ⅰ）H_0: 没有结构突变（0个结构突变）

H_1: s个结构突变

（Ⅱ）H_0: 没有结构突变（0个结构突变）

H_1: $s_0 <= s <= s_1$

（Ⅲ）H0: s个结构突变

H1: s+1个结构突变

已知结构突变个数，xtbreak estimate命令可以估计出突变点的位置。如果xtbreak命令后没有设定test或estimate，xtbreak单独使用则是采用序贯F检验方法基于假设3来确定结构突变的数量，然后估计突变点（也称结构断点）。迪岑，卡拉维亚斯和韦斯特隆德（2021）提供的xtbreak系列命令，可以用于结构突变点个数、位置的确定及检验。既可用于时间序列、也可以用于面板数据①。

【例10.3】ex10.3.dta是某国一种新型病毒感染与死亡的相关数据，变量deathC表示该病毒感染的死亡人数，dnmcase表示新增感染人数，以此数据研究这种新型病毒感染的死亡情况。最初更多的感染者死亡，随着医学治疗方法的进步和疫苗越来越容易获得，应该会减少死亡；另外，这种新型病毒感染的病例可能在第一波被低估。基于这样的认识，以此数据研究病毒感染与死亡之间关系的结构突变问题。以变量deathC（死亡人数）为被解释变量，dnmcase（新增感染人数）为解释变量，假定感染（阳性检测）和感染者死亡之间存在1阶滞后，分析感染数与死亡数之间的关系是否存在结构突变，寻找突变点、确定突变个数并作检验，对通过检验的突变点给出

---

① Ditzen, J, Y. Karavias and J. Westerlund. 2021. Testing and Estimating Structural Breaks in Time Series and Panel Data in Stata. arXiv:2110.14550 [econ.EM].

Working paper, Slides Stata User Group meetings: 2020 Swiss, 2021 German, 2021 US.

结构变化的回归结果。

将分析过程写成do文件如下：

*d10.3：结构突变点个数、位置未知的检验和估计

use ex10.3

xtbreak deathC L1.dnmcase //突变点的个数、位置均未知，基于假设(II)用序贯F检验估计突变点

xtbreak estimate deathC L1. dnmcase, breaks(2) //设定突变点个数2，估计突变点位置

xtbreak test deathC L1. dnmcase , hypothesis(1) breaks(2) // s=2，检验假设（Ⅰ）

xtbreak test deathC L1. dnmcase, breakpoints(2020w20 2021w11 , fmt(tw)) //给定结构突变点，检验假设（Ⅰ）

xtbreak test deathC L1. dnmcase, hypothesis(3) breaks(3) //设定s=2，检验假设（Ⅲ）

xtbreak estimate deathC L1. dnmcase, breaks(2) //使用命令estat scatter和estat split之前需执行该命令

estat scatter L.dnmcase //画散点图，以颜色区分不同区制，须紧跟命令xtbreak estimate不能间隔其他命令

estat split //按照突变点，分割生成各区制的解释变量，在xtbreak estimate之后可用

reg deathC `r(varlist)' //回归得到参数随区制改变的结构变化模型

do文件部分运行结果如下：

Sequential test for multiple breaks at unknown breakpoints
(Ditzen, Karavias & Westerlund. 2021)

		Bai & Perron Critical Values		
	Test Statistic	1% Critical Value	5% Critical Value	10% Critical Value
F(1|0)	111.74	12.29	8.58	7.04
F(2|1)	65.88	13.89	10.13	8.51
F(3|2)	22.32	14.80	11.14	9.41
F(4|3)	5.11	15.28	11.83	10.04
F(5|4)	27.28	15.76	12.25	10.58
Detected number of breaks: (min)		3	3	3
(max)		5	5	5

Null hypothesis rejected more than once after non-rejection.
The detected number of breaks indicates the minimum and maximum number of breaks for which the null hypothesis is rejected.

基于假设(Ⅱ)用序贯F检验，检测突变点个数，拒绝没有结构突变点的原假设，检测认为突变个数最小值3、最大值5。

#	Index	Date	[95% Conf. Interval]	
1	16	2020w20	2020w19	2020w21
2	47	2020w51	2020w19	2021w31
3	59	2021w11	2021w10	2021w12

估计得到如上3个突变点，但第2个置信区间过宽，位置难以明确，故后面的分析选择2个突变点。确定2个突变点，估计可得到突变点位置如下：

#	Index	Date	[95% Conf. Interval]	
1	18	2020w21	2020w20	2020w22
2	60	2021w11	2021w9	2021w13

即突变点为：2020年第21周（2020w21）和2021年第11周（2021w11）。

```
Test for multiple breaks at unknown breakdates
(Bai & Perron. 1998. Econometrica)
H0: no break(s) vs. H1: 2 break(s)
```

	Test Statistic	Bai & Perron Critical Values 1% Critical Value	5% Critical Value	10% Critical Value
supW(tau)	63.28	9.36	7.22	6.28

```
Estimated break points:  2020w21 2021w11
```

基于假设(Ⅰ)s=2的Bai–Perron检验，拒绝原假设，认为存在2个突变点，并估计得到突变点为：2020年第21周（2020w21）和2021年第11周（2021w11），与上面用命令xtbreak estimate得到的结构突变点完全一致。将获得的两个突变点具体值代入，基于假设(Ⅰ)进行Bai–Perron检验，用xtbreak test命令，得到结果如下：

```
W(tau)         =       63.28
p-value (F)    =        0.00
```

因为p值$=0.00<0.05$，拒绝原假设，模型有两个结构突变点。

以两个结构突变点，将样本点划分为三个区制，在图10.2中以三个不同的颜色区别。

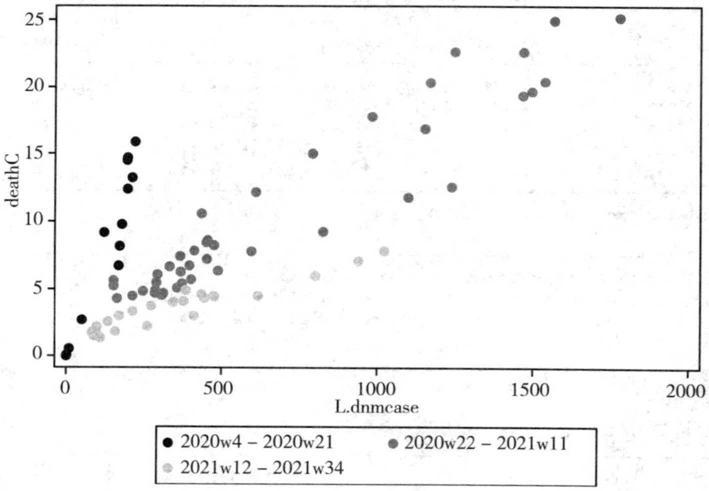

图10.2　样本点区制划分

以2个突变点分割样本为三个区制，生成三个区制解释变量dnmcase1、dnmcase2和dnmcase3，其中dnmcase#是在区制#（#=1，2，3）对应的时段样本取值同dnmcase，其他时段取值为0的变量。

deathC	Coef.	Std. Err.	t	P>|t|	[95% Conf.	Interval]
dnmcase1	.0532533	.0050466	10.55	0.000	.0432084	.0632982
dnmcase2	.0132422	.0006658	19.89	0.000	.0119171	.0145674
dnmcase3	.0055672	.0012931	4.31	0.000	.0029933	.008141
_cons	1.344907	.460814	2.92	0.005	.4276797	2.262134

将区制变量作为解释变量回归，可以得到参数随区制改变的结构可变模型。上面的回归结果可以表示为分段的模型形式：

$$deathC=\begin{cases}1.345+0.0533dnmcase, & 2020w4-2020w21\\1.345+0.0132dnmcase, & 2020w22-2021w11\\1.345+0.0056dnmcase, & 2021w12-2021w34\end{cases}$$

新型病毒感染数与死亡数之间的关系，存在结构突变。从两个突变点分割出的三个区制中，dnmcase的参数分别为0.0533、0.0132、0.0056，可知最初即2020年第4~21周，更高比例的感染者死于新型病毒，随着医学治疗方法的进步和疫苗越来越容易获得，死亡比例减少。

如果已知突变点，本节介绍的Chow突变点检验和Gujarati突变点检验方法可以直接用于检验真实的结构突变在这个（些）点是否存在；在不确定突变点的情况下，就需要首先通过某些数据特征或统计量，探测发现经济结构突变点的个数和可能存在的突变点，然后检验是否存在真实的结构突变；对于检验真实存在的结构突变点，在突变点分割出的不同区制中，计算回归参数、分析参数的变化及特点，讨论经济变量之间关系的变化及规律。如果考虑的是随时间而发生的结构突变，不确定突变点的情况下，可采用Bai–Perron检验。如果结构突变分割区制范围的变量不仅局限于时间变量，则可以采用第二节的门限回归方法。

第二节　门限回归模型

在回归分析时，通常关注回归系数的稳定性。即将样本划分为若干个子样本分别回归，是否能得到相近的估计系数。考察稳定性，对于时间序列数据，就是分析经济结构是否随时间推移而改变（参见上一节）；对于横截面数据，则是考虑对于不同特征的截面个体，经济结构是否呈现不同特点，例如，样本中截面个体为来自城市、农村的多个家庭，可引入虚拟变量，分析城市、农村的经济结构是否存在差异。如果用来划分样本的变量不是离散变量而是连续变量，则需要给出一个划分的阈值，即“门限（门槛）值”（threshold level）。

社会学、经济学等各个不同领域的实际应用分析中，经常发现在某个变量的取值所划分的不同范围中，社会关系或者经济结构具有不同的特点。例如，对生育孩子、教育孩子的选择，可能与家庭的富裕程度有关，应该如何确定家庭的富裕程度及分类，需要选择哪个变量，又如何判断该变量的阈值呢？投资行为、盈利能力可能与企业规模有关，如何区分大企业与小企业？这些问题说明，经济规律或者变量关系有可能是非线性的，而其函数变化及转折点可能依赖于某个变量及其阈值，该变量通常被称为门限变量，而阈值则是其门限值。

门限回归（the threshold regression，TR）是一种通过模型的分段线性设定进行的非线性回归，描述当观测变量超过某些未知门限值（阈值）时经济结构的改变现象。门限回归方法是由汉森（2000）提出的，对门限值以严格的统计推断方法进行参数估计与假设检验。门限回归能够反映序列的非线性变化和丰富的动态特征，主要用于样本拆分、多元均衡等问题的研究。

一、基准模型设定

假设样本数据为 $\{y_i, \boldsymbol{X}_i, Z_i\}_{i=1}^{T}$，以一个具有 m 个潜在门限值（产生 $m+1$ 个机制）的多元线性回归模型为例。对于产生自第 j 种机制 $(j=0,1,\cdots,m)$ 中的观测值，我们有模型：

$$y_i = \boldsymbol{X}_i\boldsymbol{b} + \boldsymbol{Z}_i\boldsymbol{d}_j + u_i, j=0,1,2,\cdots,m \tag{10.4}$$

其中，模型的自变量包括两个部分：系数不随机制不同而变化的自变量向量 $\boldsymbol{X}$、系数随机制不同而变化的自变量向量 $\boldsymbol{Z}$。划分机制转换的变量“门限变量”（threshold variable,也可称为机制变量）q_i，可以是模型中的变量（及其滞后值），也可以是其他不被包含在模型中的变量，但必须可以观测，即需要有各样本点的对应观测值。不同机制变换处的取值称为门限值。一般假定门限值严格递增：

$$\gamma_0 < \gamma_1 < \cdots < \gamma_m < \gamma_{m+1}，\ \gamma_0 = \min\{q_i\}_{i=1}^{T}，\ \gamma_{m+1} = \max\{q_i\}_{i=1}^{T}$$

当且仅当观测变量 q_i 的值 $\gamma_j < q_i < \gamma_{j+1}$ 时，样本数据产生自机制 j。

例如，当只有一个门限值时，门限回归模型可以表示为：

$$\begin{cases} y_i = \boldsymbol{X}_i\boldsymbol{b} + \boldsymbol{Z}_i\boldsymbol{d}_1 + u_i, 若\gamma_0 < q_i \leqslant \gamma_1 \\ y_i = \boldsymbol{X}_i\boldsymbol{b} + \boldsymbol{Z}_i\boldsymbol{d}_2 + u_i, 若\gamma_1 < q_i \leqslant \gamma_2 \end{cases} \tag{10.5}$$

其中，γ_1 为待估计的门限值，$\boldsymbol{X}_i$、$\boldsymbol{Z}_i$ 为外生解释变量，与扰动项 u_i 不相关。以 q_i 的观测值是否大于门限值 γ_1，决定自变量 $\boldsymbol{Z}_i$ 的系数是 d_1 还是 d_2，实际上代表了两种不同的经济结构或数据生成过程。

引入示性函数（indicator function）①，定义 $I_j(q_i,\gamma)=I(\gamma_j<q_i\leqslant\gamma_{j+1})$，当 $\gamma_j<q_i\leqslant\gamma_{j+1}$ 时，取值为1；否则取值为0。这个分段函数可以合并表示为：

$$y_i=\boldsymbol{X}_i\boldsymbol{b}+\boldsymbol{I}_0(q_i,\gamma)\cdot\boldsymbol{Z}_i\boldsymbol{d}_1+\boldsymbol{I}_1(q_i,\gamma)\cdot\boldsymbol{Z}_i\boldsymbol{d}_2+u_i \tag{10.6}$$

对于具有 m 个潜在门限值，即存在 $(m+1)$ 个机制的多元线性回归模型，可以将所有分段回归函数联合在一起，TR模型的一般形式为：

$$y_i=\boldsymbol{X}_i\boldsymbol{b}+\sum_{j=0}^{m}\boldsymbol{I}_j(q_i,\gamma)\cdot\boldsymbol{Z}_i\boldsymbol{d}_{j+1}+u_i \tag{10.7}$$

特别地，对于时间序列数据，如果门限变量是因变量 y_t 的第 d 期滞后变量 y_{t-d}，式（10.7）称为延迟 d 期的自激励模型（self-exciting model，SE）；如果自激励模型中，方程右边除常数项外的自变量 X_t 和 Z_t 都是因变量的滞后变量，则称为自激励门限自回归模型（SETAR）。

二、模型估计

门限回归模型无法写成参数的线性函数，是非线性回归，可以用非线性最小二乘法（NLS）来估计。实际计算，通常用两步法来最小化残差平方和。首先，给定门限值 γ，用OLS估计参数（$\boldsymbol{b}$，$\boldsymbol{d}$），并计算残差平方和。其次，选择门限值，使残差平方和最小化。以式（10.6）所表示的只有1个门限值的模型为例，给定 q_i，由于示性函数 $\boldsymbol{I}(\gamma_0<q_i\leqslant\gamma_1)$ 与 $\boldsymbol{I}(\gamma_1<q_i\leqslant\gamma_2)$ 只能取值0或1，故是门限值 γ_1 的阶梯函数，升降点正好是 q_i。故残差平方和 RSS（γ_1）也是 γ_1 的阶梯函数，阶梯的升降点就落在门限变量不重复的观测值 $\{q_i\}_{i=1}^{n}$，因为如果 γ_1 取观测值以外的其他值，不会影响子样本的划分，不改变残差平方和。因而 RSS（γ_1）最小化的计算得以简化，最多只需考虑 n 个取值即可，即 $\gamma_1\in\{q_1,q_2,\cdots,q_n\}$，得到的参数估计量记为 $\left(\hat{\boldsymbol{b}}(\hat{\boldsymbol{\gamma}}_1),\hat{\boldsymbol{d}}(\hat{\boldsymbol{\gamma}}_1),\hat{\boldsymbol{\gamma}}_1\right)$。

对于具有 m 个潜在门限值，以式（10.7）所表示的门限回归模型，定义目标函数伪残差平方和（Presuedo RSS）：

$$RSS(\boldsymbol{d},\boldsymbol{b},\boldsymbol{\gamma})=\sum_{i=1}^{T}(y_i-\boldsymbol{X}_i\boldsymbol{b}-\sum_{j=0}^{m}\boldsymbol{I}_j(q_i,\gamma)\cdot\boldsymbol{Z}_i\boldsymbol{d}_{j+1})^2 \tag{10.8}$$

在给定样本下，上述目标函数的大小，不但取决于待定回归形式，而且取决于 m 个门限的确定，所以参数估计过程可以看作是：在所有可能的 m 个门限划分中，寻找最优的门限值集合及其对应回归系数的最小二乘估计。

---

① 示性函数又称指针函数、单位函数或特征函数，是数学中常用的一种特殊函数，通常用来表示某个条件的成立情况，在某个特定的条件成立时取值为1，否则取值为0。

除了区分经济结构变化的标志指标不一样外，这个估计思路与结构断点回归的思路完全相同。不同之处，门限回归用的是门限变量的观测值，断点回归用的是突变日期。在本质上，门限回归可以看作是根据门限变量的观测值由小到大，将样本数据重新排序后的结构断点回归，而结构断点回归可以看作是以时间为门限变量的门限回归。因此，关于结构断点检验和估计方法的讨论同样适用于门限回归。对时间序列数据，当门限变量是因变量的滞后变量，即 $q_t = y_{t-d}$ 时，还需要通过模型比较确定延迟期数 d。

汉森（Hansen，2000）在一定的条件下导出了 $\hat{\gamma}$ 的大样本渐近分布，在此基础上构造 $\hat{\gamma}$ 的置信区间，并对原假设"H。: $\gamma=\gamma_1$"进行似然比检验（参见门限值检验部分）。

三、面板数据的门限回归

汉森（1999）探讨了面板数据的固定效应门限回归模型，扩展了门限回归的应用范围。对于面板数据 $\{y_{it}, \boldsymbol{X}_{it}, Z_{it} : 1 \leqslant i \leqslant n, 1 \leqslant t \leqslant T\}$，其中 i 表示个体，t 表示时间，考虑如下固定效应门限回归模型：

$$\begin{cases} y_{it} = u_i + \boldsymbol{X}_{it}\boldsymbol{b} + \boldsymbol{Z}_{it}\boldsymbol{d}_1 + \varepsilon_{it}, 若 q_{it} \leqslant \gamma \\ y_{it} = u_i + \boldsymbol{X}_{it}\boldsymbol{b} + \boldsymbol{Z}_{it}\boldsymbol{d}_2 + \varepsilon_{it}, 若 q_{it} > \gamma \end{cases} \tag{10.9}$$

其中，γ 为待估计的门限值，扰动项 ε_{it} 独立同分布。$\boldsymbol{X}_{it}$、$\boldsymbol{Z}_{it}$ 为外生解释变量，与扰动项 ε_{it} 不相关，因此不包含被解释变量的滞后项，不是动态面板。门限变量 q_{it} 可以是模型中的变量，也可以是其他不被包含在模型中的变量。以 q_{it} 的观测值是否大于门限值 γ，决定自变量 $\boldsymbol{Z}_{it}$ 的系数是 d_1 还是 d_2。

引入示性函数（indicator function），模型可以合并表示为：

$$y_{it} = u_i + \boldsymbol{X}_{it}\boldsymbol{b} + \boldsymbol{I}(q_{it} \leqslant \gamma) \cdot \boldsymbol{Z}_{it}\boldsymbol{d}_1 + \boldsymbol{I}(q_{it} > \gamma) \cdot \boldsymbol{Z}_{it}\boldsymbol{d}_2 + \varepsilon_{it} \tag{10.10}$$

对于个体 i，将方程两边对时间求平均，可得：

$$\bar{y}_i = u_i + \bar{\boldsymbol{X}}_i\boldsymbol{b} + \boldsymbol{I}(q_{it} \leqslant \gamma) \cdot \bar{\boldsymbol{Z}}_i\boldsymbol{d}_1 + \boldsymbol{I}(q_{it} > \gamma) \cdot \bar{\boldsymbol{Z}}_i\boldsymbol{d}_2 + \bar{\varepsilon}_i \tag{10.11}$$

用式（10.10）减去式（10.11），可得模型的离差形式：

$$y_{it} - \bar{y}_i = \left(\boldsymbol{X}_{it} - \bar{\boldsymbol{X}}_i\right)\boldsymbol{b} + \boldsymbol{I}\left(q_{it} \leqslant \gamma\right) \cdot (\boldsymbol{Z}_{it} - \bar{\boldsymbol{Z}}_i)\boldsymbol{d}_1 + \boldsymbol{I}\left(q_{it} > \gamma\right) \cdot (\boldsymbol{Z}_{it} - \bar{\boldsymbol{Z}}_i)d_2 + \varepsilon_{it} - \bar{\varepsilon}_i \tag{10.12}$$

令 $y_{it}^* = y_{it} - \bar{y}_i, X_{it}^* = \boldsymbol{X}_{it} - \bar{\boldsymbol{X}}_i, Z_{it}^* = \boldsymbol{Z}_{it} - \bar{\boldsymbol{Z}}_i, \varepsilon_{it}^* = \varepsilon_{it} - \bar{\varepsilon}_i$，可得：

$$y_{it}^* = X_{it}^*\boldsymbol{b} + \boldsymbol{I}\left(q_{it} \leqslant \gamma\right) \cdot Z_{it}^*\boldsymbol{d}_1 + \boldsymbol{I}\left(q_{it} > \gamma\right) \cdot Z_{it}^*\boldsymbol{d}_2 + \varepsilon_{it}^* \tag{10.13}$$

对于式（10.13），仍然采用两步法进行估计。首先，给定门限值 γ，用OLS进行一致估计，得到估计系数与残差平方和 $RSS(\gamma)$。其次，对于 $\gamma \in \{q_{it} : 1 \leqslant i \leqslant n, 1 \leqslant t \leqslant T\}$，从中选择门限值 $\hat{\gamma}$，使得残差平方和 $RSS(\hat{\gamma})$ 最小，从而

得到的参数估计量 $\left(\hat{\boldsymbol{b}}(\hat{\gamma}),\hat{\boldsymbol{d}}(\hat{\gamma}),\hat{\gamma}\right)$。类似地，可以将两步法估计用于多个门限值的面板数据回归模型。

如果不希望某个子样本中的观测值过少，可限制 γ 的取值，比如不考虑 $\{q_{it}\}$ 中最大5%或最小5%的取值，称为“修边”（trimming）。

四、相关检验

（一）门限效应检验

对于是否存在“门限效应”（threshold effect），以面板数据固定效应模型式（10.9）为例，可以检验以下原假设：

$$H_0:\boldsymbol{d}_1=\boldsymbol{d}_2$$

如果此原假设成立，则不存在门限效应。此时，模型简化为：

$$y_{it}=u_i+\boldsymbol{X}_{it}\boldsymbol{b}+\boldsymbol{Z}_{it}\boldsymbol{d}_1+\varepsilon_{it} \tag{10.14}$$

这个模型是式（10.9）代入约束条件 $\boldsymbol{d}_1=\boldsymbol{d}_2$ 得到的，称为受约束模型，其残差平方和记为 RSS_r，为了区别，无约束的残差平方和 $RSS(\hat{\gamma})$ 记为 RSS_u。显然 $RSS_r\geqslant RSS_u$，而两者差异 $[RSS_r-RSS_u]$ 越大，说明加上约束条件后使得残差平方和增大越多，越倾向于拒绝原假设 $H_0:\boldsymbol{d}_1=\boldsymbol{d}_2$。将 $[RSS_r-RSS_u]$ 用于构建似然比检验统计量，可以对模型进行门限效应检验。

汉森（1999）提出似然比检验（LR）统计量：

$$LR=[RSS_r-RSS_u]/\hat{\sigma}^2$$

其中，$\hat{\sigma}^2=\dfrac{RSS_u}{n(T-1)}$ 是对模型（10.9）扰动项方差的一致估计。

如果原假设 $H_0:\boldsymbol{d}_1=\boldsymbol{d}_2$ 成立，则不存在门限效应，也就无所谓门限值 γ 等于多少。也就是说无论 γ 取什么值，对模型都没有影响，故参数 γ 不可识别。因此，LR检验统计量的渐近分布并非标准的卡方分布，而依赖于样本矩，无法将其临界值列表，但可用自助法得到其临界值。

（二）门限值检验

如果拒绝原假设 $H_0:\boldsymbol{d}_1=\boldsymbol{d}_2$，则认为存在门限效应，可进一步对门限值进行检验。

检验的原假设为 $H_0:\gamma=\gamma_1$，此时似然比检验统计量为：

$$LR(\gamma)=[RSS_r(\gamma)-RSS_u(\hat{\gamma})]/\hat{\sigma}^2$$

在原假设成立的情况下，$LR(\gamma)$ 统计量的渐近分布仍然是非标准的卡方分布，但其分布函数为$\left(1-e^{-x/2}\right)^2$，可以据其算出临界值，并利用$LR(\gamma)$计算$\gamma$的置信区间。

（三）门限个数确定

通常，可以采用多种信息准则，比如BIC选择门限个数；也可以采用序贯似然比检验（Sequential LR Test）确定门限的个数。序贯似然比检验可以在给定的最大门限值范围内做系列检验，例如设定最大门限值为3，序贯似然比检验为：

（Ⅰ）H_0: 不存在门限值　vs.　H_1: 1个门限值

（Ⅱ）H_0: 1个门限值　vs.　H_1: 2个门限值

（Ⅲ）H_0: 2个门限值　vs.　H_1: 3个门限值

从多个检验的结果，探寻确定门限个数。

五、应用案例

Stata官方命令threshold可同时估计多个门限值及门限回归结果，可通过选项nthresholds(#)来指定门限值个数，#为门限数，默认只有一个门限值。也可通过选择项optthreh(#)计算最优的门限个数，比如，optthreh(5)表示在最多允许5个门限值的情况下确定最优门限个数，并估计门限回归结果，通过信息准则BIC确定最优门限个数，不报告门限效应检验结果。

汉森（2000）提供了thresholdtest、thresholdreg两个Stata命令，用于门限效应检验与门限回归。可以从网上搜索①下载zip文件，解压并放置于Stata的工作路径即可使用。命令仅适用于一个门限值，如果要估计更多的门限值，可以对子样本继续使用命令进行第二轮的门限回归和检验。

面板门限回归的Stata命令xthreg是外部命令，由南开大学的王群勇（Wang，2015）提供，需要用findit找到后下载安装方可使用。可以估计门限值，做门限效应检验，同时给出门限回归结果。

【例10.4】ex10.4.dta包含96个国家的截面数据，杜勒夫和约翰逊（Durlauf and Johnson，1995）用该数据研究一国的经济增长与其初始条件的关系，2000年汉森曾用此数据阐述门限回归，我们用此数据介绍Stata命令门限回归和检验的命令及应用。其中的变量，GDP、literacy（人口识字比）、InvGDP（投资与GDP之比）和log_GDP［log（人均GDP）］均为1960年的取值，Pop_Growth（人口增长率）和school（中学学历的人口比例）为1960~1985年各年的平均值，以GDP_Growth［log（人均GDP）$_{1985}$−log（人均GDP）$_{1960}$］为被解释变量，InvGDP、log_GDP、Pop_Growth和school为解释变量。完成如下分析检验：

① 可用网址之一：https://www.ssc.wisc.edu/~bhansen/progs/ecnmt_00.html.

（1）分别以Pop_Growth、literacy为门限变量，分析是否存在门限效应，用存在门限效应的门限变量做门限回归；

（2）对于（1）中存在门限效应的门限变量，分析是否存在多个门限值的可能性；

（3）对于（1）中存在门限效应的门限变量，如果假设最多3个门限值，计算最优门限值个数并给出最优门限值及回归结果。

运用Stata软件可以分析上述问题，过程可以写成do文件：

```
*d10.4:门限效应检验以及门限回归
use ex10.4.dta
***门限效应检验***
**以Pop_Growth为门限变量的门限效应检验
set seed 123      //存在随机的自抽样，设置种子数确保验证门限效应检验和门限回归时可得到相同结果
thresholdtest GDP_Growth log_GDP InvGDP Pop_Growth school, q(Pop_Growth) trim_per(0.15) rep(5000)
**以literacy为门限变量的门限效应检验
set seed 123
thresholdtest GDP_Growth log_GDP InvGDP Pop_Growth school, q( literacy ) trim_per(0.15) rep(5000)
***基于门限变量Pop_Growth的门限回归***
thresholdreg GDP_Growth log_GDP InvGDP Pop_Growth school, q( Pop_Growth ) h(1)
***基于门限变量Pop_Growth,分析存在多个门限值的可能性***
su Pop_Growth,detail      //概要描述统计，以观察门限值-2.6037两侧样本比例
**第一子样本（Pop_Growth<=-2.6037）的门限效应检验
drop if Pop_Growth>-2.6037
thresholdtest GDP_Growth log_GDP InvGDP Pop_Growth school, q( Pop_Growth )
///trim_per(0.15) rep(5000)
**第二子样本（Pop_Growth>-2.6037）的门限效应检验
use ex10.4, clear
drop if Pop_Growth<=-2.6037
thresholdtest GDP_Growth log_GDP InvGDP Pop_Growth school, q( Pop_Growth )
///trim_per(0.15) rep(5000)
***最优门限个数及门限值的确定（包括门限回归结果）***
threshold GDP_Growth log_GDP  Pop_Growth,  regionvars(InvGDP school)
```

///threshvar(Pop_Growth) optthresh(3) /*假设最多3个门限值，计算最优门限值个数、最优门限值及回归结果，其中选项threshvar指定门限变量为Pop_Growth；regionvars指定变量InvGDP和school是随区制而变的解释变量，默认只有常数项随区制而变。*/

do文件运行系列结果依次显示如下：

（1）以Pop_Growth为门限变量的门限效应检验：

```
Test of Null of No Threshold Against Alternative of Threshold
Allowing Heteroskedastic Errors (White Corrected)

Number of Bootstrap Replications:   5000
Trimming Percentage:                 .15

Threshold Estimate:                -2.60369019
LM-test for no threshold:          12.4842155
Bootstrap P-Value:                  .0578
```

由于 $p < 0.1$ ，所以，可在10%的显著性水平下拒绝“无门限效应”的原假设，得到门限值 -2.6037。

以初始识字率（literacy）为门限变量的门限效应检验：

```
Number of Bootstrap Replications:   5000
Trimming Percentage:                 .15

Threshold Estimate:                10
LM-test for no threshold:          10.7862732
Bootstrap P-Value:                  .2038
```

由于 $p = 0.2038 > 0.1$ ，所以，在10%的显著性水平下不能拒绝“无门限效应”的原假设。

结论：结合上述两个检验的结果，应选择年均人口增长率（Pop_Growth）作为门限变量。

以Pop_Growth为门限变量，门限值及置信区间等估计结果见下图：

```
Threshold Estimation

Threshold Estimate:                -2.60369019
.95 Confidence Iterval:            [-2.60369019,-2.57702194]
Sum of Squared Errors              8.2874601
Residual Variance:                 .096365815
Joint R-Squared:                   .552591024
Heteroskedasticity Test (p-value):.074912389
```

门限回归结果如下：

区制1（Pop_Growth<=-2.60369019）的参数估计及参数置信区间

Independent Variables	Estimate	St Error
Intercept	.249273785	1.04191399
log_GDP	-.293994249	.059435283
InvGDP	.592472476	.099591484
Pop_Growth	-1.47386323	.29487975
school	.154013709	.074840096

.95 Confidence Regions for Parameters.

Independent Variables	Low	High
Intercept	-1.79287764	2.73851485
log_GDP	-.411560649	-.177501094
InvGDP	.344892213	.787671785
Pop_Growth	-2.05182754	-.728915469
school	.007327121	.339165706

区制2（Pop_Growth>–2.60369019）的参数估计及参数置信区间

Independent Variables	Estimate	St Error
Intercept	-.283082733	3.07890413
log_GDP	-.292819661	.110534495
InvGDP	.290440781	.158084065
Pop_Growth	-1.79493642	1.02904013
school	.324334379	.101983224

.95 Confidence Regions for Parameters.

Independent Variables	Low	High
Intercept	-7.05124196	6.30477393
log_GDP	-.549515563	-.076172051
InvGDP	-.019403986	.643208464
Pop_Growth	-4.21908849	.293999911
school	.121493963	.547977344

（2）在子样本中进行第二轮门限效应检验，讨论是否可能存在多个门限值。

```
Number of Bootstrap Replications:  5000
Trimming Percentage:                .15

Threshold Estimate:               -2.6450754
LM-test for no threshold:          7.19968127
Bootstrap P-Value:                 .5862
```

由于 $p = 0.5862 > 0.1$，所以，在10%的显著性水平下不能拒绝“无门限效应”的原假设。说明第一子样本（Pop_Growth<=–2.6037）中不存在门限效应。

```
Number of Bootstrap Replications:  5000
Trimming Percentage:                .15

Threshold Estimate:               -2.60369019
LM-test for no threshold:          6.71631728
Bootstrap P-Value:                 .5928
```

由于$p = 0.5928 > 0.1$，所以，在10%的显著性水平下不能拒绝“无门限效应”的原假设。说明第二子样本（Pop_Growth > –2.6037）中不存在门限效应。

结论：结合上述两个检验的结果，选择年均人口增长率（Pop_Growth）作为门限变量，在–2.6037划分的两个子样本中都不存在门限效应，说明在总样本中只有一个门限值是合理的。

（3）基于门限变量Pop_Growth，指定最优门限个数3与随区制而变的解释变量：InvGDP和school，门限回归结果如下：

```
Number of thresholds =  1                          Max thresholds     =         3
Threshold variable: Pop_Growth                     BIC                = -198.5755
```

Order	Threshold	SSR
1	-2.6036902	8.2937

由BIC信息准则，确定最优门限个数为1，门限值为–2.6037，与第一种情形一致。门限回归结果如下：

GDP_Growth	Coef.	Std. Err.	z	P>|z|	[95% Conf.	Interval]
GDP_Growth						
log_GDP	-.2988799	.0606422	-4.93	0.000	-.4177364	-.1800235
Pop_Growth	-1.523725	.413755	-3.68	0.000	-2.33467	-.71278
Region1						
InvGDP	.5921554	.1163498	5.09	0.000	.3641139	.8201968
school	.1558105	.0711264	2.19	0.028	.0164053	.2952156
_cons	.1565199	1.277225	0.12	0.902	-2.346796	2.659836
Region2						
InvGDP	.294876	.1244113	2.37	0.018	.0510344	.5387176
school	.3257055	.0737489	4.42	0.000	.1811603	.4702507
_cons	.4615868	1.11875	0.41	0.680	-1.731124	2.654297

与第一种不同之处在于，如果指定四个解释变量都随区制而变，在该命令算法之下样本观测值不足以估计出结果。

【**例10.5**】数据ex10.5.dta是某国560家企业12年的面板数据，其中变量Rmval表示企业市值与资产比的1阶滞后，Rmval2、Rmval3分别为Rmval的平方、立方，Rdbtl为长期债务与资产比的1阶滞后，qdl表示Rmval与Rdbtl的交互项，Rcfl为企业现金流与资产比的1阶滞后，Rinv为企业投资的资产比。理论认为完美的金融市场下，企业投资仅取决于市值与资产比；不完美的金融市场下，企业投资还取决于其现金流。长期债务状况的差异，也必然会在现金流对企业投资的影响中体现。我们取投资资产比（Rinv）为被解释变量，Rmval、Rmval2、Rmval3、Rdbtl、Rcfl和qdl为解释变量研究流动性约束对企业投资的影响。假定Rdbtl为门限变量，Rcfl为随区制而变的变量，做门限回归，分析是否存在门限效应。

运用Stata软件分析上述问题，过程可以写成do文件：

*d10.5: 面板数据门限效应检验以及门限回归

use ex10.5

**门限值估计与门限效应检验，假定存在3个门限值，自助抽样次数均为300次

set seed 123 //存在随机自助抽样，设置种子数确保验证门限回归可得到相同结果

xthreg Rinv Rmval Rmval2 Rmval3 Rdbtl qd1, rx(Rcfl) qx(Rdbtl) thnum(3) bs(300 300 300)

/*xthreg的常用选项：thnum(#)可以用于指定门限个数#（默认为1），qx(varname)用来指定门限变量，逗号前的解释变量为不随区制而变的自变量，rx(varlist)指定随区制而变的自变量，trim(numlist numlist)为修边比例（默认为0. 01），bs(numlist)为自助抽样次数，gen(newvar)生成表示区制的新变量。*/

**门限值估计与门限效应检验，假定存在2个门限值，自助抽样次数均为300次，生成表示区制的新变量

set seed 123

xthreg Rinv Rmval Rmval2 Rmval3 Rdbtl qd1, rx(Rcfl) qx(Rdbtl) thnum(2) bs(300 300) gen(cf)

tab cf //查看区制的分布

do文件运行系列结果依次显示如下：

假定存在3个门限值，自助抽样次数均为300次，门限值估计与门限效应检验结果如下：

Threshold estimator (level = 95):

model	Threshold	Lower	Upper
Th-1	0.0144	0.0120	0.0158
Th-21	0.0144	0.0120	0.0158
Th-22	0.5325	0.5166	0.5433
Th-3	0.6122	0.5847	0.6253

Threshold effect test (bootstrap = 300 300 300):

Threshold	RSS	MSE	Fstat	Prob	Crit10	Crit5	Crit1
Single	14.8065	0.0022	27.65	0.0100	12.4940	14.7834	26.8519
Double	14.7657	0.0022	18.55	0.0233	12.0387	14.9920	30.9098
Triple	14.7427	0.0022	10.46	0.1900	13.2684	16.1359	21.7845

第3个门限值门限效应检验的LR统计量所对应的p值为$0.19 > 0.05$，不拒绝原假设，不存在门限效应。

故改为2个门限值，再次估计，自助抽样次数仍然都采用300次，门限值估计、门限效应检验及门限回归结果如下：

model	Threshold	Lower	Upper
Th-1	0.0144	0.0120	0.0158
Th-21	0.0144	0.0120	0.0158
Th-22	0.5325	0.5166	0.5433

Threshold effect test (bootstrap = 300 300):

Threshold	RSS	MSE	Fstat	Prob	Crit10	Crit5	Crit1
Single	14.8065	0.0022	27.65	0.0100	12.4940	14.7834	26.8519
Double	14.7657	0.0022	18.55	0.0233	12.0387	14.9920	30.9098

双门限值的门限效应检验，p值为$0.0223 < 0.05$，应拒绝原假设，存在门限效应。门限回归结果：

Rinv	Coef.	Std. Err.	t	P>|t|	[95% Conf.	Interval]
Rmval	.0095067	.0009887	9.62	0.000	.0075686	.0114448
Rmval2	-.0179699	.0027062	-6.64	0.000	-.0232749	-.0126649
Rmval3	.0009418	.0002015	4.67	0.000	.0005468	.0013368
Rdbtl	-.0164557	.005809	-2.83	0.005	-.0278434	-.0050681
qd1	.002139	.0015056	1.42	0.155	-.0008124	.0050904
cf#c.Rcfl						
0	.0673409	.0059824	11.26	0.000	.0556132	.0790685
1	.1010041	.0061112	16.53	0.000	.0890241	.1129841
2	.044227	.0136469	3.24	0.001	.0174743	.0709797
_cons	.0586477	.0021343	27.48	0.000	.0544638	.0628317

区制的分布为：

cf	Freq.	Percent	Cum.
0	829	12.34	12.34
1	5,516	82.08	94.42
2	375	5.58	100.00

区制0：长期负债占资产比例$\leqslant 0.0144=1.44\%$，很低，Rcfl的系数为0.0673，说明现金流的资产占比对企业投资的作用比较小；

区制1：$0.014 <$ 长期负债与资产之比$\leqslant 0.5325$，比例中等，Rcfl的系数为0.1010，现金流的资产占比对企业投资的作用大；

区制2：长期负债与资产之比> 0.5325，长期负债占资产比例很高，Rcfl的系数为0.0442，现金流的资产占比对企业投资的作用小。

习 题

1.说明结构突变检验是第二章中参数约束条件检验的具体应用。

2.数据集cost.dta给出了某企业单位产品成本y(元)与产量指数x(%)的时间序列数据。该企业于1992年进行了改制。能否认为改制前后单位成本与产量指数之间的数量关系有所不同?

3.货币政策反应函数反映了短期利率(RS)如何根据长期利率(rl)的变化而调整，故设定为以下形式:

$$\Delta rs_t = \beta_0 + \beta_1 \Delta rl_{t-1} + u_t$$

基于数据集ukrates.dta，检验英国的货币政策反应函数是否在1973年10月(发生石油危机的时间)前后有所变化。[提示：可用命令“gen d=(month>tm(1973m10))定义时间虚拟变量，其中tm代表月度数据格式]

4.新中国成立以来，大约以20世纪80年代为界，人口政策经过了放任自流和计划生育两个阶段。不同政策下，会不会改变人口自然增长率的形成机制，或者是说，会不会导致人口自然增长率形成机制的突变?这样的问题正是结构断点回归考虑的对象。按照有关研究成果，认为在20世纪70年代末、80年代初，由于我国计划生育政策的推行，人口自然增长率有一个结构变化。

数据Rbirth.dta是我国某地区1960~2010年人口自然增长率y_t(单位:‰)，通过出生率的动态图观察人口自然增长率的结构变化。设定人口自然增长率是一个AR(1)过程，用Bai-Perron检验“搜寻”突变点、确定突变点个数并检验，对通过检验的突变点给出结构变化的回归结果。

5.包含多个国家的截面数据DurlaufJohnson.dta，其中变量GDP、literacy(人口识字比)、InvGDP(投资与GDP之比)和log_GDP[log(人均GDP)]均为1960年的取值，Pop_Growth(人口增长率)和school(中学学历的人口比例)为1960~1985年各年的平均值，以GDP_Growth[log(人均GDP)$_{1985}$- log(人均GDP)$_{1960}$]为被解释变量，InvGDP、log_GDP、Pop_Growth和school为解释变量。完成如下分析检验:

(1)分别以school、GDP为门限变量，分析是否存在门限效应，用存在门限效应的门限变量做门限回归;

(2)对于上述存在门限效应的门限变量，分析是否存在多个门限值的可能性;

(3)对于上述存在门限效应的门限变量，假定解释变量Pop_Growth和school随区制改变，如果假设最多3个门限值，计算最优门限值个数并给出最优门限值及回归结果。

6.数据corp500.dta是某国500家企业12年的面板数据，其中变量q表示企业市值与资产比(Tobin's Q)，ql是其1阶滞后，q2、q3分别为ql的平方、立方；dbtr为长期债务与资产的比，dbtrl为其1阶滞后；qdl表示ql与dbtrl的交互项（ql*dbtrl）。cfr为企业现金流与资产之比，cfrl为其1阶滞后；invr为企业投资的资产比。取投资资产比（invr）为被解释变量，ql、q2、dbtrl、cfrl和qdl为解释变量研究流动性约束对企业投资的影响。假定ql为门限变量，cfrl为随区制而变的变量。运用Stata软件，分析上述设定的模型是否存在门限效应、确定门限个数并估计门限值、做门限回归，生成表示区制的变量，综合系列结果得到分析结论。

第十一章　基于实验设计的因果推断方法

本章主要介绍基于实验设计的因果推断方法，包括理论基础和研究设计两部分。前两节介绍“实验学派”计量经济学的基本理论基础，包括两节。第一节是Rubin因果模型的基本内容，主要介绍潜在结果、稳定性假设、分配机制的概念，因果效应参数的定义；第二节是随机化实验的基本思想，包括随机化实验的作用、种类及分析。后两节是“实验学派”的研究设计，主要介绍利用观测数据进行因果推断时两种常见的识别策略，匹配和双重差分法。

第一节　潜在结果框架

20世纪70年代以来，鲁宾（Rubin，1974；1977；1978）的一系列论文，提出了潜在结果的概念，并将之推广到观测研究，从而构造出适用于随机化实验和观测研究的基本分析框架。鲁宾提出的潜在结果框架被称为Rubin因果模型（Holland，1986）。目前，Rubin因果模型已经成为因果推断的基本理论基础。Rubin因果模型或潜在结果框架有三个基本构成要件：潜在结果、稳定性假设和分配机制。

一、潜在结果

在因果推断中，必须有干预，没有干预就没有因果（Rubin，1974）。这种干预可以是一项政策、一项措施或者一项活动等。比如想要考察博士学位对收入水平的影响。假设个体i具有博士学位时的收入是7000元/月。假定有一个平行世界，这个平行世界中的个体i没有博士学位，除此之外其他因素都相同，平行世界中个体i收入为4000元/月。那么，具有博士学位的个体i和没有博士学位个体i的收入之差（3000元/月）就可以看作是博士学位对个体i收入的影响。

本章主要讨论二值的干预变量，两个值分别对应干预状态和非干预状态，常用虚拟变量“D”表示处理状态：

$$D_i = \begin{cases} 1 & \text{个体}i\text{接受处理} \\ 0 & \text{个体}i\text{未接受处理} \end{cases} \tag{11.1}$$

其中，接受处理的个体（$D_i=1$）组成处理组；未接受处理的个体（$D_i=0$）组成控制组。在处理状态实现之前，每种处理状态对应于一个潜在结果，个体i的潜在结果为{Y_{0i}，Y_{1i}}。Y_{0i}表示$D_i=0$时潜在结果（即个体i未接受处理）；Y_{1i}表示$D_i=1$时潜在结果（即个体i接受处理）。潜在结果具有以下两个特点：

第一，潜在结果对个体而言是确定性变量，不因个体干预变量的实现状态而改变。比如考察博士学位对收入水平的影响，假设个体i读了博士学位对应的收入是7000元/月，即$Y_{1i}=7000$；没有读博士对应的收入为4000元/月，即$Y_{0i}=4000$。如果个体i实际是获得了博士学位，那么两种干预状态下的潜在结果仍然是（7000，4000）；如果个体i实际完成的是获得了硕士学位，两种干预状态下的潜在结果依然是（7000，4000），即潜在结果不因个体最后实现的状态而改变。因此，可以将潜在结果看作是常数。

第二，当处理状态实现后，仅能观测到实现状态下的潜在结果，未实现状态下的潜在结果是无法观测的。无法观测到的潜在结果，通常称为反事实结果（counterfactual outcome）。无论干预状态有几个，干预状态实现后，仅能观测到实现状态下的潜在结果。用Y_i表示个体i的观测结果，则观测结果与潜在结果之间的关系为：

$$Y_i = D_i Y_{1i} + (1 - D_i) Y_{0i} \tag{11.2}$$

$$Y_i = \begin{cases} Y_{1i} & 若D_i = 1 \\ Y_{0i} & 若D_i = 0 \end{cases} \tag{11.3}$$

在观测研究中，不可能同时看到个体所有的潜在结果。比如个体i最终取得博士学位，那么观测到的干预状态是$D_i=1$，可以观测到潜在结果Y_{1i}，即个体i取得博士学位后的收入。如果完成了博士学位，就不能观测到没有攻读博士时的潜在结果Y_{0i}，即仅获得硕士学位对应的收入。

潜在结果和观测结果之间的区分是现代统计学和现代计量经济学的重要标志，是经济学经验研究“可信性革命”的关键，也是区分描述性研究（descriptive study）和因果研究（causal study）的标志。

二、稳定性假设

稳定性假设（the stable unit treatment value assumption，SUVVA），即稳定个体干预值假设，是潜在结果框架的第二个组成部分（Rubin，1980）。稳定性假设有两层含义：第一，不同个体的潜在结果之间不会有交互影响；第二，干预水平对所有个体都是相同的。

稳定性假设的第一个要求是每个个体的潜在结果不依赖于其他个体的干预状态。

比如，A和B住在同一间宿舍，都感冒了。如果药物对A头痛的治疗效果依赖B有没有吃药，那么就不满足稳定性假设。比如，A吃药但B不吃药，B的头在痛，A尽管吃药了，但B的呻吟声使A很头痛，A的头痛并没有因为吃药而消失，这并不是因为药物没有治疗效果，原因是A的潜在结果依赖于B是否吃药，B没吃药直接影响了A吃药时的潜在结果。换言之，A和B的潜在结果存在交互影响。这时，A和B每个人的状态不再是二值的，而是四值的，有四个潜在结果，分别对应于A和B都吃药，A和B都没吃药，A吃药B没吃和A没吃药B吃了。但是，如果满足不存在交互影响的稳定性假设，A是否吃药不会影响B的潜在结果，每个人的干预状态只有两个，吃药还是没吃药，每个人的潜在结果也只有两个。

在社会科学中，没有交互影响的假设可能不成立。社会科学特别是经济学，研究对象往往是人的行为，个人的行为之间往往存在交互影响。比如，研究班级规模对个体学习效果的影响，同学之间往往存在一定的外部性。如果一个班级里好学生比较多，他们之间相互讨论、相互促进，产生正的外部性，从而提高大家的学习效率。相反，如果调皮的学生比较多，可能产生负外部性，整个班级的学习效果都不好。但是不存在交互影响的假设下，因果推断更加容易，因而，在本书中通常假设不同个体之间不存在交互影响。

稳定性假设的第二个要求是对所有的个体干预水平是相同的。比如考察药物的治疗效果，那么给所有患者的药物在药效上都应该是一样的，不能有的人有效成分是全额的，有的人是半额的。考察培训对农民工收入的影响，那么对所有农民工的培训从质量到数量都应该是相同的，不能有的人培训农业生产技术，有的人培训家政服务技术；有的人培训3天，有的人培训1周。干预要具体，当考察一项干预影响时，这项干预要对所有个体程度和水平都是一样的。干预越具体，因果效应测度越精确。但是，在经济学研究中，往往很难完全满足这一要求。比如，在大学教育对个人收入影响的例子中，干预是大学教育。这里大学教育的概念其实是比较笼统的，对不同个体而言，大学教育这一干预水平可能是不同的，专科教育、本科教育甚至研究生教育都可以称为大学教育。另外，不同大学的教育质量也有相当的差别，严格意义上是不满足稳定性假设第二项要求的。在应用中往往忽略这种差异，将大学教育看作是一种相同程度的干预。因而，应用中我们更加关注稳定性假设的第一项要求，即要求不同个体潜在结果之间没有交互影响。

三、分配机制

潜在结果框架的第三个内容是分配机制。分配机制是用来描述为什么有的人在干预组，而有的人在控制组，或者分配机制是描述哪个潜在结果可以被观测到的机制。分配机制的说法一般用在实验中，因为实验设计者或研究者可以控制分配机制，让哪些个体进入干预组，哪些个体进入控制组。而在观测研究中，个体往往根据自己的效用选择进入不同的群组。因而，在观测研究中，分配机制也可称为选择机制。分配机制对因果推断非常重要，对分配机制的了解有助于进行正确的因果推断。为了解分配机制的作用，首先介绍一下因果效应的基本定义。

对于个体i，某项干预的因果效应是两种状态下潜在结果的比较，即：

$$\tau_i = Y_{1i} - Y_{0i} \tag{11.4}$$

关于因果效应的定义有三点说明：第一，因果效应仅基于潜在结果，与观测到的结果无关。例如，大学教育对收入的影响，不论个体是否实际完成大学，因果效应固定，仅由潜在收入差异决定。第二，因果效应比较的是同一时间、同一个体在不同干预下的潜在结果。如评价药物效果，应比较同一时间个体吃药与不吃药的潜在结果，而非跨时间的比较。第三，因果效应需比较不同状态下的潜在结果，但研究者通常只能观测到一种状态。因此，需利用多个个体来估计未观测的潜在结果。这可通过同一物理个体在不同时间或同一时间的不同物理个体来实现。例如，评估药物效果时，需假设过去经验可作为当前反事实结果，但这需考虑个体间的差异。评估大学教育对收入的影响时，常通过观察类似人群的结果来推断潜在收入。因果推断的可信度取决于样本间的相似性。

下面看一个简单的例子了解分配机制的作用。表11.1展示了手术相对于药物的治疗效果。该表列出了四个患者在两种干预状态（手术治疗和药物治疗）下的潜在结果，并计算了每个患者的因果效应。手术治疗被视为积极干预，用1表示；而药物治疗被视为保守治疗，用0表示。表格中的数据用于分析手术治疗与药物治疗对患者寿命的影响。

表11.1　　手术相对于药物的治疗效果

个体	潜在结果		因果效应	干预状态	观测结果
	1	0			
患者1	7	1	6	1	7
患者2	5	6	–1	0	6
患者3	5	1	4	1	5
患者4	7	8	–1	0	8
平均因果效应			2		

该表展示了四个患者在手术治疗和药物治疗下的潜在结果，通过比较两种干预下的寿命差异来计算因果效应。结果显示，平均而言，手术治疗比药物治疗多延长2年寿命。假设现实中医生具有很好的医术或鉴别力，可以让患者选择对他们最有利的治疗方案，从而实现的干预状态如表11.1第4列所示，让1、3患者接受手术治疗，2、

4患者接受药物治疗，最终可以观测到第五列的结果。如果不了解分配机制，直接利用两组观测结果进行比较，将发现手术治疗平均寿命6年，药物治疗平均寿命7年，从而得到药物治疗更有效的错误结论。为了得到正确的因果效应，必须了解分配机制，即为什么1、3患者在干预组，而2、4患者在控制组。

根据分配机制是否已知，可以将分配机制分成两类：随机化实验和观测研究。为了进一步考察分配机制在识别因果效应中的重要作用，我们不妨再引入两个例子。

【例11.1】（施肥对农作物产量的影响）假定在一个“施肥对农作物产量的影响”的试验中，园艺研究员种植了许多块番茄地。实验采用了随机化的原则，将地块随机分为两组。一组作为实验组，接受特定的处理（即施肥100克/米^2）；另一组作为对照组，不接受该处理（即不施肥）。特别要说明的是，随机化分组有助于减少因地块间自然差异对试验结果的影响。在番茄生长季节末，园艺员称量了每块地上收获的番茄。施肥和未施肥地块每平方米的平均产量之差即为施肥对番茄产量的效应。

假定共有n块地，用Y_i表示结果变量，即第i块地每平方米的番茄产量。用D_i表示处理变量，即第i块地是否施肥。那么，$E(Y_i \mid D_i = 1)$则表示处理组（所有施肥地块）的平均产量；$E(Y_i \mid D_i = 0)$表示控制组（所有未施肥地块）的平均产量；$E(Y_i \mid D_i = 1) - E(Y_i \mid D_i = 0)$则表示处理组和控制组的平均产量差异，即为处理效应（施肥对产量的影响）。

【例11.2】（医院能够让人变得健康吗？）要回答这个问题，参照施肥对农作物产量影响的试验，自然而然的方法就是比较去过医院和没去过医院的人在平均健康状况上的差异。美国的国民健康采访调研（NHIS）包含了如下两个问题：

问题一：“在过去的12个月中，被访者是否曾因病在医院过夜？”

我们可以用这个问题来识别最近去过医院的人。

问题二：“总体而言，你觉得你的健康水平是极好、非常好、好、一般，还是差？”

表11.2给出了最近去过医院和没去过医院的人的平均健康状况（对健康状况最差的人赋值1，对健康状况最好的人赋值5）。

表11.2　　医院和健康关系

	去过医院（D_i=1）	没有去过医院（D_i=0）	差异
平均健康水平（Y）	**3.21** （0.014）	**3.93** （0.003）	**−0.72** （0.012）
样本容量（n）	7774	90049	

可见两者之间的平均差距为−0.72（3.21−3.93），没有去过医院的人健康状况更

好，两者之差大且显著。从表面上看，这个结果意味着去医院会使人的健康状况变差。很显然这是个错误的结论。因为谁去医院并不是随机分配的。

这两类机制有共同特点，都是研究某项干预的因果效应。观测研究的目的就是想办法将未知的分配机制识别出来，从而估计因果效应。在因果推断中，必须对个体分配机制进行深入分析，才能作出科学的推断。

四、因果效应参数

在实证研究中，我们关心的往往不是某一特定个体的因果效应，而是平均因果效应。

处理组的平均因果效应（average treatment effect for the treated，ATT）：

$$\tau_{ATT} = E(Y_{1i} - Y_{0i} \mid D_i = 1) \tag{11.5}$$

控制组的平均因果效应（average treatment effect for the control，ATC）：

$$\tau_{ATC} = E(Y_{1i} - Y_{0i} \mid D_i = 0) \tag{11.6}$$

总体平均因果效应（average treatment effect，ATE）：

$$\tau_{ATE} = E(Y_{1i} - Y_{0i}) \tag{11.7}$$

这三个因果效应参数是政策评估中最常用的参数。比如考察大学教育对个体收入的影响，将大学教育看作一项积极干预，高中教育看作一项控制干预。如果想知道大学教育对所有公民的平均影响，估计的参数是总体平均因果效应（ATE），它反映的是如果全部公民均接受大学教育相对于均接受高中教育的平均收入增长。如果关心的政策问题是大学教育给接受者带来了多大程度的收入增加，需要估计的参数是处理组的平均因果效应（ATT）。如果想知道那些仅完成高中教育的个人，如果他们能够完成大学教育的话，他们的收入将增长多少，则需要估计的参数是控制组的平均因果效应（ATC）。

在实际研究中，我们一般比较关注处理组的平均因果效应，进一步展开：

$$\tau_{ATT} = E(Y_{1i} - Y_{0i} \mid D_i = 1) = E(Y_{1i} \mid D_i = 1) - E(Y_{0i} \mid D_i = 1) \tag{11.8}$$

对于ATT，第一项是可以观测到的，第二项是反事实结果观测不到。因此，估计 τ_{ATT} 的关键就是估计这一处理组的反事实结果。

如果给定式（11.9）成立，则可以用控制组的观测结果来代替处理组的反事实结果，从而观测结果平均差异就是ATT。

$$E(Y_{0i} \mid D_i = 1) = E(Y_{0i} \mid D_i = 0) \tag{11.9}$$

$$\begin{aligned}\tau_{ATT} &= E(Y_{1i} - Y_{0i} \mid D_i = 1) \\ &= E(Y_{1i} \mid D_i = 1) - E(Y_{0i} \mid D_i = 1) \\ &= E(Y_{1i} \mid D_i = 1) - E(Y_{0i} \mid D_i = 0) \\ &= E(Y_i \mid D_i = 1) - E(Y_i \mid D_i = 0)\end{aligned} \tag{11.10}$$

其中，式（11.9）反映了处理组和控制组的可比性，即除了接受处理外，其他特征都相同。如果式（11.9）不相等，反映了处理组和控制组不具有可比性，除了接受干预外，其他特征也不同。二者之间的差异 $E\left(Y_{0i} \mid D_i=1\right)-E\left(Y_{0i} \mid D_i=0\right)$ 称为选择性偏误（selection bias）。

因此，观测到的处理组和控制组之间的平均结果差异、处理组的平均因果效应和选择性偏误存在如下关系：

$$
\begin{aligned}
& E(Y_i \mid D_i=1)-E(Y_i \mid D_i=0) \\
& =E(Y_{1i} \mid D_i=1)-E(Y_{0i} \mid D_i=0) \\
& =E(Y_{1i} \mid D_i=1)-E(Y_{0i} \mid D_i=1)+E(Y_{0i} \mid D_i=1)-E(Y_{0i} \mid D_i=0) \\
& =\underbrace{E(Y_{1i}-Y_{0i} \mid D_i=1)}_{\text{处理组的平均因果效应}}+\underbrace{E(Y_{0i} \mid D_i=1)-E(Y_{0i} \mid D_i=0)}_{\text{选择性偏误}}
\end{aligned} \tag{11.11}
$$

即观测到的平均结果差异可以分解为两部分：一部分是处理组平均因果效应；另一部分是选择性偏误。若选择性偏误为0，则观测到的平均结果差异就等于我们想要的ATT。经济学中大部分经验研究的目的就是剔除观测数据中的这种选择性偏误，从而阐释变量间的因果效应。

再回顾一下施肥对农作物产量影响的例子，为什么此例中观测到的结果差异就是平均处理效应？施肥的地块是随机确定的，地块之间影响产量的其他差异 u_i（土壤、阳光、水等）与是否施肥 D_i 无关。这种随机分配法消除了土壤、阳光、水源等因素与是否施肥之间存在系统关系的可能性。因此，处理组和控制组之间的其他因素是可比的，引起产量变化的唯一系统性差异是由是否施肥而引起的。

在【例11.2】中，$E(Y_i \mid D_i=1)$ 表示去过医院的人的平均健康水平；$E(Y_i \mid D_i=0)$ 表示没有去医院的人的平均健康水平。根据式（11.11），去过医院的人和没有去过医院的人的平均健康水平差异为：

$$
\begin{aligned}
& E(Y_i \mid D_i=1)-E(Y_i \mid D_i=0) \\
& =\underbrace{E(Y_{1i}-Y_{0i} \mid D_i=1)}_{\substack{\text{去过医院的人由于去} \\ \text{医院导致的健康水平} \\ \text{平均变化}}}+\underbrace{E(Y_{0i} \mid D_i=1)-E(Y_{0i} \mid D_i=0)}_{\text{选择性偏误}}
\end{aligned}
$$

$E(Y_{0i} \mid D_i=1)$ 表示去过医院的人如果没去医院的平均健康水平；$E(Y_{0i} \mid D_i=0)$ 表示没有去过医院的人的平均健康水平。$E(Y_{0i} \mid D_i=1)-E\left(Y_{0i} \mid D_i=0\right)$ 是负的选择性偏误。如果这个选择性偏误足够大（超过医院的正作用），就足以使观测到的差异为负，从而掩盖我们想要得到的因果效应。

本节主要介绍了潜在结果框架的三个基本要件：潜在结果、稳定性假设和分配机制。潜在结果的概念使因果效应的定义非常清晰。因果推断主要对潜在结果建模，而不是根据观测结果建模。稳定性假设是因果推断的一个技术性简化，在考察的对象可能存在着交互影响时，可以选择合适的个体定义，从而使稳定性假设得到满足。比如考察班级规模对学生成绩的影响，由于同一班级不同，学生之间可能存在外溢效应（peer effect），如果个体是单个学生，可能不满足稳定性假设。但如果将研究对象定义为班级，则不同班级之间可能不存在交互影响，稳定性假设就会成立，分配机制决定了个体哪个潜在结果实现，可以被观测到。根据分配机制的特征，可以将分配机制分成随机化实验和观测研究。

第二节　随机化实验

一、随机化实验的基本思想

利用观测数据估计政策变量因果效应的时候，往往面临着“内生性”问题的困扰。因此，如何克服“内生性”问题得到“可信的”因果效应，是经济学经验研究的主要内容。在计量经济学应用研究中，一个重要的方法是“控制”（conditioning）。我们经常讲到的“其他变量保持不变”（ceteris paribus）实际就是控制方法。然而，在社会科学中，研究对象往往与人的行为有关，即使是实验研究，也很难像自然科学里的实验一样，做到把所有的其他因素控制住。

费歇尔（Fisher，1935）在其经典著作《实验设计》中首次提出了“随机化实验”的思想，他使用了一个著名的“女士品茶”的例子，以判断该女士是否真的具有鉴别能力[①]。在实验设计时，他指出“除了要检验的加奶次序外，‘所有的杯子在各方面都是完全一样的’是不必要的……在任何实验中，你都不可能控制住所有可能的差异……随机化是保证实验得到可信因果效应的关键……实验步骤中的关键点就是让随机定律（laws of chance）完全控制我们的频率分布”。

下面看一下Fisher的推断过程。首先，假设该女士的说法是错误的，即先加奶和先加茶水，味道没有差异，或者说该女士没有辨别能力。再看分配机制，共8杯奶茶，随机选取4杯先加牛奶，另外4杯先加茶水，这样共有 $C_8^4=70$ 种可能的分配向量，比如分配向量（1,1,0,0,0,1,1,0）表示第1、2、6、7杯为先加牛奶；另外第3、4、5、8杯先加茶水。在随机化机制下，共有70个这样的分配向量。如果该女士没有辨别能力或两种奶茶味道没有差别，那么该女士纯粹乱猜，一次实验中，全部猜对的可能

① 该女士声称，先放茶和先加奶，奶茶的味道是不一样的，并且她能鉴别出来。因而，Fisher就设计了一个随机化实验以检验该女士是否有鉴别能力。

性为 $1/70 \approx 0.014$，Fisher称这一可能性为P值。如果我们用该女士说对的杯数（T）来做统计量，则在原假设下，她猜对8杯的可能性为$Pr[T \geqslant 8]=0.014$。P值就是在原假设下统计量超过观测值的极端可能性，可能性越大，原假设越可能正确；可能性越小，原假设越可能错误。这里，在女士完全没有辨别能力的假设下，完全乱猜，猜对的可能性只有1.4%。如果一次实验，她就猜对了，说明她真的有辨别能力，需要拒绝原假设。Fisher用这样一个简单的随机化实验对该女士提出的命题进行验证，发现该女士的说法是对的。

随机化实验的思想指出不需要控制所有影响结果的因素，现实中也没有办法控制所有的其他因素，只需要让随机机制决定所关注原因变量的取值。那么，两种状态下的观测结果比较即是因果效应。

二、随机化实验的实例

下面看一个随机化实验的例子，美国国家支持工作示范项目（national supported work demonstration，NSW）是美国在1975~1980年实施的一项随机化实验，该实验的主要目的是考察职业培训对个体收入等方面的影响。

【例11.3】（美国国家支持工作示范（NSW）项目）美国国家支持工作示范项目主要针对服务业女性和建筑业男性中的低收入群体，通常地方管理机构选择符合资格的人员，然后随机分配到干预组接受培训或分配到控制组不进行任何干预。干预组个体会得到NSW项目的资助以参加培训，控制组个体没有受到NSW的干预，仍然从事原有的职业。下面的数据（数据名nsw_dw.dta）来自德赫加和沃赫拜（Dehejia and Wahba，1999），包含1975年12月进入NSW项目、1978年1月离开NSW项目随机化实验的男性。因为个体是1975年12月进入实验，因而，1974年和1975年的收入是干预前变量，没有受到培训的影响。1978年收入是参与NSW项目培训后的结果，受到NSW项目培训的影响。数据共有370个，其中185人在干预组；另外185人在控制组。相关协变量数据如表11.3所示。表11.3显示，干预组和控制组两组个体的先决变量平均值和分布非常相似。

首先，随机化可以产生相对可比的干预组和控制组；其次，表中的8个协变量没有影响干预状态的分配，即NSW项目组没有根据这8个变量决定个体是否进入干预组，这一点很重要。这8个变量不是通过人为方式进行平衡的，而是通过干预状态的随机化分配达到的，这使我们有理由相信两组个体的未观测特征也是平衡的。当然，两组个体特征并不是完全相同，这种差异是由随机化机制造成的，在统计上一般是不显著的。

表 11.3　　NSW实验协变量统计

协变量	干预状态	均值	25%	50%	75%
年龄	干预组	25.82	20	25	29
	控制组	25.7	20	25	29
教育	干预组	10.35	9	11	12
	控制组	10.19	9	10	11
协变量	干预状态	均值	Percent（%）		
1974年收入	干预组	2096	71		
	控制组	2009	75		
1975年收入	干预组	1532	60		
	控制组	1485	64		
协变量	干预状态	Percent（%）			
Black	干预组	84			
	控制组	85			
Hispanic	干预组	6			
	控制组	5			
Married	干预组	19			
	控制组	20			
No High School Degree	干预组	71			
	控制组	77			

【例11.4】（美国田纳西州教育实验（STAR）项目）为了考察学校的班级规模与学生学习效果的关系，1985~1989年田纳西州开展了一项为期4年的教育改革随机化实验，称为学生教师成就率项目，简称STAR(student/teacher achievement ratio）项目。1985~1986学年开始，79个学校的幼儿园学生和教师被随机分配到三种规模的班级；小班（13~17个学生）、正常班（22~25个学生）和正常/辅导班（22~25个学生加上一个全职辅导老师）。每年大约6000~7000名学生参与项目，4年共11600名学生参与。该项目要求参与学校每种类型的班级至少有一个班，随机化分配是在学校内部进行的，每学年学期末会进行一次标准化的考试以检验学生学习效果。

表 11.4　　STAR实验组别差异性

变量	班级规模			关于组间等同性的p值
	小班	正常班	正常/辅导班	
是否提供免费午餐	0.47	0.48	0.50	0.09
白人/亚裔	0.68	0.67	0.66	0.26

续表

变量	班级规模			关于组间等同性的p值
	小班	正常班	正常/辅导班	
1985年时年龄	5.44	5.43	5.42	0.32
流失率	0.49	0.52	0.53	0.02
班级规模	15.10	22.40	22.80	0.00
成绩	54.70	48.59	50.00	0.00

注：本表来自克鲁格（Krueger，1999）的表Ⅰ。本表按照不同的班级规模列出了在幼儿园参加STAR实验学生在各个变量上的平均值。通过最后一列的p值可以知道三个组间均值的相等程度。

表11.4中给出了三种班级规模的主要特征变量和成绩的比较统计。其中，前三个协变量基本相似：是否提供免费午餐、种族、年龄分布。但流失率有较大差异，小班流失率低，而正常班的流失率会高一些，在分析时需要考虑这一点①。不过，表11.3中提供了与表11.4相似的信息，如果干预是随机化分配的，那么，不同组特征将非常相似，从而具有可比性。

三、随机化实验的作用

（一）随机化实验与选择偏差

在随机化实验中，干预状态是随机化分配的。这意味着，对于每一个个体，它的两个潜在结果（Y_{0i},Y_{1i}）哪一个会实现，是由分配机制随机决定的，并且分配机制不依赖于潜在结果，即满足非混杂性：

$$(Y_{0i},Y_{1i})\perp D_i \tag{11.12}$$

式（11.12）表明潜在结果与干预变量是相互独立的，即干预变量D_i的取值完全独立于两个潜在结果（见表11.5）。

表11.5　随机化实验的作用

i	Y_{1i}	Y_{0i}	D_i	Y_i
1	?	3	1	3
2	?	5	1	5
3	?	0	1	0
…	…	…	…	…
N-2	4	?	0	4
N-1	0	?	0	0
N	1	?	0	1

① 克鲁格（Krueger，1999）花费相当篇幅讨论了流失率问题。不同组别之间不同的流失率可能导致较高年级的一部分学生不是随机分布的。幼儿园的研究结果不受流失率的影响，因此更加可信。

假设实验对象有N个，则对于这N个个体，潜在结果Y_{1i}有N个，Y_{0i}也有N个。当利用随机化机制决定分配向量后，假设N_t个个体进入了干预组，那么，这N_t个个体的Y_{1i}实现了（即这些个体的潜在结果在干预条件下被观察到），我们可以观察到这部分数据；另外的$N \sim N_t$个个体的Y_{1i}没有实现，我们观察不到。由于分配机制是随机化的，因此观测到的N_t个Y_{1i}可以看作是来自N个Y_{1i}总体的一个随机子样本。同样地，$N \sim N_t$个个体的Y_{0i}实现了，观察到的$N \sim N_t$个Y_{0i}是来自N个Y_{0i}总体的另一个随机子样本。假设N足够大，根据大数定律，样本信息将近似于总体信息，即：

$$
\begin{aligned}
\overline{Y}_t &= \frac{1}{N_t} \sum_{t_i D_i = 1} Y_i \xrightarrow{p} E[Y_{1i}] \\
\overline{Y}_c &= \frac{1}{N_c} \sum_{c_i D_i = 0} Y_i \xrightarrow{p} E[Y_{0i}]
\end{aligned}
\tag{11.13}
$$

在随机化实验中，两组观测结果的平均值之差趋近于总体平均因果效应，即：

$$\hat{\tau}^{\text{dif}} = \overline{Y}_t - \overline{Y}_c \xrightarrow{p} \tau_{\text{ATE}} = E[Y_{1i} - Y_{0i}] \tag{11.14}$$

随机化实验可以消除选择偏差，因为随机化分配，意味着下列两式成立：

$$
\begin{cases}
E[Y_{0i} \mid D_i = 1] = E[Y_{0i} \mid D_i = 0] \\
E[Y_{1i} \mid D_i = 1] = E[Y_{1i} \mid D_i = 0]
\end{cases}
\tag{11.15}
$$

从而，选择偏差$E[Y_{0i} \mid D_i = 1] - E[Y_{0i} \mid D_i = 0] = 0$。

因而，在随机化实验中，两组观测结果之差即为ATT：

$$E[Y_i \mid D_i = 1] - E[Y_i \mid D_i = 0] = E[Y_{1i} - Y_{0i} \mid D_i = 1] \tag{11.16}$$

（二）随机化实验与因果效应

随机化实验表明不需要控制其他可能的影响因素，因为原因变量的取值是随机化的，从而其他可能因素的差异都是偶然性的，原因变量对不同值结果变量的比较，即是原因变量对结果变量的影响。

考虑一个教育收益率的例子，假设现在可以做随机化实验，考察大学教育对个人收入的影响。对于一个特定总体，对他们的教育进行随机化赋值，比如通过投均匀硬币的方式，正面让他接受大学教育；反面就只让他完成高中教育。如果可以完成这样一个假想的随机化实验，那么，直接用这两类人收入的比较，即可以得到大学教育对收入的平均因果效应。尽管这两组个体除随机化赋值的教育变量之外，在其他方面，比如能力、家庭背景等可能存在着差异，但这种差异是随机性的，由随机定律控制，不会影响估计结果。如果用经典计量经济学的语言表述，可以构建下列模型：

$$\ln(wage) = \beta_0 + \beta_1 educ + u \tag{11.17}$$

其中，等号左边是对数收入，等号右边是教育变量，u为其他影响因素。尽管还有很多其他影响收入的因素，但教育变量$educ$的取值是随机化的，与其他未观测因素（其他影响收入的因素）不相关，从而满足经典线性回归模型的基本假设，因而可以得到教育收益率β_1的一致估计。

随机化的关键作用是可以平衡不同原因变量取值下其他因素的分布，使不同原因变量值下样本的各协变量（包括可观测变量和未观测变量）具有相同的分布。一般认为，随机化实验是因果推断的黄金标准（Rubin，2008；Angrist and Pischke，2009；Imbens and Wooldridge，2009）。这也是为什么拉隆德（LaLonde，1986）的经典论文中，以随机化实验作为基准（benchmark），构造观测的控制组，利用回归、固定效应、Heckman选择模型等经典计量经济学方法估计培训对收入的影响，发现这些计量经济学方法都无法复制随机化实验的结果，因而得出了"观察研究中计量经济学方法无法可信地估计出因果效应"这一重要结论。拉隆德（1986）的研究直接推动了经济学经验研究的"可信性革命"，随后，有很多文献研究观测研究如何才能复制随机化实验的结果，如何才能使经济学的经验研究更加"可信"。

理想的随机化实验是经验研究"可信性"的基准（benchmark），"可信性革命"的实际是指在利用观测数据进行经验分析时，需要进行"研究设计"，尽量使经验研究能够模拟随机化实验。尽管没有随机化实验，但研究者可以利用一些"自然实验"或"准实验"，可以使观测研究接近随机化实验，从而使经验研究结果更加可信。

四、随机化实验的分类及分析

在经典的随机实验中，个体处理状态是随机分配的，分配不依赖于个体的潜在结果，并且分配概率是已知的。我们主要讨论完全随机实验和分层随机实验两种分类。

（一）完全随机化实验

假定共有N个个体，随机地选择其中的N_t个个体进入处理组，其余$N_c = N - N_t$个个体进入控制组。这种方式的随机实验称为完全随机实验。

从上面分析可知，如果数据来自完全随机化实验，因果效应的估计非常简单，干预组和控制组观测结果的差异即是平均因果效应。当然，也可以使用线性回归分析估计因果效应。在线性回归分析中通常施加一个关键假设条件，零条件均值假设（洪永淼，2011），要求以解释变量为条件，误差项的条件期望为零。即$E(\varepsilon_i | D_i) = 0$。在应用中，这一假设无法检验，也无法保证，但是在随机化实验中，这一条件可以得到保证。首先，由观测结果和潜在结果之间的关系可得：

$$\begin{aligned} Y_i &= Y_{0i} + (Y_{1i} - Y_{0i})D_i \\ &= E(Y_{0i}) + (Y_{1i} - Y_{0i})D_i + Y_{0i} - E(Y_{0i}) \end{aligned} \tag{11.18}$$

令$Y_{1i} - Y_{0i} = \tau$（这里假定因果效应对所有个体都相同），并令 $\alpha = E(Y_{0i})$，$\varepsilon_i = Y_{0i} - E(Y_{0i})$，则：

$$Y_i = \alpha + \tau D_i + \varepsilon_i \tag{11.19}$$

可以证明，$E(\varepsilon_i \mid D_i) = 0$。证明如下：

$$\begin{aligned} E(\varepsilon_i \mid D_i) &= E[Y_{0i} - E(Y_{0i}) \mid D_i] = E[Y_{0i} \mid D_i] - E(Y_{0i}) \\ &= E(Y_{0i}) - E(Y_{0i}) = 0 \end{aligned} \tag{11.20}$$

此时，线性回归可以得到因果效应的解释。

（二）分层随机实验

假设在随机实验中，某些个体特征或变量X对潜在结果有重要影响。这时，可以首先根据特征X进行分层（stratification），然后在层内再实施完全随机化实验，这种实验称为分层随机实验。用X_i表示作为分层依据的协变量，则分层随机实验的分配机制满足：

$$\{Y_{0i}, Y_{1i}\} \perp D_i \mid X_i \tag{11.21}$$

式（11.21）称为非混杂性或条件独立性（conditional independence assumption, CIA），即以协变量X_i为条件，潜在结果独立于处理分配。

如果数据来自分层随机实验，有条件均值独立性（CMI）成立：

$$\left.\begin{aligned} E(Y_{0i} \mid X_i, D_i = 1) = E(Y_{0i} \mid X_i, D_i = 0) \\ E(Y_{1i} \mid X_i, D_i = 1) = E(Y_{1i} \mid X_i, D_i = 0) \end{aligned}\right\} \tag{11.22}$$

式（11.22）中第一个式子表示，在X_i分层内，干预组的反事实结果可以用控制组的观测结果来估计。

此时，ATT为：

$$\begin{aligned} \tau_{ATT} &= E(Y_{1i} - Y_{0i} \mid D_i = 1) \\ &= E[\ E(Y_{1i} - Y_{0i} \mid X_i, D_i = 1) \mid D_i = 1] \\ &= E[\ E(Y_{1i} \mid X_i, D_i = 1) - E(Y_{0i} \mid X_i, D_i = 1) \mid D_i = 1] \\ &= E[\ E(Y_{1i} \mid X_i, D_i = 1) - E(Y_{0i} \mid X_i, D_i = 0) \mid D_i = 1] \\ &= E[\ E(Y_i \mid X_i, D_i = 1) - E(Y_i \mid X_i, D_i = 0) \mid D_i = 1] \\ &= E[\ \tau_X \mid D_i = 1] \end{aligned} \tag{11.23}$$

此时，若X_i是离散的，ATT可以写为：

$$\tau_{ATT} = E(Y_{1i} - Y_{0i} \mid D_i = 1) = E(\tau_X \mid D_i = 1) = \sum_x \tau_X P(X_i = x \mid D_i = 1) \tag{11.24}$$

其中，$\tau_X = E(Y_i \mid X_i, D_i = 1) - E(Y_i \mid X_i, D_i = 0)$为分层$X_i$内的观测结果差异。

【例11.5】施肥对番茄产量的影响（续）

假设在一个大的区域根据阳光是否充足、水源是否充足分为4个中型区域：在第1个区域中种植很多块番茄地，并随机选择70%的块地施肥；同样在第2、3、4个区域中，分别随机选择50%、50%、30%的块地施肥（见表11.6）。

表11.6 分层随机化实验

区域	阳光是否充足	水源是否充足	番茄地数量	施肥地块数量	施肥地块比例（%）
1	1	1	N_1	n_1	70
2	0	1	N_2	n_2	50
3	1	0	N_3	n_3	50
4	0	0	N_4	n_4	30

在上面这个例子中，独立性不再满足。因为平均来看，施肥地块（$D_i=1$）的阳光和水资源也更充足。因此，番茄产量的差异不能仅归于是否施肥。

那么，令$X_{1i}=\begin{cases}1 & 第i块阳光充足\\0 & 第i块阳光不充足\end{cases}$，$X_{2i}=\begin{cases}1 & 第i块水源充足\\0 & 第i块水源不充足\end{cases}$，$\boldsymbol{X}_i=(X_{1i},\ X_{2i})$

考虑第二个问题：在给定$\boldsymbol{X}_i$的条件下，D_i与$\{Y_{0i},Y_{1i}\}$独立吗？

显然，在给定$\boldsymbol{X}_i$的条件下，即一个确定区域内，D_i是随机分配的，即D_i与$\{Y_{0i},Y_{1i}\}$独立。此时，在一个确定区域内，$\boldsymbol{D_i}$是随机分配的，因此，由处理组和控制组结果之间的平均差异可得到此区域处理组的平均因果效应$\tau_{(1,1)}$。同理，对其他三个区域也可以得到相应的平均处理效应$\tau_{(0,1)}$，$\tau_{(1,0)}$，$\tau_{(0,0)}$。对不同区域，即每个协变量X_i的特定值都得到一个处理组的平均因果效应，但通常我们希望得到一个总的平均处理效应τ_{ATE}。一个自然的选择是，利用X_i的分布将多个处理组的平均因果效应加权为一个总的平均处理效应。对于处理组的平均因果效应τ_{ATT}，则利用X_i的条件分布进行加权。比如加权时$\tau_{(1,1)}$的权重为：处理组中（D_i=1），X_i=(1,1)组的个体所占的比例$\dfrac{n_1}{n_1+n_2+n_3+n_4}$。

对于分层随机化实验产生的数据，也可以用回归分析的方法进行分析。将X作为控制变量加入回归模型，即估计如下多元线性回归模型：

$$Y_i=\alpha+\tau D_i+X_i'\gamma+u_i \tag{11.25}$$

此时，线性回归可以得到因果效应。

第三节　倾向得分匹配

一、倾向得分匹配的基本思想

（一）匹配方法的基本思想

在估计因果效应的时候，面临着因果推断的基本问题，即只能观察到一种处理状态下的结果，无法观测到其他处理状态下的结果。匹配方法的基本思想就是：对于处理组个体，在控制组中寻找特征相似的个体与其相匹配，从而用控制组个体的观测结果来估计处理组个体的反事实结果。

在观测研究中，如果CIA成立，即 $\{Y_{0i},Y_{1i}\} \perp D_i \mid X_i$ 则因果效应参数可以识别。上式说明控制可观测的协变量 X_i 后，处理组和控制组两组潜在结果分布相似，未观测变量不会对潜在结果分布有系统性影响。在观测研究中，处理分配 D_i 的决策者根据可观测变量 X_i 进行 D_i 的分配或选择，即控制可观测变量 X_i 后，D_i 就像随机分配一样好。因此，在观测研究中，CIA又称为“依观测变量选择（selection on observables）”，当我们确定观测数据的分配机制为“依观测变量选择”后，可以将观测数据看作来自一个假想的分层随机试验，从而可以用分层随机试验的分析方法来分析观测数据。

同时，为了保证能够实施匹配，还需要另一个条件“共同支撑假设（common support / overlap）”，即：

$$0 < P(D_i = 1 \mid X_i) < 1 \tag{11.26}$$

$P(D_i = 1 \mid X_i)$ 实际上是倾向得分，反映的是具有特征 X_i 的个体接受处理的可能性，因为它是 X_i 的函数，通常简记为 $p(X_i)$。

（二）倾向得分匹配

在实施匹配方法时，即使总体上满足共同区间条件，但由于抽样的随机性，也有可能使我们拿到的样本出现根据 X_i 分层后，层内只有一组个体的情况。另外，当观测变量很多，即 X_i 是高维度向量，根据 X_i 分层时，也可能出现层内仅有一组个体的情形。比如，一个调查数据中有17个协变量，即使每个变量只取两个值，根据这17个变量进行分层，共有 2^{17}=131072个层。如果样本容量仅有几千个，那么根据协变量匹配时，肯定出现很多层内没有数据或仅有一组数据的情形。上述两种情况都会使得 τ_X 没有定义，从而无法计算因果效应参数。为了解决这一“维度诅咒”问题，罗森鲍姆和鲁宾（Rosenbaum and Rubin，1983）提出了倾向指数匹配方法，使根据观测变量 X 进行匹配转向对一维的倾向指数进行匹配。

1.倾向得分。定义：

$$p(X_i)=P(D_i=1|X_i)=E(D_i|X_i) \tag{11.27}$$

倾向得分反映的是具有特征 X_i 的个体接受处理的可能性，实际上是个体的处理分配概率。在随机试验中，这一概率是由实验实施者控制的。而在观测研究中，倾向得分往往是未知的，需要进行估计。

2.平衡指数。函数 $b(x)$ 是一个平衡指数，假设 $b(x)$ 满足 $D_i \perp\!\!\!\perp X_i | b(X_i)$。平衡指数可以使两组协变量平衡，即以平衡指数为条件，干预组和控制组协变量分布相同。平衡指数不是唯一的。我们主要感兴趣的是低维度的平衡指数，一种选择就是倾向指数 $p(X_i)$。

3.倾向指数的平衡指数特征。倾向指数是一个平衡指数，即 $D_i \perp\!\!\!\perp X_i | p(X_i)$。

要证明 $D_i \perp\!\!\!\perp X_i | p(X_i)$，等价于证明：$\Pr[D_i=1|X_i,p(X_i)]=\Pr[D_i=1|p(X_i)]$。

（1）等号左边为：

$$\Pr[D_i=1|X_i,p(X_i)]=E[D_i|X_i,p(X_i)]=E[D_i|X_i]=p(X_i) \tag{11.28}$$

其中，第二个等号利用条件期望性质 $E[Y|X,g(X)]=E[Y|X]$，最后的等号利用倾向指数的定义。

（2）等号右边为：

$$\begin{aligned}\Pr[D_i=1|p(X_i)]&=E[D_i|p(X_i)]=E[E[D_i|X_i,p(X_i)]|p(X_i)]\\&=E[p(X_i)|p(X_i)]=p(X_i)\end{aligned} \tag{11.29}$$

其中，第二个等号利用全期望公式，第三个等号利用上面推导结论，从而两边相等，命题得证。

平衡指数特征是倾向指数本身的特征。在倾向指数估计中，可以用来检验倾向指数模型是否充分。如果估计的倾向指数没有问题，那么它应该满足平衡指数特征。相反，如果发现不满足平衡指数特征，说明倾向指数模型可能存在问题，需要修正。

4.倾向得分定理。如果有 $(Y_{0i},Y_{1i}) \perp\!\!\!\perp D_i | X_i$，则有 $(Y_{0i},Y_{1i}) \perp\!\!\!\perp D_i | p(X_i)$。

证明：要证明 $(Y_{0i},Y_{1i}) \perp\!\!\!\perp D_i | p(X_i)$，等价于证明 $Pr[D_i=1|Y_{0i},Y_{1i},p(X_i)]=Pr[D_i=1|p(X_i)]$。

$$\begin{aligned}&Pr[D_i=1|Y_{0i},Y_{1i},p(X_i)]=E[D_i|Y_{0i},Y_{1i},p(X_i)]\\&=E\{E[D_i|Y_{0i},Y_{1i},X_i,p(X_i)]|Y_{0i},Y_{1i},p(X_i)\}\\&=E\{E[D_i|X_i,p(X_i)]|Y_{0i},Y_{1i},p(X_i)\}\\&=E\{E[D_i|p(X_i)]|Y_{0i},Y_{1i},p(X_i)\}\\&=E[D_i|p(X_i)]=Pr[D_i=1|p(X_i)]\end{aligned} \tag{11.30}$$

其中，第二行利用全期望公式，第三行利用 *CIA* 条件，$E\left[D_i| Y_{0i},Y_{1i},X_i,p\left(X_i\right)\right]=E\left[D_i| X_i,p\left(X_i\right)\right]$；第四行利用倾向指数是平衡指数的特征，有 $E\left[D_i| X_i,p\left(X_i\right)\right]=E\left[D_i| p\left(X_i\right)\right]$。

倾向得分定理得到以下启示：

第一，如果以观测变量 X_i 为条件，分配机制类似于随机实验，那么，以倾向得分 $p\left(X_i\right)$ 为条件，分配机制也近似于随机实验。

第二，不需要以高维变量 X_i 分层，只需以一维变量 $p\left(X_i\right)$ 分层。

第三，需要控制的协变量是那些影响处理概率的协变量。

根据倾向指数进行匹配，总体平均因果效应的倾向指数匹配估计测度可以写成：

$$\begin{aligned}\tau_{ATE}^{psm}&=E\left[Y_{1i}-Y_{0i}\right]=E\left\{E\left[Y_{1i}-Y_{0i}\mid p\left(\dot{X}_i\right)\right]\right\}\\&=E\left\{E\left[Y_{1i}\mid p\left(X_i\right)\right]-E\left[Y_{0i}\mid p\left(X_i\right)\right]\right\}\\&=E\left\{E\left[Y_{1i}\mid p\left(X_i\right),D_i=1\right]-E\left[Y_{0i}\mid p\left(X_i\right),D_i=0\right]\right\}\\&=E\left\{E\left[Y_i\mid p\left(X_i\right),D_i=1\right]-E\left[Y_i\mid p\left(X_i\right),D_i=0\right]\right\}\\&=E\left[\tau_p\right]\end{aligned}\tag{11.31}$$

其中，第二行利用全期望公式，第四行利用倾向指数定理，第五行 τ_p 是相同倾向指数的两组个体观测结果之差，定义为：

$$\tau_p=E\left[Y_i\mid p\left(X_i\right)=p,D_i=1\right]-E\left[Y_i\mid p\left(X_i\right)=p,D_i=0\right]\tag{11.32}$$

类似地，干预组平均因果效应的倾向指数匹配估计测度为：

$$\tau_{ATT}^{pam}=E\left[\tau_p\mid D_i=1\right]\tag{11.33}$$

二、倾向得分匹配的方法

倾向得分匹配法是实际运用中普遍使用的方法。该方法可以细分为五个基本步骤：估计倾向得分、评估共同支撑域条件、选择匹配方法、匹配后的均衡检验、估计因果效应。前四个步骤可能需要重复多次，直至达到较好的匹配效果。前四个步骤不涉及结果变量，就像真正的随机化实验中的一样，可以称为“设计”阶段。在进行实验设计时，研究者还没有看到结果，在观测研究中，观测结果往往已经存在于数据中，但为了保证设计的科学性，避免研究者有意或无意的主观性——根据结果选择模型或样本，在“设计”阶段完成之后，获得满意的匹配样本，再引入结果变量进行因果效应估计。

（一）估计倾向得分

第一，定义相似性。匹配方法是为每个干预组个体寻找特征相似的控制组个体进行匹配，或者为每个控制组个体寻找特征相似的干预组个体进行匹配。因而，如何定义相似性是匹配方法实施的基础。定义相似性通常可以采用欧氏距离或马氏距离（mahalanobis metric）。为了消除量纲的影响，通常采用标准化欧氏距离。马氏距离与标准化欧氏距离类似，也是一种消除量纲差异的距离测度，它进一步考虑了不同协变量之间的相关性。

在倾向指数匹配中，仍然可以采用标准化欧氏距离或马氏距离，可以直接利用倾向指数定义相似性，即$d\left(p\left(X_i\right),p\left(X_j\right)\right)$，但应用中往往采用线性化倾向指数。线性化倾向指数即对数或然比（log odds ratio），定义为：

$$l_i=\ln\left(\frac{p\left(X_i\right)}{1-p\left(X_i\right)}\right) \tag{11.34}$$

倾向指数本身是协变量的非线性函数，根据倾向指数进行匹配，倾向指数距离相同，但协变量距离将不相同。比如，在倾向指数为0.3的位置和倾向指数为0.7的位置变化0.1，相对应的协变量的变化后者将更大。因而，倾向指数意义上的相似并不能完全反映协变量意义上的相似，而线性化的倾向指数会使两者一致。

第二，模型选择。在倾向指数估计中，通常使用Logit模型。Logit模型有一个特征，就是对数或然比是协变量的线性函数。Logit模型如下：

$$p\left(X_i\right)=\Pr\left[D_i=1\mid X_i\right]=\frac{\exp\left(X_i'\beta\right)}{1+\exp\left(X_i'\beta\right)} \tag{11.35}$$

则容易证明：

$$l_i\equiv\ln\left(\frac{p\left(X_i\right)}{1-p\left(X_i\right)}\right)=X_i'\beta \tag{11.36}$$

因而，线性化倾向指数定义的相似性与根据协变量定义的相似性是一致的。在利用倾向指数匹配方法时，更为合适的相似性测度是$d\left(l_i,l_j\right)$，$d(\cdot)$为欧氏距离或马氏距离。

第三，变量选择和模型的估计。估计倾向指数时变量的选择没有标准的答案。一般而言，同时影响干预变量和结果变量的混杂因素都应作为协变量，作为匹配依据。在倾向指数匹配中，如果引入与干预变量没有关系的变量不会有太大影响，它们对倾向指数模型没有影响，当这些变量是影响结果变量的重要因素时，引入它们可以提高估计精度。如果引入与结果变量没有关系的变量会稍微增加估计标准误差。如果遗漏重要的混杂因素，将会造成显著的偏差。因而，对结果变量有重要影响的协变量，无论是否与干预变量有关系，均可以引入协变量作为匹配的依据。

关于倾向指数模型的估计，目的不是协变量对干预的因果效应，而是保证倾向指数满足平衡指数特征。伊本斯和鲁宾（Imbens and Rubin，2015）提出了一种估计倾向指数模型的方法，它包括下面几个步骤：第一步，根据经济理论或直觉构造一个基本的倾向指数模型。比如，考察大学教育对个人收入的影响，基本的倾向指数模型可以包括影响个体教育决定的因素，如在18岁左右考大学时的个人特征、高中学业成绩、家庭背景等信息可能需要进入倾向指数模型。利用Logit模型估计基本模型，得到拟合的倾向指数，检验基本模型是否满足平衡指数特征。如果不满足，进入第二步；如果满足，则停止。第二步，如果发现估计的倾向指数不满足平衡指数特征，说明倾向指数模型不充分，需要对倾向指数模型进行修正。如果还有其他协变量没有引入模型，则通过逐步回归的方式，再逐渐引入其他的协变量，利用似然比检验，临界值为1，超过1的引入模型；否则不引入。引入完成后，再返回第一步重新估计倾向指数并进行平衡指数检验，若通过则完成；若不通过，返回第二步，继续修改模型，引入协变量二次项和交叉项，仍然利用似然比检验，临界值调整为2.71。经过第一、第二步多次重复，直到估计的倾向指数满足平衡指数特征为止。

（二）评估共同支撑域条件

在估计完倾向指数得分后，需要先评估控制组和处理组倾向得分的分布。如果两组样本没有重合的倾向得分，或者重合的样本量太小，就会导致无法匹配或匹配偏差较大。假设我们研究的是一项职业培训项目对个人收入的影响。处理组是参加了职业培训的人，而控制组是没有参加的人。在估计倾向得分（即个体接受职业培训的概率）之后，需要检查两组的倾向得分分布。

情形一：没有共同支撑域。如果处理组的倾向得分全部集中在高值区域（比如0.8~1.0分），而控制组的倾向得分则全部集中在低值区域（比如0~0.2分），那么两组之间就没有共同支撑域。这意味着没有任何一个控制组的个体可以与处理组的个体在倾向得分上相匹配，因为它们的得分范围完全不重叠。在这种情况下，无法进行有效的匹配，因此无法准确估计职业培训对收入的影响。

情形二：共同支撑域过小。即使存在共同支撑域，但如果这个区域非常小，也可能导致问题。比如，处理组中有少数几个个体的倾向得分在0.3~0.4分，而控制组中也只有少数几个个体的得分在这个范围内。虽然可以在这两个小组间进行匹配，但由于样本量太小，匹配的稳定性和可靠性会受到很大影响。这种情况下，估计的结果可能具有较大的方差和偏差，因为它基于的样本量不足以代表总体。

（三）选择匹配方法

1.分层匹配。分层匹配是根据倾向指数进行分层，使层内两组个体特征比较相似，从而降低估计偏差的方法。具体地，把样本按倾向得分划分为Q个区间，使每个区间内处理组和控制组的平均倾向得分和可观测特征达到均衡，然后通过每个区间内处理组和控制组观测结果的差异得到每个区间的处理效应，即：

$$ATT_{(q)} = \overline{Y}_q^T - \overline{Y}_q^C \tag{11.37}$$

其中，$ATT_{(q)}$为区间q的处理效应。$\overline{Y}_q^T$和$\overline{Y}_q^C$分别为处理组和控制组在区间q的平均观测结果值。最后对$ATT_{(q)}$取加权平均，得到处理组平均因果效应：

$$ATT = \sum_{q=1}^{Q} ATT_{(q)} \frac{N_q^T}{N^T} \tag{11.38}$$

其中，权重为每个区间内的处理组样本数占总处理组样本数的比率。分层匹配法缺点是如何确定分层数目。罗森鲍姆和鲁宾（Rosenbaum and Rubin，1985）证明根据倾向指数分成5个区间就可以将由协变量差异造成的偏差降低90%，因而，在应用中通常分成5~10个区间，如果样本足够大，也可以分成更多的区间。虽然我们可以通过分层匹配方法确定如何匹配，但实际操作中，很难保证每个变量在每层中都均衡。

2. 近邻匹配。近邻匹配是一种常见的容易实施的匹配方法，包括一对一最近邻匹配和一对多近邻匹配。一对一最近邻匹配是指为每一个干预组个体在控制组中寻找一个距离最近的控制组个体与其匹配，相应地，一对多近邻匹配就是为每个干预组个体在控制组中寻找多个个体与其匹配。两者相比较，一对一最近邻匹配，最终的匹配样本比较少，估计方差较大，但每个干预组个体寻找到的都是最近的，因而，偏差比较小。相反，一对多近邻匹配，由于寻找的匹配比较多，匹配样本容量比较大，估计精度提高，但由于一对多近邻匹配中，与干预组个体相匹配的第二个、第三个等后面的控制组个体与干预组个体的相似性下降，从而估计偏差会增加。因而，在选择匹配方法的时候面临着估计方差和估计偏差的权衡。一般而言，一对一最近邻匹配会得到比较好的匹配样本，如果控制组样本数量很多时，可以考虑一对多近邻匹配。

使用这个方法要决定控制组样本是否可以重复使用。可重复使用是指控制组里的样本可以多次使用作为匹配。如果不允许重复使用，控制组里的样本只能被用于匹配一次。如果允许重复使用，匹配的平均质量将增加，偏差（bias）会减少，代价是估计的方差（variance）会变大。在实际运用中，可重复使用是比较常用的方法。

例如，假设有两个处理组个体，它们的倾向得分分别为（0.6，0.7）。最近的3个控制组样本得分分别为（0.62，0.56，0.3）。如果$n=1$，并且可以重复使用，则两个处理体都采用最接近的得分为0.62分的控制组个体进行匹配。即：0.6→0.62，0.7→0.62。如果样本不能重复使用，并让得分0.6分的处理组个体先匹配：那么匹配结果为：0.6→0.62，0.7→0.56。可以看到，第二个样本的匹配误差较大。不可重复使用的匹配结果还取决于匹配的顺序。如果把匹配顺序倒过来（让得分为0.7分的处理组个体先匹配），结果变为：0.7→0.62，0.6→0.56。

近邻匹配法的缺点是，即使可以重复使用，也存在着处理组样本的倾向指数和最近控制组样本倾向指数相差较大的可能。

3. 卡尺匹配。为了解决近邻匹配法可能匹配到倾向得分差异较大的样本，卡尺匹配法要求近邻匹配得分差异在一定的容忍度（“卡尺”）内。在前面的例子中，如果 $n=1$，并允许重复匹配，卡尺为0.05，那么卡尺匹配的结果为：0.6→0.62。得分为0.7分的处理组样本则没有匹配，因为它与控制组里的样本倾向指数差异都大于0.05。卡尺匹配方法的缺点是如何界定卡尺范围没有标准。如果容忍度太小，可能匹配的数量就较少或没有，方差较大；如果容忍度较大，可能包括差异大的匹配样本，偏差就较大。

4. 半径匹配。如果指定一个较小的半径（如0.05分），则在该半径范围内的控制组样本可以与处理组样本进行匹配。例如，如果有一个处理组样本的倾向得分为0.6分，并且设定的匹配半径为0.05分，那么所有倾向得分在0.55~0.65分的控制组样本都可以被视为潜在的匹配对象。因此，在这个例子中，倾向得分为0.62分和0.56分的控制组样本都可能被选中与倾向得分为0.6分的处理组样本进行匹配，即匹配结果为：0.6→（0.62，0.56）。然而，需要注意的是，半径越小，匹配到的样本数量就越少，可能会导致匹配样本的代表性不足；而半径越大，虽然能增加匹配样本的数量，但也越容易把匹配差异较大的样本包括进来，从而影响匹配的精度和效果。

5. 核匹配。核匹配法是对更接近处理组样本倾向得分的控制组样本赋予更大的权重。如果处置样本 i 的匹配控制组样本有 N_i^c 个，对其中控制样本 j 赋予的权重为：

$$w_{i,j}=\frac{K\left(\dfrac{ps(x)_j-ps(x)_i}{h}\right)}{\sum_{j=1}^{N_i^c}K\left(\dfrac{ps(x)_j-ps(x)_i}{h}\right)} \tag{11.39}$$

其中，$ps(x)_j-ps(x)_i$ 是控制组样本 j 和处理组样本 i 的倾向得分差异；$K(\cdot)$ 是一个核函数，h 是核函数中需要的平滑参数，也称为带宽（bandwidth）。

核函数 $K(\cdot)$ 通常是一个非负、对称并只有单一最大值的密度函数。它的特点是，当输入值为0时，它的输出值最大，并随着输入值绝对值增加而下降。在式（11.39）中，当控制组样本 j 和处理组样本 i 的倾向指数相同，即输入值 $ps(x);-ps(x)_i=0$ 时，K 值最大。通过核函数可以达到对倾向得分距离较远的样本赋予较小权重的目的。同时，因为分母把所有的 K 值加总，权重和为1。

核匹配方法的缺点是带宽 h 的确定比较困难。加大带宽可以让核函数更加平滑，降低估计密度函数的方差，但过度平滑可能把密度函数的不平滑特点消除，造成密度函数的估计偏差。在实际工作中，检验核匹配结果需要检验结果对带宽选择的敏感度。

（四）匹配后均衡检验

匹配方法的目的是构造更加相似的样本，使干预组和控制组更具有可比性。事实上，在匹配之前就需要检验协变量的平衡性，如果协变量比较平衡，两组个体本来就具有比较好的可比性，也就没有必要实施匹配了，可以直接利用回归等方法进行因果效应的估计。如果发现两组个体协变量有较大差异，直接回归往往会造成很大的估计偏差，实施匹配才是必要的。匹配方法相当于从观测数据中将隐藏的随机化实验样本寻找出来（King and Nielsen，2016），因而，对于匹配完成后形成的匹配样本，需要检验是否近似于随机化实验。常用的检验指标分为特征变量平衡性检验和倾向指数平衡性检验。

1.特征变量的平衡性检验。一种是标准化偏差。该方法是通过比较匹配前后处理组和控制组可观测特征标准化表差的变化来衡量匹配的效果。匹配之前，处理组和控制组的特征变量 x_i 的标准化偏差为：

$$sb_i^{before} = \frac{\overline{x}_{i,t}^b - \overline{x}_{i,c}^b}{\sqrt{(s_{x,t,b}^2 + s_{x,c,b}^2)/2}} \tag{11.40}$$

其中，$\overline{x}_{i,t}^b$ 和 $\overline{x}_{i,c}^b$ 分别是处理组和控制组的特征变量 x_i 在匹配前均值，$s_{x,t,b}^2$ 和 $s_{x,c,b}^2$ 则是匹配前样本方差。匹配之后，特征变量 x_i 的标准化偏差为：

$$sb_i^{after} = \frac{\overline{x}_{i,t}^a - \overline{x}_{i,c}^a}{\sqrt{(s_{x,t,a}^2 + s_{x,c,a}^2)/2}} \tag{11.41}$$

通过比较特征变量匹配前和匹配后的标准化偏差的变化，可以得到PSM的匹配效果。一般要求匹配后标准化偏差不超过10%（陈强，2024）。如果超过10%，则应重新估计倾向得分，重新匹配。偏差下降度（bias reduction，BR）可用以下公式计算：

$$BR_i = 1 - \frac{sb_i^{before}}{sb_i^{after}} \tag{11.42}$$

第二种是 t 值检验。该方法是用 t 统计值直接检验处理组和控制组的每个特征变量 x_i 在匹配后的均值是否存在显著偏差。所以，这个方法通常和标准化偏差值一起使用。这样可以看到匹配降低了多少可观测特征偏差，并且可以检验匹配后偏差是否还显著存在。

有研究表明，一般不建议对此进行 t 检验；因为如果样本容量很大，则即使处理组均值和控制组均值只有微小差别，也可能在统计上有显著差异。在此，我们更关心经济显著性，即标准化偏差的绝对大小，而非统计显著性（陈强，2024）。

2.倾向指数的平衡性检验。第一，利用倾向指数的标准化均值差异。如果两组倾向指数的期望值相同，那么两组个体的协变量分布将相同（Imbens and Rubin，

2015)。因而，在匹配前后，可以比较两组个体的倾向指数平均值，计算倾向指数的标准化平均值差异，就可以检验两组协变量分布的平衡性。

$$\Delta_{ct}^{l}=\frac{\overline{l}_t-\overline{l}_c}{\sqrt{(s_{l,t}^2+s_{l,c}^2)/2}} \quad (11.43)$$

其中，$\overline{l}_t$和$\overline{l}_c$分别是处理组和控制组线性化倾向指数的平均值；$s_{l,t}^2$和$s_{l,c}^2$分别是两组倾向指数估计值的样本方差。

第二，直观判断方法。倾向指数分布图、分位数分布图（QQ图）和标准化平均值差异变化图也可以检验倾向指数平衡性。(1)倾向指数分布图是估计出倾向指数后，直接画出干预组和控制组的倾向指数分布图（直方图或概率密度图），观察两组个体倾向指数分布的差异，如果分布相似，说明协变量平衡；如果分布差异较大，说明协变量分布差异较大，匹配效果不好。可以同时画出匹配前后的倾向指数分布图，进行比较并判断匹配的效果。(2)QQ图是将干预组和控制组的协变量或倾向指数按照分位由低到高分别画在横轴和纵轴上，以检验两组个体协变量分布是否相似，如果完全相似QQ图形将与45度线重合偏离越大，说明两组协变量差异越大。(3)标准化平均值差异变化图是将每个协变量匹配前后的标准化均值差异用图形的方式呈现出来，从而可以直观地观察匹配效果。

（五）因果效应估计

在平衡检验通过之后，可以计算处理组的平均因果效应。除分层匹配（前面已单独介绍）外，其他匹配方法最后使用的计算ATT表达式原则上都是以下公式：

$$ATT=\frac{1}{N^T}\sum_{i:D_i=1}\left[Y_i-\sum_{j\in M_{j(i)'}}w_{ij}Y_j\right] \quad (11.44)$$

其中，$M_{j(i)}$是与处理组个体相匹配的控制组个体的集合。w_{ij}是匹配的权重。不同的匹配方法赋予不同的权重。对于1∶1最近邻距离匹配，$w_{ij}=1$，而不在匹配集合中的控制组个体权重为0。对于1∶k（k>1)近邻匹配，$w_{ij}=1/k$。同样地，不在匹配集中的控制组个体权重均为0。对于半径匹配，容忍度内包含n个控制组样本，每个权重为$1/n$，容忍度外的控制组样本权重为0。

三、倾向得分匹配与Stata操作

目前没有统一的Stata命令估计倾向得分法，除了Teffects psmach是Stata的官方命令，还有非官方用户编写的pscore命令、psmatch2命令。我们在实际应用中，一般使用pscore进行倾向得分估计及匹配前检验；psmatch2进行匹配估计和匹配后的平衡检验。如果考虑标准误的影响，在选项允许的情况下，使用Teffects psmach官方命令。

下面我们用美国国家支持工作示范（NSW）项目中的扩展数据（nsw_cps.dta）为例进行展示。

（一）选择倾向得分模型，进行匹配前平衡性检验，考察共同支撑域

使用pscore命令实现。包含所有的控制变量，如果平衡性检验没通过，再修改模型。

pscore treat age–re75, logit comsup pscore(ps_nsw) blockid(id_nsw)

在这条命令中，treat是处理变量，age–re75是进入倾向指数模型中的协变量，pscore(ps_nsw)是必选项，命令运行后，会将拟合的倾向指数保存在ps_nsw中。blockid(id_nsw)用id_nsw表示分层变量，加上选项Logit，表示运用Logit模型估计倾向指数模型；否则默认用probit模型估计。可选项comsup将平衡指数特征检验限制在共同区间上进行。

```
****************************************************
Algorithm to estimate the propensity score
****************************************************


The treatment is treat

      treat |      Freq.     Percent        Cum.
------------+-----------------------------------
          0 |     15,992       98.86       98.86
          1 |        185        1.14      100.00
------------+-----------------------------------
      Total |     16,177      100.00

Logistic regression                             Number of obs     =      16177
                                                LR chi2(8)        =    1018.03
                                                Prob > chi2       =     0.0000
Log likelihood = -502.05857                     Pseudo R2         =     0.5034

------------------------------------------------------------------------------
       treat |      Coef.   Std. Err.      z    P>|z|     [95% Conf. Interval]
-------------+----------------------------------------------------------------
         age |  -.0037783   .0097939    -0.39   0.700    -.0229739    .0154173
   education |   .0345835   .0468997     0.74   0.461    -.0573382    .1265053
       black |    4.20685   .2578543    16.31   0.000     3.701465    4.712235
    hispanic |   1.793627   .3908889     4.59   0.000     1.027499    2.559756
     married |  -.9899151   .2346091    -4.22   0.000     -1.44974   -.5300898
    nodegree |   1.035507   .2639708     3.92   0.000     .5181338    1.552881
        re74 |  -.0000293   .0000271    -1.08   0.281    -.0000825     .000024
        re75 |  -.0002118   .0000359    -5.90   0.000    -.0002821   -.0001414
       _cons |  -5.604994   .7798516    -7.19   0.000    -7.133475   -4.076513
------------------------------------------------------------------------------

Note: the common support option has been selected
The region of common support is [.00070165, .48744569]
```

由倾向得分模型Logit回归结果可知，共同支撑域范围：[0.0007, 0.4874]。

```
Description of the estimated propensity score
in region of common support

                 Estimated propensity score
-------------------------------------------------------------
      Percentiles      Smallest
 1%      .0007266      .0007016
 5%      .0008547      .0007023
10%      .0010631      .0007031       Obs               5,961
25%      .0017307      .0007033       Sum of Wgt.       5,961

50%      .0037779                     Mean            .030785
                        Largest       Std. Dev.      .0854763
75%      .0112105       .4874457
90%      .0703756       .4874457      Variance       .0073062
95%      .2337654       .4874457      Skewness       3.845357
99%       .468593       .4874457      Kurtosis       17.70656
```

注：倾向得分在共同支撑内的分布。

```
*******************************************************
Step 1: Identification of the optimal number of blocks
Use option detail if you want more detailed output
*******************************************************

The final number of blocks is 6

This number of blocks ensures that the mean propensity score
is not different for treated and controls in each blocks
```

注：最优的分层数目是6层，处理组和控制组在每一层中的每层的ps均值不存在区别。

```
**********************************************************
Step 2: Test of balancing property of the propensity score
Use option detail if you want more detailed output
**********************************************************

Variable married is not balanced in block 3

Variable re74 is not balanced in block 3

Variable re75 is not balanced in block 3

Variable age is not balanced in block 6

The balancing property is not satisfied

Try a different specification of the propensity score
```

注：ps均值相同的层内，有些协变量均值存在区别。平衡性检验没有通过。

Inferior of block of pscore	treat 0	treat 1	Total
0	5,243	30	5,273
.05	175	10	185
.1	135	18	153
.2	146	65	211
.4	33	10	43
.45	44	52	96
Total	5,776	185	5,961

Note: the common support option has been selected

注：共同支撑域内每层中处理组和控制组的样本数量。

由于上面估计结果没通过平衡性检验，我们可以加入高阶变量或交叉项，重新运行pscore命令。

gen marriedre75=married*re75

gen agere74=age*re74

cap drop id_nsw ps_nsw

pscore treat age education black hisp married re74 re75 marriedre75 agere74, pscore(ps_nsw) blockid(id_nsw) comsup logit

```
*******************************************************
Step 2: Test of balancing property of the propensity score
Use option detail if you want more detailed output
*******************************************************


The balancing property is satisfied
```

由于篇幅所限，仅显示最终满足平衡检验的结果。需要注意的是，引入高阶变量或交叉项可能需要多次尝试。这里只进行了匹配前的平衡检验，它通常与分层匹配法一起使用，如果使用其他匹配方法，在匹配后还需要进行平衡检验。

（二）选择匹配模型，进行匹配后平衡性检验，计算处理效应

以近邻匹配为例介绍如何使用psmatch2命令。

psmatch2 treat, outcome(re78) pscore(ps_nsw) neighbor(1) noreplacement descending odds common

其中，outcome(re78)表示结果变量是re78，pscore(ps_nsw)表示使用ps_nsw变量提供的倾向指数。选项neighbor(1)表示使用1∶1近邻匹配方法，当然也可以设定1∶k近邻匹配方法。选项noreplacement表示在1∶1近邻匹配中不重复匹配。Descending只用于1∶1最近邻匹配进行降序匹配。选项odds表示根据线性化的倾向指数进行匹配。使用common选项设定共同区间。

该命令调用了pscore估计的倾向得分变量ps_nsw，也可以直接使用以下命令：

psmatch2 treat age education black hisp married re74 re75 marriedre75 agere74, logit outcome（re78）neighbor(1) noreplacement descending odds common

Variable	Sample	Treated	Controls	Difference	S.E.	T-stat
re78	Unmatched	6349.1435	14846.6597	-8497.51615	712.02072	-11.93
	ATT	6349.1435	4698.08434	1651.05916	742.699923	2.22

Note: S.E. does not take into account that the propensity score is estimated.

psmatch2同时报告了匹配前和匹配后的结果，差别很大。结果显示，标准误差的估计没有考虑倾向得分作为估计值也存在方差，所以此时的标准误不正确。

匹配后的平衡检验通常使用psmatch2命令组中的pstest命令。在执行完psmatch2后，运行pstest。

pstest age-re75 ps_nsw, both

Variable	Unmatched Matched	Mean Treated	Mean Control	%bias	%reduct |bias|	t-test t	t-test p>|t|	V(T)/ V(C)
age	U	25.816	33.225	-79.6		-9.10	0.000	0.42*
	M	25.816	26.93	-12.0	85.0	-1.15	0.250	0.42*
education	U	10.346	12.028	-67.9		-7.94	0.000	0.49*
	M	10.346	10.232	4.6	93.2	0.41	0.680	0.41*
black	U	.84324	.07354	242.8		39.66	0.000	.
	M	.84324	.83784	1.7	99.3	0.14	0.887	.
hispanic	U	.05946	.07204	-5.1		-0.66	0.510	.
	M	.05946	.05946	0.0	100.0	-0.00	1.000	.
married	U	.18919	.71173	-123.3		-15.62	0.000	.
	M	.18919	.22162	-7.7	93.8	-0.77	0.441	.
nodegree	U	.70811	.29584	90.4		12.22	0.000	.
	M	.70811	.57838	28.4	68.5	2.62	0.009	.
re74	U	2095.6	14017	-156.9		-16.92	0.000	0.26*
	M	2095.6	1537.3	7.3	95.3	1.33	0.186	2.66*
re75	U	1532.1	13651	-174.6		-17.77	0.000	0.12*
	M	1532.1	1335.3	2.8	98.4	0.63	0.530	1.34

结果显示，匹配后除了nodegree变量外，其他协变量的标准化偏差下降都超过了80%，且匹配后的各变量标准化的偏差均小于10%，t检验显示匹配后各变量在处理组和控制组的差异都不显著（5%的显著性水平）。

由于psmtach2命令中的方差分析并没有考虑倾向得分也是估计值，因此用该命令计算得到的标准误存在问题。阿巴迪和伊本斯（Abadie and Imbens，2012）提出了考虑到倾向得分是估计值的方差，称为AI稳健标准误。下面使用teffects psmatch官方命令，重新进行倾向得分匹配。

teffects psmatch (re78) (treat age education black hisp married re74 re75 marriedre75 agere74, logit) atet nneighbor(1)

其中，选项atet表示处理组平均因果效应，估计结果如下：

```
Treatment-effects estimation                   Number of obs      =     16,177
Estimator      : propensity-score matching     Matches: requested =          1
Outcome model  : matching                                     min =          1
Treatment model: logit                                        max =          9
```

re78	Coef.	AI Robust Std. Err.	z	P>|z|	[95% Conf.	Interval]
ATET						
treat (1 vs 0)	1275.316	795.4705	1.60	0.109	-283.7779	2834.409

Teffects命令的缺点是选项不如psmatch2多，而且没有提供匹配后的平衡检验，在处理共同支撑域要求上不方便。

第四节 双重差分法

一、双重差分法的基本思想

在社会科学研究中，双重差分法（differences-in-differences，DID）是用来估计政策干预和事件处理效应的一个常用方法。这些政策或事件的特点是，它们并不在同一时间影响所有个体，或者对个体的影响并不相同。例如，A省在2014年通过了某项改革，B省没有通过。使用双重差分法估计改革政策对企业业绩影响的基本思路很直观：干预组（A省的企业）在2014年前后的平均业绩变化包含了改革政策和其他因素的影响；控制组（B省的企业）2014年前后的平均业绩变化只包含了其他因素的影响。当其他因素对处理组和控制组的影响一样时，我们可以通过二者相减来估计改革政策对业绩的处理效应。

作为政策效应评估方法中的一大利器，双重差分法受到越来越多人的青睐，概括起来有如下原因：第一，可以很大程度上避免内生性问题的困扰。政策相对于微观经济主体而言，一般是外生的，因而不存在逆向因果问题。此外，使用固定效应估计一定程度上也缓解了遗漏变量偏误问题。传统方法下评估政策效应（比如OLS），主要是通过设置一个政策发生与否的虚拟变量然后进行回归，相较而言，双重差分法的模型设置更加科学，能更加准确地估计出政策效应。第二，双重差分法的原理和模型设置很简单，容易理解和运用。尽管双重差分法估计的本质就是面板数据固定效应估计，但是DID听上去或多或少也要比OLS、FE之流更加“时尚高端”，因而DID的使用一定程度上可以满足“虚荣心”。

DID的基准模式设定如下所示：

$$Y_{it} = \alpha_0 + \alpha_1 du + \alpha_2 dt + \alpha_3 du \cdot dt + \varepsilon_{it} \tag{11.45}$$

其中，du为分组虚拟变量，若个体i受政策实施的影响，则个体i属于处理组，du取值为1；若个体i不受政策实施的影响，则个体i属于对照组，du取值为0。dt为政策实施虚拟变量，政策实施之前dt取值为0；政策实施之后dt取值为1。$du \cdot dt$为分组虚拟变量与政策实施虚拟变量的交互项，其系数α_3就反映了政策实施的净效应，也是我们使用DID时最为关注的。

我们可以通过条件期望来了解各系数的含义（见表11.7）。

表 11.7 双重差分基本原理

分类	Y_{it} 条件期望	公式
du=0；dt=0	控制组在处理前	$E\left[Y_{it}\mid du=0,dt=0\right]=\alpha_0$
du=0；dt=1	控制组在处理后	$E\left[Y_{it}\mid du=0,dt=1\right]=\alpha_0+\alpha_2$
du=1；dt=0	处理组在处理前	$E\left[Y_{it}\mid du=1,dt=0\right]=\alpha_0+\alpha_1$
du=1；dt=1	处理组在处理后	$E\left[Y_{it}\mid du=1,dt=1\right]=\alpha_0+\alpha_1+\alpha_2+\alpha_3$

那么，处理组和控制组在处理前 Y_{it} 条件均值差异为：

$$E\left[Y_{it}\mid du=1,dt=0\right]-\left[Y_{it}\mid du=0,dt=0\right]=\alpha_1 \tag{11.46}$$

处理组和控制组在处理后 Y_{it} 条件均值差异为：

$$E\left[Y_{it}\mid du=1,dt=1\right]-E\left[Y_{it}\mid du=0,dt=1\right]=\alpha_1+\alpha_3 \tag{11.47}$$

两式相减即为总体中的双重差分估计量，即 α_3。更直观地，可以用图形来表述表11.7以及DID的逻辑（见图11.1）。

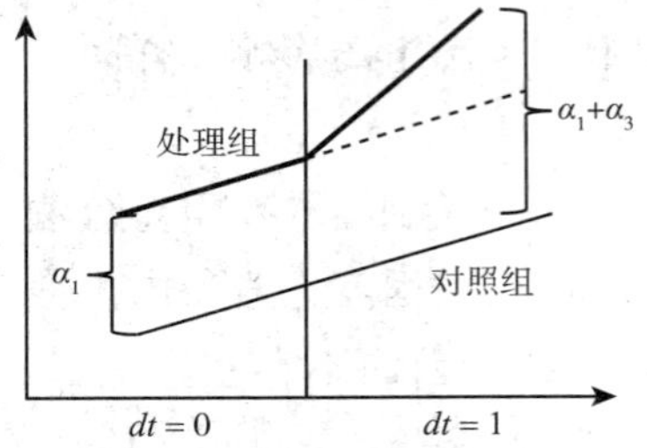

图 11.1 双重差分法逻辑

图中红色虚线表示的是假设政策并未实施时，实验组的变化趋势，即实验组的反事实情况。实际上，这个图形也反映出了DID最为重要和关键的前提条件：共同趋势（common trends），处理组和对照组在政策实施之前必须具有相同的变化趋势。这一点后面再说。在满足共同趋势条件下，α_3 估计量即为DID估计量。

进一步拓展，DID模型与面板数据固定效应模型有着千丝万缕的关系。通常情况下，要将固定效应引入DID模型，因为固定效应能够更为精确地反映两个维度上的变异性，并且可以在一定程度上帮助缓解遗漏变量偏误问题。由此，模型（11.45）会演化为更一般的形式：

$$Y_{it}=\alpha+\beta treat_i\bullet post_t+\mu_i+\lambda_t+\varepsilon_{it} \tag{11.48}$$

这里面，处理组个体在处理前（$post_t=0$）未受到政策冲击，但在处理后（$post_t=1$）受到政策冲击；而控制组个体始终未受到政策冲击。μ_i 为个体固定效应，更为精确地反映了个体特征，替代了原来粗糙的分组变量 du；λ_t 为时间固定效应，更为精确地反映了时间特征，替代了原来粗糙的政策实施变量 dt。因而，du 和

dt 并未真正从模型中消失，只是换了种形式。我们同样可以通过条件期望来双重差分估计量。一般形式下双重差分基本原理见表 11.8。

表 11.8　　一般形式下双重差分基本原理

分类	Y_{it} 条件期望	公式
$treat_i=0$；$post_t=0$	控制组在处理前	$E[Y_{it}\mid treat_i=0, post_t=0]$ $=\alpha+E(\mu_i\mid treat_i=0)+E(\lambda_t\mid post_t=0)$
$treat_i=0$；$post_t=1$	控制组在处理后	$E[Y_{it}\mid treat_i=0, post_t=1]$ $=\alpha+E(\mu_i\mid treat_i=0)+E(\lambda_t\mid post_t=1)$
$treat_i=1$；$post_t=0$	处理组在处理前	$E[Y_{it}\mid treat_i=1, post_t=0]$ $=\alpha+E(\mu_i\mid treat_i=1)+E(\lambda_t\mid post_t=0)$
$treat_i=1$；$post_t=1$	处理组在处理后	$E[Y_{it}\mid treat_i=1, post_t=1]$ $=\alpha+\beta+E(\mu_i\mid treat_i=1)+E(\lambda_t\mid post_t=1)$

那么，处理组在政策冲击前后 Y_{it} 条件均值差异为：

$$E[Y_{it}\mid treat_i=1, post_t=1]-E[Y_{it}\mid treat_i=1, post_t=0]$$
$$=\beta+E(\lambda_t\mid post_t=1)-E(\lambda_t\mid post_t=0) \tag{11.49}$$

控制组在政策冲击前后 Y_{it} 条件均值差异为：

$$E[Y_{it}\mid treat_i=0, post_t=1]-E[Y_{it}\mid treat_i=0, post_t=0]$$
$$=E(\lambda_t\mid post_t=1)-E(\lambda_t\mid post_t=0) \tag{11.50}$$

两式相减即为总体中的双重差分估计量，即 β。

若令 $\lambda_2^*=E(\lambda_t\mid post_t=1)$，表示处理后的平均时间效应；$\lambda_1^*=E(\lambda_t\mid post_t=0)$，表示处理前的平均时间效应，那么控制组的差分记为（$\lambda_2^*-\lambda_1^*$），表示控制组的时间趋势。处理组的差分则记为 $\beta+(\lambda_2^*-\lambda_1^*)$。

更一般的，可在模型中引入协变量 $\boldsymbol{W}_{it}$，即为实践中常用的经典DID模型：

$$Y_{it}=\alpha+\beta treat_i \cdot post_t+\boldsymbol{\gamma}'\boldsymbol{W}_{it}+\mu_i+\lambda_t+\varepsilon_{it} \tag{11.51}$$

总结来说，双重差分法的基本思想或原理就是通过对政策实施前后对照组和处理组之间差异的比较，构造出反映政策效果的双重差分统计量。这种政策冲击作为一种模拟的自然实验，或准自然实验。将该思想与表 11.8 的内容转化为简单的模型，这个时候只需要关注模型中交互项的系数，就得到了想要的DID下的政策净效应。

二、双重差分法的关键性假设

双重差分法的关键性假设称为平行趋势假设或者共同趋势假设（common trend

assumption)。这里有两种表述形式：第一，处理组个体如果没有接受处理，其结果的变动趋势将与控制组的变动趋势相同（见图11.1中的红色虚线）；第二，如果没有政策干预，事后两组结果的差异与事前两组结果的差异应该是相同的（见图11.1中的 α_1 ）。所以共同趋势假设也称为不变偏差假设（constant bias assumption）。

（一）平行趋势假设

下面我们以经典的两期DID为例，说明平行趋势假定。

假定有两期面板数据 $\{Y_{it}, treat_i, t\}, t=1,2$ ， Y_{it} 为结果变量； $treat_i$ 为表示处理组的虚拟变量，即：

$$treat_i=\begin{cases}1 & \text{若个体}i\text{属于处理组}\\ 0 & \text{若个体}i\text{属于控制组}\end{cases}$$

处理组个体在第 $t=2$ 期受到政策冲击；控制组个体在两期均未受到政策冲击。

DID的估计目标为处理组的平均处理效应（ATT）。

$$\begin{aligned}\tau_{ATT}&=E[Y_{i2}(1)-Y_{i2}(0)\mid treat_i=1]\\&=E[Y_{i2}(1)\mid treat_i=1]-E[Y_{i2}(0)\mid treat_i=1]\end{aligned} \tag{11.52}$$

其中，等号右边第一项是可以观测的，为处理组事后的平均结果；第二项是不可观测的反事实结果。政策评价的关键是如何将该反事实结果估计出来。

假设1：平行趋势假设（parallel trend assumption，PTA）

如果没有受到政策冲击，处理组与控制组的潜在结果具有相同的时间趋势。

$$E[Y_{i2}(0)-Y_{i1}(0)\mid treat_i=1]=E[Y_{i2}(0)-Y_{i1}(0)\mid treat_i=0] \tag{11.53}$$

其中，等号的左边表示，如果处理组未受政策冲击，其前后两期结果的期望变化。等号的右边则表示如果控制组未受政策冲击，其前后两期结果的期望变化。

平行趋势也可以写成以下形式，即如果没有政策干预，事后两组结果的差异与事前两组结果的差异应该是相同的。

$$E[Y_{i2}(0)\mid treat_i=1]-E[Y_{i2}(0)\mid treat_i=0]=E[Y_{i1}(0)\mid treat_i=1]-E[(Y_{i1}(0)\mid treat_i=0] \tag{11.54}$$

因而，共同趋势假设也称为不变偏差假设（constant bias assumption）。

目标参数的DID估计量：

$$\begin{aligned}\tau_{ATT}&=E[Y_{i2}(1)\mid treat_i=1]-E[Y_{i2}(0)\mid treat_i=1]\\&=E[Y_{i2}(1)\mid treat_i=1]-\{E[Y_{i1}(0)\mid treat_i=1]+\\&\quad E[Y_{i2}(0)\mid treat_i=0]-E[Y_{i1}(0)\mid treat_i=0]\}\\&=\boxed{\{E[Y_{i2}(1)\mid treat_i=1]-E[Y_{i1}(0)\mid treat_i=1]\}}-\\&\quad\boxed{\{E[Y_{i2}(0)\mid treat_i=0]-E[Y_{i1}(0)\mid treat_i=0]\}}\end{aligned}$$

→ 处理组两期可观测差异

→ 控制组两期可观测差异

上式为总体期望的双重差分，与之对应的样本估计值即为DID估计量。

（二）平行趋势检验

DID的关键识别假设为平行趋势假设，故需对此假设进行检验。如果事前有多期数据，那么可以检验事前是否具有平行趋势。画出处理组和控制组结果变量在每一期均值的时间趋势图，可以直观地考察二者的时间趋势在处理前是否平行。如果在处理前，处理组与控制组的时间趋势大致平行，则可增强对平行趋势假定的信心。平行趋势图根据图形所得结论带有一定的主观性，严格的结论有赖于统计检验。经典2×2–DID事前仅有一期，无法进行平行趋势检验，我们以多期DID为例介绍平行趋势检验方法：事件研究法。

令t为时间变量（日历时间，calendar time），令T^*为政策发生时间，令$R_t = t - T^*$为相对时间（relative time），也称事件时间（event time）；令$D_t^l = I(R_t = l)$为相对时间的虚拟变量。D_t^0为t期是否为政策实施当期的虚拟变量；D_t^1为t期是否为政策实施后第1期的虚拟变量；D_t^{-2}为t期是否为政策实施前第2期的虚拟变量；以此类推。考虑一个时间窗口$l \in [-K, L]$。将式交互项$treat_i \times post_t$细分为$treat_i$与D_t^l的乘积。

具体地，考虑式（11.55）：

$$Y_{it} = \alpha + \sum_{l=-K}^{-2} \tau_l treat_i \times D_t^l + \sum_{l=0}^{L} \tau_l treat_i \times D_t^l + \boldsymbol{\gamma}' \boldsymbol{W}_{it} + u_i + \lambda_t + \varepsilon_{it} \tag{11.55}$$

一般将政策实施前1期（l=–1）称为“基期”，作为基准的参照系。

由式（11.55）可知，给定事前的某个时期$l \in \{-K, \cdots, -2\}$，控制组的（条件）时间趋势为λ_l；而处理组的时间趋势为$\tau_l + \lambda_l$。因此，平行趋势假定意味着$\tau_{-K} = \cdots = \tau_{-2} = 0$。即平行趋势假定要求，所有处理前的$\tau_k$（即$\tau_{-K}, \cdots, \tau_{-2}$）均不显著。

事后的系数$\{\tau_0, \cdots, \tau_L\}$表示处理效应如何随着时间而变化。进一步还可将$\{\hat{\tau}_{-K}, \cdots, \hat{\tau}_L\}$的点估计与置信区间画图，更直观地呈现平行趋势与动态处理效应的结果。这种方法称为事件研究法或事件分析法（event study）。

三、双重差分法的应用实例

【例11.6】（开发区设立与地区制造业升级）开发区作为一项重要的经济政策，在中国改革开放进程中发挥了关键作用，同时也是中国产业政策实践中，调整产业结构、引导产业发展广为应用的一项依地制定的产业政策。2006年，我国共新设了663个省级开发区，2006年以后基本停止了对开发区新设的批准。开发区作为制造业空间布局的集聚地，能否有效促进产业升级对中国各地区经济发展质量有着重要影响。为了评估开发区对制造业升级的作用，采用双重差分方法，设定以下模型：

$$y_{it} = \beta_0 + \beta_1 SEZ_i \cdot Post_t + \theta Z_{it} + D_i + D_t + \varepsilon_{it} \tag{11.56}$$

在式（11.56）中，因变量y_{it}表示第t年i县的制造业升级状况，核心解释变量是$SEZ_i \cdot Post_t$，其中SEZ_i用于识别哪些县新设了开发区，对新设的县赋值为1（作为实验组）；否则赋值为0。$Post_t$用来识别政策实施虚拟变量，若年份t在2006年之前（包含2006年），则$Post_t = 0$；若年份t在2006年之后，则$Post_t = 1$。D_i表示地区固定效应，控制地区层面不随时间变化的因素对制造业升级的影响；D_t表示年份固定效应，剔除时间趋势的影响；ε_{it}为随机误差项。此外，实验组和对照组之间除是否设立开发区以外的产业结构和地区其他一些因素对评估也可能会产生潜在影响，从而导致估计偏误。因此，还控制了一些其他控制变量Z_{it}。

【例11.7】（低碳城市和企业绿色技术创新）为确保控制温室气体排放目标的实现，国家发展改革委于2010年颁布了低碳城市试点政策，并逐步扩大试点范围。该政策的实施是否能诱发企业绿色技术创新？为了检验低碳城市试点政策对企业绿色技术创新的影响，采用了在政策实施效应评估文献中较有效的双重差分模型。该方法将研究对象分为处理组和对照组，通过对政策实施前后进行时间趋势上的差分及对处理组和对照组之间进行政策实施与否的差分，以剔除随时间变化及不可观测的其他因素，从而识别出政策实施的净效应。具体模型设置如下：

$$Envrpat_{it} = \beta_0 + \beta_1 Pilot_r \bullet Post_t + \rho X_{it} + \delta_{rt} + \mu_{jt} + \alpha_i + \varepsilon_{ijrt} \tag{11.57}$$

其中，$Envrpat_{it}$表示某一上市公司i在t年申请的绿色专利数量。$Pilot_r$表示低碳城市试点地区的虚拟变量，如果该城市或省份是政策公布的试点地区，取值为1；否则取值为0。$Post_t$为政策试点前后的虚拟变量，低碳城市试点期间（即2012年以后）取值为1；在非试点期间取值为0。X_{it}为上市公司经济特征的控制变量。在基准分析中，双重差分项$Pilot_r \bullet Post_t$系数β_1反映了低碳城市试点政策实施前后与试点地区及非试点地区之间进行双重差分后，低碳城市试点政策对企业绿色专利申请的影响。此外，模型还控制了行业及省份层面随时间变化的其他混淆因素，如其他省级层面的低碳政策或能源政策等。同时，模型中也控制了企业固定效应α_i，ε_{ijrt}为随机干扰项。

四、双重差分法与Stata操作

我们使用曹一鸣和陈硕（Cao and Chen，2022）的研究数据（cao_chen.dta）进行展示。该研究使用清朝1650~1911年575个县的面板数据，研究1826年“漕粮海运”政策冲击导致大运河逐渐失修废弃，并因主要贸易路线中断而引发社会动荡乃至叛乱。样本数据包含大运河流经的6个省份共575个县，其中运河流经的县称为“运河县”（以虚拟变量canal表示）构成处理组（canal=1）；而运河未流经的县称为“非运河县”，构成控制组（canal=0）。长期以来，大运河一直是清政府从南向北运输漕粮的主要通道，同时也承载着重要的贸易功能。由于1825年暴雨洪灾导致大运河在黄河交汇处决堤，1826年清政府开启首次“漕粮海运”试验并取得成功。由于海运的成本优势，漕粮海运逐渐成为主导模式，而大运河则渐渐失修、堵塞乃至废弃。因此，自1826年起，由运河县构成的处理组开始受到漕粮海运的政策冲击。被解释变量原始数据来自《清实录》。作者通过搜索关键字“匪”并阅读原文，确定叛乱发生的县与年份，由此得到第i个县在第t年的叛乱发生数目$rebel_num_{it}$。

（一）数据预处理

由于叛乱数目与县的人口数正相关，将叛乱数目除以1600年的县总人口得到叛乱密度，即$rebel_density=rebel_num/(pop1600/1000000)$。由于$rebel_density$严重右偏，对其进行逆双曲正弦变换，得到$rebel$。命令如下：

```
use cao_chen.dta, clear
xtset county year
tab rebel_num
gen rebel_density = rebel_num / (pop1600/1000000)
sum rebel_density
hist rebel_density,fraction
twoway function asinh=asinh(x),range(-20 20) xline(0,lp(dot)) yline(0,lp(dot)) || function log=log(x),range(-20 20) lp(dash)
gen rebel = asinh(rebel_density)
sum rebel
```

Variable	Obs	Mean	Std. Dev.	Min	Max
rebel_dens~y	140,432	.4603983	7.117167	0	395.9637

Variable	Obs	Mean	Std. Dev.	Min	Max
rebel	140,432	.0329779	.389762	0	6.674471

结果显示，经逆双曲正弦变换后，均值为0.033；最大值下降为6.67，极端值问题得到缓解；大量的零值经变换后依然是零值。

（二）时间趋势图

下面以每十年为单位画时间趋势图。首先以政策冲击开始的1826年为基准，将数据划分为每十年的区间，并以变量*period*表示。使用tabstat考察在period取值不同的子样本中，变量year的最小值和最大值。相应的Stata命令如下：

```
gen period=floor((year-1826)/10)*10
replace period=-60 if period<-60        //按照曹一鸣和陈硕（2022）的做法，对于距政策冲击50年以上的观测值，将其变量period统一记为-60，以便将年代久远的观测值均作为参照系。
```

tabstat year,by(period) stat(min max) nototal

```
Summary for variables: year
     by categories of: period
```

period	min	max
-60	1650	1775
-50	1776	1785
-40	1786	1795
-30	1796	1805
-20	1806	1815
-10	1816	1825
0	1826	1835
10	1836	1845
20	1846	1855
30	1856	1865
40	1866	1875
50	1876	1885
60	1886	1895
70	1896	1905
80	1906	1911

结果显示，1650~1775年，统一记为period=–60；而period=80对应于1906~1911年，并未包含完整的十年。

进一步，根据period的不同取值生成一系列虚拟变量，以备后续使用。

Tab period, gen(period)

describe period*

variable name	storage type	display format	value label	variable label
period	float	%9.0g		
period1	byte	%8.0g		period== -60.0000
period2	byte	%8.0g		period== -50.0000
period3	byte	%8.0g		period== -40.0000
period4	byte	%8.0g		period== -30.0000
period5	byte	%8.0g		period== -20.0000
period6	byte	%8.0g		period== -10.0000
period7	byte	%8.0g		period== 0.0000
period8	byte	%8.0g		period== 10.0000
period9	byte	%8.0g		period== 20.0000
period10	byte	%8.0g		period== 30.0000
period11	byte	%8.0g		period== 40.0000
period12	byte	%8.0g		period== 50.0000
period13	byte	%8.0g		period== 60.0000
period14	byte	%8.0g		period== 70.0000
period15	byte	%8.0g		period== 80.0000

结果显示，根据period不同取值生成了15个虚拟变量。其中，period1–period6为处理前，而period7–period15为处理后。

然后，以canal和period的不同取值分割子样本，并根据各子样本的rebel均值画时间趋势图。

Preserve

collapse (mean) mean_decade=rebel if period<80,by(canal period) twoway (connect mean_decade period if canal==1,xtitle(Number of years since the 1826 reform)) (connect mean_decade period if canal==0,lp(dash) xline(-5,lp(dash)) xlabel(-60 "-60" -50 "-50" -40 "-40" -30 "-30" -20 "-20" -10 "-10" 0 "10" 10 "20" 20 "30" 30 "40" 40 "50" 50 "60" 60 "70" 70 "80") legend(label(1 Canal Counties) label(2 Non-canal Counties)))

restore

其中，命令collapse将数据根据canal与year的不同取值分割为若干子样本，在每个子样本中计算变量rebel的均值，并记为mean_year。条件if限制观测值不超过政策冲击80年（因period=80不包含完整的十年数据，去掉此限制不影响结果）。命令twoway则分别画变量mean_year在处理组(canal=1)与控制组(canal=0)的时间趋势图。选择项xlabel()用于指定横轴标签。选择项msize(small)指定散点的尺度为“小”(msize表示标记大小)。选择项xline(1825,lp(dash))指示在1825年处画一条垂直虚线。选择项legend用于指定图例。

如图11.2结果显示，时间趋势图很难判断平行趋势假定是否成立，需进行平行趋势检验。

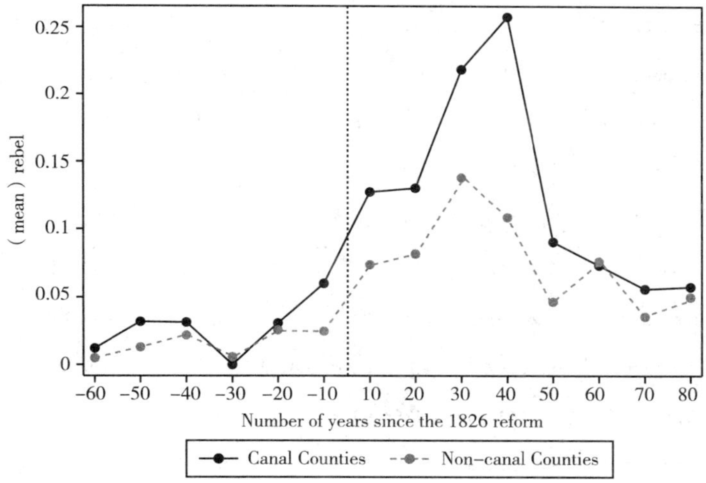

图11.2　时间趋势图

（三）平行趋势检验

下面进行平行趋势检验，首先以global命令定义一个名为cov的全局宏变量，指代所有的协变量：

global cov larea_after rug_after disaster disaster_after flood drought flood_after drought_after popden1600_after maize maize_after sweetpotato sweetpotato_after wheat_after rice_after

调用控制变量时，只需加上美元符号，即$cov。平行趋势检验的命令：

reghdfe rebel c.canal#(c.period2-period14) $cov if period<80, absorb(i.county i.year c.prerebel#i.year i.prov#i.year) cluster(county)

test c.canal#c.period2 c.canal#c.period3 c.canal#c.period4 c.canal#c.period5 c.canal#c.period6

其中，reghdfe为高维固定效应命令，c.canal#(c.period2-period14)表示canal与period2-period14的系列交互项，(前缀c.表示将这些变量视为连续变量)；$cov表示调用上述系列协变量；cluster(country)表示以country为聚类变量，计算聚类稳健标准误。选择项“absorb()”包含了一系列要“吸收”的虚拟变量，其中“i.county”为各县的虚拟变量，“i.year”为各年虚拟变量，“c.prerebel#i.year”为变量prerebel（1826年前该县人均累计叛乱次数的逆双曲正弦变换）与各年虚拟变量的乘积，而“i.prov#i.year”为各省虚拟变量与各年虚拟变量的乘积。

rebel	Coef.	Robust Std. Err.	t	P>|t|	[95% Conf.	Interval]
c.canal#c.period2	.0068628	.014053	0.49	0.626	-.0207431	.0344687
c.canal#c.period3	-.0078396	.0158541	-0.49	0.621	-.0389836	.0233045
c.canal#c.period4	-.0051483	.0029215	-1.76	0.079	-.0108873	.0005907
c.canal#c.period5	-.0156022	.0149164	-1.05	0.296	-.0449041	.0136997
c.canal#c.period6	.0005762	.0222107	0.03	0.979	-.0430546	.0442071
c.canal#c.period7	.0702413	.0304988	2.30	0.022	.0103293	.1301533
c.canal#c.period8	.0328635	.0349834	0.94	0.348	-.0358581	.1015851
c.canal#c.period9	.0684217	.0507336	1.35	0.178	-.0312398	.1680832
c.canal#c.period10	.1092208	.0532055	2.05	0.041	.0047036	.2137381
c.canal#c.period11	.0316668	.0445372	0.71	0.477	-.0558223	.119156
c.canal#c.period12	.0038247	.032332	0.12	0.906	-.0596885	.0673379
c.canal#c.period13	-.0062874	.0283768	-0.22	0.825	-.062031	.0494563
c.canal#c.period14	-.0137393	.0252731	-0.54	0.587	-.0633861	.0359075
larea_after	.0313119	.0075697	4.14	0.000	.0164419	.0461819
rug_after	-.0002663	.0000456	-5.84	0.000	-.0003559	-.0001766
disaster	-.0037653	.0042262	-0.89	0.373	-.0120672	.0045366
disaster_after	-.0054553	.01176	-0.46	0.643	-.0285568	.0176462
flood	.0022678	.00375	0.60	0.546	-.0050987	.0096342
drought	.0062989	.0031899	1.97	0.049	.0000327	.0125651
flood_after	.0008002	.0191872	0.04	0.967	-.0368912	.0384917
drought_after	.0036165	.0135557	0.27	0.790	-.0230123	.0302454
popden1600_after	-.0232826	.0049565	-4.70	0.000	-.0330193	-.013546
maize	-.0045284	.0045506	-1.00	0.320	-.0134675	.0044108
maize_after	.031228	.015369	2.03	0.043	.0010371	.061419
sweetpotato	-.006068	.0035705	-1.70	0.090	-.0130819	.000946
sweetpotato_after	.0024114	.0106115	0.23	0.820	-.0184339	.0232568
wheat_after	.0333789	.011927	2.80	0.005	.0099494	.0568083
rice_after	-.0042705	.0150319	-0.28	0.776	-.0337993	.0252582
_cons	-.0181251	.0190115	-0.95	0.341	-.0554714	.0192212

```
( 1)  c.canal#c.period2 = 0
( 2)  c.canal#c.period3 = 0
( 3)  c.canal#c.period4 = 0
( 4)  c.canal#c.period5 = 0
( 5)  c.canal#c.period6 = 0

      F(  5,    535) =    1.08
           Prob > F =    0.3714
```

结果显示，政策冲击前，canal与period2–period6的交互项不显著；而政策冲击后，canal与period7–period10的系数均在5%的水平上显著。canal与period2–period6的交互项的联合显著性：F统计量1.08，p值为0.37，政策冲击前的所有交互项联合不显著，故可以接受平行趋势假定。

更直观地，可将所有各期交互项的点估计与置信区间以画图的形式呈现。命令如下：

coefplot,vertical keep(c.canal*) msymbol(circle_hollow) ciopts(lp(dash) recast(rcap)) addplot(line @b @at) xtitle(Number of years since the 1826 Reform) xlabel(1 "–50" 2 "–40" 3 "–30" 4 "–20" 5 "–10" 6 "10" 7 "20" 8 "30" 9 "40" 10 "50" 11 "60" 12 "70" 13 "80") xline(5.5, lp(dash) lwidth(vthin)) ytitle(Coefficients) ylabel(–0.1(0.05)0.3) yline(0,lp(dash) lwidth(vthin))

coefplot需要下载安装，是非官方命令。选择项vertical表示画纵向的置信区间；keep（c.canal*）表示只画以c.canal开头的交互项系数；msymbol(circle_hollow)表示以空心圆呈现回归系数的点估计；ciopts(lp(dash) recast(rcap))表示以虚线画置信区间，但两端为小短横的"帽子"；而addplot(line @b@ at)表示将回归系点估计连接成线。其余选择项均为装饰性。例如，xlabel()指定横轴的标签，而xline(5.5,1p(dash)1width(vthin))指定以很细的虚线在x=5.5处画一条垂直线(以区分政策冲击前后)；结果如图11.3所示。

如图11.3结果显示：政策冲击前，各期回归系数的95%置信区间均包含0，故这些交互项均不显著，平行趋势假定成立。

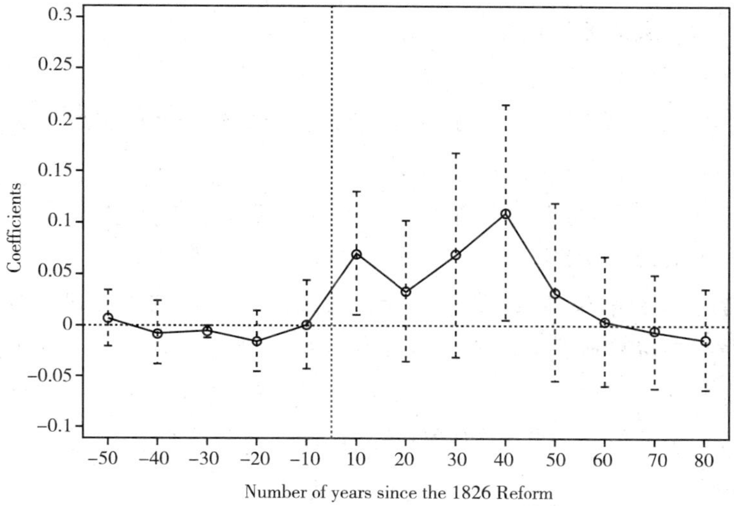

图11.3　平行趋势图

（四）DID回归

平行趋势检验通过，下面进行DID回归。在数据集中，将作为处理变量的交互项记为canal_post。

Reghdfe rebel canal_post $cov, absorb(i.county i.year c.prerebel#i.year i.prov#i.year i.pref#c.year) cluster(county)

rebel	Coef.	Robust Std. Err.	t	P>|t|	[95% Conf.	Interval]
canal_post	.0340131	.0165679	2.05	0.041	.0014669	.0665592
larea_after	.0353451	.0074733	4.73	0.000	.0206644	.0500258
rug_after	-.0002408	.0000457	-5.27	0.000	-.0003305	-.000151
disaster	-.0041912	.0040244	-1.04	0.298	-.0120968	.0037145
disaster_after	-.0173285	.0116611	-1.49	0.138	-.0402357	.0055787
flood	.0020658	.0037689	0.55	0.584	-.0053379	.0094695
drought	.0060161	.0031977	1.88	0.060	-.0002654	.0122976
flood_after	-.0064245	.0185975	-0.35	0.730	-.0429575	.0301086
drought_after	-.0014186	.0128029	-0.11	0.912	-.0265687	.0237315
popden1600_after	-.0195797	.0044988	-4.35	0.000	-.0284171	-.0107423
maize	-.0078825	.0040151	-1.96	0.050	-.0157698	4.78e-06
maize_after	.0239267	.015651	1.53	0.127	-.0068182	.0546716
sweetpotato	-.0054499	.0048869	-1.12	0.265	-.0150498	.0041501
sweetpotato_after	-.0033825	.010557	-0.32	0.749	-.0241208	.0173559
wheat_after	.0268425	.0105067	2.55	0.011	.006203	.0474819
rice_after	.0124387	.0140688	0.88	0.377	-.0151983	.0400757
_cons	-.0267575	.0195447	-1.37	0.172	-.0651513	.0116363

结果表明，漕粮海运政策冲击对叛乱发生具有显著的正效应。

习　题

1. 讨论匹配方法是否能解决内生性问题。

2. 双重差分法要求干预是随机的吗？

3. 继续本章美国国家支持工作示范（NSW）案例，使用扩展数据nsw_cps.dta，但使用probit估计倾向得分，所得结果有何差异？

4. 继续本章美国国家支持工作示范（NSW）案例，使用扩展数据nsw_cps.dta，但估计平均处理效应，所得结果有何不同？为什么有此不同？

5. 继续曹一鸣和陈硕（Cao and Chen，2022）的案例，以rebel_density为被解释变量，进行平行趋势检验，并画图展示结果。

6. 继续曹一鸣和陈硕（Cao and Chen，2022）的案例，以rebel_density为被解释变量，进行包含不同协变量的五种DID估计，并列表展示结果。

附录：常用统计表

表 1 标准正态分布临界值（双侧）

$$F(Z)=P\left(\left|\frac{x-\mu}{\sigma}\right|\leqslant Z\right)，如F(1.96)=P\left(\left|\frac{x-\mu}{\sigma}\right|\leqslant 1.96\right)=0.95$$

Z	F(Z)	Z	F(Z)	Z	F(Z)	Z	F(Z)	Z	F(Z)
0.00	0	0.40	0.3108	0.80	0.5763	1.20	0.7699	1.60	0.8904
0.01	0.008	0.41	0.3182	0.81	0.5821	1.21	0.7737	1.61	0.8926
0.02	0.016	0.42	0.3255	0.82	0.5878	1.22	0.7775	1.62	0.8948
0.03	0.0239	0.43	0.3328	0.83	0.5935	1.23	0.7813	1.63	0.8969
0.04	0.0319	0.44	0.3401	0.84	0.5991	1.24	0.785	1.64	0.899
0.05	0.0399	0.45	0.3473	0.85	0.6047	1.25	0.7887	1.65	0.9011
0.06	0.0478	0.46	0.3545	0.86	0.6102	1.26	0.7923	1.66	0.9031
0.07	0.0558	0.47	0.3616	0.87	0.6157	1.27	0.7959	1.67	0.9051
0.08	0.0638	0.48	0.3688	0.88	0.6211	1.28	0.7995	1.68	0.907
0.09	0.0717	0.49	0.3759	0.89	0.6265	1.29	0.803	1.69	0.909
0.10	0.0797	0.50	0.3829	0.90	0.6319	1.30	0.8064	1.70	0.9109
0.11	0.0876	0.51	0.3899	0.91	0.6372	1.31	0.8098	1.71	0.9127
0.12	0.0955	0.52	0.3969	0.92	0.6424	1.32	0.8132	1.72	0.9146
0.13	0.1034	0.53	0.4039	0.93	0.6476	1.33	0.8165	1.73	0.9164
0.14	0.1113	0.54	0.4108	0.94	0.6528	1.34	0.8198	1.74	0.9181
0.15	0.1192	0.55	0.4177	0.95	0.6579	1.35	0.823	1.75	0.9199
0.16	0.1271	0.56	0.4245	0.96	0.6629	1.36	0.8262	1.76	0.9216
0.17	0.135	0.57	0.4313	0.97	0.668	1.37	0.8293	1.77	0.9233
0.18	0.1428	0.58	0.4381	0.98	0.6729	1.38	0.8324	1.78	0.9249
0.19	0.1507	0.59	0.4448	0.99	0.6778	1.39	0.8355	1.79	0.9265
0.20	0.1585	0.60	0.4515	1.00	0.6827	1.40	0.8385	1.80	0.9281
0.21	0.1663	0.61	0.4581	1.01	0.6875	1.41	0.8415	1.81	0.9297
0.22	0.1741	0.62	0.4647	1.02	0.6923	1.42	0.8444	1.82	0.9312
0.23	0.1819	0.63	0.4713	1.03	0.697	1.43	0.8473	1.83	0.9328
0.24	0.1897	0.64	0.4778	1.04	0.7017	1.44	0.8501	1.84	0.9342
0.25	0.1974	0.65	0.4843	1.05	0.7063	1.45	0.8529	1.85	0.9357
0.26	0.2051	0.66	0.4907	1.06	0.7109	1.46	0.8557	1.86	0.9371
0.27	0.2128	0.67	0.4971	1.07	0.7154	1.47	0.8584	1.87	0.9385
0.28	0.2205	0.68	0.5035	1.08	0.7199	1.48	0.8611	1.88	0.9399
0.29	0.2282	0.69	0.5098	1.09	0.7243	1.49	0.8638	1.89	0.9412
0.30	0.2358	0.70	0.5161	1.10	0.7287	1.50	0.8664	1.90	0.9426
0.31	0.2434	0.71	0.5223	1.11	0.733	1.51	0.869	1.91	0.9439
0.32	0.251	0.72	0.5285	1.12	0.7373	1.52	0.8715	1.92	0.9451
0.33	0.2586	0.73	0.5346	1.13	0.7415	1.53	0.874	1.93	0.9464
0.34	0.2661	0.74	0.5407	1.14	0.7457	1.54	0.8764	1.94	0.9476
0.35	0.2737	0.75	0.5467	1.15	0.7499	1.55	0.8789	1.95	0.9488
0.36	0.2812	0.76	0.5527	1.16	0.754	1.56	0.8812	1.96	0.9500
0.37	0.2886	0.77	0.5587	1.17	0.758	1.57	0.8836	2.00	0.9545
0.38	0.2961	0.78	0.5646	1.18	0.762	1.58	0.8859	3.00	0.9973
0.39	0.3035	0.79	0.5705	1.19	0.766	1.59	0.8882	4.00	0.9999

表 2 **t分布临界值表（双侧）**

$P[|t(df)|>t_{\alpha}(df)]=\alpha$，如 $P(|t(100)|>1.984)$ =0.05

α	0.20	0.10	0.05	0.02	0.01
$df=1$	3.078	6.314	12.706	31.821	63.657
2	1.886	2.920	4.303	6.965	9.925
3	1.638	2.353	3.182	4.541	5.841
4	1.533	2.132	2.776	3.747	4.604
5	1.476	2.015	2.571	3.365	4.032
6	1.440	1.943	2.447	3.143	3.707
7	1.415	1.895	2.365	2.998	3.499
8	1.397	1.860	2.306	2.896	2.355
9	1.383	1.833	2.262	2.821	3.250
10	1.372	1.812	2.228	2.764	3.169
11	1.363	1.796	2.201	2.718	3.106
12	1.356	1.782	2.179	2.681	3.055
13	1.350	1.771	2.160	2.650	3.012
14	1.345	1.761	2.145	2.624	2.977
15	1.341	1.753	2.131	2.602	2.947
16	1.337	1.746	2.120	2.583	2.921
17	1.333	1.740	2.110	2.567	2.898
18	1.330	1.734	2.101	2.552	2.878
19	1.328	1.729	2.093	2.539	2.861
20	1.325	1.725	2.086	2.528	2.845
21	1.323	1.721	2.080	2.518	2.831
22	1.321	1.717	2.074	2.508	2.819
23	1.319	1.714	2.069	2.500	2.807
24	1.318	1.711	2.064	2.492	2.797
25	1.316	1.708	2.060	2.485	2.787
26	1.315	1.706	2.056	2.479	2.779
27	1.314	1.703	2.052	2.473	2.771
28	1.313	1.701	2.048	2.467	2.763
29	1.311	1.699	2.045	2.462	2.756
30	1.310	1.697	2.042	2.457	2.750
40	1.303	1.684	2.021	2.423	2.704
50	1.299	1.676	2.009	2.403	2.678
60	1.296	1.671	2.000	2.390	2.660
70	1.294	1.667	1.994	2.381	2.648
80	1.292	1.664	1.990	2.374	2.639
90	1.291	1.662	1.987	2.368	2.632
100	1.290	1.660	1.984	2.364	2.626
125	1.288	1.657	1.979	2.357	2.616
150	1.287	1.655	1.976	2.351	2.609
200	1.286	1.653	1.972	2.345	2.601
∞	1.282	1.645	1.960	2.326	2.576

表 3

χ^2分布临界值表（上侧）

$P[\chi^2(df) > \chi^2_\alpha(df)] = \alpha$ 如 $P[\chi^2(5) > 11.07] = 0.05$

df	显著性水平（α）												
	0.99	**0.98**	**0.95**	**0.90**	**0.80**	**0.70**	**0.50**	**0.30**	**0.20**	**0.10**	**0.05**	**0.02**	**0.01**
1	0.0002	0.0006	0.0039	0.0158	0.0642	0.148	0.455	1.074	1.642	2.706	3.841	5.412	6.635
2	0.0201	0.0404	0.103	0.211	0.446	0.713	1.386	2.403	3.219	4.605	5.991	7.824	9.210
3	0.115	0.185	0.352	0.584	1.005	1.424	2.366	3.665	4.642	6.251	7.815	9.837	11.341
4	0.297	0.429	0.711	1.064	1.649	2.195	3.357	4.878	5.989	7.779	9.488	11.668	13.277
5	0.554	0.752	1.145	1.610	2.343	3.000	4.351	6.064	7.289	9.236	11.070	13.388	15.068
6	0.872	1.134	1.635	2.204	3.070	3.828	5.348	7.231	8.558	10.645	13.592	15.033	16.812
7	1.239	1.564	2.167	2.833	3.822	4.671	6.346	8.383	9.803	12.017	14.067	16.622	18.475
8	1.646	2.032	2.733	3.490	4.594	5.527	7.344	9.524	11.030	13.362	15.507	18.168	20.090
9	2.088	2.532	3.325	4.168	5.380	6.393	8.343	10.656	12.242	14.684	16.919	19.679	21.666
10	2.558	3.059	3.940	4.865	6.179	7.267	9.342	11.781	13.442	15.987	18.307	21.161	23.209
11	3.053	3.609	4.575	5.578	6.989	8.148	10.341	12.899	14.631	17.275	19.675	22.618	24.725
12	3.571	4.178	5.226	6.304	7.807	9.304	11.340	14.011	15.812	18.549	21.026	24.054	26.217
13	4.107	4.765	5.892	7.042	8.634	9.926	12.340	15.119	16.985	19.812	22.362	25.472	27.688
14	4.660	5.368	6.571	7.790	9.467	10.821	13.339	16.222	18.151	21.064	23.685	26.873	29.141
15	5.229	5.985	7.261	8.547	10.307	11.721	14.339	17.322	19.311	22.307	24.996	28.259	30.578
16	5.812	6.614	7.962	9.312	11.152	12.624	15.338	18.413	20.465	23.542	26.296	29.633	32.000
17	6.408	7.255	8.672	10.035	12.002	13.531	16.338	19.511	21.615	24.769	27.587	30.995	33.409
18	7.015	7.906	9.390	10.865	12.857	14.440	17.338	20.601	22.760	25.989	28.869	32.346	34.805
19	7.633	8.567	10.117	11.651	13.716	15.352	18.338	21.689	23.900	27.204	30.144	33.687	36.191
20	8.260	9.237	10.851	12.443	14.578	16.266	19.337	22.775	25.038	28.412	31.410	35.020	37.566
21	8.897	9.915	11.591	13.240	15.445	17.182	20.337	23.858	26.171	29.615	32.671	36.343	38.932
22	9.542	10.600	12.338	14.041	16.314	18.101	21.337	24.939	27.301	30.813	33.924	37.659	40.289
23	10.196	11.293	13.091	14.848	17.187	19.021	22.337	26.018	28.429	32.007	35.172	37.968	41.638
24	10.856	11.992	13.848	15.659	18.062	19.943	23.337	27.096	29.553	33.196	36.415	40.270	42.980
25	11.524	12.697	14.611	16.473	18.940	20.867	24.337	28.172	30.675	34.382	37.652	41.566	44.314
30	14.593	16.306	18.493	20.599	23.364	25.508	29.336	33.530	36.250	40.256	43.773	47.962	50.892

表4 **F分布临界值表（上侧，α=0.05）**

$P[F(df_1,df_2)>F_\alpha(df_1,df_2)]=\alpha$，如$P[F(3,20)>3.1]=0.05$

df_2 \ df_1	1	2	3	4	5	6	8	10	15
1	161.4	199.5	215.7	224.6	230.2	234.0	238.9	241.9	245.9
2	18.51	19.00	19.16	19.25	19.30	19.33	19.37	19.40	19.43
3	10.13	9.55	9.28	9.12	9.01	8.94	8.85	8.79	8.70
4	7.71	6.94	6.59	6.39	6.26	6.16	6.04	5.96	5.86
5	6.61	5.79	5.41	5.19	5.05	4.95	4.82	4.74	4.62
6	5.99	5.14	4.76	4.53	4.39	4.28	4.15	4.06	3.94
7	5.59	4.74	4.35	4.12	3.97	3.87	3.73	3.64	3.51
8	5.32	4.46	4.07	3.84	3.69	3.58	3.44	3.35	3.22
9	5.12	4.26	3.86	3.63	3.48	3.37	3.23	3.14	3.01
10	4.96	4.10	3.71	3.48	3.33	3.22	3.07	2.98	2.85
11	4.84	3.98	3.59	3.36	3.20	3.09	2.95	2.85	2.72
12	4.75	3.89	3.49	3.26	3.11	3.00	2.85	2.75	2.62
13	4.67	3.81	3.41	3.18	3.03	2.92	2.77	2.67	2.53
14	4.60	3.74	3.34	3.11	2.96	2.85	2.70	2.60	2.46
15	4.54	3.68	3.29	3.06	2.90	2.79	2.64	2.54	2.40
16	4.49	3.63	3.24	3.01	2.85	2.74	2.59	2.49	2.35
17	4.45	3.59	3.20	2.96	2.81	2.70	2.55	2.45	2.31
18	4.41	3.55	3.16	2.93	2.77	2.66	2.51	2.41	2.27
19	4.38	3.52	3.13	2.90	2.74	2.63	2.48	2.38	2.23
20	4.35	3.49	3.10	2.87	2.71	2.60	2.45	2.35	2.20
21	4.32	3.47	3.07	2.84	2.68	2.57	2.42	2.32	2.18
22	4.30	3.44	3.05	2.82	2.66	2.55	2.40	2.30	2.15
23	4.28	3.42	3.03	2.80	2.64	2.53	2.37	2.27	2.13
24	4.26	3.40	3.01	2.78	2.62	2.51	2.36	2.25	2.11
25	4.24	3.39	2.99	2.76	2.60	2.49	2.34	2.24	2.09
26	4.23	3.37	2.98	2.74	2.59	2.47	2.32	2.22	2.07
27	4.21	3.35	2.96	2.73	2.57	2.46	2.31	2.20	2.06
28	4.20	3.34	2.95	2.71	2.56	2.45	2.29	2.19	2.04
29	4.18	3.33	2.93	2.70	2.55	2.43	2.28	2.18	2.03
30	4.17	3.32	2.92	2.69	2.53	2.42	2.27	2.16	2.01
40	4.08	3.23	2.84	2.61	2.45	2.34	2.18	2.08	1.92
50	4.03	3.18	2.79	2.56	2.40	2.29	2.13	2.03	1.87
60	4.00	3.15	2.76	2.53	2.37	2.25	2.10	1.99	1.84
70	3.98	3.13	2.74	2.50	2.35	2.23	2.07	1.97	1.81
80	3.96	3.11	2.72	2.49	2.33	2.21	2.06	1.95	1.79
90	3.95	3.10	2.71	2.47	2.32	2.20	2.04	1.94	1.78
100	3.94	3.09	2.70	2.46	2.31	2.19	2.03	1.93	1.77
125	3.92	3.07	2.68	2.44	2.29	2.17	2.01	1.91	1.75
150	3.90	3.06	2.66	2.43	2.27	2.16	2.00	1.89	1.73
200	3.89	3.04	2.65	2.42	2.26	2.14	1.98	1.88	1.72
∞	3.84	3.00	2.60	2.37	2.21	2.10	1.94	1.83	1.67

表 4（续） **F分布临界值表（上侧，α=0.01）**

$P[F(df_1,df_2)>F_\alpha(df_1,df_2)]=\alpha$，如 $P[F(3,20)>4.94]=0.01$

df_2 \ df_1	1	2	3	4	5	6	8	10	15
1	4052	4999	5403	5625	5764	5859	5981	6065	6157
2	98.50	99.00	99.17	99.25	99.30	99.33	99.37	99.40	99.43
3	34.12	30.82	29.46	28.71	28.24	27.91	27.49	27.23	26.87
4	21.20	18.00	16.69	15.98	15.52	15.21	14.80	14.55	14.20
5	16.26	13.27	12.06	11.39	10.97	10.67	10.29	10.05	9.72
6	13.75	10.92	9.78	9.15	8.75	8.47	8.10	7.87	7.56
7	12.25	9.55	8.45	7.85	7.46	7.19	6.84	6.62	6.31
8	11.26	8.65	7.59	7.01	6.63	6.37	6.03	5.81	5.52
9	10.56	8.02	6.99	6.42	6.06	5.80	5.47	5.26	4.96
10	10.04	7.56	6.55	5.99	5.64	5.39	5.06	4.85	4.56
11	9.65	7.21	6.22	5.67	5.32	5.07	4.74	4.54	4.25
12	9.33	6.93	5.95	5.41	5.06	4.82	4.50	4.30	4.01
13	9.07	6.70	5.74	5.21	4.86	4.62	4.30	4.10	3.82
14	8.86	6.51	5.56	5.04	4.69	4.46	4.14	3.94	3.66
15	8.86	6.36	5.42	4.89	4.56	4.32	4.00	3.80	3.52
16	8.53	6.23	5.29	4.77	4.44	4.20	3.89	3.69	3.41
17	8.40	6.11	5.19	4.67	4.34	4.10	3.79	3.59	3.31
18	8.29	6.01	5.09	4.58	4.25	4.01	3.71	3.51	3.23
19	8.18	5.93	5.01	4.50	4.17	3.94	3.63	3.43	3.15
20	8.10	5.85	4.94	4.43	4.10	3.87	3.56	3.37	3.09
21	8.02	5.78	4.87	4.37	4.04	3.81	3.51	3.31	3.03
22	7.95	5.72	4.82	4.31	3.99	3.76	3.45	3.26	2.98
23	7.88	5.66	4.76	4.26	3.94	3.71	3.41	3.21	2.93
24	7.82	5.61	4.72	4.22	3.90	3.67	3.36	3.17	2.89
25	7.77	5.57	4.68	4.18	3.85	3.63	3.32	3.13	2.85
26	7.72	5.53	4.64	1.14	3.82	3.59	3.29	3.09	2.81
27	7.68	5.49	4.60	4.11	3.78	3.56	3.26	3.06	2.78
28	7.64	5.45	4.57	4.07	3.75	3.53	3.23	3.03	2.75
29	7.60	5.42	4.54	4.04	3.73	3.50	3.20	3.00	2.73
30	7.56	5.39	4.51	4.02	3.70	3.47	3.17	2.98	2.70
40	7.31	5.18	4.31	3.83	3.51	3.29	2.99	2.80	2.52
50	7.17	5.06	4.20	3.72	3.41	3.19	2.89	2.70	2.42
60	7.08	4.98	4.13	3.65	3.34	3.12	2.82	2.63	2.35
70	7.01	4.92	4.07	3.60	3.29	3.07	2.78	2.59	2.31
80	6.96	4.88	4.04	3.56	3.26	3.04	2.74	2.55	2.27
90	6.93	4.85	4.01	3.53	3.23	3.01	2.72	2.52	2.42
100	6.90	4.82	3.98	3.51	3.21	2.99	2.69	2.50	2.22
125	6.84	4.78	3.94	3.47	3.17	2.95	2.66	2.47	2.19
150	6.81	4.75	3.91	3.45	3.14	2.92	2.63	2.44	2.16
200	6.76	4.71	3.88	3.41	3.11	2.89	2.60	2.41	2.13
∞	6.63	4.61	3.78	3.32	3.02	2.80	2.51	2.23	2.04

表 5　　**DW检验临界值**　　（显著性水平 $\alpha=0.05$）

k	1		2		3		4		5		6		7		8		9		10	
n	d_L	d_U	d_L	d_U	d_L	d_U	d_L	d_U	d_L	d_U	d_L	d_U	d_L	d_U	d_L	d_U	d_L	d_U	d_L	d_U
6	0.610	1.400	—	—	—	—	—	—	—	—	—	—	—	—	—	—	—	—	—	—
7	0.700	1.356	0.467	1.896	—	—	—	—	—	—	—	—	—	—	—	—	—	—	—	—
8	0.763	1.332	0.559	1.777	0.368	2.287	—	—	—	—	—	—	—	—	—	—	—	—	—	—
9	0.824	1.320	0.629	1.699	0.455	2.128	0.296	2.588	—	—	—	—	—	—	—	—	—	—	—	—
10	0.879	1.320	0.697	1.641	0.525	2.016	0.376	2.414	0.243	2.822	—	—	—	—	—	—	—	—	—	—
11	0.927	1.324	0.658	1.604	0.595	1.928	0.444	2.283	0.316	2.645	0.203	3.005	—	—	—	—	—	—	—	—
12	0.971	1.331	0.812	1.579	0.658	1.864	0.512	2.177	0.379	2.506	0.268	2.832	0.171	3.149	—	—	—	—	—	—
13	0.010	1.340	0.861	1.562	0.715	1.816	0.574	2.094	1.445	2.390	0.328	2.692	0.230	2.985	0.147	3.266	—	—	—	—
14	1.045	1.350	0.905	1.551	0.767	1.779	0.632	2.303	0.505	2.296	0.389	2.572	0.286	2.848	0.200	3.111	0.127	3.360	—	—
15	1.077	1.361	0.946	1.543	0.814	1.750	0.685	1.977	0.562	2.220	0.447	2.472	0.343	2.727	0.251	2.979	0.175	3.216	0.111	3.438
16	1.106	1.371	0.982	1.539	0.857	1.728	0.734	1.935	0.615	2.157	0.502	2.388	0.398	2.624	0.304	2.860	0.222	3.090	0.155	3.304
17	1.133	1.381	1.015	1.536	0.897	1.710	0.779	1.900	0.664	2.104	0.554	2.318	0.451	2.537	0.356	2.757	0.272	2.975	0.198	3.184
18	1.158	1.391	1.046	1.535	0.933	1.696	0.820	1.872	0.710	2.060	0.603	2.257	0.502	2.461	0.407	2.667	0.321	2.873	0.244	3.073
19	1.180	1.401	1.074	1.536	0.967	1.685	0.859	1.848	0.752	2.023	0.649	2.206	0.549	2.396	0.456	2.589	0.369	2.783	0.290	2.974
20	1.201	1.411	1.100	1.537	0.998	1.676	0.894	1.828	0.792	1.991	0.692	2.162	0.595	2.339	0.502	2.521	0.416	2.704	0.336	2.885
21	1.221	1.420	1.125	1.538	1.026	1.669	0.927	1.812	0.829	1.964	0.732	2.124	0.637	2.290	0.547	2.460	0.461	2.633	0.380	2.806
22	1.239	1.429	1.147	1.541	1.053	1.664	0.958	1.797	0.863	1.940	0.769	2.090	0.677	2.246	0.588	2.407	0.504	2.571	0.424	2.734
23	1.257	1.437	1.168	1.543	1.078	1.660	0.986	1.785	0.895	1.920	0.804	2.061	0.715	2.208	0.628.	2.360	0.545	2.514	0.465	2.670
24	1.273	1.446	1.188	1.546	1.101	1.656	1.013	1.775	0.925	1.902	0.837	2.035	0.751	2.174	0.666	2.318	0.584	2.464	0.506	2.613
25	1.288	1.454	1.206	1.550	1.123	1.654	1.038	1.767	0.953	1.886	0.868	2.012	0.784	2.144	0.702	2.280	0.621	2.419	0.544	2.560
30	1.352	1.489	1.284	1.567	1.214	1.650	1.143	1.739	1.071	1.833	0.998	1.931	0.926	2.034	0.854	2.141	0.782	2.251	0.712	2.363
35	1.402	1.519	1.343	1.584	1.283	1.653	1.222	1.726	1.160	1.803	1.097	1.884	1.034	1.967	0.971	2.054	0.908	2.144	0.845	2.236
40	1.442	1.544	1.391	1.600	1.338	1.659	1.285	1.721	1.230	1.786	1.175	1.854	1.120	1.924	1.064	1.997	1.008	2.072	0.952	2.149
45	1.475	1.566	1.430	1.615	1.383	1.666	1.336	1.720	1.287	1.776	1.238	1.835	1.189	1.895	1.139	1.958	1.089	2.022	1.038	2.088
50	1.503	1.585	1.462	1.628	1.421	1.674	1.378	1.721	1.335	1.771	1.291	1.822	1.246	1.875	1.201	1.930	1.156	1.986	1.110	2.044
60	1.549	1.616	1.514	1.652	1.480	1.689	1.444	1.727	1.408	1.767	1.372	1.808	1.335	1.850	1.298	1.894	1.260	1.939	1.222	1.984
70	1.583	1.641	1.554	1.672	1.525	1.703	1.494	1.735	1.464	1.768	1.433	1.802	1.401	1.837	1.369	1.873	1.337	1.910	1.305	1.948
80	1.611	1.662	1.586	1.688	1.560	1.715	1.534	1.743	1.507	1.772	1.480	1.801	1.453	1.831	1.425	1.861	1.397	1.893	1.369	1.925
90	1.635	1.679	1.612	1.703	1.589	1.726	1.566	1.751	1.542	1.776	1.518	1.801	1.494	1.827	1.469	1.854	1.445	1.881	1.420	1.909
100	1.654	1.694	1.634	1.715	1.613	1.736	1.592	1.758	1.571	1.780	1.550	1.803	1.528	1.826	1.506	1.850	1.484	1.874	1.462	1.898
200	1.758	1.778	1.748	1.789	1.738	1.799	1.728	1.810	1.718	1.820	1.707	1.831	1.697	1.841	1.686	1.852	1.675	1.863	1.665	1.874

表5（续）　　　　　DW检验临界值　　　　　（显著性水平$\alpha=0.01$）

k	1		2		3		4		5		6		7		8		9		10	
n	d_L	d_U	d_L	d_U	d_L	d_U	d_L	d_U	d_L	d_U	d_L	d_U	d_L	d_U	d_L	d_U	d_L	d_U	d_L	d_U
6	0.390	1.142	—	—	—	—	—	—	—	—	—	—	—	—	—	—	—	—	—	—
7	0.435	1.036	0.294	1.676	—	—	—	—	—	—	—	—	—	—	—	—	—	—	—	—
8	0.497	1.003	0.345	1.489	0.229	2.102	—	—	—	—	—	—	—	—	—	—	—	—	—	—
9	0.554	0.998	0.408	1.389	0.279	1.875	0.183	2.433	—	—	—	—	—	—	—	—	—	—	—	—
10	0.604	1.001	0.466	1.333	0.340	1.733	0.230	2.193	0.150	2.690	—	—	—	—	—	—	—	—	—	—
11	0.653	1.010	0.519	1.297	0.396	1.640	0.286	20.30	0.193	2.453	0.124	2.892	—	—	—	—	—	—	—	—
12	0.697	1.023	0.569	1.274	0.449	1.575	0.339	1.913	0.244	2.280	0.164	2.665	0.105	3.053	—	—	—	—	—	—
13	0.738	1.038	0.616	1.261	0.499	1.526	0.391	1.826	0.294	2.150	0.211	2.490	0.140	2.838	0.090	3.182	—	—	—	—
14	0.776	1.054	0.660	1.254	0.547	1.490	0.441	1.757	0.343	2.049	0.257	2.354	1.183	2.667	1.122	2.981	0.078	3.287	—	—
15	0.811	1.070	0.700	1.252	0.591	1.464	0.488	1.704	0.391	1.967	0.303	2.244	0.226	2.530	0.161	2.817	0.107	3.101	0.068	3.374
16	0.844	1.086	0.737	1.252	0.633	1.446	0.532	1.663	0.437	1.900	0.349	2.153	0.269	2.416	0.200	2.681	0.142	2.944	0.094	3.201
17	0.874	1.102	0.772	1.255	0.672	1.432	0.574	1.630	0.480	1.847	0.393	2.078	0.313	2.319	0.241	2.566	0.179	2.811	0.127	3.053
18	0.902	1.118	0.805	1.259	0.708	1.422	0.613	1.604	0.522	1.803	0.435	2.015	0.355	2.238	0.282	2.467	0.216	2.697	0.160	2.925
19	0.928	1.132	0.835	1.265	0.742	1.415	0.650	1.584	0.561	1.767	0.476	1.963	0.396	2.169	0.322	2.381	0.255	2.597	0.196	2.813
20	0.952	1.147	0.863	1.271	0.773	1.411	0.685	1.567	0.598	1.737	0.515	1.918	0.436	2.110	0.362	2.308	0.294	2.510	0.232	2.714
21	0.975	1.161	0.890	1.277	0.803	1.408	0.718	1.554	0.633	1.712	0.552	1.881	0.474	2.059	0.400	2.244	0.331	2.434	0.268	2.625
22	0.997	1.174	0.914	1.284	0.831	1.407	0.748	1.543	0.667	1.691	0.587	1.849	0.510	2.015	0.437	2.188	0.368	2.367	0.304	2.548
23	1.018	1.187	0.938	1.291	0.858	1.407	0.777	1.534	0.698	1.673	0.620	1.821	0.545	1.977	0.473	2.140	0.404	2.308	0.340	2.479
24	1.037	1.199	0.960	1.298	0.882	1.407	0.805	1.528	0.728	1.658	0.652	1.797	0.578	1.944	0.507	2.097	0.439	2.255	0.375	2.417
25	1.055	1.211	0.981	1.305	0.906	1.409	0.831	1.523	0.756	1.645	0.682	1.776	0.610	1.915	0.540	2.059	0.473	2.209	0.409	2.362
30	1.133	1.263	1.070	1.339	1.006	1.421	0.941	1.511	0.877	1.606	0.812	1.707	0.748	1.814	0.684	1.925	0.622	2.041	0.562	2.160
35	1.195	1.307	1.140	1.370	1.085	1.439	0.028	1.512	0.971	1.598	0.914	1.671	0.857	1.757	0.800	1.847	0.744	1.940	0.689	2.037
40	1.246	1.344	1.198	1.398	1.148	1.457	1.098	1.518	1.048	1.584	0.997	1.652	0.946	1.724	0.895	1.799	0.844	1.876	0.749	1.956
50	1.324	1.403	1.285	1.446	1.245	1.491	1.205	1.538	1.164	1.587	1.123	1.639	1.081	1.692	1.039	1.748	0.997	1.805	0.955	1.864
60	1.383	1.449	1.350	1.484	1.317	1.520	1.283	1.558	1.249	1.598	1.214	1.639	1.179	1.682	1.144	1.726	1.108	1.771	1.072	1.817
70	1.429	1.485	1.400	1.515	1.372	1.546	1.343	1.578	1.313	1.611	1.283	1.645	1.253	1.680	1.223	1.716	1.192	1.754	1.162	1.792
80	1.466	1.515	1.441	1.541	1.416	1.568	1.390	1.595	1.364	1.624	1.338	1.653	1.312	1.683	1.285	1.714	1.259	1.745	1.232	1.777
90	1.496	1.540	1.474	1.563	1.452	1.587	1.429	1.611	1.406	1.636	1.382	1.661	1.360	1.687	1.336	1.714	1.312	1.741	1.288	1.769
100	1.522	1.562	1.503	1.583	1.482	1.604	1.462	1.625	1.441	1.647	1.421	1.670	1.400	1.693	1.378	1.717	1.357	1.741	1.335	1.765
200	1.664	1.684	1.653	1.693	1.643	1.704	1.633	1.715	1.623	1.725	1.613	1.735	1.603	1.746	1.592	1.757	1.582	1.768	1.571	1.779

注：n为样本容量，k为解释变量个数（不包含常数项）。

表 6　　协整检验临界值表

N	模型形式	α	ϕ_∞	se	ϕ_1	ϕ_2
1	无常数项，无趋势项	0.01	−2.5658	（0.0023）	−1.960	−10.04
		0.05	−1.9393	（0.0008）	−0.398	0.0
		0.10	1.6156	（0.0007）	−0.181	0.0
	常数项，无趋势项	0.01	−3.4336	（0.0024）	−5.999	−29.25
		0.05	−2.8621	（0.0011）	−2.738	−8.36
		0.10	−2.5671	（0.0009）	−1.438	−4.48
	常数项，趋势项	0.01	−3.9638	（0.0019）	−8.353	−47.44
		0.05	−3.4126	（0.0012）	−4.039	−17.83
		0.10	−3.1279	（0.0009）	−2.418	−7.58
2	常数项，无趋势项	0.01	−3.9001	（0.0022）	−10.534	−30.03
		0.05	−3.3377	（0.0012）	−5.967	−8.98
		0.10	−3.0462	（0.0009）	−4.069	−5.73
	常数项，趋势项	0.01	−4.3266	（0.0022）	−15.531	−34.03
		0.05	−3.7809	（0.0013）	−9.421	15.06
		0.10	−3.4959	（0.0009）	−7.203	−4.01
3	常数项，无趋势项	0.01	−4.2981	（0.0023）	−13.790	−46.37
		0.05	−3.7429	（0.0012）	−8.352	13.41
		0.10	−3.4518	（0.0010）	−6.241	−2.79
	常数项，无趋势项	0.01	−4.6676	（0.0022）	−18.492	−49.35
		0.05	−4.1193	（0.0011）	−12.024	−13.13
		0.10	−3.8344	（0.0009）	−9.188	−4.85
4	常数项，无趋势项	0.01	−4.6493	（0.0023）	−17.188	−59.20
		0.05	−4.1000	（0.0012）	−10.745	−21.57
		0.10	−3.8110	（0.0009）	−8.317	−5.19
	常数项，趋势项	0.01	−4.9695	（0.0021）	−22.504	−50.22
		0.05	−4.4294	（0.0012）	−14.501	−19.54
		0.10	−4.1474	（0.0010）	−11.165	−9.88
5	常数项，无趋势项	0.01	−4.9587	（0.0026）	−22.140	−37.29
		0.05	−4.4185	（0.0013）	−13.641	−21.16
		0.10	−4.1327	（0.0009）	−10.638	−5.48
	常数项，趋势项	0.01	−5.2497	（0.0024）	−26.606	−49.56
		0.05	−4.7154	（0.0013）	−17.432	−16.50
		0.10	−4.4345	（0.0010）	−13.654	−5.77
6	常数项，无趋势项	0.01	−5.2400	（0.0029）	−26.278	−41.65
		0.05	−4.7048	（0.0018）	−17.120	−11.17
		0.10	−4.4242	（0.0010）	−13.347	0.0
	常数项，趋势项	0.01	−5.5127	（0.0033）	−30.735	−52.50
		0.05	−4.9767	（0.0017）	20.883	−9.05
		0.10	−4.6999	（0.0011）	−16.445	0.0

注：（1）临界值计算公式是 $C(\alpha)=\phi_\infty+\phi_1 T^{-1}+\phi_2 T^{-2}$，其中 T 表示样本容量。

（2）N 表示协整回归公式中所含变量个数，α 表示检验水平。

（3）摘自 Mackinnon（1991）。

表7

相关系数临界值表

$P\{|\rho|>r_a(df)\}=\alpha$，如在$H_0:\rho=0$下，当$df=10$，$P\{|\rho|>0.576\}=0.05$

df	α				
	0.10	0.05	0.02	0.01	0.001
1	0.98769	0.99692	0.999507	0.999877	0.99999
2	0.90000	0.95000	0.98000	0.99000	0.99900
3	0.8054	0.8783	0.93433	0.95873	0.99116
4	0.7293	0.8114	0.8822	0.91720	0.97406
5	0.6694	0.7545	0.8329	0.8745	0.95074
6	0.6215	0.7067	0.7887	0.8343	0.92493
7	0.5822	0.6664	0.7498	0.7977	0.8982
8	0.5494	0.6319	0.7155	0.7646	0.8721
9	0.5214	0.6021	0.6851	0.7348	0.8471
10	0.4933	0.5760	0.6581	0.7079	0.8233
11	0.4762	0.5529	0.6339	0.6835	0.8010
12	0.4575	0.5324	0.6120	0.6614	0.7800
13	0.4409	0.5139	0.5923	0.6411	0.7603
14	0.4259	0.4973	0.5742	0.6226	0.7420
15	0.4124	0.4821	0.5577	0.6055	0.7246
16	0.4000	0.4683	0.5425	0.5897	0.7084
17	0.3887	0.4555	0.5285	0.5751	0.6932
18	0.3783	0.4438	0.5155	0.5614	0.6787
19	0.3687	0.4329	0.5034	0.5487	0.6652
20	0.3598	0.4227	0.4921	0.5368	0.6524
25	0.3233	0.3809	0.4451	0.4869	0.5974
30	0.2960	0.3494	0.4093	0.4487	0.5541
35	0.2746	0.3246	0.3810	0.4182	0.5189
40	0.2573	0.3044	0.3578	0.3932	0.4896
45	0.2428	0.2875	0.3384	0.3721	0.4648
50	0.2306	0.2732	0.3218	0.3541	0.4433
60	0.2108	0.2500	0.2948	0.3248	0.4078
70	0.1954	0.2319	0.2737	0.3017	0.3799
80	0.1829	0.2172	0.2565	0.2830	0.3568
90	0.1726	0.2050	0.2422	0.2673	0.3375
100	0.1638	0.1946	0.2301	0.2540	0.3211

参考文献

［1］［美］J.M.伍德里奇.计量经济学导论：现代观点［M］.费剑平等译.北京：中国人民大学出版社，2003.

［2］高铁梅.计量经济分析方法与建模（第二版）［M］.北京：清华大学出版社，2009.

［3］张卫东.中级计量经济学［M］.成都：西南财经大学出版社，2010.

［4］［美］D. N.古扎拉蒂.计量经济学基础［M］.费剑平译.北京：中国人民大学出版社，2011.

［5］李子奈.计量经济学模型方法论［M］.北京：清华大学出版社，2011.

［6］洪永淼.高级计量经济学［M］.赵西亮，吴吉林译.北京：高等教育出版社，2011.

［7］［美］J.斯托克，M.W.沃森.计量经济学［M］.沈根祥，孙燕译.上海：格致出版社，2012.

［8］［美］C.F.鲍姆.用Stata学计量经济学［M］.王忠玉译.北京：中国人民大学出版社，2012.

［9］［美］R.C.希尔，E.格里菲思，C.利姆.计量经济学原理［M］.邹洋等译.大连：东北财经大学出版社，2013.

［10］潘省初.计量经济学中级教程（第2版）［M］.北京：清华大学出版社，2013.

［11］［希］D.阿斯特里奥，S.G.霍尔.应用计量经济学［M］.陈诗一译.北京：北京大学出版社，2016.

［12］陈强.高级计量经济学及Stata应用（第二版）［M］.北京：高等教育出版社，2017.

［13］张晓峒.计量经济学基础［M］.北京：清华大学出版社，2017.

［14］金玉国.计量经济学原理与Stata应用［M］.北京：经济科学出版社，2020.

［15］Andrews D. W. K. Tests for Parameter Instability and Structural Change With Unknown Change Point［J］.Econometrica, 1993，61(4)：821–856.

［16］Bai B. Y. J.& Perron P. Estimating and Testing Linear Models with Multiple Structural Changes［J］.Econometrica,1998，66(1)：47–78.

［17］Bai J, Perron P. Computation and analysis of multiple structural change models［J］.Journal of Applied Econometrics，2003，18(1)：1–22.

[18] Pesaran H.Estimation and inference in large heterogeneous panels with a multifactor error structure [J] . Econometrica，2006，74 (4)：967–1012.

[19] Ditzen J, Karavias Y, Westerlund J.Testing for Multiple Structural Breaks in Panel Data [M] .Available upon request，2021.

[20] Ditzen J, Karavias Y, Westerlund J.Testing and Estimating Structural Breaks in Time Series and Panel Data in Stata.arvix 2021.arvix preprint arXiv:2110.14550.

[21] Karavias Y.,Narayan P. K., Westerlund J. Structural breaks in Interactive Effects Panels and the Stock Market Reaction to COVID–19 [J] .Journal of Business & Economic Statistics, 2023，41 (3)：653–666.